세속 교회와 하나님 나라

下

세속 교회와 하나님 나라 下

발행일 2017년 11월 17일

지은이 이 재 승
펴낸이 손 형 국
펴낸곳 (주)북랩
편집인 선일영
편집 이종무, 권혁신, 오경진, 최예은
디자인 이현수, 김민하, 한수희, 김윤주
제작 박기성, 황동현, 구성우
마케팅 김회란, 박진관, 김한결
출판등록 2004. 12. 1(제2012-000051호)
주소 서울시 금천구 가산디지털 1로 168, 우림라이온스밸리 B동 B113, 114호
홈페이지 www.book.co.kr
전화번호 (02)2026-5777
팩스 (02)2026-5747

ISBN 979-11-5987-820-6 04230(종이책) 979-11-5987-821-3 05230(전자책)
979-11-5987-817-6 04230(세트)

이 도서의 국립중앙도서관 출판예정도서목록(CIP)은 서지정보유통지원시스템 홈페이지(http://seoji.nl.go.kr)와 국가자료공동목록시스템(http://www.nl.go.kr/kolisnet)에서 이용하실 수 있습니다.
(CIP제어번호 : CIP2017029638)

세속 교회와 하나님 나라

로마서에 비춰진 산상수훈

이재승 지음

북랩 book Lab

이 악한 시대에

성경을 살아계신 하나님의 말씀으로 믿는

모든 분들께 이 책을 바칩니다.

· 책 머리에 ·

따스한 봄볕에 피어나는 꽃들이 그렇게 아름다웠던 이유는 오직 사람의 눈을 즐겁게 하기 위한 것이었다. 아침이면 창문 너머로 지저귀는 새 소리마저도 그래서 예뻤었다. 이 단순한 이치를 깨닫는 데 왜 그렇게 오랜 시간이 걸렸을까? 항상 누리는 하나님의 은혜를 은혜로 생각하지 못하는 것은 우리가 특별히 그것의 필요를 느끼고 구하지 않아도 하나님께서 주시기 때문일까? 하나님께서는 너무 겸손하셔서 우리들에게 무한한 은혜를 베푸시고도 생색을 전혀 내지 않으셔서 그런지도 모른다. 고작 사람의 입술에서 나오는 공치사를 듣기 위해서 우리들에게 은혜를 베푸실 분도 아니시다. 하나님께서는 주시기를 기뻐하시고 그것을 받는 자가 그로 인해 기쁨을 누리는 것을 기뻐하신다. 자신의 아픔까지 감수하고도 주시기를 기뻐하시는 하나님의 본성은 십자가에 너무나도 명백히 기록되어 있다. 그러나 전지전능하신 하나님도 사람이 진심으로 받기를 원하지 않으면 주실 수 없는 것이 있다. 그것은 바로 하나님 자신이다. 아담은 하나님과 하나가 된 상태로 태어났었고 그랬던 하나님께서는 아담의 선택으로 인류에게서 떠나 계실 수밖에 없었다. 그러나 그분께서는 아담을 떠나시는 순간부터 지금까지 사람들 각자의 선택으로 사람과 다시 하나 되기를 간절히 원하셨다. 하나님 자신은 생명의 근원이시기 때문에 하나님께서 우리 안에 내주(內住)하시는 것이 우리에게는 생명이고 이렇게 되는 일이 죄와 사망으로부터의 구원이다. 이 생명은 하나님께서 영원하신 것처럼 영원하다. 적어도 사람에게 있어서 생명은 하나님과 분리되어서 존재할 수 없기에 인격적 요소를 내포하고 있다. 그래서 '생명'은 단지 목숨이 붙어있는 '생존'과는 다른 것이다. 인간은 그렇게 지음을 받았다. 예수를 믿는다고 하는 많은 사람들은 생명을 **비인격적 자연 현상으로서** 이해하고 있기 때문에 하나님의 뜻이 내 안에서 이루어지는 일과 관계없이 생명에 들어가는 것이 가능하다고 믿고 싶어한다. 그러나 사람은 영적인 동물로 지음을 받았기 때문에 성령의 내주가 없으면 선(善)함이 없는 다만 지혜로운 짐승일 뿐이다. 그 결과 하나님께서 그분의 본성과 뜻에 따라 세우신 선(善)한 영적인 질서를 파괴하는 일을 할 수밖에 없고 결국은 서로를 미워하고 질투하고 죽이는 고통 속에서 살게 된다. 이런 일을 죄라고 부른다. 그 죄의 결과가 얼마나 끔찍한 것인지는 인류의 역사가 증거하고 있다. 그리고 그 안에 생명이 없으므로 죄의 종국은 사망이다. 성경에서 예언하고 있는 지구 종말 내지는 최후의 심판이라는 개념은 결국 '죄와 사망의 종말'을 말하고 있는 지극히 당연한 하나님의 섭리다.

사람의 심령 안에 성령께서 거하시면 하나님의 뜻대로 사는 삶이라는 열매가 맺힌다. **그 사람의 본성이 거룩하게 변화되는 일이 자연스럽게 일어나기 때문이다.** 이를 가리켜 성경에서는 '거듭남', 즉 '다시 태어남'이라고 하는데 여기서 '태어남'이라는 표현을 사용하는 이유는 아담이 하나님의 아들로 태어나던 날 성령의 내주하심을 입었기 때문이었다. 아담의 출생에는 두 가지 요소가 있었는데 육적인 일과 영적인 일이었다. 아담이 지음을 받던 여섯째 날 이 두 가지가 동시에 하나님의 뜻대로 일어났고 그렇게 아담은 하나님과 하나가 되었으므로 영존하는 존재로 지음을 받은 것이다. 아담이 하나님의 형상을 따라 창조되었다 함은 하나님과 영적으로 완전히 하나였기 때문에 하나님의 본성을 소유한 존재였고 따라서 하나님의 아들이요, 영(靈)은 아니지만 성령과 교통하고 성령께서 거하시는 성전이었고 성령의 일을 할 수 있는 영적인 존재였다는 의미다. 그러나 타락 이후 하나님의 영은 아담을 떠나셨고 그 후손들은 성령 없이 육적인 요소만 가지고 태어났다. 하나님의 아들과 딸들로 지음을 받았던 사람은 단지 지능이 높은 짐승의 반열에 놓이게 되었다. 태초의 아담과는 달리 육(肉)에서 난 육(肉)들이었다. 온 우주에서 존재의 근원이신 하나님의 본성과 그에 따른 뜻만이 곧 진(眞), 선(善), 미(美)이기 때문에 하나님을 떠나보내고 육체만 남은 인간에게 선함은 없어졌다. 그 결과 인간의 계획과 생각들은 하나님 눈에는 아름답지도 않고 옳지도 않게 되었다. 그래서 죄(罪)라는 것은 '선(善)함이 없는 지혜'라고도 정의할 수 있다. 그렇기 때문에 구원은 선하지 않았던 지혜에 선함을 불어넣는 일이고, 이 일은 그 지혜의 소유자가 진정으로 원할 때 하나님과 하나가 됨으로써 일어나는 일이다. 결국 구원은 아담이 태초에 소유했었다가 훼손시켰던 영적인 요소를 다시 회복하는 일이다. 이를 성령의 임재와 내주라고 부른다. 아담의 창조는 흙으로 아담을 지으시는 일과 성령께서 내주하시는 일을 동시에 하심으로써 이루어졌지만 타락 후에 태어난 우리들은 우리의 육신을 모태에서 만드시는 일과 성령께서 임재하시는 일 사이에 시간을 두시고 그 사이에 우리의 선택에 따라 성령을 주신다는 차이가 있을 뿐이다. 그러므로 지금 우리가 살고 있는 이 시간들은 하나님의 창조의 과정 속에 있는 시간이라고 할 수 있고 하나님께서 주시고자 하시는 성령을 구하고 받는 일은 하나님의 창조 사역에 동참하는 일인 셈이다. 구속사(救贖史)를 단순하게 말하자면 태초에 6일 만에 완성하셨던 창조 사역을 아담의 타락으로 말미암아 그 후 6,000년[1)](?)에 걸쳐 다시 창조하시는 역사다. 그리고 사람은 성령(말씀)을 사모하고 구함으로써 그 재창조의 사역에 동참할 수 있는 기회를 가졌다고 할 수 있다. 그러므로 구원은 영적으로 말하자면 성령과 하나 되는 일이요, 심리적으로 말하자면 품성이 예수님과 같은 하늘의 품성으로 거듭나는 일이요, 윤리적으로 말하자면 성령의 열매를 맺고 죄를 이기는 일이다. 또한 법률적으로 말하면 죄 사함을 입는 일이고 생명적으로 말하자면 일시적 생존의 상태에서 영원한 생명에 들어가는 일이다. 이렇게 하나님과 단절되었던 죄인이 하나님과 하나가 되는 일인 '구원'이 우리가 살아있고 우리의 자유의지가 있을 때 오직 진실한 믿음을 통해서만 이루어지는 것은 하나님은 영(靈)이시기 때문이다. 구원은 많은 기독교인들이 생각하는 것처럼 어떤 자격이 있는 사람들에게 죽은 후에 일어나는 일이 아니다. 다만 살아서 하나님과 하나가 된 사람은 죽어도 무덤에서 잠자는 것일 뿐 예수님 재림하실 때 다시 살리심을 입을 것이다. 그리고 영이신 하나님과 하나 됨을 우리가 인식할 수 있는 유일한 길은 '본성의 거듭남'이다.

예수님께서 니고데모에게 "물(말씀)과 성령으로 거듭나지 아니하면

1) 성경 상의 인류의 역사는 시금까시 대략 6,000년이다. (성경에 지구의 역사가 얼마나 되는지는 기록되어 있지 않다) 이 역사가 정확히 언제 끝날지는 아무도 모르지만 시대 상황을 보면 얼마 남지 않은 것은 분명해 보인다. 그러나 시한부 종말론은 어떤 형태든 잘못된 가르침이다.

하나님 나라를 볼 수 없다"(요 3:3, 5[2])고 말씀하신 것이 위와 같은 이유에서이고, 이런 구원의 개념을 이스라엘의 선생으로서 알지 못했던 니고데모를 책망하신 것은 이런 가르침이 이미 구약성경 전체에 걸쳐 계시된 바이기 때문이었다. 그렇기 때문에 모든 이방 종교의 교리가 신구약성경에서 말씀하는 구원의 섭리와 근본적으로 다른 점은 사람에게 본성의 변화를 요구하고 있지 않다는 점이다. 이방 종교는 공통적으로 본성의 변화 없이 어떤 종교 행위가 구원에 이르게 하는 것처럼 사람들을 미혹하고 있다. 결국 본성의 거듭남이 구원인데 이를 심각하게 요구하고 있지 않기 때문에 구원의 개념도 다를 수밖에 없다. 기독교 안에서도 많은 교파와 많은 이론이 있지만 이 가운데 사단이 만들어서 교회 안에 퍼뜨린 가라지 복음의 구별법도 동일하다.

하나님의 십계명 자체는 그것을 다른 율법 조항들과 함께 깊이 묵상해 보면 우리들에게 본성의 변화를 요구하고 있다는 것을 알 수 있다. (이 문제를 본서에서 자세히 다룰 것이다) 예수님께서 **"생명에 들어가려면 계명을 지키라"**고 하셨는데 이는 다른 말로 하면 '거룩한 본성으로 거듭나라'는 명령이다. 왜냐하면 십계명은 죄 된 본성의 개혁 없이는 결코 지킬 수 없는 법이기 때문이다. 겉으로 드러난 행위 자체와 그 행위를 하게 하는 동기, 곧 본성의 문제를 자세히 비교·설명하신 교훈이 산상수훈의 주제라고도 할 수 있다. 사도 바울이 강조한

---

2) 헬라어 원어로 요한복음 3장 3절의 '거듭남'은 **'위로부터 태어남'**이라는 뜻(γεννηθῇ ἄνωθεν)이고 위로부터 태어나는 것은 말씀과 성령으로부터 나는 것이라고 요한복음 3:5에서 예수님께서 설명하셨다. **'하나님의 나라를 볼 수 없다'**는 것의 원어를 직역하면 '하나님의 통치하심을 알 수 없다'는 뜻이다. **하나님의 통치하심 안으로 들어가는 일**(요 3:5, 원어 성경)이 구원이다. **죄는 하나님의 통치하심 밖에 있는 상태다.**

'믿음으로 말미암는 의(義)'[3](롬 9:30, 10:6)에 관한 교리 또한 우리의 품성이 의롭게 거듭나는 길은 행위가 아닌 오직 믿음이라는 방법론이 그 핵심이다. 소위 세대주의에서는 구약시대는 율법을 지켜서 구원을 받고 은혜시대는 믿음으로 구원을 받는다고 가르치는데, 이런 주장은 대표적인 가라지 복음이다. 구약시대나 신약시대나 믿음 없이 율법을 지킬 수 있는 사람은 본래 하나도 없을 뿐만 아니라 위에 언급한 "계명을 지키라"는 예수님의 가르침과도 정면으로 상반되기 때문이다. 계명을 지킬 능력이 없는 우리가 예수님의 명령대로 계명을 지키기 위해서는 품성의 거듭남이 요구되는데 이 일은 계명의 법조문을 지키려는 노력(율법의 행위)으로 되는 일이 아니라 믿음으로 **하나님의** 의(義)를 사모하고 구(求)할 때 성령의 임재와 내주로써 이루어진다. 그렇기 때문에 예수를 믿어야 하는 것을 전혀 모르고 만든 교리다. 예수님은 하나님의 의(義) 자체가 육신이 되신 분이시기 때문에 '예수의 이름을 믿는다'는 것은 하나님의 의를 사모하고 구한다는 것이고 이는 곧 악한 본성의 거듭남을 구하는 것이지 신앙 고백이나 교회에 출석하는 등의 종교 행위를 말하는 것이 아니다. 구약시대 사람들은 하나님의 의(義)를 법률로 표현한 율법을 통해 의를 깨달아야 했고 신약시대 사람들은 그 의(義)의 화신(化身)이신 예수님을 통해 문자로 표현된 율법보다 더 쉽고 더 온전하게 하나님의 의를 알게 된 차이가 있을 뿐 결국 '그 의를 사모하고 구하는 믿음에 의한 성령의 내주'가 구원의

---

3) '믿음으로 말미암는 의'는 원어로는 'δικαιοσύνη(의) ἐκ(-로부터 나오는) πίστεως(믿음)'이고 영어로는 righteousness by faith로 번역했다. 믿음으로 의(義)에 도달했다는 뜻이지 의롭게 간주한다는 말이 아니다. 롬 9:30에는 "이방인들이 믿음에 의해 의를 얻었다"고 말하고 있다.

요체인 것은 동일하다. 그래서 구약시대 사람들의 구원에 관해서도 "의인은 믿음으로 말미암아 살리라"고(합 2:4) 하였고 사도 바울도 로마서 서론에서 "복음에는 하나님의 의(義)가 처음부터 끝까지 믿음에 의해 드러난다"(롬 1:17, NIV)고 한 것이다.

예수를 믿기 때문에 죄 가운데 있는 사람을 하나님께서 의롭다고 간주하신다는 '칭의' 이론도 마찬가지로 교묘한 오류이다. (성경 말씀을 부분적으로 인용하기 때문에 교묘하다. 이 문제 또한 본서에서 자세히 다룰 것이다) 칭의(稱義)라는 용어 자체가 품성의 변화까지는 신경 쓸 필요가 없다는 메시지를 이미 내포하고 있을 뿐 아니라 믿음이라는 것이 무엇인지 명확히 말하고 있지 않기 때문이다. 일반적으로 신자들은 성실한 교회 출석과 그에 따른 종교 행위가 믿음이라고 믿고 있다. 그렇기 때문에 이런 이론을 하나님의 복음이라고 믿고 교회를 수십 년을 다니지만 품성의 변화는 있을 수가 없고 계속 죄 가운데 살게 될 수밖에 없다. 다른 복음이 성령의 열매를 맺지 못하는 것은 당연한 결과다. 이런 믿음을 통해서는 하나님께서 그 사람을 거듭나게 하실 수 없기 때문에 하나님께서 의로 여기시는 믿음도 아니다. 이방 종교의 종교 행위에서 그 대상을 예수로 바꿔 놓은 것에 불과하다. 고목나무 앞에 정화수를 떠 놓고 절하면서 소원을 빌던 사람이 새벽에 십자가 형상 앞에서 같은 내용을 기도하면 그 사람의 품성에 변화가 일어나겠는가? **하나님께서 의로 여기시는 믿음은 그 믿음을 통해 하나님께서 그 사람 안에 거하실 수 있고 그래서 거룩하게 거듭나게 되는 그런 믿음이다.** 우리의 믿음을 통해 우리 안에 거하시는 그리스도가 우리의 의(義)이기 때문이다. 그리고 그리스도께서 우리 안에 거하시게 되는 일이 바로 거듭남이다. 그러므로 하나님께서 의로 간주하시는 믿음을 소유한 사람은 반드시 그의 삶에 '하나님의 의'라는 열매가 맺히게 되어 있다. 그렇기 때문에 사도 바울은 **'그리스도의 복음은 모든 믿는 자를 구원에 이르게 하는 하나님의 권능'**(롬 1:16, 흠정역)이라 했고 이것이 그가 복음을 부끄러워하지 않는 이유라고 했다. 만일 복음이 현대 기독교의 가르침처럼 믿는 사람에게 죄를 이길 능력을 주지 못하고 계속 죄 가운데 머물게 하면서 다만 의로 간주되게 하는 것이라면 바울은 복음을 부끄러워하지 않았을까? 그러나 바른 복음을 믿는 바른 믿음은 반드시 의(義)의 열매를 맺게 하므로 그런 믿음을 하나님께서 의로 여기시는 것이다. 사람에게는 의(義)라는 것이 전혀 없기 때문에 그것을 하늘로부터 받아들이는 믿음이라도 하나님께서 의로 여기실 수밖에 없다. 그래도 다행인 것은 자신이 하늘의 품성으로 거듭나지 못한 사람은 자신이 그 사실을 잘 알도록 성령께서 역사하신다는 것이다. 그렇다면 이러한 성령의 역사에 순종하여 자신이 '예수를 믿는다'는 것의 의미를 재점검하고 또한 말씀의 깊은 묵상을 통해 하나님의 의를 중심으로 사모하고 구한다면 거듭나는 경험에 이르게 하실 것이다. 이 일을 하시기 위해서 하나님께서 사람이 되시고 십자가에 달리셨다. 그러므로 갈보리 언덕의 십자가는 우리의 거듭남의 보증서다.

하찮은 새의 울음 소리까지도 사람의 귀에 맞춰서 창조하신 분께서 우리 사람의 영원한 행복을 위한 계획과 뜻을 예비하지 않으셨을 리가 없다. 그것은 하나님의 뜻과 나의 심령이 하나가 되는 일이고 이 일이 곧 나의 생명이요, 복이다. 그러나 하나님의 뜻은 영적이라서 하나님과 단절된 상태에서 육체만 가진 사람은 아무리 노력해도 결코 그것을 이룰 수 없다. 그렇기 때문에 사람을 향한 하나님의 확고하신 뜻은 하나님께서 친히 사람 안에 내주하시는 것이다. 그리고 이 일은 곧 하나님의 의(義)가 그 사람에게 이루어지는 일로 드러난다. 그러나 많은 사람들은 하나님께서 자기 안에 내주하시게 하는 일을 제외한 나머지 모든 일을 온 마음을 다해서 열심히 한다. 그리고 그런 자기의 노력과 열심을 스스로 '믿음'이라고 믿고 이를 하나님께서 귀하게 보시고 영생을 주실 것이라고 생각한다. 그러나 하나님께서 우리에게 바라시는 것은 우리가 하나님 자신을 받아들이는 것이다. 사람들은 하나님께 무엇을 드리지 않아서 구원을 받지 못하는 것이 아니라 하나님을 받아들이지 않아서 구원을 받지 못한다. 하나님 자신이 생명이시기 때문이다.

우리가 인식할 수 있는 영이신 하나님의 정체성은 하나님의 의(義), 곧 선하심이기 때문에 율법과 성육신(成肉身)을 통해 계시해 주신 하나님의 의를 사모하고 구하는 일이 바로 성령의 내주를 구하는 일이다. 예수님께서 이르신 말씀이 곧 성령이요, 생명이라는 것이 이 뜻이다(요 6:63). 성령의 임재와 내주는 가슴이 뜨거워지거나 환상을 보거나 방언을 하는 것이 아니라 하나님의 말씀이 나의 심령에 새겨지는 일이고 악한 본성이 거룩하게 거듭나는 일이므로 하나님의 자녀가 되는 권세를 누리는 일이다. 믿어 순종하는 자에게 이 일을 이루어주신다는 약속이 새 언약이다(히 8:10). 그리고 믿음은 진리를 구하는 마음으로 순수한 말씀을 묵상할 때만 생기는 것이지 기적을 보거나 현란한 웅변을 듣고 생기는 것이 아니다. 믿음은 호감과는 다른 것이다. 순수한 하나님의 말씀과 변질된 말씀은 그 두꺼운 성경을 다 읽지 않아도 구별할 수 있다. 그것은 그 말씀의 메시지가 우리에게 겉으로 드러나는 선한 행동을 요구하는 것이 아니라 중심(본성)으로부터 선해지라는 요구를 하고 있는가이다. 본성의 변화에는 관심도 없으면서 사람들 보기에 선한 일을 하는 것은 가식이고 하나님께서 제일 싫어하시는 일이다.

구원은 하나님의 은혜를 따라 하나님의 능력으로 이루어지는 일이기 때문에 바른 믿음만 있으면 반드시 이루어지는 일이지만 옳지 않은 믿음을 가지고 있으면 절대로 이루어질 수 없는 일이기도 하다. 옳지 않은 믿음은 결국 다른 복음을 믿는 일이다. 그리고 이런 변질된 복음들의 특징은 성경 말씀을 인용하면서 그 교리를 전파하기 때문에 그럴듯하면서도 우리들의 본성의 변화를 요구하고 있지 않아서 죄된 본성을 지닌 우리들이 받아들이기 쉽다. 자아(自我)가 죽을 필요가 없기 때문이다. 사랑하는 죄를 떠나지 않고 하늘에 갈 수 있을 것 같다. 그리고 이런 식으로 사람들의 악한 본성에 아부하는 설교를 듣고 그것을 받아들이면 기분이 좋아진다. 이런 좋은 기분을 '은혜받았다'고 착각하기도 한다. 그러나 가짜 복음들은 하나님의 정확한 말씀 앞에서 무너질 수밖에 없다. 정직한 양심을 따라 성경 말씀을 주의 깊게 보면 이런 유사 복음을 얼마든지 분별해 내고 그것을 물리칠 수 있다. 그렇기 때문에 우리들은 바른 믿음을 갖기 위해서 먼저 성경 그대로의 복음을 정확히 아는 일부터 해야 한다. 사실 복음을 온전히 받아들이고 나면 '희락'이라는 열매가 맺히지만 복음을 받아들이는 과정은 즐겁기만 한 일은 아니다. 오히려 고통스럽다. 자아(自我)가 죽어야 하기 때문이다. 그래서 예수님께서는 "애통하는 자가 복이 있다"고 하신 것이고 애통하기 전에 먼저 '애통해야 할 죄' 가운데 있는 자신의 비루함을 볼 줄 아는 영적 눈이 있어야 한다. 이런 눈을 가진 자가 "심령이 가난한 자"인 것이다. 이러한 과정을 통해 그 사람은 하나님의 의를 갈망하게 되고 그는 성령의 내주(內住)로써 의인(義人)으로 거듭나는 경험을 하게 된다. 그러므로 의롭다고 간주되는 것이 아니라 하나님께서 그를 의롭다고 선언하시게 된다. 예수님께서도 "의에 주리고 목마른 자는 의에 배부를 것"이라고 하셨지 의가 있는 것으로 간주할 것이라고 하시지 않았다. 성경에 계시된 생명의 길은 하나님의 성품처럼 아주 단순하고 명확하다. 이 길을 거절한 것에 대해 심판 날에 핑계치 못할 것이다. 우리가 거짓말에 속는 가장 큰 이유는 그 거짓말을 믿고 싶어 하는 거짓된 마음이 우리 안에 도사리고 있기 때문이다. 그러나 성령의 세미한 음성은 우리들 자신의 그런 거짓됨을 지적한다. 우리가 이 음성에 귀 기울이고 성경 말씀을 주의 깊게 읽고 묵상할 때 하나님께서 우리들을 바른 길로 반드시 인도하실 것이다.

이러한 경험을 우리 모두가 하게 되기를 하나님께서는 지금도 바라시고 또 기다리고 계신다. 이 놀랍고도 은혜로운 구원의 섭리와 그것에 따른 바른 복음을 **오직 성경만을 근거로** 보다 명확하게 전달하는 데 본서가 작은 역할이나마 할 수 있기를 기도한다.

2017년 11월

이 재 승

목차

Ⅲ.
옛 언약과 새 언약

몇 가지 고려해야 할 문제들

대부분의 기독교인들은 일반적으로 신약 성경을 새 언약, 구약 성경을 옛 언약과 같은 의미로 이해하고 있다. 성경상의 옛 언약과 새 언약을 단순히 예수님 오시 전과 후의 하나님의 언약의 말씀이라고 이해하면 새 언약과 옛 언약의 내용이 본질적으로 다른 것처럼 생각이 들기 쉽다. 어쩌면 이런 생각 때문에 성경을 구약, 신약이라는 용어로 중세 시대부터 불러왔는지도 모른다. 그리고 이러한 견해는 율법과 복음은 그 본질이 다른 별개의 것으로 생각하게 만듦으로써 우리의 신앙의 터를 흔들어 버린다. 즉, 율법은 옛 언약, 복음은 새 언약이라는 매우 유치한 수준의 결론에 도달하게 만들 뿐만 아니라 이는 결국 하나님의 본성과 구속의 섭리에 대한 치명적 오해를 가져오기 쉽다. 본 장에서는 오로지 성경적 근거로만 새 언약과 옛 언약에 대한 개념을 설명하고자 한다. 이를 위해 먼저 우리는 흔히들 간과하는 다음의 몇 가지 진실을 염두에 두어야 한다.

1) 변하지 않으시는 하나님과 말씀

하나님의 본성은 사람의 그것과는 전혀 다르다. 우리가 성경을 오해하는 가장 큰 이유 중의 하나는 하나님의 하시는 일을 사람의 본성을 바탕으로 이해하고 해석하는 일이다. 그러나 아이러니하게도 성경의 핵심 메시지는 그런 사람의 본성을 죽이고 하늘의 본성을 입으라는 것이다. 하나님께서는 변하지 않으시고 회전하는 그림자도 없으시고 식언(食言)치도 않으시고 후회도 없으시다(약 1:17, 민 23:19). 시작도 없고 끝도 없는 분이기 때문에 하나님께서는 창세 전부터 아담이 범죄하기 전에 인간 구원의 길을 정해 놓으신 분이다.

> *곧 창세 전에 **그리스도 안에서** 우리를 택하사 우리로 사랑 안에서 그 앞에 **거룩하고 흠이 없게 하시려고** 그 기쁘신 뜻대로 우리를 예정하사 예수 그리스도로 말미암아 **자기의 아들들이 되게 하셨으니*** (엡 1:4, 5)

이렇게 인간의 구원을 위한 성육신과 구속의 희생이라는 섭리는 창세 전에 이미 결정된 일이었고 이러한 섭리는 아담의 범죄 직후 아담에게 계시되었다. 창세 전에 예정되었던 구속의 경륜이 범죄 후 4,000년이 지난 시점의 십자가 이후에 비로소 발동했을 리도 없고 이런 구원의 길을 신약시대 이후의 사람들에게만 열어 주셨을 이유가 전혀 없다. (신약시대 이후에는 사람의 본성이 십자가에 못박힐 필요 없이 신앙고백만 하면 편하게 구원을 받는다는 식의 교리는 사람의 본성을 바탕으로 만들어낸 것이지 하나님의 본성을 알고 보면 있을 수 없는 일이다) 이와 같은 구속의 섭리에 관한 하나님의 뜻은 아벨이 양을 잡아 제사를 드린 기록으로부터 알 수 있다. “여자의 후손이 뱀의 머리를 상하게 하고 뱀은 그 발꿈치를 상하게 할 것”(창 3:15)이라는 구속의 경륜에 관한 계시의 말씀이 창세기에는 이 이상 더 자세히 기록되어 있지는 않지만 성육신과 대속의 희생에 관한 자세한 계시의 말씀이 있었다는 것은 아벨과 카인의 제사에 관한 기록으로써 충분히 알 수 있다. 아벨과 그의 제물은 하나님께 열납되었고 카인의 제사는 열납되지 않았다는 사실 자체는 제사의 의미와 원칙에 대한 규례가 이미 주어졌다는 증거이다. 물론 이러한 규례는 구속의 섭리와 함께 계시되었을 것이고 (하나님께서 아무 이유 없이 아담에게 양을 잡아 제사 지내라고 하셨을 리도 없고 카인과 아벨은 아버지에게 받은 교훈 없이 스스로 알아서 양을 잡아 제사를 지냈을 리도 없다) 이는 당연히 카인과 아벨의 아버지이면서 제사 제도를 이 세상에 도입하는 원인을 제공한 아담에게 주어졌을 것은 당연한 일이다. 뿐만 아니라 아담은 이 땅 위의 하나님의 집 나간 맏아들이었다. **아담과 그의 후손들은 그들의 구원을 위해 앞으로 올 그리스도의 희생의 의미를 깨닫고 이러한 하나님과 그리스도에 대한 믿음을 통해 하나님을 개인의 심령으로 받아들여야 했다. 아담이 거절했었던 하나님과의 재연합이 바로 구원이었다.** 그리고 하나님을 받아들이기 위한 자기부정(自己否定)의 표상으로서의 제사라는 의식이 제정되어 아담과 그의 후손들에게 주어졌다. 인간의 죄 된 품성은 하나님의 그것과 반대의 성질을 가졌기 때문에 자기를 부인하지 않고 하나님을 심령 안으로 영접하는 것은 불가능하기 때문이다. 하나님의 본성과 그에 따른 뜻이 이 우주를 관장하는 원칙이고 생명의 원리이기 때문에 아담은 잃어버렸던 영존의 생명을 되찾기 위하여 자신이 거절했던 생명의 원칙 곧 로고스를 다시 받아들여야만 했다. 이러한 구원을 위한 자기부인의 교육과 훈련으로서 주어진 제사 제도는 아담의 후손들을 통해 노아, 아브라함을 거쳐 모세의 때까지 구전되었고 시내산에서는 이러한 제사제도에 관한 더 구체적이고 조직적인 규정이 문서로써 주어졌을 뿐 그 제사 제도의 본질적 의미는 새로운 것이 아니었다. 이러한 제사 제도는 우선은 미래에 여자의 후손으로 이 땅에 오실 그리스도의 대속의 죽음을 예표할 뿐만 아니라 이를 믿는 마음으로 자기를 부인하여 하나님을 받아들인다는 표상들이었다. 제사 제도는 결국 인간 구원을 위한 교육제도의 하나였고 구원은 사람이 자기를 부인하고 비움으로써 하나님과 사람이 개인적으로 하나가 되는 것이었다. **그러므로 제단 위에서 희생되는 제물은 제사 지내는 각 사람의 죄를 대속하실 하나님 자신이면서 그런 하나님을 받아들이기 위해 죽여야 할 그 사람의 악한 본성이었다.** 그러나 이렇게 하나님에 의해 인류에게 주어졌던 제사 제도는 시간이 흐름에 따라 변질되어 본래의 의도와는 전혀 다른 인간 문화의 한 모습이 되어버렸다. 많은 신학자들은 이렇게 변질된 제사제도를 메타포로 사용해서 십자가의 대속을 설명하려고 하기 때문에 일부 신학적 이론은 하나님의 죄 사하심을 기계적 가치 교환의 개념으로 설명하고 있는 실정이다. 죄 사하심은 하나님께서 죄인의 심령에 임하실 때 이전의 죄과를 간과하시는 일일 뿐이다(롬 3:25). 문제의 핵심은 하나님께서 여전히 사람의 밖에 머무시면서 그 사람의 죄를 단순히 용서하느냐 마느냐가 아니라 어떻게 해서 하나님께서 죄인의 심령 안에 임하셔서 거하실 수 있는가이다. 죄는 하나님께서 사람의 심령에 안 계신 것이고 구원은 하나님께서 심령에 임하셔서 거하시게 되는 일이기 때문이다.

예수님께서 이 세상에 사람으로 오셨다고 해서 달라진 것은 아담의 범죄 이후 4,000년 동안 예고되어 왔던 예수님의 성육신과 십자가의 희생이라는 역사적 사건이 실제로 일어났다는 것이지 죄인이 하나님과 영적으로 하나가 되는 구원의 본질은 이 사건 때문에 변할 이유도 없고 변한 것도 없다. 오히려 십자가는 하나님과 연합하는 유일한 길, 곧 자아(自我)를 죽여야만 하는 길을 구약시대보다 더 명확히 보여 주고 있다. 그리고 이 길은 아담에게 아담의 범죄 직후부터 계시되었던 구원의 비밀이었다. 물론 예수님의 성육신 사건이라는 것은 엄청난 사건이다. 천지의 주재시요, 만물의 창조주께서 인간 구원을 위해 사람이 되셨다는 것은 사람이 지렁이를 사랑해서 지렁이가 되었다는 얘기처럼 믿기지 않는 놀라운 사실이다. 사실 이러한 하나님의 측량할 수 없는 자비와 사랑은 제사 제도를 통해 4,000년 동안 계시되어 왔던 일이지만 인간이 죄에 눈이 멀어서 감히 그것을 이해하지도 믿지도 못했던 것뿐이다. 하나님의 인간에 대한 사랑은 아담이 죄를 범하기 전이나 후나, 예수님께서 이 땅에 오시기 전이나 후나 달라진 것이 없다. 인간의 죄 된 본성 또한 성육신 전이나 후나 달라진 것이 없다. 그렇다면 구원의 방법이나 섭리가 달라질 것이 없다는 것은 명백하다. 성육신 사건은 죄로 눈이 먼 사람의 마음으로는 감히 상상도 하지 못했고 믿을 수도 없었던 하나님의 사랑이 우리 눈에 나타났기에 충격적이고 놀라운 일이지 **성육신 이후에 하나님께서 인간을 더 사랑하시게 되어 인간 구원의 방법에 특별한 변화를 가져온 계기로서 십자가를 이해하면 곤란하다.** 이 또한 인간의 본성과 시간의 한계 안에서 하나님의 하신 일을 이해하려는 일이다. 사실 지금도 인류의 대부분은 기독교인들을 포함하여 하나님의 이러한 놀라운 사랑이 눈에 보이게 드러났음에도 그 사랑과 자비를 중심으로 깨닫고 받아들이지 않고 있다. 수많은 기독교인들이 입술로는 십자가를 높이지만 대부분은 우리가 평소에 우리에게 유익을 준 다른 사람을 칭찬하는 것처럼 피상적이고 자기중심적인 공치사일 뿐이다. 그 증거는 그들이 십자가를 높이면서 죄는 그대로 끌어안고 있을 뿐만 아니라 그런 자신에 대해 심각한 문제 의식이 없다는 심각한 사실이다. 죄를 사랑하면서 십자가의 공로를 칭송하는 것은 대제사장 가야바가 예수님의 증언을 듣고 하나님의 이름을 위해 자기 옷을 찢는(마 26:65) 것과 같은 자기모순이다.

하나님과 죄인이 영적으로 하나가 된다면 이것이 아담이 본래 하나님의 형상으로 창조되었던 모습이며 성전의 원형이고 하나님의 자녀로 다시 태어나는 일이다. 그렇다면 성육신과 십자가의 희생은 하나님의 본성과 뜻을 처절하게 보여줌으로써 그것을 믿음으로 바라보는 죄인으로 하여금 자기를 부인하게 인도하여 하나님과 영으로 하나가 되는 데 결정적 영향을 미치는 일이다. 그렇다고 해서 성육신이 구원의 섭리에 어떤 변화를 가져온 것은 아니다. 오히려 창세 전에 미리 정해진 변할 수 없는 구원의 섭리에 따라 때가 되어서(갈 4:4) 성육신이 이루어진 것이다. 그렇기 때문에 십자가 이후에는 예수님을 믿는 일이 없이 구원을 이룰 수 없는 것은 예수님의 성육신, 생애, 말씀, 십자가의 희생을 통해서 하나님의 형상이 완전하게 드러났기 때문이다. 이 중 어느 하나라도 부인하는 것은 하나님을 부인하는 것과 마찬가지이기 때문이다.

그동안 본서를 통해 반복적으로 기술했듯이 하나님께서 나의 심령으로 들어오셔서 나와 영적으로 하나가 되는 일, 곧 구원의 유일한 방해물은 죄 된 자아(自我)이다. 사단도 방해꾼이지만 사단의 방해의 문제는 십자가에서 해결되었으므로 본질적으로 우리가 고민할 문제는 아니다. 내가 하나님을 사모하여 하나님의 뜻에 순종하기로 결심하면 이를 막을 자는 이 세상에 없다. 그러나 우리의 타고난 본성을 유지한 상태에서 아무리 결심을 해도 하나님의 뜻에 순종하는 것은 불가능하다. 하나님과 하나가 되기 전에는 하나님의 뜻대로 살 수 없다. 그렇기 때문에 사람의 입장에서 묵상하고 기도해야 할 가장 중요한 제목은 자아를 부인하고 비우는 일이다. 이런 영적인 일을 사도 바울은 "옛 사람을 십자가에 못 박는다"고 표현했고 예수님께서는 "자기 십자가를 지고 예수님을 따르는 일"이라고 하셨다. 죄인의 본성과 하나님의 본성은 서로 상충[4]되기 때문에 사람의 본성에 충실한 자아(自我)가 살아있으면 하나님께서 내 안으로 들어오실 수 없다. **이러한 인간 구원의 핵심 원리를 아담에게 처음부터 계시하신 것이 바로 제사 제도다.** 고대 중국인들의 글자 의(義)도 양 아래 나(我)를 두는 것 또는 양을 손(手)으로 찔러(戈) 죽이는 것이라는 의미를 담고 있다는 것은 그들의 조상인 아담에게 계시된 제사 제도의 의미를 당시 중국인들도 알고 있었다는 증거이고 이는 아담에게 양을 잡아 제사 드리는 의미를 하나님께서 계시하셨다는 또 하나의 증거이다. 그러나 그 제사의 의미가 후손들을 통해 구전되면서 점점 변질되어 예를 들어 우리 나라 같은 경우는 조상신에게 음식을 대접하는 것으로 제사의 의미가 왜곡된 지 오래다.

하나님의 형상의 회복을 위해 이렇게 자기를 죽여야 하는 구원의 본질과 섭리가 성육신 이전과 이후에 달라질 것이 있는가? 십자가는 우주의 통치 원칙 가운데 죄인들의 죄값을 대신 치른다는 대속의 의

4) 육체의 소욕은 성령을 거스르고 성령은 육체를 거스르나니 이 둘이 서로 대적함으로 너희가 원하는 것을 하지 못하게 하려 함이니라 (갈 5:17)

미가 있다는 것 외에 (이 문제는 죄인의 의지와는 관계 없는 일이다) 죄인들에게 있어서 자아를 부인하는 것을 교육하던 그러한 제사 제도의 실존적 계시일 뿐 그 정신과 섭리가 변했기 때문에 일어난 사건이 아니다. 대속의 피 흘림에 감사하고 그것을 찬송하기 전에 우리는 하나님께서 왜 그냥 우리의 죄를 용서하지 못하시고 사람이 되셔서 피를 흘리셔야만 했는가를 깨달아야 한다. 그것의 의미를 모르면서 막연히 부르는 찬송의 노래 소리는 공치사(功致辭)가 아닌 공치사(空致辭)일뿐이다. 십자가를 아는 것이 그리스도를 아는 것이고 그리스도를 아는 것이 하나님을 아는 것이다. **모르는 것을 어떻게 믿을 수 있겠는가? 모르는 것을 어떻게 구할 수 있으며 구하지 않는 것을 어떻게 주실 수 있겠는가?** 그렇기 때문에 십자가의 죽음은 우리 각자의 옛 사람도 그곳에 달려서 죽어야 할 죽음의 모본이다. 따라서 예수님의 부활은 우리들의 악한 본성이 십자가에 못 박힌 후 경험할 거듭남의 표상이기도 하다. 그러므로 **성육신 이전의 언약의 내용**[5]이 성육신 이후에 변할 리가 없다. 오히려 성육신을 통해서 사람들이 율법을 잘 이해하지 못하거나 오해한 부분을 더 정확하게 이해하게 되었다. **"말씀이 육신이 되셨다"는 표현은 말씀으로만 알려주었던 하나님의 뜻을 성육신으로도 알려주게 되었다는 의미이다. 말씀이 신약시대에 와서 변했다면 육신이 말씀과는 다른 모습으로 왔다는 이율배반에 빠지게 된다. 말씀을 통한 하나님의 본성에 관한 계시 외에 또 다른**

5) 성육신 이전의 언약도 말씀에 믿음으로 순종하는 것이었고 신약시대의 이른바 '새 언약'도 믿어 순종하는 것이다. 믿음은 거듭남의 방법이고 순종은 거듭남의 결과이고 증거이다. 구원의 요체는 예수님 말씀대로 거듭남, 즉, '위로부터 태어남이다.

계시의 방법이 추가되었는데 그것이 성육신이다. 예수님께서는 율법을 폐하러 오신 것이 아니라 '문자'의 형태로 된 율법의 계시 내용을 '성육신'이라는 더할 나위 없이 완전한 방법으로 계시하시기 위해 오신 것이다. 물론 그 계시하고자 하시는 내용은 영원 전부터 영원 후까지 변함 없는 하나님의 본성 곧 하나님의 가슴이다. 이것이 바로 하나님의 영광이다. 그러므로 성육신은 율법이라는 계시 방법의 완성 판이요, 그 율법이 육신이 되신 분이 예수님이다. 이런 성육신의 신비와 뜻을 깨닫고 보면 영원한 하나님의 말씀을 성육신 이전과 이후로 무 자르듯이 나누는 일이 얼마나 어리석은 일인가를 알 수 있다.

2) 사람 사이의 언약, 하나님과의 언약

성경에 나오는 새 언약과 옛 언약이라는 용어는 사람들 사이에 계약서를 썼다가 몇 달 만에 다시 그 계약서의 내용을 고쳐 쓰는 것처럼 생각해서는 안 된다. 옛 언약과 새 언약의 개념은 약 1,500년이라는 이스라엘의 장구한 역사 속에서 이루어진 것이라는 점을 간과해서는 안 된다. 가령 새 언약이 옛 언약의 내용을 본질적으로 바꾼 것이라 하자. 그렇다면 우리나라로 치면 삼국 시대에 백제 땅에 살던 우리의 까마득한 할아버지가 전지전능하신 하나님과 맺은 계약서의 내용을 21세기에 와서 그 내용을 바꿔 썼다는 얘기와 비슷하다. 그 할아버지 후손들이 계약을 어겨서 통일 신라 시대에 다시 맺었고 또 그 후손들이 계약을 파기해서 고려시대에 다시 계약했고 그 후손들이 그 계약을 또 어겨서 조선 시대에 다시 계약을 맺었고 그 후손들이 또 계약을 어겨서 21세기에 다시 계약을 하는데 하나님께서 그 계약의 내용을 바꾸실 이유가 있는가? 시내산에서의 계약만 놓고 본다 하더라도 사람의 입장에서는 변한 것이 없다. 백제 시대의 할아버지나 지금의 그 후손들이나 그 죄 된 본성은 전혀 다를 것이 없다. 그리고 그러한 죄인의 심령 안에 거처를 정하시기를 원하시는 하나님의 뜻도 역시 변한 것이 없고 그 거처를 정하시기 위해 죄인의 자의에 의해 자아(自我)가 부인되어야 하는 것도 동일하다. 다만 자기부정의 동기를 부여하기 위한 수단이 성육신 이전에는 제사와 성소 제도였다면 성육신 이후에는 십자가라는 더욱 강력한 수단을 사용하시는 것이다. **하나님과 하나가 되기 위해 자기가 부인되어야 하는 이유는 하나님은 사랑이시고 사람은 욕망의 결정체이기 때문이다. 이러한 사랑을 모르는 죄인들에게 그 사랑을 더할 나위 없이 완전하게 보여 주신 것이 십자가였고 그 이전에는 율법이었을 뿐 생명을 소유하는 길은 그 사랑과 죄인이 하나되는 길밖에 없는 것은 불변의 법칙이었다. 하나님과 단절된 인간 존재 자체가 욕망의 결정체이듯이 십자가는 하나님의 사랑의 결정체였다.**

물론 죄인의 자기부인과는 관계 없이 십자가는 사단의 노예인 죄인을 해방시키기 위한 속죄의 제물로 흘리신 실제의 대가이기도 하다. 속죄의 피는 창세 전부터 흘리기로 예정된 것이기 때문에 구약시대에도 하나님께서 죄인의 심령에 임하셔서 그 사람을 구원하실 수 있었다. 그래서 예수님을 창세로부터 죽임을 당하신 어린 양[6]이라고 하는

6) 땅에 거하는 모든 자들 곧 **창세로부터 죽임을 당한 어린양**의 생명 책에 이름이 기록되지 않은 자들이 그에게 경배하리라 (계 13:8, 헬라어 원어 사본, KJV)

것이다. **그렇기 때문에 십자가는 그 사건 발생 후에 어떤 효력이 발생하는 사람들 사이의 어떤 사건으로 이해하면 성경의 모든 말씀들이 앞뒤가 하나도 안 맞는다. 하나님께서는 사람들처럼 시간의 제한을 받으시는 분이 아닐뿐더러 십자가는 하나님의 사랑이 하나님을 사람이 되게 하셔서 우리와 함께 하시게 하였고 그 일이 십자가에 달려 죽는 결과를 가져올 것을 아시면서도 사람이 되셔서 사람에게 하나님을 드러내시기를 원하셨던 그 사랑의 완전한 계시이고 그래서 그 피는 대속의 피가 된 것이다.** 실제로 인간의 시간 속으로 하나님께서 들어오셔서 십자가에 달리셨다고 해서 사람이 타락 후 구원을 위해 해야 할 일, 곧 믿어 순종하는 일이 달라질 것이 없다.

다만 이러한 사실을 우리가 온전히 알고 믿을 때 우리는 우리들의 자아를 그리스도와 함께 십자가에 못 박게 되는 것이다. 자아가 죽는 다는 것은 하나님을 내 안에 받아들이는 것이고 하나님께서 내 안에 들어오시면 율법의 요구가 자연스럽게 이루어지는 것이다. **실제로 성육신이라는 사건은 하나님께서 일방적으로 정하신 섭리이지 인간이 하나님께 부탁한 것이 아니다. 그렇다면 창세전에 성육신의 섭리를 정하신 분이 시내산에서는 1,500년 후에 고쳐 쓸 계약서를 왜 작성했겠는가? 그것도 전지전능하신 하나님께서.** 더욱이 그 계약서도 하나님께서 일방적으로 작성하셔서 이스라엘 백성에게 동의 여부를 물어보았을 뿐 인간과 서로 상의해서 작성한 것도 아니다. 그렇다면 하나님께서 고칠 필요가 없는 계약서를 처음부터 작성하셔서 제시했어야 하는 것이 아닌가? 이런 점들을 묵상해 보면 새 언약이 마치 옛 언약과 본질적으로 무슨 큰 차이가 있는 것처럼 말하는 최근의 일부 신학적 설명은 석연치 않은 점이 한두 가지가 아니다.

3) 새 포도주와 옛 포도주

예수님께서 "새 포도주는 새 부대에 담아야 한다"(마 9:17)는 비유를 말씀하실 때 포도주는 교훈 내지는 교리를 말씀하고 있고, **새 포도주와 대비되는 오래된 포도주는 시내산 이후 1,500년 된 포도주가 아니라 말라기 이후 400년 정도 유대의 전통으로 내려오는 구전된 인간의 교훈을 말하고 있는 것이다. 왜냐하면 그들은 이미 예수님 당시로부터 약 500년 전에 바벨론으로부터 예루살렘으로 귀환한 후 하나님과 새 언약을 맺었기 때문이었다(렘 31:31).**[7] 물론 이 오래된 교훈들은 율법에 관한 사람의 해석들이었지만 순수한 율법의 교훈과는 거리가 아주 먼 것들이었다. 그러나 이러한 교훈들은 모세의 율법을 인용하고 있었기에 일반 백성들에게는 하나님의 율법의 말씀 자체로 인식되고 있었다. 이는 마치 교회 강단에서 선포되는 설교들이 하나님의 말씀을 인용하기 때문에 일반 청중들에게는 하나님의 말씀 자체로 인식되는 것과 마찬가지다. **예수님께서는 400년 가까이 이렇게 변질된 채로 유대 사회에 세습되어 오던 시내산 언약의 왜곡된 버전들을 오래된 포도주에 비유하신 것이다.** 포도주는 오래되면 그 맛이 변질되듯이 율법의 정신이 시간이 가면서 변질된 채로 유대인들에게 제시되고 있었던 당시 인간의 전통적 '율법 해석'을 문제 삼으신 것이다. 그리고 예수님께서 주시고자 하셨던 새 포도주, 즉, 새로운 교훈은 그들이 400년 정도 믿어왔던 변질된 교훈과는 전혀 다른 변질되기

---

7) 여호와의 말씀이니라 보라 날이 이르리니 (바벨론 포로에서 귀환할 때, 예수님 오시기 약 500년 전) 내가 이스라엘 집과 유다 집에 새 언약을 맺으리라

이전의 본래 그대로의 신선한 교훈이었다. 뿐만 아니라 그들의 입장에서는 예수님의 교훈은 처음 들어본 것이므로 새로운 교훈이었다. **이것이 새 언약과 새 계명의 개념이다. 1,500년 전에 세운 시내산에서의 언약의 말씀과 비교해서 새롭다는 의미는 아니었다. 다만 시내산에서의 언약은 이스라엘 백성에 의해서 반복적으로 파기되었으므로 이제는 효력이 없는 '옛 언약'이 되어 버린 것뿐이다. 이스라엘 백성이 하나님과의 언약을 파기하여 그 언약의 효력을 소멸시켰고 그래서 시내산에서 맺었던 영원해야 할 언약을 '옛 언약'으로 만들어버린 것이었다.** 그래서 예수님께서는 같은 내용의 계약을 새로 다시 맺고자 하신 것이었고 그 내용을 다시 알려 주신 것에 불과하다. 그러나 하나님과 멀리 떨어져 있었던 당시 유대인들에게는 새로운 가르침이었다. 오히려 예수님께서 주시고자 하셨던 새 포도주는 **변질되기 전의 신선한 시내산에서의 언약 그대로였다.** 단순히 시간의 길이로만 보면 예수님께서 주시고자 하셨던 새 포도주는 오히려 그들이 먹고 있었던 오래된 포도주보다 1,000년 이상 더 오래된 포도주였다.

4) 예레미야서에서의 '새 언약'

새 언약이라는 용어를 성경 상 처음 사용한 사람은 예수님이 아니라 예레미야라는 점도 간과하면 안 되는 점이다. 본래 예레미야서에서 언급한 '새 언약'은 유대인들이 하나님과 맺었던 시내산의 언약을 파기함으로써 그 언약이 효력이 없어진 옛 언약이 되어버렸기 때문에 바벨론 포로 귀환 후 언약을 다시 새롭게 맺을 것을 예언한 표현이다.

옛 언약의 내용을 수정할 필요가 있어서 새 언약을 맺는다는 의미가 아니다. **만일 그렇다면 시내산의 언약이 깨진 이유는 이스라엘 백성의 책임이 아니라 그 언약의 내용을 작성하신 하나님의 책임이라는 얘기다. 그러나 책임이 이스라엘 백성에게 있다면 새 언약의 언약 내용이 달라질 것이 아니라 새 언약을 맺는 이스라엘 백성의 태도가 달라져야 할 것이다. 그래서 바벨론 포로 귀환 후의 새 언약에서는 하나님의 법을 그들 생각에 두고 마음에 새겨서 맺는다고 하셨지 하나님의 율법을 새로운 내용으로 바꾼다고 하시지 않았다.** 율법은 영원한 것이기 때문에 변개될 수 없는 것이다.

예레미야서에서는 유다가 하나님의 언약을 배반함으로 바벨론에 의해 멸망 당할 것과 그곳에 포로로 잡혀 가서 70년을 지내고 예루살렘으로 돌아오되 하나님께 돌아가기를 원하는 남은 자들이 돌아올 것이고 **그렇게 돌아온 자들과 새 언약을 맺을 것(렘 31:31)을 예언하고 있다. 이렇게 당시 바벨론으로부터 귀환한 포로들과 다시 맺었던 언약을 새 언약이라고 명명했던 것처럼 말라기 이후 하나님을 400년가량 떠나 있었던 당시 유대인들과 다시 맺는 언약을 예수님께서 새 언약이라고 말씀하신 것은 너무나 자연스러운 일이다. 히브리서 기자도 예수님의 십자가를 통한 새 언약을 바벨론 포로 귀환 후의 새 언약과 같은 맥락으로 설명하고 있다. 히브리서에서도 새 언약을 맺는 이유는 첫 언약이 이스라엘 백성의 허물로 인해 흠이 있었기 때문이라고 하면서 그 흠은 바로 그들이 하나님의 법을 마음에 새기지 않았다는 것이었다(히 8:8, 9). 뿐만 아니라 율법의 제사와 의식에 관한 법은 십자가와 은혜의 왕국(=하늘 나라, 하늘)의 비유이므로 모두 쇠**

하여 폐한 바 되었고 이제는 그리스도의 희생을 바라보는 믿음을 통해 하나님의 법을 심령에 새김으로써 언약을 맺는다는 것이다(히 9:1-10:18). 이 언약의 내용이 바뀌어서 새 언약이라고 하신 적이 없다. 그렇다면 바벨론 포로 귀환 후에 맺은 새 언약도 그 내용이 변했어야 할 것이다. 예수님께서는 오히려 율법(옛 언약)의 일점일획도 폐할지 않을 것이라고 하셨다(마 5:18). 예수님께서 새 계명을 주노니 "서로 사랑하라" 그러셨고 또한 "이웃 사랑하기를 네 몸처럼 하라"는 말씀이 온 율법의 강령이라고 하셨다. 그렇다면 율법이 곧 새 계명이라는 말씀이다. 그리고 유다의 멸망과 포로 생활 그리고 남은 자들의 귀환은 유다의 멸망 150년 전에 이사야 선지자에 의해서도 예언된 사건들이었다.

> *그 날에 이스라엘의 남은 자와 야곱 족속의 피난한 자들이 다시는 자기를 친 자(바벨론)를 의지하지 아니하고 이스라엘의 거룩하신 이 여호와를 진실하게 의지하리니 남은 자 곧* ***야곱의 남은 자****가 능하신 하나님께로 돌아올 것이라* (사 10:20, 21)

> *여호와께서 이와 같이 말씀하시니라* ***바벨론에서 칠십 년이 차면*** *내가 너희를 돌보고 나의 선한 말을 너희에게 성취하여 너희를 이곳으로 돌아오게 하리라* (렘 29:10)

> *여호와의 말씀이니라* ***그 때에(바벨론에서 귀환할 때)*** *내가 이스라엘 모든 종족의 하나님이 되고 그들은 내 백성이 되리라 여호와께서 이같이 말씀하시니라 칼에서 벗어난 백성이 광야에서 은혜를 입었나니 곧 내가 이스라엘로 안식을 얻게 하러 갈 때에라 옛적에 여호와께서 나에게 나타나사 내가 영원한 사랑으로 너를 사랑하기에 인자함으로 너를 이끌었다 하였노라 처녀 이스라엘아 내가 다시 너를 세우리니 네가 세움을 입을 것이요 네가 다시 소고를 들고 즐거워하는 자들과 함께 춤추며 나오리라 (중략) 여호와의 말씀이니라 보라 날이 이르리니 내가 이스라엘 집과 유다 집에* ***새 언약을*** *맺으리라* (렘 31:1-4, 31)

바벨론 포로 생활 후 귀환한 이스라엘 백성들은 자신들의 죄와 그들 조상들의 죄를 자복하고 하나님께 용서를 구할 뿐만 아니라 그들이 범해왔던 본래 하나님과의 언약을 다시 회복하는 영적 각성 운동이 일어난다. **이러한 역사를 예레미야는 새 언약이라고 예언하였고 이들의 새롭게 맺었던 언약의 내용은 바로 시내산에서 맺었던 옛날의 그 언약이었다.** 이러한 '새 언약'을 맺는 기도가 느헤미야 9:34-38에 기록되어 있다.

> *우리 왕들과 방백들과 제사장들과 조상들이 **주의 율법을 지키지 아니하며 주의 명령과 주께서 그들에게 경계하신 말씀을 순종하지 아니하고** 그들이 그 나라와 주께서 그들에게 베푸신 큰 복과 자기 앞에 주신 넓고 기름진 땅을 누리면서도 주를 섬기지 아니하며 악행을 그치지 아니하였으므로 우리가 오늘날 종이 되었는데 곧 주께서 우리 조상들에게 주사 그것의 열매를 먹고 그것의 아름다운 소산을 누리게 하신 땅에서 우리가 종이 되었나이다 우리의 죄로 말미암아 주께서 우리 위에 세우신 이방 왕들이 이 땅의 많은 소산을 얻고 그들이 우리의 몸과 가축을 임의로 관할하오니 우리의 곤란이 심하오며 우리가 이 모든 일로 말미암아 **이제 견고한 언약을 세워 기록하고 우리의 방백들과 레위 사람들과 제사장들이 다 인봉하나이다 하였느니라*** (느 9:34-38)

여기서 언약은 다름 아닌 모세를 통해 이스라엘 백성과 맺으신 언약이다. 다만 그 언약이 파기됐다가 새롭게 다시 맺었으므로 새 언약이라 한 것이다. 사실 이러한 **하나님의 백성에 의한 언약의 체결, 파기, 심판, 회개와 새 언약의 체결이라는 패러다임은 인류의 구속사에서 반복적으로 나타나는 패턴이다.** 그렇기 때문에 이와 같은 패턴은 요한 계시록에서까지도 그대로 상징으로 사용되고 있다. 인류 최초의 조상인 아담에게 이 패턴을 적용해 보면 아담은 하나님과 선악과의 언약을 맺는다. 그 언약은 아담에 의해 파기된다. (하나님과의 언약은 하나님에 의해 먼저 파기된 적은 없다) 그래서 아담은 에덴에서 쫓겨나고 그에게 주어졌던 영원한 생명은 거두어진다. 이것이 심판이다. 심판은 범죄에 대한 단순한 형벌을 의미하는 것만이 아니다. 심판은 그 사람의 영적인 처지를 알려주시는 일체의 섭리를 말한다. 그것이 교훈의 말씀일 수도 있고, 어떤 형벌일 수도 있다. 바벨론에 의한 예루살렘 성의 철저한 파괴도 심판이지만 예수님의 성육신 자체도 심판이다. 왜냐하면 예수님의 삶과 말씀은 유대인들의 영적인 처지를 적나라하게 드러냈기 때문이었다. 이렇게 심판을 통해 자신의 영적인 처지를 정확히 아는 일에서부터 구원이 시작된다.

> *예수께서 이르시되* ***내가 심판하러 이 세상에 왔으니*** *보지 못하는 자들은 보게 하고 보는 자들은 맹인이 되게 하려 함이라* (요 9:39)

아담이 에덴에서 추방되고 영원한 생명이 거두어지고 벌거벗은 수치심을 느끼게 하신 것 등은 아담의 영적인 처지를 육신이 된 아담에게 육적인 상황을 통해 알려주신 일이고 이 모든 것은 아담의 구원을 위한 심판이었다. **그 다음 주어진 제사 제도는 아담과 그의 후손들의 회개를 통한 영원한 생명의 회복을 다시 약속하신 새 언약이었다.** 회개는 결국 아담의 죄 된 본성을 지닌 자아의 부인을 통한 성령과의 재결합을 의미하였다. 이러한 아담과의 언약은 오늘날 우리들과의 언약과 본질적으로 동일하다. 그리고 자기를 부인해서라도 재결합하기를 원하는 그 하나님의 정체성은 하나님을 볼 수 없는 인간에게는 하나님의 뜻 곧 말씀(율법)이다. **하나님의 말씀이 나의 본성과 상반되**

기 때문에 나는 나를 부인해야 할 필요를 느끼는 것이지 하나님의 뜻을 모르면서 나를 부인한다는 것은 어불성설이다. 아담부터 시작해서 모세까지 믿음의 조상들이 드렸던 제사는 하나님의 뜻(율법의 정신)을 자기의 심령으로 받아들이기 위한 자기부인(自己否認)을 표상하는 약속 행위였다. 그러므로 제사 제도 자체는 하나님의 법이 주어졌다는 사실을 전제로 하고 있음을 알 수 있다. 율법이 주어졌다는 것은 지극히 선하신 하나님의 본성이 어떤 형태로든 계시되었다는 뜻이다. 이러한 사실은 모세에게 성문화된 조직적인 율법을 주시기도 400년 전에 하나님께서 아브라함에게 하신 다음의 말씀에서도 확인할 수 있다.

> *네 자손을 하늘의 별과 같이 번성하게 하며 이 모든 땅을 네 자손에게 주리니 네 자손으로 말미암아 천하 만민이 복을 받으리라 이는 아브라함이 내 말을 순종하고* ***내 명령과 내 계명과 내 율례와 내 법도를 지켰음이라*** *하시니라* (창 26:5)

아담에게 있어서 옛 언약은 선악과의 언약이요, 새 언약은 제사 제도를 통한 자기부정의 확인이었다. 그렇기 때문에 새 언약은 옛 언약의 내용에 문제가 있었다는 뜻이 아니라 옛 언약의 파기 곧 범죄를 이미 저질렀다는 사실을 내포하고 있는 용어이다. 언약이 깨지지 않았다면 새롭게 언약을 다시 맺을 필요가 없기 때문이다. **성경상의 새 언약은 이렇게 하나님의 자비하심, 오래 참으심, 용서하심과 회복하심의 뜻과 의지가 내포된 은혜롭기 그지없는 개념이지 옛 언약이 오래되어서 내용을 수정할 필요가 생겼다는 뜻은 전혀 없다.** 언약을 다시 새로 맺어야 하는 이유는 시간이 많이 흘러서가 아니라 사람이 언약을 깼을 뿐 아니라 그 언약의 내용을 변질시켜 다른 언약을 지키고 있었기 때문이었다. 예수님에 의한 새 언약은 이런 측면 외에도 아담 이후 4,000년 동안 제사 제도를 통해 예고되어 왔었던 십자가가 실제로 왔으므로 그 제사법 관련 조항들이 불필요해졌다는 특징이 하나 더 있는 것이지 율법의 일부를 파괴하는 것이 새 언약이라는 뜻이 아니다. **정확히 말하면 제사법은 폐기된 것이 아니라 십자가에 의해 성취되고 완전하게 된 것이었다.** 예수님께서는 율법의 일부를 폐하려 오신 것이 아니라 오히려 율법을 완전하게 하시기 위해 세상에 오신 것이었다. 다만 예수님 당시 유대인들은 율법의 정죄하는 기능인 글자에만 매달려 있었기 때문에 이런 글자만의 의미로서의 율법을 바울이 옛 언약이라고 한 것이지 사실 그들은 오래 전부터 언약을 파기했으므로 하나님과 언약 관계에 있지도 않았다(엡 2:15, 고후 3:6). 예수님께서도 바울도 영적 요구를 하는 율법 자체를 옛 언약이라고 하신 적이 없다.

아담에게 있어 새 언약은 옛 언약을 파기함으로써 거절했던 성령과의 믿음을 통한 재결합이다. 선악과의 언약은 겉으로는 선악과의 열매를 먹지 않는 것이지만 결국은 믿음으로 아담 안에 내주하시는 성령을 붙드는 일이었고 제사 제도는 겉으로는 양을 잡아 제물로 드리는 것이지만 영적인 본질은 믿음으로 자기에게 없는 성령을 구하여 받고 하나님과의 올바른 관계를 회복하고 유지하는 일이었다. 그러므로 **사람과 하나님 사이의 모든 언약의 본질은 사람의 입장에서는 믿음으로 하나님과 하나가 되겠다는 약속이고 하나님의 입장에서는 하나님께서 그 사람 안에 거하심으로써 그 사람의 하나님이 되고 생명이 되신다는 약속이다.** 이러한 영적 약속의 유효성은 그 사람이 하나님의 뜻대로 사는 삶을 통해 드러나는 것뿐이다. 그리고 하나님의 뜻대로 사는 삶의 모습을 성문화된 법조문으로 미리 보여 주신 것이 모세의 율법이다. 그리고 율법 그대로 사는 모습을 하나님께서 친히 보여 주신 것이 성육신이다.

이러한 언약의 원리는 이스라엘 백성들에게도 동일하게 적용된다. 그들이 시내산에서 맺었던 하나님과의 언약은 아담에게 범죄 후에 주어졌던 '율법과 제사 제도'를 더 구체적이고 조직적으로 시민법과 더불어 주신 것에 불과하다. 아담에게 적용되었던 구원의 섭리가 이스라엘 백성에게는 다르게 적용될 이유가 없다. 하나님과 하나가 되는 구원은 결국은 믿음으로만 이루어지는 일이지만 눈에 보이지 않는 하나님을 사모하고 구하는 믿음을 갖게 되는 것은 쉬운 일이 아니었다. (지금도 마찬가지이다) 이러한 믿음을 갖도록 도와주는 일이 제사 제도였고 제사 제도의 규례에 순종하는 것 자체도 믿음을 통해 하나님 말씀에 순종하는 훈련의 일부였다. 이렇게 보면 **시내산에서의 '옛 언약'도 하나님과 아브라함 사이의 언약을 400년에 걸쳐서 서서히 잊어버렸던 이스라엘 백성과 다시 새롭게 맺은 '새 언약'이었지 구원을 위한 새로운 섭리가 도입된 것은 아니었다.** 아브라함과의 언약의 핵심 내용도 결국은 의(제다카)와 공도(미슈파트)를 행하는 것이었고 이는 현재까지 그 기록이 남아 있는 모세 율법의 핵심 정신이다. 그리고 그로부터 1,500년 후 예수님께서 세상에 오셔서 주신 산상수훈의 요체이기도 하다. 그리고 십자가는 율법의 영적 요구를 명백하게 드러낸 율법의 최종판이었다.

언약들(약속들)

1) 언약의 중심은 율법

성경에는 하나님과 그 백성 사이에 수많은 언약들이 세워졌었는데 그 언약의 본질적 내용이 그때마다 바뀐 것은 전혀 없었다는 것의 대강을 설명했다. 오히려 사람들이 갈수록 더 완악해져 가므로 계시의 방법이 점점 더 강력해져 왔다. 그 최종판이 십자가다. 하나님은 창세 전부터 구원과 구원의 방법을 미리 정하셨기 때문에 인간의 시대에 따라 인간의 반응에 따라 구원의 방법이 변할 리가 없다.

> ***창세 전에*** *그리스도 안에서 우리를 택하사 우리로 사랑 안에서* ***그 앞에 거룩하고 흠이 없게 하시려고*** *그 기쁘신 뜻대로 우리를 예정하사 예수 그리스도로 말미암아 자기의 아들들이 되게 하셨으니* (엡 1:4, 5)

> *하나님이 미리 아신 자들을 또한* ***그 아들의 형상을 본받게 하기 위하여 미리 정하셨으니*** *이는 그로 많은 형제 중에서 맏아들이 되게 하려 하심이니라 또 미리 정하신 그들을 또한 부르시고 부르신 그들을 또한 의롭다 하시고 의롭다 하신 그들을 또한 영화롭게 하셨느니라* (롬 8:29, 30)

하나님께서는 창세 전에 (사람이 타락한다면) 죄인들 중 하나님을 사모하는 자들을 불러내셔서 그들을 거룩하고 흠이 없게 만드시기로 (이것이 구원이다) 예정하시고 이 일을 위해 예수님의 성육신과 대속의 희생을 예비하셨다. 죄인을 거룩하고 흠이 없게 만드신다는 것은 무슨 의미일까? 이는 죄인의 입장에서 보면 믿음으로 하나님과 하나로 다시 결합하는 일이다. 이를 예수님(하나님)을 영접한다고 하는 것이고 예수님을 내 안으로 영접하기 위해서는 입술로 "믿습니다"라고 말하는 것이 아니라 죄의 본성을 가진 자아를 부인하고 비우는 일이다. 그리고 하나님의 입장에서는 죄인의 자의에 의해 비워진 그 사람의 심령에 거처를 정하시는 일이다. **결국 사람의 온전함이란 그 사람의 온전한 죽음과 그 심령 안에 내주하시는 하나님의 온전함을 말하는 것이다.** 이러한 구원을 위한 하나님의 뜻에 동의하고 사람이 하나님을 영접하기로 약속한 일들이 결국 언약이다. 그리고 하나님을 영접한다는 것은 자기를 부인하고 하나님의 뜻에 내가 동화되는 것이므로 하나님의 뜻(율법)도 계시하셨다. 이것이 아담부터 예수님의 때까지 맺어졌던 사람과 하나님 사이의 언약의 본질이고 이것이 변한 적은 없다.

하나님과 인간 사이의 언약의 요체는 말씀(명령, 율법[8])이라고 해도

8) 율법(law)은 법이라는 뜻으로 하나님께서 우주를 통치하시는 원칙이요, 하나님의 뜻이다. 이를 한 단어로 표현하면 사랑이고 열 가지로 풀어 말하면 십 계명이고 이를 출애굽 후 유대인의 생활 환경에 적용하여 주신 것이 각종 규례들이고 이를 더 넓게 말하면 하나님의 말씀 전체라고 할 수도 있다. 다만 율법 중에 예수님 오시기 전에 예수님의 성육신과 십자가의 희생을 미리 가르쳐 주기 위한 일시적 율법의 조문이 있었는데 이것이 제사와 성소에 관한 율법이다. 이 율법은 십자가가 오기 전에 십자가 대신 존재했던 법으로 그런 율법의 표상하는 바 실체인 십자가 희생 이후에는 필요가 없게 됐으므로 그런 제사법의 정신은 십자가로 완전하게 되었지만 법조문은 폐했다.

무방하다)에 대한 순종을 조건으로 주어지는 영원한 생명의 약속이었다. **순종은 다른 말로 하면 자기를 부인하는 것이고 영원한 생명이 주어진다는 것은 그 사람 안에 하나님께서 거하신다는 뜻이다.** 그러므로 사도 바울은 구원을 믿음의 순종이라고 요약하고 있다. 하나님과 하나가 되는 것이 구원인데 이렇게 되는 방법은 믿음을 바탕으로 한 결심과 순종이다. 따라서 구원의 결과 내지 증거는 말씀에 순종하는 것이다. 그러므로 영생을 얻느냐 얻지 못하였느냐의 기준은 율법을 준수했느냐 하지 않았느냐가 그 기준이 되는 것은 당연한 일이고 이 원칙을 예수님께서도 여러 번 분명히 하셨다. 단순히 예수님을 믿었느냐 안 믿었느냐가 아니다. 진실로 믿었다면 율법을 준수했을 것이므로 **객관적 기준**은 율법의 준수이다. 예수님께서도 마지막 날 심판의 기준이 예수님을 믿었느냐가 아니라 율법을 준수했느냐 안 했느냐 라는 것을 다음과 같이 천명하셨다.

> *나더러 주여 주여 하는 자마다 다 천국에 들어갈 것이 아니요 다만 하늘에 계신* ***내 아버지의 뜻(=하나님의 율법)****대로 행하는 자라야 들어가리라 그 날에 많은 사람이 나더러 이르되 주여 주여 우리가 주의 이름으로 선지자 노릇 하며 주의 이름으로 귀신을 쫓아 내며 주의 이름으로 많은 권능을 행하지 아니하였나이까 하리니 그 때에 내가 그들에게 밝히 말하되 내가 너희를 도무지 알지 못하니* ***불법을 행하는 자들(율법을 범하는 자들)****아 내게서 떠나가라 하리라* (마 7:21-23)

이 말씀에서 보면 예수님 보고 "주여 주여" 한 사람들, 예수님의 이름으로 귀신을 쫓아내고 방언을 하고 병을 고친 사람들은 모두 사람들의 눈에는 예수님을 신실하게 믿은 사람들이다. 그리고 사람들은 이들이 베푸는 이적을 보고 하나님의 신실한 종이기 때문에 성령의 신령한 은사를 받았다고 믿는다. 그뿐만 아니라 이들은 로마서를 인용하면서 믿기 때문에 이미 구원받았다고 자랑했던 사람들일 것이다. 그러나 이들은 **율법을 범함으로써(불법을 행함)** 자신들의 믿음이 거짓임을 하나님 앞에 그들의 삶을 통해 증거하였다. 그들은 예수님을 알지 못하고 예수님도 그들을 알지 못하신다. 사실 옆 페이지의 짤막한 말씀 속에는 구원에 관한 비밀이 다 드러나 있다. 우선 예수님을 믿기 전에 예수님을 알아야 하고 그런 연후에 진실한 믿음으로 예수님께 하나님의 의(義)를 구하면 예수님께서 그 사람에게 찾아 오셔서 그 사람 안에 하나님의 의를 이루셔서 그 사람의 삶을 하나님의 뜻에 따라 주관하시게 되고 그는 **하나님의 뜻(율법)대로** 살게 된다. 이것이 구원이다.

인류와 하나님 사이에 체결한 최초의 언약은 선악과의 언약이었다. 보통 갑과 을의 언약은 양자의 이익을 위해서 체결되지만 일차적으로는 갑의 이익이 우선인 것이 사람들 사이의 일반적인 언약이다. 그러나 하나님과 그 백성 간의 언약은 항상 일차적인 이익이 갑(甲)이신 하나님께 있는 것이 아니라 을(乙)인 그 백성들에게 있는 것이 인간들 사이의 언약과의 다른 점이다. 인류와 처음 맺었던 선악을 알게 하는 나무의 열매에 관한 언약은 아담과 그 후손들의 영원한 복락을 위한 것이고 이 자체가 하나님의 영광이었다. 이 일을 위해 아담이 지켜야 할 유일한 조건은 선과 악을 알게 하는 나무의 실과를 먹지 않는 것이었다. 물론 실과를 먹지 않는다는 것은 그 열매의 화학 성분이 문제가 있어서가 아니라 아담 안에 내주하시는 성령을 거절하지 않는다는 약속을 예표하는 것이었다. 그럼에도 불구하고 하나님과 아담 사이에 맺은 첫 언약은 아담과 하와에 의해 파기되었다. 이 일을 사단이

적극적으로 도와주었다.

선악과의 언약을 맺을 때 아담에게는 죄가 없었으므로 어떤 선한 일을 하고 악한 일은 하지 말라는 언약을 맺을 필요가 없었다. 다만 아담 안에 내재하고 계신 하나님을 거절하지 않는 것만이 아담이 행할 언약의 내용이었고 이는 선악과를 먹지 않는다는 언약으로 함축되었다. 결국 선악과의 언약 역시 **아담을 '있게' 하신** "창조주 하나님을 사랑하라"는 하나님의 율법의 기본 정신이 그 본질이었다.

하나님의 관심은 사람의 본성이 하나님 자신과 같이 되는 것 외에는 아무것도 없다. 그것이 곧 사망으로부터의 구원이기 때문에 그렇다. 하나님 자체가 생명이시고 하나님의 본성에 따른 원칙이 생명의 법이기 때문이다. 사람이 그 생명의 법칙에 동화되어서 생명을 누릴 때 진정한 행복과 평안이 있고 이는 시간의 제한을 받을 필요도 없기 때문에 영원한 생명이기도 하다. 이러한 하나님의 사람에 대한 목적은 창세기에서 아담을 창조하시는 장면[9]부터 요한 계시록에서 예수님의 재림 직전[10]까지 일관되고도 유일한 것으로 우리에게 제시되고 있다.

> *믿음으로 말미암아* ***그리스도께서 너희 마음에 계시게*** *하시옵고 너희가 사랑 가운데서 뿌리가 박히고 터가 굳어져서* (엡 3:17)

---

9) "하나님이 이르시되 **우리의 형상을 따라 우리의 모양대로** 우리가 사람을 만들고 그들로 바다의 물고기와 하늘의 새와 가축과 온 땅과 땅에 기는 모든 것을 다스리게 하자 하시고"(창 1:26) **아담이 하나님의 형상이 되려면 아담의 심령 안에 성령이 거하셔야만 한다.**

10) "보라 내가 도둑 같이 오리니 누구든지 깨어 **자기 옷을 지켜** 벌거벗고 다니지 아니하며 자기의 부끄러움을 보이지 아니하는 자는 복이 있도다"(계 16:15) 여기서 옷은 **그리스도의 의(義)의 옷을 말하고 있으므로 곧 성령과 함께하는 것을 말씀하고 있다.** 따라서 벌거벗고 다니고 부끄러움을 보인다는 것은 성령을 거절하고 죄를 범하는 것을 말하다.

너희 안에 *이 마음을 품으라 곧 그리스도 예수의 마음이니* (빌 2:5)
너희가 정욕 때문에 세상에서 썩어질 것을 피하여 ***신의 성품에 참여하는 자****가 되게 하려 하셨느니라* (벧후 1:4, 개역한글)

또 내가 보니 보라 어린 양이 시온 산에 섰고 그와 함께 십사만 사천이 서 있는데 ***그들의 이마(정신)에는 어린 양의 이름(품성)과 그 아버지의 이름(품성)****을 쓴 것이 있더라* (계 14:1)

2) 아담과의 언약

아담의 범죄 직후 선악과를 먹고 나서 아담의 생각에 여호와가 언젠가 자기를 찾아와 죽일 것이라고 불안해 하고 있었을 (그래서 나무 뒤에 숨었을 것이다) 아담에게 하나님께서는 먼저 찾아 오셔서 살아 있는 흠이 없는 양을 가져오게 하시고 그 양을 칼로 찔러 죽이게 하셨다. 그리고 그 죽은 양의 가죽으로 옷을 만들어서 입히셨다. 양의 가죽 옷은 그리스도의 의(義)를 상징한다. 양이 죽어야만 양 가죽으로 옷을 입힐 수 있듯이 그리스도께서 대속의 죽음을 죽으셔야만 우리가 그리스도로 옷 입을 수 있다는 것을 당시 벌거벗은 수치를 느끼고 있던 아담에게 설명하셨을 것이다. 그 당시 과일과 채소만 먹고 살던 (창 1:29) 아담은 살생이라는 끔찍한 일을 처음 하여 가슴을 쓸어내리고 있는데, 하나님께서는 아담에게 "네가 찔러 죽인 그 양이 바로 사람의 육신으로 오실 메시아이고 그 메시아는 너의 죄 때문에 그렇게 죽임을 당하여 너의 죄를 대속할 것이지만, 너를 실족하게 한 사탄은 메시아의 죽음 당함으로써 심판 받을 것이다. 그 메시아는 육신으로 남자의 후손이 아닌 **여자의 후손**으로 후일에 세상에 올 것인데 그 메시아가 바로 너를 죽일까 봐 네가 지금 두려워하고 있는 바로 나 여호와[11]다"라고 선포하셨을 것이다. (그리스도께서는 처녀가 잉태하여 낳을 아기로서 이 땅에 오실 것을 아담의 범죄 직후 선포하고 계신 것이다. 여자가 남자의 씨를 받아 자식을 낳으면 남자의 후손이지, 여자의 후손이 아니다. **'여자의 후손'이라는 표현 자체는 처녀가 잉태하여 아이를 낳을 것이라는 암시를 주고 있다**) 그리고 아담은 자기를 죽일 것이라고 두려워하던 그 여호와 하나님께서 육신이 되어 자신을 대신해서 죽을 것이라는 복음을 듣고 가슴을 치며 통곡을 하고 울었을 것이다. 그리고 그의 죄에 대한 후회와 두려움은 첫째 아들이 둘째 아들을 죽이는 사건을 기점으로 극에 달했을 것이고 그의 죄에 대한 애통함은 자신의 후손들이 번성해 가면서 하나님을 떠나 범죄하는 모습을 목도[12]하면서 계속되었고 이런 고통은 죽는 날까지 계속되었을 것이다. 하나님께서는 이 언약을 아담의 후손들에게 가르쳐 믿게 함

---

11) 너희가 만일 **내가 그인 줄**(I am that I am, ἐγω´ εἰμί; 스스로 존재하는 자) 믿지 아니하면 너희 죄 가운데서 죽으리라 그들이 말하되 네가 누구냐 예수께서 이르시되 **나는 처음부터 너희에게 말하여 온 자**니라 (요 8:24, 25)
이는 **아버지를 본 자가 있다는 것이 아니니라** 오직 하나님에게서 온 자만 아버지를 보았느니라 (요 6:46)
너희 조상 **아브라함은 나의 때 볼 것을 즐거워하다가** 보고 기뻐하였느니라 (요 8:56)
이 세 구절을 깊이 묵상해 보면 아브라함과 언약을 하시고 성육신과 세상 끝에 올 영광의 왕국을 계시로써 보여 주신 분이 예수님이시고(창 15:12-18), **아버지를 본 자가 없었다 하셨으므로, 모세가 보았던 여호와가 아버지 하나님이 아닌 바로 신성으로 모세에게 나타나신 예수님이었음을 알 수 있다. 예수님께서는 처음(창세)부터 아담에게 말씀해 오신 분이시며, 또한 스스로 존재하는 자라고 선포하셨다. 즉, 구약의 여호와 하나님이 바로 예수님이라는 것을 알 수 있다.**

12) 아담은 홍수의 심판이 있기 약 500년 전까지 생존해 있었고 노아가 태어나기 약 100년 전에 흙으로 돌아갔다.

으로써 하나님의 뜻을 지키게 하라고 말씀하셨는데 이는 다음 구절로 간략하게 압축되어 기록되어 있다.

> *내가 너로 여자와 원수가 되게 하고 네 후손*[13]*도 여자의 후손과 원수가 되게 하리니 여자의 후손(예수님)은 네(사탄) 머리를 상하게 할 것이요(사탄에 대한 심판) 너는 그의 발꿈치를 상하게 할 것이니라 (십자가의 희생) (중략) 여호와 하나님이 아담과 그의 아내를 위하여 가죽 옷을 지어 입히시니라* (창 3:15, 16, 21)

이 말씀을 신학자들은 '원복음'이라고 부르는데 이러한 용어 자체가 마치 '복음'도 '원복음'으로부터 진화해서 예수님의 십자가 이후에 현재의 모습으로 완성된 것 같은 인상을 준다. **그러나 이것이 범죄 후에**

---

13) '네 후손'이란 표현은 뱀에게 하시는 말씀이므로 '**뱀의 후손**'이라는 말씀이다. 뱀의 후손은 아담의 후손 가운데 회개하지 않은 모든 사람들을 말하고 있다. 예수님께서 바리새인들에게 독사의 자식들이라고 말하셨는데 '독사의 자식'은 '뱀의 후손'이라는 표현을 구약 성경과 일관성 없이 번역한 것이다. **사실 우리가 인정하기 싫어도 하나님과 하나가 되어 본성의 변화함을 입지 않은 사람들은 모두 마귀의 자식들 곧 뱀의 후손들이다**(요 8:44). 그래서 침례(세례) 요한도 자기에게 침례 받으러 나아오는 큰 악을 저지르지 않은 평범한 사람들에게 독사의 자식들이라고 한 것이다.
요한이 세례 받으러 나아오는 **무리에게** 이르되 **독사의 자식들아** 누가 너희에게 일러 장차 올 진노를 피하라 하더냐 (눅 3:7)
예수님도 그 당시 유대인들에게 그렇게 말씀하셨다.
독사의 자식들아(뱀의 후손들이여) 너희는 악하니 어떻게 선한 말을 할 수 있느냐 이는 마음에 가득한 것을 입으로 말함이라 (마 12:34)
그래서 하나님께서는 뱀이 흙(사람)을 먹고 살 것이라고 하셨다. 우리들이 감히 마귀의 자식(뱀의 후손들)이라는 생각을 하지 못하는 것은 "악"이라는 것이 흉악범들이 하는 생각이나 일이라고 생각하고 성경에서 말씀하시는 선과 악이 무엇인지 잘 모르기 때문이다. 구원받기 전의 우리들이 바로 뱀의 후손이요, 독사의 자식들인 것을 사람들은 잘 모른다. 우리가 원래 뱀의 후손이기 때문에 하나님의 자녀가 되는 일을 거듭남이라고 하고 속량(노예 해방)이라고도 하는 것이다.

체결된 최초의 새 언약이요, 우리들에게 선포된 복음과 본질적으로 동일한 복음이다. 하나님과의 언약은 결국 구원을 행하시겠다는 하나님의 약속이므로 기쁜 소식이고 또한 하나님께서 구원을 하실 테니 너희는 나를 믿고 순종하라는 명령이 내포되어 있으므로 복음은 영생의 명령[14]이다. 죄인은 순종하는 믿음을 통해 그 심령에 하나님의 법이 새겨지게 되고 이러한 과정을 통해 그 사람은 하나님께서 거하실 수 있는 성전으로 지어져 가는 것이다. 그리하여 하나님께서 거하시게 되는 일이 바로 구원의 본질이다. 이런 언약은 하나님 측에서는 구원을 제공하고 하나님의 백성 측에서는 말씀에 대해 순종하는 믿음을 요구하였다. 이때 아담과 맺은 언약의 내용은 하나님의 율법[15]을 지키라는 것과 그렇게 할 수 있기 위하여 양을 잡아서 제사를 지냄으로써 오실 메시아의 희생의 의미를 항상 묵상하고 자아(自我)를 부인하라는 것이었다. **이는 십자가 사건 이후에는 예수님의 피와 살을 먹는 행위와 동일한 일이었다**(요 6:53-56). 십자가가 오기 전에 예수님의 살과 피를 먹는 대신 짐승을 잡아 제사를 지내면서 그 의미와 섭리를 묵상하였던 것뿐이다. 예수님의 피와 살을 먹는 일도 실제의 피와 살을 먹는 것이 아니라 예수님의 성육신과 십자가에서의 희

---

14) '복음'의 헬라어 원어인 εὐαγγέλιον(유앙겔리온)의 본래 뜻은 **황제의 칙령을 전하는 소식**이라는 의미이다.
헐몬의 이슬이 시온의 산들에 내림 같도다 거기서 여호와께서 복을 명령하셨나니 곧 영생이로다 (시 133:3)

15) 창세기에서는 아담에게 율법을 지키라는 명령의 내용이 기록되어 있지는 않지만 이는 당연한 추론이다. 그러나 그 율법의 형태가 출애굽기에 나오는 것처럼 조직적으로 정리된 형태는 아니었을 것이다. 이에 대한 증거는 본 장의 추후에 제시될 것이다.

생의 의미를 깨닫고 묵상함으로써 자기를 부인하여 하나님과 연합하라는 뜻이다.

아담과 맺은 언약의 내용이 이러이러하다고 창세기에 모든 것이 기록 되어 있지는 않지만[16] 우리는 어떠한 기준에 의해 아벨의 제사는 열납하시고 카인의 제사는 열납하시지 않았다는 기록에서 하나님께서는 제사의 규례에 관한 명령을 이미 아담에게 주셨다는 것을 알 수 있다. **그리고 하나님의 율법은 영원한 것[17]이기 때문에 창세기에 별도의 기록은 없지만 율법을 준수하라는 명령이 주어진 것은 너무 당연한 일이다.** 카인이 살인을 하고 도망을 하는 것을 봐도 살인하지 말라는 율법의 정신이 이미 주어진 것을 알 수 있다. 일반적으로 십계명이 시내산에서 처음 주어진 것으로 오해하는데 하나님의 율법은 영원한 것이어서 **시내산에서 갑자기 고안된 것일 수 없다.** 하나님의 율법의 법 정신은 곧 하나님의 본성을 계시하신 것이고 이는 "하나님과 인간을 사랑하라"라는 것인데, 이는 창세 이전부터 있었던 원칙이고 우리가 나중에 하늘 나라에서도 지킬 영원한 법이다. 이 원칙 위에서 피조물들의 영원한 행복이 보장된다. 이런 하나님의 율법이 이 지구

16) 사실 아담과 맺었던 언약의 내용은 모세와 맺었던 언약과 당연히 동일하기 때문에 반복적으로 기록할 필요가 없다. 모세 이전에 아담, 노아, 아브라함과 맺었던 율법과 제사 제도를 통한 구원에 관한 섭리의 계시와 그에 따른 언약은 모세의 율법에서 반복되고 있기 때문에 창세기에 이를 자세히 서술하고 있지 않을 뿐이지 모세와 다른 언약을 하나님께서 그들과 맺은 것도 아니고 그랬을 리도 없다. 그리고 모세와 맺었던 언약도 우리와 맺은 언약과 본질적으로 다를 것이 전혀 없다.

17) 여호와여 주께서 가까이 계시오니 주의 모든 계명들은 진리니이다 내가 전부터 주의 증거들을 알고 있었으므로 주께서 영원히 세우신 것인 줄을 알았나이다 (시 119:151, 152)

상에서 우리가 사는 동안 생활에 적용된 것이 십계명이다. 예를 들어 "간음하지 말라"는 계명 역시 사랑의 원칙에서 나온 명령이다. 그러나 결혼하지 않는 천사들에게는 이런 법조문은 적용되지 않지만 그 법조문의 정신은 동일하다. 만일 어떤 천사가 사탄의 말을 믿고 따른다면 영적으로 간음한 것이다. 구약 성경에서는 우상 숭배를 '행음'이라고도 부르고 있는데 이는 영적인 간음이기 때문이다. 사도 바울이 갈라디아서에서 율법이 아브라함의 약속보다 430년 후에 생겼다고(갈 3:17) 말하는 것은 성문화된 모세 율법의 법조문들을 말하고 있는 것이지 율법의 정신을 말하고 있는 것이 아니다. 이 율법의 정신을 사도 요한은 '로고스'라 하였고 로고스는 태초부터 있었고 이 로고스가 그 하나님과 함께 있었고 로고스 또한 하나님이시라고 하였다(요 1:1). 예를 들어 타인의 아내를 범하는 것이 시내산 이전에서는 죄가 아니었겠는가? 특히 갈라디아서는 그리스도를 믿어도 할례를 받아야 한다는 주장에 대한 반박으로서 쓰여진 편지이기 때문에 여기서 율법은 일차적으로는 **제의법**을 말하고 있고 더 넓게는 율법의 정신과 대비되는 **율법의 법조문**을 말하고 있다. 그래서 바울은 율법의 정신을 심령에 새기는 일이 진정한 의(義)이고 이 의에 도달하는 것은 그리스도를 믿음으로 성령의 약속을 받음으로써 가능하고(갈 2:16) 성령 없이 육체의 노력으로 율법을 지키는 것은 결국 율법의 조문만을 지키는 일이라는 것을 대비하고 있다. 이런 구원의 원리를 설명하기 위해 단순한 표현으로 '율법의 행위'와 '믿음'을 비교하고 있는 것이지 율법을 지킬 필요가 없다는 뜻이 전혀 아니다. 따라서 할례가 그리스도에 관한 하나님의 언약을 폐하지 못한다는 것일 뿐이다.

선악과의 언약이 파기되어 옛 언약이 됨에 따라 율법(성문화된 법조문이 아니라 하나님의 도)과 제사제도를 매개로 아담과 다시 맺은 '새 언약'은 그 후 1,500년 가까이 흘러가면서 아담의 후손들에 의해 파기되어 또 다시 '옛 언약'이 되어 가고 있었다. **노아 때의 홍수 심판을 생각해 보아도 율법이 홍수 이전에 이미 주어졌다는 것을 알 수 있다. 율법 없이 심판이 있을 수 없다. 홍수 심판은 하나님의 율법을 지구의 모든 거민들이 범하여 이 땅에 포악함이 가득 차서 더 이상 희망이 없기 때문에 하나님께서 행하신 일이었다.**

> *여호와께서 사람의 **죄악**이 세상에 가득함과 그의 마음으로 생각하는 모든 계획이 항상 **악**할 뿐임을 보시고* (창 6:5)

여기서 말씀하시는 죄악과 악함의 기준은 하나님의 뜻, 곧 율법이다. 하나님께서 인류에게 선과 악의 기준을 주시지도 않고 그들을 악하다고 정죄하시고 홍수로 심판하셨을 리 없다. 하나님께서 아브라함에게 복을 주시는 이유도 하나님의 명령과 계명과 율례와 법도를 지켰기 때문이었다(창 26:5).

또 다른 예를 보면 그랄 왕 아비멜렉이 아브라함의 아내 사라를 아브라함의 여동생으로 알고 취할 뻔했다가 하나님의 계시를 받아 사라가 아브라함의 아내인 줄을 알고 다음과 같이 말한다.

> *아비멜렉이 아브라함을 불러서 그에게 이르되 네가 어찌하여 우리에게 이렇게 하느냐 내가 무슨 죄를 네게 범하였기에 네가 나와 내 나라가 큰 죄에 빠질 뻔하게 하였느냐 네가 합당하지 아니한 일을 내게 행하였도다* (창 20:9)

여기서 이방인 아비멜렉도 다른 사람의 아내를 취하는 것이 하나님의 율법을 범하는 큰 죄라는 것을 알고 있는 것을 볼 수 있다.

소돔과 고모라의 심판도 하나님이 기분 나빠서 행하신 것이 아니라 그 도시의 거민들이 하나님의 율법을 범하고 짓밟아 그 중에 하나님의 법을 지키는 의인(義人) 10명[18]도 발견할 수 없었기 때문이었다. 그 중에 의인이라고 할 수 있던 사람은 롯의 가족 몇 명뿐이었다. **이 소돔과 고모라의 심판은 하나님의 법을 능멸하고 유린하다 멸망 당할 지구 거민들의 마지막 심판을 예표한다.** 하나님의 율법을 범함으로 소돔과 고모라에 심판이 임했음을 신명기에 나오는 다음 말씀에서 간접적으로 잘 알 수 있다.

> *그 온 땅이 유황이 되며* ***소금이 되며***[19] *또 불에 타서 심지도 못하며 결실함도 없으며 거기에는 아무 풀도 나지 아니함이 옛적에 여호와께서 진노와 격분으로 멸하신 소돔과 고모라와 아드마와 스보임의 무너짐과 같음을 보고 물을 것이요 여러 나라 사람들도 묻기를* ***여호와께서 어찌하여 이 땅에 이같이 행하셨느냐*** *이같이 크고 맹렬하게 노하심은 무슨 뜻이냐 하면 그 때에 사람들이 대답하기를 그 무리가 자기 조상의 하나님 여호와께서 그들의 조상을 애굽에서 인도하여 내실 때에 더불어 세우신* ***언약을 버리고*** *가서 자기들이 알지도 못하고 여호와께서 그들에게 주시지도 아니한 다른 신들을 따라가서 그들을 섬기고 절한 까닭이라 (신 29:22-26)*

---

18) 아브라함이 또 이르되 주는 노하지 마옵소서 내가 이번만 더 아뢰리이다 거기서 (의인) 십 명을 찾으시면 어찌 하려 하시나이까 이르시되 내가 십 명으로 말미암아 멸하지 아니하리라 (창 18:32)

19) 소돔과 고모라의 온 땅이 소금이 된 것은 창세기의 기록만으로는 알 수 없다. 그러나 소돔 사람들과 같은 정신을 가졌던 롯의 아내가 소금 기둥이 된 것을 보면 소돔의 거민들도 유황불 심판을 받기 전에 소금이 된 것 같다. 이런 사실을 모세는 알고 그 온 땅이 소금이 되었다고 기술하고 있는 것은 아닐까?

하나님께서는 **아브라함을 택하신 목적**을 다음과 같이 말씀하신다.

> *내가 그로 **그 자식과 권속에게 명하여 여호와의 도를 지켜 의와 공도를 행하게 하려고** 그를 택하였나니 이는 나 여호와가 아브라함에게 대하여 말한 일을 이루려 함이니* (창 18:19)

우리는 보통 아브라함과의 언약하면 할례만을 생각하지만, 아브라함과의 언약도 아담과 맺은 언약과 본질적으로 같은 것이다. 의와 공도는 곧 하나님의 법의 원칙이다. 위의 하나님의 말씀을 보면 아브라함이 하나님의 법을 지켜 행하면 복(생명, 구원)을 받는다고 언약을 한 것을 알 수 있다. 실제로 그는 우상숭배가 만연했던 '갈대아 우르'에서 하나님의 말씀에 믿음으로 순종하는 삶을 살았던 사람이었고 그래서 하나님의 택하심을 받았던 것이다. 아브라함이 꿈을 잘 꿔서 하나님의 간택을 받았다고 생각하는 사람은 없을 것이다. 다음 말씀을 보면 아브라함에게 **복을 주신다는 언약의 조건이 율법을 행하는 것**이었다고 하나님께서 직접 말씀하셨다.

> ***네 자손을 하늘의 별과 같이 번성하게 하며** 이 모든 땅을 네 자손에게 주리니 네 자손으로 말미암아 천하 만민이 **복을 받으리라 이는 아브라함이 내 말을 순종하고 내 명령과 내 계명과 내 율례와 내 법도를 지켰음이라 하시니라*** (창 26:4, 5)

일부 신학자들은 하나님께서 일방적으로 아브라함을 택하셔서 복을 주시고 가나안 땅을 영원히 준다고 언약을 맺었다고 주장한다. 이런 주장을 하는 의도는 하나님의 말씀에 순종하지 않아도 의롭게 봐주신다는 칭의 이론을 주장하기 위한 전초전일 뿐 성경적 근거는 없다. 성경을 대강 보면 언약의 조건들이 창세기 12:1-4에는 나와 있지 않기 때문에 이런 주장이 그럴듯해 보이지만, 위의 말씀들을 봐도 아브라함 자신뿐만 아니라 그 후손들까지도 의와 공도를 행해야 한다는 조건이 있음을 알 수 있고 다음 말씀을 보면 이스라엘 백성들이 그들의 조상 **아브라함에게 약속하신 땅에 들어가서 복되게 사는 조건**이 하나님의 율법을 지키는 것이라는 것을 분명히 하고 있다.

> *곧 내가 오늘 네게 명령하여 네 하나님* ***여호와를 사랑하고 그 모든 길로 행하며 그의 명령과 규례와 법도를 지키라*** *하는 것이라 그리하면 네가 생존하며 번성할 것이요 또 네 하나님 여호와께서* ***네가 가서 차지할 땅에서 네게 복을 주실 것임이니라*** *그러나 네가 만일 마음을 돌이켜 듣지 아니하고 유혹을 받아 다른 신들에게 절하고 그를 섬기면 내가 오늘 너희에게 선언하노니 너희가 반드시 망할 것이라 너희가 요단을 건너가서 차지할 땅에서 너희의 날이 길지 못할 것이니라* (신 30:16-18)

시편 기자에게도 하나님의 율법의 의미는 생명의 필요충분 조건이라는 것이었다.

> *복 있는 사람은 악인들의 꾀를 따르지 아니하며 죄인들의 길에 서지 아니하며 오만한 자들의 자리에 앉지 아니하고 오직 여호와의 율법을 즐거워하여 그의 율법을 주야로 묵상하는도다* (시 1:1)

> *행위가 온전하여 여호와의 율법을 따라 행하는 자들은 복이 있음이여* (시 119:1)

만일 아무런 조건 없이 하나님께서 아브라함에게만 구원을 주시겠다는 약속을 했다면 모든 인류가 구원을 받아야 할 것이고 그럴 것이면 아담을 에덴에서 추방하시지도 않았을 것이다. 앞뒤도 안 맞는 터무니없는 주장이다. 기독교의 일부 지도자들은 이런 식으로 하나님의 뜻과 섭리에 대한 오해를 조장하고 있다. 이러한 거짓 이론을 설파하는 일은 엄격하게 보면 하나님의 율법을 파괴하는 일이다. 하나님께서는 모든 인류를 구원하시기를 원하시고 그 조건은 모든 인류에게 동일하다. 그것은 믿음의 순종이다. 순종의 열매를 맺는 믿음은 구원의 조건이면서 또한 구원의 방법이기도 하다. 당시 아브라함이 이 조건에 부합했다고 하나님께서 위에 인용한 창세기 26:4, 5에서 명확히 말씀하고 계신 것이다.

3) 노아와의 언약

그러나 하나님과 하나님의 백성 사이의 언약은 언약의 당사자인 사람의 불순종으로 인해 계속 파기된다. 아담의 범죄 후 아담과 맺은 첫 번째 언약의 파기는 다음 구절에서 묘사가 되고 있다.

> *하나님의 아들들이(하나님을 섬기는 자손들, 즉 셋의 후손들로 추정된다) 사람의 딸들의(하나님을 섬기지 않는 자손들, 즉 카인의 후손들로 추정) 아름다움을 보고 자기들이 좋아하는 모든 여자를 아내로 삼는지라* (창 6:2)

즉, 심지어 경건한 집안의 후손들 사이에서도 일부다처제가 횡행할 정도로 세상이 타락했다는 얘기이다. 이렇게 일부다처제가 일반화된 사회에서 온전한 가정은 거의 찾아볼 수 없었을 것이고 하나님 사랑의 최후의 보금자리인 가정이 이렇게 파괴된 사회에 폭력과 죄악이 난무하고 있었음은 당연한 결과다. (파괴된 가정은 하나님의 심판이 임박했음을 가리키는 지표이다. 우리가 살고 있는 현대 사회는 어떠한가?) 하나님의 율법이 짓밟혀 불법이 성행하고 있었다. **이럴 때 하나님께서는 이렇게 타락한 와중에서도 끝까지 하나님께 충성하는 남은 무리를 찾으셔서 그들과 다시 언약을 세우신다. 이때의 남은 무리는 노아와 그의 가족들이었다.**

> *내가 홍수를 땅에 일으켜 무릇 생명의 기운이 있는 모든 육체를 천하에서 멸절하리니 땅에 있는 것들이 다 죽으리라* ***그러나 너와는 내가 내 언약을 세우리니*** *너는 네 아들들과 네 아내와 네 며느리들과 함께 그 방주로 들어가고* (창 6:17,18)

여기서 노아와 세우신 언약도 그 내용이 성경에 기록되어 있지는 않지만 하나님의 율법의 준수를 조건으로 주어지는 복, 곧 생명의 언약이었고 이는 아담과 세우신 언약과 동일한 것이라는 것을 충분히 추론할 수 있다. **단순히 배에 들어가면 홍수로부터 구원해 줄 것이라는 약속만이 아니었다. 홍수에서 구원하신 이유는 아브라함을 부르신 이유와 같이 노아와 그 후손들이 하나님의 법도를 계속 준수하게 하기 위함이었다. 그렇기 때문에 당대에 완전한 자이고 하나님과 동행했던 노아와 언약을 맺으신 것이었다**(창 6:9). 아담과 세우신 언약이 시간이 1,500년 가량 흐르면서 인류에 의해 완전히 깨어졌으므로 노아와 다시 세우시는 것일 뿐이다. 노아와의 언약도 노아 당시로서는 "새 언약"이었다.

4) 아브라함과의 언약

이렇게 해서 홍수의 심판 후에 노아와 그 식구만 남았고(창 7:23), 이 여덟 식구로부터 다시 인류가 번성하였다. 그러나 그 후 500년 이상이 지나면서 노아와 맺었던 언약은 그 후손들에 의해 또 파기되고 하나님 보시기에 아브라함과 그의 부인과 조카 정도가 그 중 하나님께 충성하는 남은 무리였다. 그래서 하나님께서는 아브라함과 또 언약을 맺으신다. 그러나 아브라함과의 언약에서는 기존의 언약의 내용에 한 가지가 더 추가되는데 그것은 아브라함의 후손으로 복의 근원이신 메시아가 오실 것이라는 약속이고 이 약속의 증표로 아브라함과 모든 아브라함의 남자 후손에게 할례를 행하게 하신다. 이렇게 추가된 약속은 율법의 본래의 정신이 변개된 것을 의미하지 않는다. 오히려 율법의 불변성과 엄위함 때문에 인간의 죗값을 치를 메시아가 오시되 아브라함의 후손으로 오신다는 것이었다. 율법의 준수를 조건으로 주어지는 복 곧 구원은 결국은 아브라함의 육신의 후손으로 오실 그리스도를 통해 성취될 것이었다.

> *여호와께서 아브라함에게 이르시되 너는 너의 고향과 친척과 아버지의 집을 떠나 내가 네게 보여 줄 땅으로 가라 내가 너로 큰 민족을 이루고 네게 복을 주어 네 이름을 창대 하게 하리니* ***너는 복이 될지라*** (창 12:1, 2)

5) 시내산에서의 언약

그 후 아브라함의 후손들이 애굽의 고센 땅에서 번성하면서 그들의 마음 속에 하나님과의 언약은 또 다시 잊혀 가고 허물어져 갔으나 하나님께서는 그들의 조상 아브라함과의 언약을 기억하시고 애굽에서 400년 가량 노예 생활하던 그들을 불러내시고 시내산에서 아브라함의 후손들과 하나님 사이에 다시 언약을 체결한다. 이때 주어진 율법 역시 그 전에 이미 주어진 율법을 다시 조직적으로 문서로서 정리하여 주신 것에 불과할 뿐 **율법의 정신과 원칙이 새로워진 것은 없었다.** 우상 숭배 금지 계명도 카인의 제물을 열납 하시지 않은 사건에서 이미 주어진 명령이라는 것을 알 수 있고, 안식일 계명 역시 새로운 것일 수 없었다. 안식일은 타락 이전[20]에 에덴 동산에서부터 지킨 규례였고 아담이 창조된 다음 날부터 지켰던 규례이다. 시내산에서 십계명이 주어지기 전에 이미 안식일 계명을 알고 있었고 이스라엘 백성들은 이 날을 지키고 있었음을 다음 말씀에서 알 수 있다. 그러므로 다른 도덕의 율법들이 조상 대대로 그들 삶의 규범이었던 것은 언급할 필요도 없다.

---

20) 성경을 통해서 충분히 추정할 수 있는 것은 타락 이전에 **죄와 관계없이 지키던 규례**는 일부일처제와 안식일 규례였는데 이는 타락 이후 하나님 측에서 변개시킨 적이 없고 오히려 인간들이 파괴해 왔다. 일부일처제의 법도 역시 에덴 동산에서 정해진 법도였다. 만일 사람이 율법의 정신 대로 온전히 살았다면 아내를 복수로 얻을 생각조차 들지 않았을 것이다. 그러나 타락한 인간은 하나님께서 정하신 원래의 법도를 비켜나가게 되었다. 출애굽 당시 그렇게 율법의 정신을 온전히 실현하지 못할 죄인들의 사회에서 그나마 율법의 정신을 최대한 구현하고 일벌백계로 삼기 위해 주어진 규례들이 일견 십계명의 원칙과 모순되는 것처럼 오해할 수도 있다. 일부다처제를 용인한 법이나 간음한 자를 돌로 쳐 죽이라는 법규들이 그 예다.

모세가 그들에게 이르되 여호와께서 이같이 말씀하셨느니라 ***내일 은 휴일이니 여호와께 거룩한 안식일이라*** *너희가 구울 것은 굽고 삶을 것은 삶고 그 나머지는 다 너희를 위하여 아침까지 간수하라* (출 16:23)

아무튼 이렇게 다시 주어진 시내산의 언약 역시 그 후 사사(재판관) 시대를 거치면서 조속히 파괴되지만 그 후 유대인이 가나안 땅에서 국가로서 자리를 잡은 후 하나님께서는 다윗과 언약을 다시 맺으셨다. 이 다윗 언약의 내용 역시 모세와의 언약과 동일한 내용이었다. 다윗이기 때문에 새로 추가되거나 빠진 것이 하나도 없었다. 오히려 세월이 흐르면서 다윗의 후손들의 심령 속에서 율법의 정신이 훼손되고 변질되어 갔을 뿐이다. 그 후 이스라엘 민족의 역사를 통해 하나님과의 언약은 지속적으로 훼손되었고 결국 북방 이스라엘과 남방 유다는 각각 앗수르와 바벨론에 정복당하고 그들이 그렇게 자랑하던 예루살렘 성전도 바벨론의 느부갓네살 왕에 의해 완전히 파괴되었다. **이는 모세를 통해서 경고하신 형벌의 성취였고 이는 율법의 엄위함을 이스라엘의 역사를 통해서 인류에게 선포하시는 일이기도 하였다.** 바벨론 침공에 의한 예루살렘 성전의 파괴와 포로 유배로 다음 경고와 예언의 말씀은 글자 그대로 성취되었다.

네가 만일 네 하나님 ***여호와의 말씀을 순종하지 아니하여*** *내가 오늘 네게 명령하는 그의 모든 명령과 규례를 지켜 행하지 아니하면 이 모든 저주가 네게 임하며 네게 이를 것이니 (중략) 여호와께서 네 적군 앞에서 너를 패하게 하시리니 네가 그들을 치러 한 길로 나가서 그들 앞에서 일곱 길로 도망할 것이며 네가 또* ***땅의 모든 나라 중에 흩어지고*** *(중략) 여호와께서 너와 네가 세울 네 임금을 너와 네 조상들이 알지 못하던 나라로 끌어 가시리니 네가 거기서 목석으로*

만든 다른 신들을 섬길 것이며 여호와께서 너를 끌어 가시는 모든 민족 중에서 네가 놀람과 속담과 비방거리가 될 것이라 (신 28:15, 25, 36, 37)

6) 포로 귀환 후의 언약

남방 유다는 예루살렘 멸망 후 70년 간의 바벨론 포로 생활로써 형벌을 받았고 그들 중 바벨론의 우상 숭배에 빠지지 않고 하나님을 사모하던 남은 자들[21]을 하나님께서는 다시 예루살렘으로 모으셔서 성전을 재건하게 하시고 다시 언약을 세우신다. 이때 다시 세우신 언약을 예레미야 31장에서는 특별히 새 언약이라 부르고 있다. 사실 위에 언급한 노아, 아브라함, 모세, 다윗과의 언약은 파기된 과거의 언약을 다시 새롭게 체결한 것이므로 모두 그 당시로서는 "새 언약"이라고 할 수 있는데, **예레미야는 바벨론 포로 이후에 다시 맺을 언약을 새 언약이라고 부르는 이유는 예레미야가 바벨론 포로 직전의 선지자였기 때문일 뿐이다.** 다윗 언약 이후 하나님을 떠났던 이스라엘 백성과 그 언약을 다시 새롭게 맺을 바벨론 포로의 남은 무리의 귀환 역시 모세를 통해 주신 다음 약속의 말씀의 성취였다.

내가 네게 진술한 모든 복과 저주가 네게 임하므로 네가 네 하나님 여호와로부터 쫓겨간 모든 나라 가운데서 이 일이 마음에서 기억이 나거든 너와 네 자손이 네 하나님 여호와께로 돌아와 내가 오늘 ***네게 명령한 것을 온전히 따라 마음을 다하고 뜻을 다하여 여호와의***

21) 또 이사야가 이스라엘에 관하여 외치되 이스라엘 자손들의 수가 비록 바다의 모래 같을지라도 **남은 자**만 구원을 받으리니 (롬 9:27)

***말씀을 청종하면** 네 하나님 여호와께서 마음을 돌이키시고 너를 긍휼히 여기사 포로에서 돌아오게 하시되 네 하나님 여호와께서 흩으신 그 모든 백성 중에서 너를 모으시리니* (신 30:1-3)

7) 성육신 이후의 언약

포로 귀환 이후의 '새 언약'이 하나님과 이스라엘 백성 사이에 체결된 후 500년 정도가 지나면서 언약은 또 철저히 깨지고 변질되고 만다. **역사는 항상 이렇게 반복되어 왔다.** ("역사는 발전한다"는 어느 철학자의 무지한 사변은 하나님의 본성으로부터 오는 선과 그것이 없는 악의 더러움을 모르는 고민의 열매였다) 이때 아마도 하늘의 천사들은 이 세상이 너무 깊은 암흑에 빠져 있었으므로 노아의 홍수와 같은 심판이 세상에 임하지 않을까 생각하고 있었을지도 모른다. 그때 하나님께서는 예수님을 이 땅에 보내셔서 이스라엘 백성 가운데 남은 무리들과 이방인들 중에 하나님의 의를 사모하는 자들을 불러내셔서 다시 언약을 세우셨다. **그리고 이들을 '불러낸 무리들(교회)'이라고 하셨다.** 그 후 이 언약은 영적 이스라엘인 예수님을 믿는 무리들을 통해 2,000년을 이어져 오고 있다. 이때 다시 세우신 언약을 예수님께서도 새 언약이라고 명명하셨다(눅 22:20). 히브리서 기자(사도 바울?)도 이 언약을 새 언약이라고 불렀고 이 새 언약이 과거의 예레미야서에 기록된 '새 언약'과 동일선 상에 있다는 것을 예레미야서의 새 언약에 관한 예언을 예수님의 언약에 적용함으로써 인정하였다(히 8:7-12). 신약 성경 어디에도 예수님에 의해 맺어진 새 언약이 (제의법의 조항들의 폐지 외에는) 과거의 언약과 내용이 달라졌다는 말씀은 전혀 없다. 다만 예수님에 의해 체결된 새 언약에서는 과거에 그리스도의 희생을 예표 했던 의식에 관한 규정들이 필요 없게 되었기에 이것을 새로운 측면으로 강조하고 있을 뿐 언약의 요체인 율법의 정신 곧 로고스를 심령에 받아들이는 것은 십자가 이전과 이후가 달라질 이유가 없다. 신약시대의 십자가도 구약시대의 제의법도 사랑과 섬김이라는 율법의 법정신을 죄인의 심령에 새기는 방법과 구속의 섭리를 계시하신 것은 동일하다. 어느 시대든지 죄인들은 하나님과 하나 되기 위해서 죄 된 자아(自我)가 죽어야 하는데, 예수님의 십자가의 희생은 우리들의 죄값을 대신 치르신 일이지 우리의 거듭남을 대신한 사건이 아니다. 예수님께서 대속의 피를 흘리셨다고 우리가 거듭나지겠는가? 그리스도의 희생과 신실하심은 강조하면서 우리들의 거듭남의 필요성과 방법은 강조하지도 않고 이 문제에 대해 고민도 하지 않는 것은 십자가의 의미를 반만 아는 일이다.

그러면 옛 역사에서 500년 정도면 완전히 깨졌던 하나님과의 언약이 예수님 이후 과연 2,000년 동안 계속 지켜지고 유지되고 있을까? 그럴 리가 없다. 이 문제에 관하여는 다른 지면에서 다루기로 한다.

옛 언약과 새 언약

(예레미야 31장, 히브리서 8장)

1) 하나님과의 언약: 은혜를 통한 율법의 준수

아담에서 시작해서 노아를 거쳐 이스라엘 민족으로 이어지는 하나님과 사람 사이의 언약의 역사를 살펴보면 언약의 체결, 언약의 망각과 변질, 언약의 파기, 언약의 재체결, 망각, 변질, 파기, 재체결…, 즉 체결과 파기의 반복의 역사이다. 언약 갱신의 반복의 역사였다. 그리고 그 언약의 중심에는 하나님의 율법이 있다. 율법을 지키면 하나님의 백성을 삼아 주시는데 이는 곧 영생을 의미한다. 하나님은 영원하시기 때문에 하나님의 백성도 영원할 수밖에 없기 때문이다. 그리고 율법을 범하면 구원을 받지 못하고 죄 가운데 죽게 되는 아주 단순한 내용이다(사망을 다른 말로 하면 창조의 취소이다). 하나님의 백성이 된다는 자체가 하나님의 통치 아래 있다는 것이고 하나님의 통치 아래 있다는 것은 하나님의 율법을 지킨다는 의미이다. 이것은 결국 하나님과 하나가 된다는 뜻이다. **이렇게 여러 차례 반복되었던 언약들 중에 예레미야는 특별히 시내산에서의 언약을 '옛 언약'이라고 하고 (렘 31:32, 히 8:9) 바벨론 포로 후의 맺을 언약을 '새 언약'이라고 하**

였다. 그러나 대부분의 예언의 말씀이 그렇듯이 예레미야 31장의 바벨론 포로의 예루살렘 귀환과 새 언약에 관한 예언은 중의법을 쓰고 있어서 우리들에게 약간의 혼선을 주고 있다. 다시 말해 예레미야서의 새 언약은 바벨론 포로 후의 새 언약을 말함과 동시에 예수님의 십자가 사건 이후의 새 언약을 동시에 지칭할 뿐만 아니라 그 후에도 일어날 모든 형태의 새 언약을 예언하고 있다. 이와 같은 중의법의 예를 들면 마태복음 24장에서 예수님께서는 예루살렘의 멸망을 예언하시면서 동시에 재림 때의 세상의 끝에 있을 심판에 관해서도 같은 언어를 사용하여 예언을 하고 계신 것을 볼 수 있다. **이렇게 같은 언어로써 서로 다른 시대의 사건을 예언한다는 것 자체가 "타락에 따른 구원(복) 또는 심판(저주)'이라는 구속사의 패러다임은 반복된다는 진리를 암시하고 있다. 구원이냐 심판이냐의 문제는 하나님의 은혜에 대한 그 시대 사람들의 반응의 결과일 뿐이다.** 복은 하나님의 은혜를 믿고 받아들이는 것이요, 심판은 하나님의 은혜를 거절하는 것이다.

어떤 부부가 결혼을 했으면 언약관계에 있는 것이다. 그런데 여자가 음행을 하여 집을 나갔다면 언약은 파기된 것이다. 그러나 남편은 그 음행을 한 아내를 계속 사랑하여 그 아내를 용서하고 다시 부부의 연을 맺기로 설득을 하여, 그 아내가 잘못에서 돌아서서 이에 동의를 했다면 이는 새 언약이다. **여기서 새 언약은 옛 언약이 파기돼서 다시 맺은 것일 뿐 그 내용은 본질상 동일한 것이다. 그리고 이 새로 맺은 언약에는 남편의 사랑과 용서가 전제되어 있다.** 언약의 내용은 두 사람이 과거는 묻어버리고 앞으로 서로 정조를 지키는 부부로서 살아간다는 것이다. 하나님과 인간의 언약도 이와 다를 것이 없다. 과거를 묻어버리는 것이 하나님과 사람 사이에서는 죄사함이다(롬 3:25). 그리고 '새 언약'이라는 명칭 안에는 '옛 언약'을 파기한 백성들을 용서하시고 다시 받아 주신다는 하나님의 자비와 사랑이 내포되어 있는 것이지 옛 언약은 낡아서 파기되었다는 의미가 아니다. 만일 그렇다면 처음 계약서를 작성한 하나님께 과실이 있다는 얘기이다. 계약의 내용에 문제가 있어서 새로 고치는 일은 불완전한 인간들끼리 하는 언약에서나 있는 일이지 영원 전부터 영원 후까지 변함이 없으신 전지전능하신 하나님께서 하실 일은 아니다. 실제로 언약의 내용에 변한 것도 없다.

아브라함의 후손들은 (그 조상들도 마찬가지이지만) 하나님과 부부의 연을 맺기로 약속을 하고서 계속 음행을 해 왔다. 다시 말해 사탄과 바람을 피웠다. 사탄과 바람이 난 하나님의 백성을 하나님께서는 긍휼히 여기시고 그들을 다시 여러 가지 방법으로 설득하여 사탄과의 관계를 정리할 것을 (다른 말로 하면 회개) 약속 받으시고 하나님의 백성으로 만들고자 다시 언약을 체결하셨다. 이것이 새 언약이다.

그러나 사람 사이의 언약은 인간이 지킬 수 있는 능력이 있는 조건을 가지고 언약을 체결하지만, 하나님과 그의 백성 사이에는 항상 하나님의 백성들이 지킬 수 없는 조건(율법을 지키는 것)을 가지고 언약을 체결한다. 이러한 사실은 하나님의 측량할 수 없는 은혜를 방증한다. 왜냐하면 하나님께서는 이러한 사실을 알면서도 계약하셨고 사람들은 이런 사실을 잘 모르고 계약했기 때문이다. 예를 들어 A의 소유인 10억 원 하는 집을 돈이 하나도 없는 B에게 10억에 팔기로 하고 B가 진정으로 그 집에 살기를 원한다면 10억 원을 주겠다고 하는 것과 다름이 없는 계약이다. 그런데 B는 자기 통장에 돈이 있는 줄 알고 계약을 했다. 그러나 나중에 B가 돈이 없다는 것을 깨달았다면 B가 할 일은 무엇일까? 돈이 없는 B가 그 집을 소유하는 길은 그 집에 살기를 진정으로 원하는 것뿐이다. 이는 율법을 행할 수 있을 줄 알고 율법 준수를 조건으로 하나님과 언약을 맺은 이스라엘 백성의 처지와 같다. 그러나 그들이 율법을 준수할 능력이 그들에게 없음을 깨달았을 때 그들은 그것을 행할 능력을 하나님께 구하기만 했으면 됐을 일이다. 그러나 그들은 능력을 구하는 대신 율법을 자신들의 능력에 맞게 변개시켰다. 다시 말해 계약서를 위조했다. 그리고 그 변조된 계약서를 열심히 이행하면서 자신들은 구원을 받았다고 자신들을 속이고 있었다.

율법을 행할 능력이 없는 우리들도 영생을 얻는 방법은 율법을 행하기를 진정으로 원하는 것이다. 이는 곧 하나님의 본성, 곧 그분의 의와 그분의 나라를 사모하는 일이다. 그러면 하나님께서는 우리에게 하나님 자신을 주셔서 우리에게 율법의 요구가 이루어지게 하신다. 결국 **하나님과 그 백성 간의 언약의 내용은 하나님과 하나가 된다는 것이 그 요체인데, 이를 다른 말로 표현한 것이 바로 '하나님의 율법을 행하라'는 것이다.** 인간은 하나님과 하나가 되지 않으면 스스로 하나님의 법을 지킬 능력이 없기 때문이다. 인간은 하나님과 하나가 되어서 그들 안에 내주하시는 하나님으로부터 율법을 지킬 수 있는 능력을 받아야만 하는데 이를 은혜라고 한다. 그러므로 하나님께서는 율법과 동시에 하나님과 하나가 되는 방법을 알려주셨는데 이는 곧 은혜 받는 방법이라고 할 수 있다. 그것이 바로 자기부정(自己否定)을 교육하는 제사법이다. 성령의 내주에는 죄인의 자기부정이 전제되기 때문이다.

그리고 율법은 우리가 영적으로 도달해야 할 목표점을 제시하고 있는데 그 완성의 모본이 예수님 자신이시다. 율법이 요구하는 바 도덕적 고결함[22]의 기준에 비추어 볼 때 비로소 우리는 우리의 더러움 곧 거짓과 분쟁과 시기와 음란함과 살인 등의 추악함을 깨닫고 하나님의 의(義)를 구하게 된다. 이를 다른 말로 하면 성령을 구하는 일이다. 우리가 성령을 구할 때 하나님께서는 십자가의 은혜를 통해 우리의 심령에 역사하셔서 죄의 본성을 도말하시고 하늘의 품성을 주셔서 율법의 요구가 이루어지게 하신다. 거듭남 곧 '위로부터 태어남'이다. 따라서 **율법을 지키는 것은 구원의 조건 내지는 방법이 아니라 구원의 목적이자 결과이다. 율법의 준수가 구원의 조건[23]인 것처럼 제시되는 이유는 믿음을 통해 은혜를 받아서 율법을 지키는 것이 하나님과 하나가 되었다는 객관적인 증거이기 때문이지 우리에게 율법을 지킬 능력이 있어서가 아니다.**

2) 은혜를 거절해서 시내산 언약이 옛 언약이 되어 버림

이렇게 죄인의 구원에는 두 가지 요소가 필요한데 먼저 율법이 제시되고 그 후 은혜가 제공된다. 은혜는 율법을 통해서 은혜의 필요성을 깨닫고 그것을 구하는 자에게 주어진다. 반대로 말하면 율법은 심판을 하시기 위해서가 아니라 은혜를 주시기 위해서 그

22) 이런 고결한 수준을 **하나님의 영광**이라고도 할 수 있다. (롬 3:23)

23) 네가 생명에 들어가려면 계명들을 지키라 (마 19:17)

전 단계로써 주어진 것이다. 신약적 용어로 말하면 말씀이 먼저 주어지고 그 말씀의 정신을 사모하고 구하는 자에게 성령이 주어진다. 첫 언약 때도 먼저 십계명과 그것을 자세히 생활에 적용하는 각종 규례들이 제시되었고 그리고 성소(성막)와 제사 제도를 주셨다. 성소 제도는 눈에 보이지 않는 하나님의 은혜에 관한 시청각 교재이다. 결국 성령 받는 법에 관한 교육 자료였다. 그러면 시내산에서 3,500년 전에 하나님과 이스라엘 백성 사이에 옛 언약을 체결하는 과정을 살펴보자. 야훼께서 먼저 언약을 체결하자고 제안하신다.

> *세계가 다 내게 속하였나니 너희가* ***내 말을 잘 듣고 내 언약을 지키면*** *너희는 모든 민족 중에서 내 소유가 되겠고 너희가 내게 대하여 제사장 나라가 되며 거룩한 백성이 되리라 너는 이 말을 이스라엘 자손에게 전할지니라* (출 19:5,6)

그리고 이스라엘 백성이 일제히 야훼의 제안을 받아들인다.

> *백성이 일제히 응답하여 이르되 여호와께서 명령하신 대로 우리가 다 행하리이다* (출 19:8)

하나님께서 언약을 체결하기 위해서 시내산에 강림하신다(출 19:18). 그리고 언약의 중심인 십계명을 발표하신다(출 20:1-17). 이스라엘 백성이 다시 언약을 체결하기를 확인한다(출 20:19). 출애굽기 21-23장에서는 10계명을 현실에 맞춰 자세히 풀어 쓴 규례들이 선포된다. 그리고 드디어 언약의 피를 시내산 아래 차린 제단과 백성에게 뿌려 언약을 체결한다(출 24:4-8). 그리고 여기서 끝나지 않고 성막과 제사에 관한 율법을 주시는데 이 제도 속에 율법을 지킬 능력을 받는 영적 비밀이 계시되어 있었는데 이스라엘 백성은 이것을 깨닫지 못했다. 그래서 그들은 하나님과의 언약을 지킬 수 없었다. 성소와 제사 제도를 통해 주시는 하나님의 교훈을 한 마디로 하면 본성을 죽이고 말씀과 성령으로 거듭나서 율법을 마음 판에 새긴 영적인 법궤가 되라는 것이다. 돌 비에 기록하여 주셨던 계명들은 바로 그렇게 그들의 마음 판에 기록하라는 것이었다. 계명이 기록되려면 먼저 그들 마음에 이미 기록된 죄의 악한 성질들을 먼저 도말해야 하는데 이 일을 수많은 희생 제물의 죽음으로 말해주고 있었다. 그러나 **그들은 그들의 본성을 유지한 상태에서 율법의 법조문만을 지키려고 했다.** 그 결과 언약은 파기될 수밖에 없었고 그 언약은 옛 언약이 되어버렸다. 이렇게 파기되어 효력이 없어진 옛 언약을 히브리서 기자는 다음과 같이 말하고 있다.

저 첫 언약이 무흠하였더라면(유효하였더라면) 둘째 것을 요구할 일이 없었으려니와 (히 8:7)

이 구절만 읽으면 마치 언약 내용 자체에 흠이 있는 것 같지만 그 다음 구절을 보면 흠은 언약의 내용에 있는 것이 아니라 언약의 당사자인 이스라엘 민족에게 있었음을 알 수 있다.

그들의 잘못을 지적하여 말씀하시되 *주께서 이르시되 볼지어다 날이 이르리니 내가 이스라엘 집과 유다 집과 더불어* ***새 언약****을 맺으리라 또 주께서 이르시기를 이 언약은 내가 그들의 열조의 손을 잡고 애굽 땅에서 인도하여 내던 날에 그들과 맺은 언약과 같지 아니하도다 그들은 내 언약 안에 머물러 있지 아니하므로 내가 그들을 돌보지 아니하였노라* (히 8:8, 9)

다시 말해 그들이 언약을 파기하였기 때문 첫 언약은 흠이 있다는 것이다. 여기서 '흠이 없다'는 표현의 헬라어 ἄμεμπτος(아멤프토스)는 '비난할 여지가 없다', '책망할 것이 없다'라는 뜻으로 이를 '언약'에 적용하면 언약이 유효하다는 뜻이다. 위의 말씀은 '첫 언약이 유효하다면 두 번째 언약을 요구할 필요가 없었을 것인데 즉, 첫째 언약이 (유대인에 의해 파기되어) 무효하므로 다시 맺을 필요가 생겼다'라는 뜻이다. **이 말씀은 새 언약은 첫 언약이 파기되어 무효하므로 다시 맺는 언약이라는 것이지 첫 언약의 내용상의 문제가 있기 때문에 새로운 언약을 맺어야 한다는 뜻은 전혀 아니다. 문제는 유대인들에게 있었다는 것이다.** 그런데 마치 옛 언약의 내용에 문제가 있는 것처럼 '흠이 있다'고 번역한 것은 너무 기계적인 번역이고 아마도 번역자 자신도 옛 언약과 새 언약의 개념에 오해가 있었던 것 같다. 예레미야서에는 새 언약의 내용이 아니라 특징을 다음과 같이 말씀하고 있다. **시내산에서의 언약은 이스라엘 백성이 율법의 정신을 마음에 새기지 않아서 무효가 되어 '옛 언약'이 되어버렸지만 다시 맺는 언약에서는 율법을 마음에 새기게 될 것이라는 것이다.** 그러므로 새 언약의 콘텐츠가 하나님의 율법인 것은 옛 언약과 동일하지만 그것이 '옛 언약'처럼 무효가 되지 않으려면 마음에 기록하라는 뜻일 뿐이다.

> *그러나 그 날 후에 내가 이스라엘 집과 맺을 언약은 이러하니 곧* ***내가 나의 법(율법)을 그들의 속에 두며 그들의 마음에 기록하여*** *나는 그들의 하나님이 되고 그들은 내 백성이 될 것이라 여호와의 말씀이니라 그들이 다시는 각기 이웃과 형제를 가리켜 이르기를 너는 여호와를 알라 하지 아니하리니 이는 작은 자로부터 큰 자까지 다 나를 알기 때문이라 내가 그들의 악행을 사하고 다시는 그 죄를 기억하지 아니하리라 여호와의 말씀이니라* (렘 31:31-34)

위의 말씀은 유다의 지속적인 범죄로 인하여 첫 언약이 깨졌고 그 결과 하나님께서는 형벌을 내리시어 예루살렘을 멸망시키시고 바벨론 포로 생활을 하게 하시지만, 70년 후 하나님께서는 바벨론에 있는 유다 백성 중 남은 자들을 예루살렘으로 불러 모으시고 그들과 다시 새 언약을 체결하시겠다는 예언의 말씀이다. **새 언약을 맺는 이유**는 **언약의 내용을 바꿀 필요가 있어서가 아니라 이스라엘 백성이 첫 언약을 깨뜨렸기 때문이라고 말씀하고 계신다.**

옛 언약과 새 언약의 차이는 얼핏 보면 전자는 율법을 돌 판에 기록하였지만 후자에서는 마음에 기록한 것이 차이라고 주장하기 쉽다. 그러나 이러한 생각은 언약이라는 개념을 생각해 보면 이해가 되지 않는 주장이다. 언약은 언약의 당사자가 체결한 언약의 내용을 말하는 것이지 그 내용의 기록 방법을 이야기하는 것이 아니기 때문이다. 첫 언약도 그 내용을 알고 있는 것만으로 그 언약을 지킬 수 있는 것이 아니라 마음에 새겨야 언약을 지킬 수 있는 것인데 그렇지 못했기 때문에 그들이 언약 안에 머물러 있지 못했고 옛 언약이 된 것이었다. 그래서 새 언약에서는 옛 언약이 파기되었던 근본 원인, 즉 율법의 정신을 마음에 기록하지 않았던 점에 대해 주의를 환기시키고 있는 것이다. 첫 언약 때 주어진 성소 제도의 예표하는 바도 그렇고 다음 말씀도 율법을 마음 판에 새기라는 명령이었다.

> *오늘 내가 네게 명하는* ***이 말씀을 너는 마음에 새기고*** *네 자녀에게 부지런히 가르치며 집에 앉았을 때에 든지 길을 갈 때에 든지 누워 있을 때에 든지 일어날 때에 든지 이 말씀을 강론할 것이며 너는 또 그것을 네 손목에 매어 기호를 삼으며 네 미간에 붙여 표로 삼고 또 네 집 문설주와 바깥 문에 기록할지니라* (신 6:6-9)

그러나 이스라엘 백성은 율법을 마음에 새기지 않았다. 그래서 새 언약은 내 말에 (믿음으로) '순종하면' 구원하시겠다는 표현을 쓰지 않고 "율법을 마음 판에 기록하시겠다"는 표현을 썼을 뿐 언약의 내용은 동일하다. **하나님의 법이 마음에 기록되는 것이 곧 순종의 필요충분 조건이기 때문이다. 그리고 하나님의 백성이 되는 조건은 하나님의 법이 마음에 기록되는 것인데 이것은 말씀과 성령으로 거듭나는 것과 동일한 말씀이다.** 그래서 그들이 '하나님의 백성이 된다'는 것 자체는 그들은 구원하시겠다는 의미와 같은 뜻이다. 그러나 현대 교회의 많은 지도자들은 사람이 행해야 할 언약의 내용은 생각하지 않고 하나님께서 약속하신 것, 즉 마음에 율법을 기록하는 것이 새 언약이라고 가르침으로써 혼선을 줄 뿐 아니라 말씀의 일관성도 없게 만들고 있다. **하나님의 법을 죄인의 마음 판에 기록하는 일은 죄인이 말씀에 순종하는 믿음을 통해서 일어나는 일이지, 마음으로는 죄를 사랑하면서 입술로 신앙고백을 할 때 이루어지는 일이 아니다.** 교회에 수십 년을 다녀도 그 마음에 하나님의 율법이 기록된 사람은 거의 없다는 사실이 이를 증명한다. 율법이 기록됐다면 죄를 이긴 사람일 것이다. 약속(언약)이라는 것은 쌍방 간에 서로 할 일을 약속하는 것이라는 기본을 잊고 하나님과 그 백성 간의 약속(언약)을 생각하고 있다. 그리고 순종은 믿음을 요구하기 때문에 믿으라는 것인데 요즘은 왜 믿어야 하는지도 모르면서 무조건 믿기만 하면 된다고 수많은 강단에서 선포되고 있는 것은 개탄할 현실이다.

이러한 원칙이 옛 언약 때 주어진 성막(성소)과 제사 제도에도 잘 계시되어 있었다. 이 성소 제도를 통해서 하나님의 영이 그들의 마음 판에 율법을 새기는 과정을 실물 교훈으로 보여 주고 있다. **이런 은혜**

의 역사는 율법을 지키는 행위로써 일어나는 것이 아니라 자기를 부인하고 하나님께 자신을 완전히 의탁할 때 일어나기 때문에 의인은 믿음으로 말미암아 구원을 받는 것이다(합 2:4). 성소(막) 제도는 여호와가 거하실 그 성소가 바로 사람의 심령이라는 것을 얘기해 주고 있기 때문에 새 언약에서 율법을 마음 판에 새긴다는 것은 옛 언약의 성소 봉사의 역사를 다른 언어로 표현한 것뿐이다. 현재 우리들이 거하는 (또는 가까이 와 있는) 하늘,[24] 즉 은혜의 왕국을 모형들을 시각화한 것이 성소(성막)였고 이 성소를 솔로몬 왕 때에 화려한 건축물로 만든 것이 성전이었다.

> *그러므로 **하늘에 있는 것들(하늘에서 일어나는 일들, 하늘)[25]의 모형(땅의 성소)**은 이런 것들(짐승의 피)로써 정결하게 할 필요가 있었으나 하늘에 있는 **그것들(영적인 사물들)은** 이런 것들보다 더 좋은 제물로 할지니라 그리스도께서는 참 것(하늘=은혜의 왕국)의 그림자인 손으로 만든 성소에 들어가지 아니하시고 바로 그 하늘에 들어가사 이제 우리를 위하여 하나님 앞에 나타나시고* (히 9:23,24)

---

24) 성경에서 거듭난 자들을 하늘에 거한다고 표현하고 있고 이 하늘은 영광의 왕국이 아닌 은혜의 왕국이다. 이 곳에 있는 보좌가 은혜의 보좌(히 4:16)이다.
허물로 죽은 우리를 그리스도와 함께 살리셨고 (너희는 은혜로 구원을 받은 것이라) 또 함께 일으키사 그리스도 예수 안에서 함께 **하늘에 앉히시니** (엡 2:5, 6)
그가 우리를 흑암의 권세에서 건져내사 **그의 사랑의 아들의 나라로 옮기셨으니** 그 아들 안에서 우리가 속량 곧 죄 사함을 얻었도다 (골 1:13, 14)
짐승이 입을 벌려 하나님을 향하여 비방하되 그의 이름과 **그의 장막(성전) 곧 하늘에 사는 자들**을 비방하더라 (계 13:16)

25) 이 부분은 원어에 τῶν (the) (생략?) ἐν (in) τοῖς (the) οὐρανοῖς (heavens)으로 되어 있다. 하늘에 있는 (무엇)이 생략되어 있는데 이를 '것'이라고 번역하면 하늘에 성소라는 건물이 있는 것으로 오해하기 쉽다. 여기서 하늘은 은혜의 왕국을 말하므로 이 부분을 '하늘' 또는 '하늘에서 일어나는 일'로 번역해야 한다.

이러한 성소 제도는 하나님을 온전히 신뢰하고 하나님의 의(義)를 구할 때 하나님께서는 율법을 그들의 마음 판에 새겨 주시겠다는 약속의 징표다. 이것이 은혜의 본질이다. 하나님의 의를 구하는 것은 하나님의 뜻, 곧 율법의 정신이 자신의 정신이 되기를 구하는 것이다. 이를 더 쉽게 말하면 자신이 지킬 수 없는 율법을 온전히 지키기를 구하는 것이다. 인간이 할 일은 하나님을 온전히 신뢰하고 하나님의 의를 구하는 일이고 하나님의 하실 일은 그들의 마음 판에 하나님의 법을 새기시는 일이다. 하나님의 법이 마음에 새겨지는 것 자체가 복이요, 생명이다. 그런데 하나님의 **의를 구하는 일**은 입으로 하는 일이 아니라 하나님의 **말씀을 사모함으로써 자기를 부정하고 그 결과 말씀에 순종**하는 것이다.

3) 예루살렘 성의 재건: 하나님 백성의 회개

재건될 예루살렘 성읍을 예언하고 있는 예레미야서의 그 다음 말씀을 보면 새 언약에 대한 더 넓은 의미를 알 수 있다.

> *보라 날이 이르리니 이 성은 하나넬 망대로부터 모퉁이에 이르기까지 여호와를 위하여 건축될 것이라 여호와의 말씀이니라 측량줄이 곧게 가렙 언덕 밑에 이르고 고아로 돌아 시체와 재의 모든 골짜기와 기드론 시내에 이르는 모든 고지 곧 동쪽 마문의 모퉁이에 이르기까지 여호와의 거룩한 곳이니라* ***영원히 다시는 뽑거나 전복하지 못할 것이니라*** (렘 31:38-40)

이 구절은 바벨론 포로에서 본국으로 돌아 온 후에 재건될 예루살렘 성을 묘사하고 있는데 한 가지 이상한 것은 이 예루살렘 성은 영원히 뽑히지 않을 것이라고 예언됐는데 그 후 로마에 의해 AD 70년에 멸망 당했다는 사실이다. 따라서 이 말씀은 그 당시 재건될 예루살렘 성만을 지칭하고 있는 것이 아니라는 것을 알 수 있다. 또한 예레미야 31:5, 18, 20, 21[26]에서는 사마리아, 에브라임, 이스라엘을 언급하면서 북방 왕국이 재건될 것처럼 얘기하고 있어서 이를 두고 참 선지자의 예언도 틀릴 수 있다고 생각하는 신학자들도 있다. 왜냐하면 북 왕국은 주전 722년에 앗수르에 의해 멸망 당한 후 역사적으로 회복된 적이 없기 때문이다. 그러나 하나님께서 주신 말씀을 전하는 선지자(대언자)의 글이 틀릴 리가 있겠는가?

여기서 우리가 알아야 할 중요한 점은 예레미야 31장의 이스라엘과 유다의 귀환에 관한 예언은 **그 당시 바벨론 포로의 귀환과 예루살렘 성의 중건이라는 사건을 예언하는 것뿐만 아니라 그 사건을 표상으로 하여 죄(영적 바벨론)의 포로가 되었던 하나님의 백성의 회개와 영적 회복(비유적으로 이스라엘과 시온의 회복)의 역사를 예언하고**

26) 네가 다시 **사마리아** 산들에 포도나무들을 심되 심는 자가 그 열매를 따기 시작하리라 (렘 31:5)
에브라임이 스스로 탄식함을 내가 분명히 들었노니 주께서 나를 징벌하시매 멍에에 익숙하지 못한 송아지 같은 내가 징벌을 받았나이다 주는 나의 하나님 여호와이시니 나를 이끌어 돌이키소서 그리하시면 내가 돌아오겠나이다 내가 돌이킨 후에 뉘우쳤고 내가 교훈을 받은 후에 내 볼기를 쳤사오니 이는 어렸을 때의 치욕을 지므로 부끄럽고 욕됨이니이다 하도다 에브라임은 나의 사랑하는 아들 기뻐하는 자식이 아니냐 내가 그를 책망하여 말할 때마다 깊이 생각하노라 그러므로 그를 위하여 내 창자가 들끓으니 내가 반드시 그를 불쌍히 여기리라 여호와의 말씀이니라 처녀 이스라엘아 너의 이정표를 세우며 너의 푯말을 만들고 큰 길 곧 네가 전에 가던 길을 마음에 두라 돌아오라 **네 성읍들로 돌아오라** (렘 31:18-21)

있다는 것이다. 이렇게 영적으로 회복되어 그 마음 판에 율법이 기록된 백성은 새 언약 가운데 들어가게 되고 영원히 하나님의 처소가 될 것이었다. **진정한 하나님의 거처는 예루살렘도 그곳에 있는 성전도 아닌 하나님의 백성 자신들이기 때문이다.** 그러므로 위 말씀의 예루살렘의 재건의 예언은 단순히 눈에 보이는 예루살렘 성이 아니라 궁극적으로는 하나님의 진정한 성전인 하나님의 참 백성 자신들을 묘사하되 북 왕국이든 남방 유다 땅이든 당시 유대 민족이 거하던 땅의 명칭을 사용하고 있는 것뿐이다. 하나님의 백성이 진정한 하나님의 성전일진대 하나님 백성의 회개를 성전의 재건축에 비유하는 것이 그렇게 어려운 비유가 아니니다.

이러한 타락과 회개의 역사는 과거에도 개인적으로 얼마든지 있었고 바벨론 포로의 귀환 이후에도 얼마든지 있을 일이다. 이런 영적인 회복은 일차적으로는 개인적으로 일어나는 일이지만 이런 일이 많은 사람에게서 비슷한 시기에 일어날 때는 사람의 눈에는 집단적으로 일어나는 것으로 보인다. 그 대표적인 사건이 바로 바벨론 포로의 귀환과 함께 일어난 영적 각성 운동이었고 또 그 후에 중요한 사건을 찾는다면 예수님 당시 타락한 유대교인들 가운데 남은 자들이 예수님과 사도들을 통하여 진리를 깨닫고 회개함으로써 하나님께 돌아온 사건도 영적으로 이야기하면 바벨론 포로의 예루살렘 귀환과 같은 사건이다. 그들은 어릴 때부터 유대교의 랍비와 바리새인들로부터 배운 성경 해석, 즉 랍비들의 가르침의 허구에 매여 있었을 때 그들은 아직 죄를 이기지 못한 죄의 노예였었다. 사도 바울도 그랬었다. 영적으로 말하자면 우상 숭배의 왕국이었던 바벨론의 포로인 것이다. 그러나 그런 그들을 포로로 잡고 있던 바벨론을 페르시아의 고레스 왕이 멸망시키고 고레스는 귀환을 희망하는 유대 백성은 누구나 옛 고토 곧 예루살렘으로 돌아가서 성전을 재건하고 하나님을 그곳에서 섬길 수 있도록 조치를 취하였다. 예수님도 영적 바벨론 왕인 사단을 물리치시고 하나님께로 돌아가기를 희망하는 자들을 사단으로부터 해방시키시고 하나님의 백성을 삼아 주셨다. (그러므로 고레스 왕은 영적으로는 예수님의 표상이다) 이렇게 예루살렘으로 돌아와서 성전을 재건하고 하나님의 율법을 다시 강론하는 등의 회개운동은 죄의 포로였던 하나님의 백성이 회개하여 하나님의 가슴으로 돌아와서 마음의 성전을 재건하고 하나님을 심령에 모시는 회개의 역사를 상징한다. 그렇기 때문에 예레미야가 바벨론으로부터 돌아온 백성들이 하나님과 다시 언약 관계에 들어가는 것을 새 언약이라고 했듯이 예수님 당시 400년 가까이 하나님을 떠나서 사람의 전통과 계명에 매몰되어 있던 유대 백성을 불러 내셔서 본래 하나님의 계명으로 언약을 다시 맺는 일을 새 언약이라 명명하는 것은 너무도 당연한 일이다.

예수님 당시 영적으로 바벨론화된 유대교에 머물러 있던 하나님의 남은 백성(시온)[27]을 깨우시고 타락한 유대교를 심판하시는 내용이 이사야서 61-63:14에 예언되어 있는데 이는 마지막 때에도 동일하게 적용될 말씀이다. 그 당시 시온을 깨우시는 예수님의 사역을 예수님께서는 어느 안식일에 나사렛의 어느 회당에서 이사야 61:1, 2을 인용하시며 다음과 같이 선포하셨다.

---

27) '시온'은 본래 예루살렘 성전이 있던 언덕을 가리키는 용어로 결국 하나님께서 거하시는 곳이라는 의미로 사용되고 있다. 하나님께서 계시는 곳의 일차적인 원형은 하나님 백성의 심령이다. 그러므로 여기서 시온은 하나님의 백성을 의미한다.

주의 성령이 내게 임하셨으니 이는 가난한 자에게 복음을 전하게 하시려고 내게 기름을 부으시고 나를 보내사 포로 된 자에게 자유를, 눈 먼 자에게 다시 보게 함을 전파하며 눌린 자를 자유롭게 하고 주의 은혜의 해를 전파하게 하려 하심이라 (눅 4:18, 19)

여기서 흥미로운 사실은 예수님께서 위 말씀을 선포하실 때 이사야 61:2 원문에 있는 "여호와의 신원(伸寃; 원수 갚음)의 날을 전파하며"라는 구절은 생략하셨다는 것이다. 이는 이 말씀은 재림 직전 마지막 심판이 있기 전에 전해질 기별이기 때문이다. 이로 보건대 이사야 61, 62, 63:14절까지의 말씀은 교회가 바벨론화된 예수님 당시나 마지막 때나 동일하게 이중 적용이 된다는 것을 알 수 있다. (마태복음 24장이나 예레미야 31장도 마찬가지이다)

어쨌든 당시 예수님의 기별을 받아들인 자들은 유대교의 가르침을 떠나 진정한 하나님의 백성이 되어 자연스럽게 한 무리를 형성하게 되었는데 이들이 바로 초대교회였다. 교회(에클레시아)라는 단어는 '불러낸 무리'라는 뜻으로 유대교(영적 바벨론)의 죄에 빠지지 않고 끝까지 하나님 편에 '남은 무리'라고도 할 수 있다. 이런 모든 역사적 사실들이 바벨론 포로의 예루살렘 귀환이라는 사건으로 표상되어 예언되어 있다. 그러나 이러한 예언은 비단 예수님 때의 유대교를 떠나 예수님을 따랐던 무리들에게만 국한되지 않고 종교 개혁 때도 있었던 일이었고 또 앞으로도 있을 것인데 이 사건이 바로 마지막 때 있을 영적인 바벨론 포로의 귀환을 동시에 예언하고 있다. 이러한 통찰력을 가지고 요한 계시록의 다음 구절을 보자. (필자도 요한 계시록을 완전히 해석하지는 못하지만 성경적인 정확한 구원론과 구속사의 반복되는 패턴을 이해하고 보면 큰 줄거리를 이해하는 데는 큰 어려움이 없다. 그러나 칭의 이론을 믿고 죄 가운데 있어도 의롭게 봐 주는 것이 구원이라고 생각하고 계시록을 보면 앞뒤가 하나도 안 맞기 때문에 소설을 쓰게 되고 아무런 영적인 이득이나 교훈을 얻을 수가 없다. 결국 요한 계시록을 지구 멸망의 시간표 정도로 오해하게 된다)

> *이 일 후에 다른 천사가 하늘에서 내려 오는 것을 보니 큰 권세를 가졌는데 그의 영광으로 땅이 환하여지더라 힘찬 음성으로 외쳐 이르되* ***무너졌도다 무너졌도다 큰 성 바벨론이여*** *귀신의 처소와 각종 더러운 영이 모이는 곳과 각종 더럽고 가증한 새들이 모이는 곳이 되었도다 그 음행의 진노의 포도주로 말미암아 만국이 무너졌으며 또 땅의 왕들이 그와 더불어 음행 하였으며 땅의 상인들도 그 사치의 세력으로 치부하였도다 하더라 또 내가 들으니 하늘로부터 다른 음성이 나서 이르되* ***내 백성아 거기서 나와 그의 죄에 참여하지 말고 그가 받을 재앙들을 받지 말라*** *그의 죄는 하늘에 사무쳤으며 하나님은 그의 불의한 일을 기억하신지라* (계 18:1-5)

여기서 "무너졌다"는 말씀은 건물이 쓰러진 것이 아니라 타락한 교회를 상징적으로 말하고 있다. 더러운 영이 모이는 곳이 '되었다'(γίνομαι)는 말씀은 원래는 더러운 영이 없었다는 뜻이다. 결국 순결한 교회가 변질되었는데 그 결과 영적으로 바벨론이 되었다는 말씀이다. **그런데 아직 하나님의 백성이 그 안에 있는 것을 알 수 있다. 왜냐하면 하나님의 천사가 당신의 백성을 그곳에서 나오라고 외치고 계시기 때문이다.** 이 천사의 음성을 듣고 영적인 바벨론에서 나오는 자들은 하나님의 인(계 7:3)을 받고 예루살렘으로 귀환을 하게 되는데 그곳을 요한 계시록에서는 시온산이라고 부르고 있다(계 14:1-4). 요한 계시록의 바벨론도 영적 바벨론이고 시온산도 영적 시온산을 말하고 있다. 구체적으로 어떤 지리적 위치나 특정 교파를 이야기하는 것은 아니다. 예수님 시대의 영적 바벨론은 유대 교회이고 영적 예루살렘은 초대 교회였음은 분명하다. 그러나 현재 교회의 세속화가 급속도로 진행되고 있기에 조만간 이 구절의 구체적인 해석이 가능하게 될 것으로 생각된다. 아무튼 바벨론에 있는 하나님의 백성이 계시록 18장의 천사의 기별을 듣고 거듭나는 경험을 하게 되는데 이 역사를 **하나님의 종들의 이마에 하나님의 인을 친다고(계 7:3) 표현하고 있다. 이마에 하나님의 인을 맞는다는 것은 그 정신이 하나님의 본성을 소유하게 된다는 의미이다. 결국 본성이 하늘로부터 다시 태어나는 것을 의미하는 것이고 이렇게 인 맞은 자들은 온전한 자들이므로 완전수들을 곱한 수인 144,000이라고 부르고 있다.** 그리고 인 맞은 자들이 있는 곳이 시온산이라고 묘사하고 있는데 이것의 구체적인 의미는 아직은 알 수 없는 것 같다.

> *이르되 우리가* ***우리 하나님의 종들의 이마에 인치기까지*** *땅이나 바다나 나무들을 해하지 말라 하더라 내가 인침을 받은 자의 수를 들으니 이스라엘 자손의 각 지파 중에서 인침을 받은 자들이 십사만 사천이니* (계 7:3, 4)

> *또 내가 보니 보라 어린 양이* ***시온 산****에 섰고 그와 함께 십사만 사천이 서 있는데* ***그들의 이마에는 어린 양의 이름과 그 아버지의 이름을 쓴 것****이 있더라* (계 14:1)

십사만 사천은 하늘의 수 3과 땅의 수 4가 만나서 만든 완전수로서 구원을 표상하고 있다. 3×4×3×4×1,000(무리)=12×12×1,000은 완전하고 완전한 무리라는 뜻으로 거듭나서 온전해진 무리를 뜻한다. 이 십사만 사천이 이스라엘 백성에서만 나온다는 것은 육신의 이스라엘

이 아니라 영적인 이스라엘, 즉 적어도 하나님과 언약 관계에 있는 사람들 중에 나온다는 것을 알 수 있다. 이렇게 계시록에 예언된 영적 바벨론 포로의 영적 시온 산으로의 귀환은 새삼스럽거나 놀랄 일이 전혀 아니다. 역사 속에서 계속적으로 반복되어 온 일이고 이 일이 세상의 끝자락에서 마지막으로 또 일어날 것을 예언하고 있을 뿐이다. 이렇게 바벨론에서 불러낸 무리를(=십사만 사천=완전한 무리=성도들) 통해 하나님께서는 마지막으로 사단과 영적 전쟁을 벌이는데 이를 아마겟돈 전쟁이라고 부르고 있다. 이것이 요한 계시록의 핵심 줄거리다. 이에 대한 더 자세한 얘기는 다른 지면에서 다루기로 한다. **이때 십사만 사천과 맺을 언약 역시 새 언약이라고 할 수 있다. 그러나 그 언약의 내용 역시 모세의 율법과 동일하다. 모세에게도 먼저 십계명이 주어지고 그 다음 그 계명을 지킬 수 있는 능력을 받는 법을 제사법으로서 계시해 주셨듯이 모든 시대를 통해서 사람이 구원을 받는 길은 동일하다. 먼저 진리(말씀, 율법)가 제시되고 사람이 그 진리를 사모할 때 그 진리를 행할 수 있는 능력이 주어진다. 이 능력을 받는 길은 진리의 영(성령)과 사람이 믿음으로 하나가 되는 일이고 이것이 구원이다. 그러므로 사람은 행위가 아닌 믿음으로만 의롭게 된다.** 이를 다른 말로 하면 **'말씀과 성령'**이 구원을 위해 우리가 하나님께로 받아야 할 두 가지이다. 믿음을 통해 은혜를 받아 말씀(율법)과 내가 동화되는 것이다. 이를 다음의 패러다임으로 요약할 수 있다.

	말씀	성령
타락 후 아담	하나님의 법도	제사 (자기부인=믿음)
아브라함	율법	제사 (자기부인=믿음)
모세	율법	제의(祭儀)법 (자기부인=믿음)
초대 교회	계명(율법)	십자가의 도 (자기부인의 믿음=예수를 믿음)
144,000 (성도)	계명(율법)	예수를 믿음

성도들의 인내가 여기 있나니 그들은 ***하나님의 계명과 예수에 대한 믿음****을 지키는 자니라* (계 14:12)

예레미야 31:38-40의 예언으로 다시 돌아가면, 이 예언의 말씀을 '영적 이스라엘의 회복'이라는 개인적 관점으로 본다면 그 사람이 마음 속에 하나님의 나라가 실현된 상태로 살다가 죽는다면 재림 때 썩지 않을 몸을 입고 부활하여 영원히 살 것이기 때문에, 이 예언의 여호와의 성이 영원할 것이라는 예언은 당연한 것이 된다. 사실 진정한 여호와의 성(城)이란 아담이 창조되던 모습대로 하나님의 성전 된 개인을 말하고 있기 때문이다. 영적인 예루살렘 성이 눈에 보이는 팔레스타인 땅의 도시를 말하는 것이 아니라는 것을 알 수 있다. 그러므로 예레미야 31장의 예언은 궁극적으로는 회개한 하나님 백성인 회복된 영적 이스라엘을 말하고 있는 것이다. 한 때는 죄의 포로였던 그들이 다시 세움을 입은 것은 그 당시 몸이 귀환한 포로 모두에게 단체로 이루어진 것이 아니라 그 중 진심으로 통회하고 하나님을 구한 자들에게만 개인적으로 일어났을 것이고 이러한 영적 회복은 믿음으로 하나님의 영을 구하는 자들에게만 일어나는 것이다. 이러한 원칙은 옛 언약이나 새 언약이나 변함이 없다. 그리고 영적으로 마음 판에 하나님의 율법이 기록되고 하나님과 동행하는 사람은 진정 '참 하나님과 그의 보내신 자 그리스도'를 아는 자들이기 때문에 하나님과의 언약을 파기하지 않는다.

> *그들이 다시는 각기 이웃과 형제를 가리켜 이르기를 너는 여호와를 알라 하지 아니하리니 이는* ***작은 자로부터 큰 자까지 다 나를 알기 때문이라*** *내가 그들의 악행을 사하고 다시는 그 죄를 기억하지 아니하리라 여호와의 말씀이니라 (렘 31:34)*
>
> *하나님께로부터 난 자마다 죄를 짓지 아니하나니 이는 하나님의 씨(말씀)가 그의 속에 거함이요* ***그도 범죄하지 못하는 것은 하나님께로부터 났음이라*** (요일 3:9)

그래서 **옛 언약이 새 언약과 다른 것은 첫 언약 때는 그들의 마음에 하나님의 율법이 기록되지 못했으므로 율법을 범하여 계약이 파기되어 옛 언약이 되었다는 뜻이다.** 그렇기 때문에 새 언약에서는 율법의 내면화를 강조하고 있는데 이것 역시 개인적으로 믿음을 통해 이루어지는 것이고 개인이 이를 거부하면 율법이 그 사람 마음 판에 기록될 수 없을 것이다. 새 언약은 성립 자체가 되지 않는 셈이다.

4) 구약과 신약

결론적으로 '구약'과 '신약'은 본래 옛 언약과 새 언약이라는 뜻이지만 이를 예수님 이전과 이후의 말씀이라는 의미와 동일하게 사용되고 있기 때문에 혼선을 초래하고 있다. 이를 피하기 위해서 '신약'과 '구약'이라는 용어를 후자의 의미로 국한시켜서 써야 할 것이라고 생각 된다. 성경에는 '구약'(고후 3:14)[28]이라고 번역된 단어가 단 한 번 나오는데 이는 옛 언약이라고 번역 했어야 할 것을 구약이라고 잘못 번역한 것이다. 헬라어로도 παλαιᾶς(팔라이아스, 옛) διαθήκης(디아데케스, 언약)이라고 되어 있어서 명백히 옛 언약이라고 번역해야 한다. **왜냐하면 사도 바울이 고린도 후서를 쓸 때는 신약 성경이 없었고 구약 성경만이 성경이었기 때문이다.** 따라서 이 구절을 예수님 이전의 성경이라는 의미의 '구약'이라고 번역하는 것은 어폐가 있다. 오히려 다음 말씀들 중 '성경'은 지금의 개념으로 말하자면 모두 구약 성경을 말하고 있다.

> *너희가* ***성경****에서 영생을 얻는 줄 생각하고 성경을 연구 하거니와 이 성경이 곧 내게 대하여 증언하는 것이니라* (요 5:39)
>
> ***성경****은 폐하지 못하나니 하나님의 말씀을 받은 사람들을 신이라 하셨거든* (요 10:35)
>
> *또 어려서부터* ***성경****을 알았나니 성경은 능히 너로 하여금 그리스도 예수 안에 있는 믿음으로 말미암아 구원에 이르는 지혜가 있게 하*

---

28) 그러나 그들의 마음이 완고하여 오늘까지도 **구약(옛 언약)**을 읽을 때에 그 수건이 벗겨지지 아니하고 있으니 그 수건은 그리스도 안에서 없어질 것이라

*느니라 모든 **성경**은 하나님의 감동으로 된 것으로 교훈과 책망과 바르게 함과 의로 교육하기에 유익하니 이는 하나님의 사람으로 온전하게 하며 모든 선한 일을 행할 능력을 갖추게 하려 함이라* (딤후 3:15-17)

그런데 다음 말씀은 지금까지의 옛 언약에 대한 개념과는 달리 마치 옛 언약이 오래돼서 그 내용을 바꿔야 한다는 말씀으로 보인다.

새 언약이라 말씀하셨으매 첫 것은 낡아지게 하신 것이니 낡아지고 쇠하는 것은 없어져 가는 것이니라 (히 8:13)

*새 언약이라고 말씀하심에는 **못 쓰게 되고 쇠하여서 곧 사라질 첫 것**은 폐했다고 단언하신 것이라* (히 8:13, 스테판 원어 성경, 필자 번역)

먼저 이 말씀을 이해하기 전에 히브리서가 쓰인 배경을 알아야 한다. 히브리서는 예수님을 믿으면서도 율법에 나오는 제사를 계속 지내야 한다는 주장에 대한 반박으로 쓰여진 편지 서이다. 그렇기 때문에 히브리서에서 그냥 율법 또는 첫 언약이라고 말할 때는 십계명을 비롯한 도덕의 율법을 말하는 것이 아니라 모세의 율법 가운데 특별히 제사와 의식에 관한 법을 말하고 있다는 점을 알고 글을 읽어야 오해를 피할 수 있다. **위 말씀에서도 못 쓰게 되고 쇠한 첫 것이라고 한 것은 십자가를 예언하던 기능을 했던 율법의 일부인 제사에 관한 조항들이 분명하다.** 만일 히브리서에서 율법이라고 말할 때 이것이 십계명을 포함한 모세의 율법 전체를 말한다면 율법의 일점일획도 폐할 수 없다는 예수님의 말씀을 부정하고 있는 것과 마찬가지이다. 다음 히브리서의 율법 또는 계명이라는 표현은 제사법을 지칭하고 있다.

*그는 **육신에 속한 한 계명의 법**을 따르지 아니하고 오직 불멸의 생명의 능력을 따라 되었으니 증언하기를 네가 영원히 멜기세덱의 반차를 따르는 제사장이라 하였도다 **전에 있던 계명은** 연약하고 무익하므로 폐하고(**율법**[29]은 아무것도 온전하게 못할지라) 이에 더 좋은 소망이 생기니 이것으로 우리가 하나님께 가까이 가느니라* (히 7:16-19)

***율법**은 약점을 가진 사람들을 제사장으로 세웠거니와 **율법** 후에 하신 맹세의 말씀은 영원히 온전하게 되신 아들을 세우셨느니라* (히 7:28)

*이 장막은 현재까지의 비유니 이에 따라 드리는 예물과 제사는 섬기는 자를 그 양심상 온전하게 할 수 없나니 이런 것은 먹고 마시는 것과 여러 가지 씻는 것과 함께 **육체의 예법일 뿐이며 개혁할 때까지 맡겨 둔 것이니라*** (히 8:9, 10)

***율법**은 장차 올 좋은 일의 그림자일 뿐이요 참 형상이 아니므로 해마다 늘 드리는 같은 제사로는 나아오는 자들을 언제나 온전하게 할 수 없느니라* (히 10:1)

모세의 율법에서 주어진 제사 의식 자체는 십자가의 그림자에 불과하였다. **그러므로 십자가 이후에는 이러한 예언적 표상 내지는 그림자로서의 제사 제도는 낡아 없지는 것이라고 표현했을 뿐이다. 그래서 그 낡아서 없어져 가는 제도로서 제사와 성소제도의 예를 그 다음 절인 9:1-10에서 자세히 설명하고 있다.** 그 설명은, 성소와 제사 제도는 은혜의 왕국(하늘)의 모형에 불과하고 예수님께서 실제 제물이 되심으로써 손으로 만들지 않은 참 하늘(은혜의 왕국)에 들어가셨기

29) 이 부분의 율법은 본래 제의법을 말하면서 쓴 용어이지만 십계명을 포함한 율법 전체에 적용을 해도 의미가 통한다. 그렇지만 본래 저자의 의도는 양과 소의 피가 우리를 정결하게 할 수 없다는 말을 하고 싶은 것이다(히 10:1-4).

때문에 그런 모형은 이제 의미가 없다는 것이다. 따라서 히브리서는 제사와 의식에 관한 법의 관점에서 새 언약과 옛 언약의 차이를 부각시키고 있을 뿐이다. 그렇기 때문에 율법의 의식을 행하는 것이 문제가 아니라 율법의 정신을 마음에 새기는 것이 중요하다는 의미에서 예레미야의 새 언약에 관한 묘사를 인용하고 있는 것이다. 그렇기 때문에 히브리서가 말하는 새 언약은 십자가의 그림자였던 제의법을 폐하는 대신 그리스도의 십자가를 바라봄으로써 **하나님의 법을 마음에 새기는 것**이다. 오히려 제의법으로 불완전하게 계시되었던 십자가의 정신과 하늘(은혜의 왕국)의 실체가 그리스도의 십자가의 희생을 통해 완전하게 드러났다. 그러므로 **율법**의 일점일획도 폐한 것이 없고 십자가에 의해 오히려 더욱 **완전**해진 것이다(마 5:17). 그렇기 때문에 옛 언약은 십계명이라는 도덕적 표준이 주어지고 제의법을 준수하는 것으로 십계명의 정신을 마음에 새겨야 했고 새 언약은 십계명이라는 도덕적 표준이 주어지고 십자가를 바라보는 믿음을 통해 그 계명의 정신(하나님의 법)을 마음에 새김으로써 맺어진다. 이것이 히브리서가 인용한 예레미야서의 새 언약과 옛 언약의 차이점이다.

그러나 위 제의법에 관한 율법의 묘사를 율법 전체에 확대해서 적용할 수도 있는데 그 것은 문자로서의 율법이다. 율법의 정신은 율법의 글자를 해석한 그 정신이라기보다는 율법이 있기 전에 먼저 있었던 정신, 곧 로고스를 말한다. 그 로고스를 인간의 언어로 표현한 것이 율법인데 율법을 그 글자의 의미 안에만 가둘 때 그런 율법은 폐한 것이라고도 할 수 있을 것이다. 그 글자가 가리키고 있는 로고스, 곧 그리스도와 십자가가 율법의 정신이요, 원형이기 때문이다. 그러나 당시 유대인들은 율법을 문자로만 받아들이고 있었다. 이런 의미에서 바울은 의문에 속한 율법을 폐했다고 한 것이지 율법 자체가 폐해져서 그것이 옛 언약이 되었다는 뜻은 아니다.

> *법조문으로 된 계명의 율법을 폐하셨으니* (엡 2:15)

그러나 사람들은 본능적으로 율법을 미워하기 때문에 하나님의 법도가 없어졌기를 바라는 마음으로 이 구절을 읽으면 율법의 요구가 없어졌다는 오해를 쉽게 한다. 결론적으로 옛 언약이나 새 언약이나 죄인들의 심령에 **하나님의 형상을 회복하는 것**이 언약의 핵심이다. 마음에 새겨야 할 하나님의 법이란 제사와 의식에 관한 규정 자체가 아니라 율법의 법정신 곧 하나님의 형상을 말씀하고 있다.

세속 교회와 하나님 나라 下

Ⅳ.
율법의 요구와 성령의 내주(內住)

율법과 성육신과 구원

죄로부터의 구원은 인간을 향한 하나님의 유일한 관심사다. 인간 구원을 위해 율법을 주셨고, 그 율법을 범하는 백성을 돌이키시기 위해 선지자를 보내셨고, 마침내 하나님께서 몸소 인간이 되셔서 율법을 행하는 삶의 모본을 보여 주시고 인간의 속죄를 위해 십자가에 달리셨다. 하나님의 모든 계획과 말씀과 행하심은 모두 인간의 구원을 위한 것이다. 심지어 죄로 인해 이 땅에 가시나무와 엉겅퀴가 나게 하신 것[30]도 인간 구원을 위한 하나님의 거대한 섭리 가운데 하나다. 죄로부터의 구원은 하나님과 단절되었던 인간이 다시 하나님과 하나가 되는 것이다. 존재의 근원이신 하나님과의 단절된 상태가 곧 죄이기 때문이다. 하나님과 분리돼서 사람이 성령의 통제를 받지 않고 육신의 소욕대로 살게 되면 반드시 우주를 주관하는 법(율법)을 벗어나서 행동하게 되어 있으므로 이를 성경에서는 불법 또는 죄(罪)[31]라고

30) 땅이 네게 **가시덤불과 엉겅퀴를 낼 것이라** 너의 먹을 것은 밭의 채소인즉 네가 얼굴에 땀이 흘러야 식물을 먹고 필경은 흙으로 돌아 가리니 그 속에서 네가 취함을 입었음이라 너는 흙이니 흙으로 돌아갈 것이니라 하시니라 (창 3:18, 19)

31) 성경에서는 죄를 **행동**의 문제로도 말씀하고 **본질**(품성)의 문제로도 말씀한다.

부르고, 이러한 죄의 문제를 해결하는 차원에서 구원을 다른 말로는 '죄로부터의 건짐(구원)'이라고도 표현한다. 반대로 하나님과 하나가 된 사람은 하나님의 법대로 사는 삶을 살게 된다. 그래서 구원은 하나님의 통치 안으로 들어가는 **일**이라고 할 수도 있다.

하나님과의 분리도 아담의 선택으로 되었지만 하나님과의 다시 하나됨도 우리 각자의 선택으로 이루어진다. 아담이 창조될 때 하나님께서 아담에게 생기(성령을 오역함)를 불어 넣으심으로써 하나님과 하나 되는 장면은 창세기 2:7에 기록되어 있다.

> *여호와 하나님이 흙으로 사람을 지으시고 생기(네샤마 하이=생명의 영=성령)를 그 코에 불어 넣으시니 사람이 생령(산 영혼)이 된지라* (창 2:7)

사람(아담)은 이런 방법으로 하나님과 하나가 되었고 하나님의 형상 곧 하나님의 본성을 소유하게 되었다. 이제 우리도 하나님과 하나되기 위해 중심의 진실함으로 성령을 구하고 말씀에 순종할 때 **삼위 하나님**[32]께서 우리를 찾아 오셔서 우리 안에 거처를 정하시는데 이것이 구원이다. 최초의 인간인 아담처럼 성령의 내주하심으로써 하나님과 하나가 된다. 이렇게 그 마음이 하나님의 거처가 된 사람을 하나님의 **성전**이 되었다고도 한다.

---

32) 예수께서 대답하여 이르시되 사람이 나를 사랑하면 내 말을 지키리니 내 아버지께서 그를 사랑하실 것이요 우리가 그에게 가서 거처를 그와 함께 하리라 (요 14:23)

너희가 하나님의 성전인 것과 하나님의 성령이 너희 안에 거하시는 것을 알지 못하느뇨 (고전 3:16)

그렇다면 아담은 창조될 때는 하나님의 성전으로 지음을 받았던 것이고 아담의 범죄 행위는 성전 파괴에 해당하는 것이다. 이러한 영적인 일들이 성전의 건축, 파괴 그리고 재건이라는 이스라엘 역사 속의 사건들로 표상되고 있는 것은 신비롭기만 하다. 유대 민족이 다윗 언약을 통해 하나님의 백성으로 언약관계에 들어 갔을 때 이런 하나님과의 관계를 예표하는 것이 성전의 건축이었다. (이 일은 광야에서 모세가 성소를 지었던 일을 반복한 것에 불과하다) 성전을 건축한다는 것은 하나님께서 거하시는 자기 자신들을 만들어가는 것을 예표하는 일이었다. 그들이 하나님을 떠나는 것은 하나님의 거하시는 바 성전을 스스로 파괴하는 일이었기 때문에 이런 영적 성전의 파괴를 눈으로 보여 주는 것이 바벨론에 의한 예루살렘 성전의 파괴였다. 당시 성전 파괴의 비참함은 그들이 하나님을 버린 영적인 비참함을 그대로 반영하고 있었다. (이 문제는 다른 지면에서 자세히 논의하기로 한다) 또한 말씀이 육신이 되신 예수님께서 사람들 가운데 **거하신(요 1:14)** 일을 표현한 헬라어 단어 σκηνόω(skenow, 스케노오)는 본래 **'성막[33]을 치다'**, **'성막에 거하다'**라는 뜻이다. 사실 예수님은 신성으로 계실 때는 하나님이시지 성전이 아니었다. 예수님께서 친히 성전이 되

33) 성전(聖殿)의 원형은 모세 당시 광야에서 설치했던 '성막(tabernacle)'이었고 이것은 가나안을 향해 여행하던 이스라엘 백성을 위한 이동식 성전이었다. 이러한 이동식 성전 곧 성막은 솔로몬 때 와서 건축물로 지어진다. 이 건축물을 '성전(temple)'이라고 부른다.

신 것은 우리도 성전이 되라는 초청이다. 예수님께서 인성을 입으심으로써 성전이 되셨듯이 우리는 신성을 입음으로써 성전이 된다. 신성을 입는다는 것은 성령을 받는다는 의미다. 모세의 율법을 통해 구체화된 '성막' 내지는 '성전'이라는 개념은 창세기 2:7에 기록된 타락 이전의 하나님과 사람의 관계와 그 관계를 회복하는 과정을 상징물과 그 안에서 행해지는 의식(儀式)들을 통해 눈에 보이게 형상화한 것이었다. 그러므로 성전은 단지 하나님께서 거하시는 건물이 아니라 죄인과 무한히 거룩하신 하나님께서 함께 거하시는 모습을 보여 주고 있는 매우 중요한 계시다. 어떻게 죄인이 거듭나게 되며 어떻게 그 사람의 기도가 하나님께 상달되며 어떻게 그가 하나님의 보좌 앞으로 나갈 수 있는가를 보여준다. 결국 하나님께서 실제로 거하시기를 원하시는 곳은 성전이라는 건물이 아니라 우리들의 심령이므로 성전은 눈에 보이지 않는 우리들의 심령의 모습이 되어야 하고 그렇기 때문에 성전은 눈에 보이지 않는 은혜의 왕국의 모습이다. 하나님의 나라는 우리들 안에 있는 것이기 때문이다(눅 17:20, 21). 그러므로 교회 건물을 비싼 돈 들여서 지어 놓고 그 건물을 하나님의 성전이라고 부르는 일은 개탄스럽기만 하다. 사실 하나님께서 그 건물을 좋아하시는 것이 아닐 뿐 아니라 하나님께서는 그 건물에 전혀 관심이 없으시다. 다만 그 화려한 건물을 사람들이 좋아하고 그곳에 모이기를 자랑스러워 할 뿐 그 예배당 건물이 하나님의 거하시는 성전은 결코 아니다. 하나님께서 실제로 거하기를 원하시는 자신들의 심령의 문은 꼭 닫아놓은 채 크고 화려한 건물을 지어 놓고 그곳에 하나님께서 거하신다고 선포한들 무슨 유익이 있겠는가? 특별히 신약시대에는 성전 제도를 포함해서 구약의 제의(祭儀)에 관한 율법이 십자가에 의해 폐해졌으므로 이 시대에 '성전을 건축한다'는 개념 자체가 코미디 같은 얘기다. 세대주의에서 주장하는 바, 말세에 유대인들에 의해 예루살렘에 성전을 재건할 것이라는 예언 해석은 이런 관점에서 보면 성전의 의미가 무엇인지도 모르는 엉터리 없는 얘기이다.

구원의 과정을 통해서 하나님과 하나가 된 사람은 창세 전에 계획하셨던 하나님의 형상이 그 사람 안에 회복된 사람이요, 하나님께서 친히 거하시는 성전이다. 전술한 대로 이런 사람은 하나님의 본성대로 삶을 살게 되는데 하나님의 본성대로 산다는 것은 다른 말로 하면 하나님의 율법을 지키는 삶을 산다는 것이다. 사람의 손으로 쓴 글 중에 오직 율법을 통해서만[34] 하나님을 알 수 있다. 그리고 율법을 통해서는 하나님의 본성 외에는 우리가 알 필요가 있는 것도 알 수 있는 것도 없다. 그러므로 **율법을 사랑하여 주야로 묵상하는 사람은 곧 하나님의 본성을 사랑하여 하나님과 같은 본성을 소유하기를 원하는 사람이다**(시 1:1, 2). 이 율법의 정신(로고스)이 육신이 되신 분이 바로 예수님이시다. 다른 말로 하면 성육신은 하나님의 본성의 현현(顯現)이다. 그렇기 때문에 예수님을 믿는 자는 하나님을 믿는 자이고 예수님을 본 자는 하나님을 본 자이다(요 12: 44, 45 요 13:20). 예수님을 믿는다는 것은 율법의 정신의 자기 내면화를 구하는 것과 동일한 일이다. 이런 율법의 정신이 자신의 삶 속에서 구현되는 것을 성

34) 율법(말씀)을 알지 못하는 자가 꿈이나 계시를 통해 하나님을 만날 수 없다. 이미 율법을 통해 하나님을 인격적으로 만난 사람이 필요에 따라 계시를 통하거나 꿈을 통해서 하나님을 만날 수 있다. 물론 자연계나 우리의 양심을 통해서도 하나님은 자신의 선하심을 계시하셨다. 그러나 구체적인 하나님의 뜻은 율법과 예수님의 생애에 잘 드러나 있다.

령의 열매를 맺는다고 한다. 율법이 따로 있고 말씀이 따로 있고 예수님 믿는 것 따로 있고, 성령의 열매가 따로 있고 천국이 따로 있는 것이 아니다. 이 모든 것이 하나이고 우리의 영혼은 여기에 매몰되어야 하는 것이다. 이렇게 될 때 하나님의 가슴에 우리의 가슴을 묻고 하나님과 동행하는 삶을 옛날 에녹이 그러했듯이 지금부터 영원까지 살게 될 것이다. 이러한 율법과 성육신과 구원의 관계를 예수님께서는 다음과 같이 표현하셨다.

> *율법과 선지자는 요한의 때까지요 그 후부터는 하나님 나라의 복음이 전파되어 사람마다 그리로* ***침입하느니라*** *(βιάζω, 비아조; 힘을 사용하다) 그러나 율법의 한 획이 떨어짐보다 천지가 없어짐이 쉬우리라 무릇 자기 아내를 버리고 다른 데 장가 드는 자도 간음함이요 무릇 버림 당한 여자에게 장가드는 자도 간음함이니라* (눅 16:16-18)

이 말씀을 읽고 율법은 세례 요한의 때 까지만 유효하고 그 이후는 폐했다고 생각하는 사람이 있을 것도 같다. 이 난해한 말씀을 풀어보면, 침례(세례) 요한의 때까지가 성육신 이전의 시대(이른 바 구약시대)이므로 이때까지는 율법과 선지자를 통해 하나님의 뜻을 사람들에게 선포했지만 (인간의 언어를 통해서만 간접적으로 하나님의 나라를 알렸지만) 그 이후는 율법보다 더 쉽고 명확하고 이론의 여지가 전혀 없는 성육신을 통해 하나님의 나라(하나님의 뜻으로 움직이는 나라)를 눈에 보이게 직접적으로 선포하고 이 나라에 들어오기를 원하는 자는 누구나 (그가 천국에 들어가는 것을 방해하던 사단을 하나님의 능력으로 제어함으로써) 힘으로 하늘 나라에 들어간다. **그러나 성육신을 통해 하늘 나라를 선포한다고 해서 율법이 폐했다는 것은**

아니다. 율법의 일점일획도 변할 수 없는 것이다. 예를 들어 율법에서 "간음하지 말라"고 한 계명은 '자기 아내를 버리고 다른 데 장가 드는 자와 버림 당한 여자에게 장가드는 자를 지금도 정죄하고 있고 아직도 유효한 것이다. 이것이 너희들이 들어갈 하늘 나라의 법이다'라는 의미다. 율법에서 규정한 바 성막(성소)이나 성전은 바로 우리들의 내면의 모습이어야 할 바를 실물 교훈으로써 보여 주신 것이지만 성육신 자체는 하나님께서 **성전의 원형으로 오셔서** 우리가 되어야 할 성전의 모습을 눈에 보이게 보여 주셨다. 이 얼마나 은혜로운 일인가? 그렇기 때문에 모세의 율법은 도덕법은 물론 제사와 성소에 관한 규정까지도 예수님에 관한 기록이었다(요 5:39, 46).

필자는 율법을 다음과 같이 분류하고 싶다.

선악과의 언약 = 제 1 율법

타락 후 제사제도와 구전된 법도 = 제 2 율법

모세의 율법 = 제 3 율법

예수님의 말씀 = 제 4 율법

십자가 = 율법의 최종판

이 모든 것들은 하나님의 가슴을 드러내 보이시는 계시의 방법들이다. 이 계시를 통해 하나님과 그리스도를 알아야 성령을 구할 수 있고 그 결과 하나님과 하나가 될 것이다.

심령에 말씀을 새김

: 하나님의 성전이 됨

온 우주와 그 가운데 있는 피조물을 주관하시는 하나님의 본성이요, 뜻인 **율법의 정신 내지 원칙**은 성경 전체를 일관되게 관통하고 있다. 창세기에서는 이를 "하나님의 형상"이라 하였고 예수님께서는 이 땅에 오셔서 이를 하나님의 영광이라 하셨으며(요 17:22) 성경의 제일 마지막 책에서는 '어린 양의 이름(품성)' 또는 '아버지의 이름'[35]이라고 하고 있다. 또한 사도 요한은 이 원칙을 **"로고스(logos)"**라는 헬라어 단어를 사용해서 표현하였다. 이를 우리말 성경에서는 **"말씀"**이라고 번역하였다. 이 로고스가 하나님과 함께 계셨는데 이 로고스가 바로 하나님이시다(요 1:1). 그리고 이 로고스가 육신이 되신 분이 예수님이다(요 1:14). **이 로고스가 바로 하나님이라는 뜻은 로고스로 그 정체성이 규정되는 바 그 하나님이라는 뜻으로 받아들일 수밖에 없다.**

산상수훈의 전체적인 주제는 '하늘의 헌법', 즉 율법이라고 말하는 것이 가장 정확한 표현일 것이다. 예수님께서 인성을 쓰시고 세상에

35) 또 내가 보니 보라 어린 양이 시온산에 섰고 그와 함께 십사만 사천이 서 있는데 그들의 이마에는 **어린 양의 이름과 그 아버지의 이름**을 쓴 것이 있더라 (계 14:1)

오시기 약 1,500년경 전에는 신성으로 시내산에 강림하셔서 율법을 반포하셨고 이에 순종하는 조건으로 이스라엘 백성과 생명의 언약을 맺었었는데 그들은 대대로 하나님과의 언약을 반복적으로 파기해 왔었다. 이제는 바로 그 하나님께서 인성을 입으시고 갈릴리 지방의 어느 작은 산 위에 오르셔서 유대인들이 그동안 잊고 살았던 바로 그 동일한 율법을 선포하시고 있는 것이다. 이는 '말라기' 이후 약 400년 동안 하나님을 떠난 유대인들 가운데 **남은 자들**[36]을 불러내셔서 1,500년 전에 맺었던 그 언약을 다시 맺고자 하심이었다. 이 새로운 언약은 1,500년 전의 그것[37]과 내용은 같은 것이었으나 유대인들에 의해 본래 언약의 내용이 변질되었으므로 그들에게는 새로운 내용이었다. 그래서 새 언약이라고 불렸다. 그리고 언약을 새롭게 다시 맺었으므로 새 언약이기도 했다. 하나님께서 그들과 언약을 새로 맺으신 이유는 과거에 맺었던 언약의 내용에 문제가 있어서가 아니라 그들이 과거의 언약을 파기해서 지금은 의미 없는 '옛 언약'이 되어버렸기 때문이다. 시내산에서의 언약이 무효가 된 이유는 그들의 조상이 율법의 조문에만 매몰되어 있었지 그 조문들이 가리키고 있는 법 정신에는 무관심했기 때문이었다. 그렇기 때문에 옛 언약을 잃어버린 백성

---

36) 또 이사야가 이스라엘에 관하여 외치되 이스라엘 자손들의 수가 비록 바다의 모래 같을지라도 **남은 자만** 구원을 받으리니 (롬 9:27)

37) **언약의 내용은** 하나님 측에서는 이스라엘 백성에게 **생명을 제공**하시는 것이고 이스라엘 백성은 **하나님의 말씀에 순종한다는 약속**이다. 이 약속의 내용은 곧 구원의 원칙이었고 이 원칙은 지금도 변함이 없고 변할 이유도 없는 원칙이다. 그 순종해야 할 하나님의 말씀(율법)이 이스라엘 백성들에 의해 왜곡되고 변질되었으므로 예수님께서 본래대로 회복시키신 말씀의 내용은 그들에게는 새로운 것이었다.

들이 새롭게 언약을 맺는 과정과 경험 그리고 주의할 점들을 설교하신 내용인 산상수훈에서 율법의 법 정신을 강조하고 있는 것은 당연하다. 언약은 입술로 맺는 것이지만 그 언약이 유효하게 되는 것은 쌍방 간에 언약에 명시된 의무를 실천할 때이다. 그래서 이번에 새로 맺는 언약의 내용은 동일하지만 그것의 정신을 마음에 새기는 것을 강조하고 있을 뿐이다. 오히려 율법을 마음에 새기면 율법을 반드시 행할 수밖에 없다. 사람의 의무는 율법을 마음에 새겨 행하는 것이고 하나님의 의무는 율법을 마음에 새기고 행하는 사람에게 생명을 주시는 것이다. 그러나 이렇게 말하면 언뜻 쉽게 받아들이기 어려운 사람들이 많이 있을 것 같다. 왜냐하면 그동안 신약, 구약 성경에 대해, 옛 언약과 새 언약에 대해, 율법과 믿음, 구원과 거듭남 등에 대해 수많은 거짓 가르침이 있어 왔고 이러한 오류들이 현대 기독교인들에게 상당한 영향을 끼치고 있기 때문이다. 우선 이 문제를 이해하기 전에 우리는 다음 말씀의 의미부터 깨닫지 않으면 안 된다.

> *살리는 것은 영이니 육은 무익하니라* ***내가 너희에게 이른 말은 영이요 생명이라*** (요 6:65)

이 말씀을 다른 말로 하면 유한한 인간의 입장에서 **눈에 보이지 않는 성령을 인식할 수 있는 성령의 정체성은 하나님의 말씀**이라는 것이다. 이를 현대 IT 문명의 용어로 쉽게 설명하면 인간과 성령 하나님의 인터페이스(interface)는 바로 인간의 언어로 표현된 하나님의 말씀이라는 것이다. 우리는 하나님의 말씀을 따라 하나님의 뜻에 맞게 기도할 때 기도의 응답을 받는다. 하나님 역시 인간에게 역사하실 때 하나님의 말씀을 따라 역사하신다. **그렇기 때문에 율법(말씀)을 무시하는 자의 기도는 가증스럽다**고 하셨다(잠 28:9).[38] 우리가 성령을 구하는 기도를 하면 성령께서 우리에게 임하셔서 우리의 마음 판에 율법을 새기시는데 우리가 잠자고 있는데 몰래 오셔서 새기는 것이 아니다. 우리가 말씀을 읽고 묵상하고 기도할 때 그리고 그 말씀에 순종하는 믿음을 통해서 성령께서는 말씀을 따라 우리 심령에 하나님의 율법을 새기신다. 이것이 죄로 인해 잃어버린 바 된 하나님의 형상을 회복하는 과정이요, 또한 **새 언약의 강조점이다.** 하나님의 말씀을 떠나서는 인간은 하나님과 교제할 수 없고 하나님께서도 인간에게 개인적으로는 하실 일이 거의 없으시다.

많은 사람들은 말씀과 상관 없이 기도를 열심히 하면 성령을 받을 수 있고 또 성령을 받으면 가슴이 뜨거워지고 방언을 말하고 환상을 보고 병을 고치는 능력을 받게 되고 이것이 성령을 받은 증거라고 생각한다. 그리고 이렇게 신자들을 오도하는 기독교 지도자들이 많지만, '진리의 영'께서는 진리와 상관없이 일하시지 않는다. **예수님께서는 예수님께서 이르신 말씀이 곧 성령이라 하셨다.** 그리고 그 말씀의 내용은 결국 율법의 정신을 풀어서 말씀하신 것이다. 성령이 임할 때 우리가 죄로부터 깨끗해지는 것이지 가슴이 뜨거워지거나 꿈을 꾸거나 방언을 말할 때 깨끗해지는 것이 아니다. 이는 예수님께서 하신 말씀을 봐도 분명하다.

너희는 내가 일러준 ***말로*** *이미* ***깨끗하여졌으니*** *내 안에 거하라 나*

38) 사람이 귀를 돌려 **율법을 듣지 아니하면** 그의 기도도 가증하니라 (잠 28:9)

도 너희 안에 거하리라 (요 15:3, 4)

다시 말해 성령을 받아 성령과 하나 되고 성령의 인도를 받는다는 것은 하나님의 말씀을 받아 말씀과 동화되어 말씀의 인도하심대로 생애를 사는 것을 의미한다. 그러므로 성령을 구한다는 것은 말씀을 구한다는 것과 같은 것을 구하는 것이고 성령을 구하는 목적은 말씀을 구하는 목적과 동일한 것이다. 즉, 말씀대로 내가 변화함을 입고 말씀대로 살기 위해서이다. 말씀을 구한다는 것은 하나님께 단순히 삶의 행동지침을 알려 달라는 기도가 아니다. 말씀을 구한다는 것은 말씀의 정신을 깨닫고 그것과 내가 하나가 되기를 구하는 것이다. 내가 말씀의 정신과 동화되려는 필요를 느끼지 못하면서 그저 말씀만 받아 그것을 행동으로 옮기기만 하면 된다고 생각한다면 결국은 율법주의로 흐르게 되어 있다. 나무는 좋지 않은데, 나무 자체는 그대로 두고 열매만 좋은 것을 맺으려고 노력할 수밖에 없기 때문이다. 나쁜 나무가 좋아 보이는 열매를 맺으려고 노력하는 것이 율법주의다. 이것이 바로 과거 이스라엘 백성이 하나님과의 언약을 자연스럽게 파기하게 된 길이었다. **율법이 사람에게 요구하는 것은 행동이 아니라 영적인 자질이다.** 그러나 하나님께서 성령을 주셔서 하시고자 하는 일은 나쁜 나무를 좋은 나무로 바꾸는 일이다.

예수님은 말씀(영, 율법)이 육신이 되신 분이다. 다른 말로 하면 영이 육을 입으셨다. 또 다른 말로 하면 신성(神性)이 인성(人性)을 입으셨다. 그러나 우리는 그냥 육신으로 태어났다. 육으로 난 것은 육일 뿐이다. 그러나 영이신 예수님께서 육을 입으신 것은 육인 우리들이 영을 입어서 예수님 같은 영과 육이 하나된 사람이 될 수 있다는 모본을 보여 주시기 위함 이기도 하다. 육이 영을 입어 영과 육이 예수님처럼 하나가 되면 이를 단순히 영으로 난 영[39] 또는 거듭난 사람이라고 부른다. 육이 영을 입는 일은 다른 말로 하면 **말씀이 우리들의 심령에 새겨지는 일이다. 이것이 하나님의 성전이 되는 일의 실상이다.** 유사 성전을 건축하는 데는 어마어마한 돈이 들지만 진짜 성전을 건축하는 데는 성경 한 권과 작은 골방만 있으면 된다. 그러므로 성육신 자체는 영이 육을 입어 성전이 되신 일이었고 육인 우리들이 영을 입어 역시 성전이 되라는 초청장이요, 명령이다. 예수님 자신은 여러 가지 측면에서 우리 구원의 모델이시다. 그렇기 때문에 예수님께서는 거듭난 사람을 종이라 하지 않으시고 친구라고 부르신다. 이런 모든 일들을 묵상해 보라. 정말 감사의 찬송이 나오고 하나님께서 요구하시는 그 아브라함의 믿음을 소유하고 싶은 진정한 목마름이 생기지 않겠는가? 아멘!

---

39) 그래서 신약 성경에서는 영(spirit)이 인칭대명사처럼 쓰이는 경우가 종종 있다.

복음

: 악한 본성을 거룩하게 하시겠다는 약속

단순한 행동지침 내지는 명령으로 보이는 하나님의 율법은 우리가 실제로 행동에 옮기려고 노력해 보고 또 노력해 보면 우리 능력으로는 지키기에 불가능한 명령이라는 것을 깨닫게 된다. 왜냐하면 우리는 나쁜 나무이기 때문에 좋은 열매를 맺을 수 없기 때문이다. 나쁜 나무에게 좋은 열매를 맺으라고 명령한 율법은 결국 나쁜 나무에게 좋은 나무가 되라는 명령이다. 하나님의 율법을 지키는 것은 인간의 결심이나 노력 또는 성실성의 문제가 아닌 인간 본성(품성)의 문제라는 것을 우리는 깨달았다. 이것이 인간의 법과 하나님의 법의 근본적인 차이점이다. 하나님의 법은 인간이 만든 법률과 같은 모습을 하고 있지만 그 법조문이 주는 메시지는 **겉으로 드러난 행동의 규범이 아닌 행동의 동기에 대한 규범이다. 이런 율법의 영적 요구를 자세히 설명하신 것이 산상수훈이다.** 인간의 법은 마음 속의 동기까지 판단하고 통제할 수 없을 뿐 아니라 그 악한 본질을 변화시킬 수도 없다. 그러나 인간 사회의 모든 불행의 근본적 문제는 사람들 마음 속에 있는 행동의 동기에 있기 때문에 인간의 이성(理性)과 노력에만 의지해서는 이 세상에 희망이 없을 수밖에 없는 이유이기도 하다. 이러한 엄중한 사실은 인류의 역사가 증명하고 있다.

법률과 제도를 아무리 개선해도 지도자를 아무리 훌륭한 사람을 뽑아도 세상을 구성하고 있는 사람들의 마음이 악하기 때문에 이 세상은 항상 비참하고 불행한 일로 가득 차 있어 왔다. **이러한 사실 자체는 우리가 생각하는 악과 하나님께서 말씀하시는 악이 다르다는 것을 보여준다. 사람의 생각은 틀리고 하나님의 말씀만이 옳다는 것도 보여준다.** 그러나 사람들은 세상의 부조리의 원인이 자기 자신 안에 있다는 것을 깨닫지 못한다. 자신이 악한지 모르기 때문이다. 그렇기 때문에 지도자들의 무능력을 탓하고 사회 제도와 법률의 문제점을 지적한다. 그들이 그 문제점을 지적하는 법률 자체가 자기들이 악하기 때문에 존재한다는 것은 모른다. 예수님은 세상 법률이나 지도자를 개선함으로써 세상을 바꾸려고 하지 않으셨다. 예수님께서 바꾸고자 하신 것은 사람들의 본성뿐이었다. 많은 기독교 지도자들이 주장하는 것과는 달리 예수님께서는 이 세상을 살기 좋은 아름다운 세상으로 바꾸려는 노력은 전혀 하지 않으셨다. 그럴 것이었으면 그분의 제자들을 세상에서 불러내지 않으시고 세상을 바꾸셨을 것이다. 교회라고 번역된 헬라어 '에클레시아'는 세상으로부터 불러낸 무리라는 뜻이다. 악한 본성을 지닌 사람들로 구성된 이 세상은 그 구성원들의 본성이 변하기 전에는 아름답고 행복한 세상이 오는 것은 불가능하다. 그리고 그 본성의 변화는 하나님께서 강제로 하시는 일이 아니라 개인의 자원하는 마음이 전제된 후에 하나님의 능력으로 이루어져야 하기 때문에 이 세상은 아름다운 좋은 세상으로 변하지 않을 것이 확실하다. 자기의 본성을 바꾸고 싶어 하는 사람이 얼마나 있겠는가? 절대다수의 사람들은 자신의 본성이 요구하는 바를 만족시키기 위해서 세계를 바꾸려고 한다. 심지어 하나님의 말씀마저도 그들의 본성에 맞게 변조시켜 왔다. 이것이 하나님 백성들의 역사였다. 아브라함 이후 4,000년에 걸친 반복적인 하나님 백성들의 타락의 근본 원인도 본성의 변화 없이 하늘에 가는 법을 지도자들이 만들어서 가르치고 사람들은 그런 길을 좋아하는 데 있었다. 적어도 기록이 확실히 남아 있는 예레미야 시대에도, 예수님 당시에도, 중세 시대에도 그랬었고 지금도 마찬가지다. 500년 전에 종교 개혁이 있었지만 그 약효는 그리 오래 가지 않았다. 옛날 바벨론 포로들의 예루살렘 귀환 후에 몇몇 지도자들에 의해 대대적인 영적 각성 운동이 있었지만 그 효과 역시 100년을 넘기지 못한 것과 비슷하다. 사실 예수님께서 하신 일도 일종의 종교 개혁이었고 그로부터 약 500년 전의 바벨론 포로의 예루살렘 귀환과 성전 재건운동도 역시 유다의 역사를 놓고 보면 종교 개혁이었다.

많은 정치 지도자들이 살기 좋은 세상을 위한 개혁을 항상 주장해 왔고 지금도 같은 주장을 하고 있다. 만일 세상이 앞으로 1,000 이 더 지난다 하더라도 그때도 정치지도자들은 지금처럼 개혁을 주장하고 있을 것이다. 그러나 진정으로 개혁해야 할 것은 사람의 본성뿐이다. 그러므로 하나님 나라의 통치 원리인 율법은 사람의 본성에 반대되는 일을 요구한다. 그것은 바로 자기(自己)를 비워 남을 섬기는 일이다. 그래서 하나님의 법은 사람들에게 인기가 없고 율법이 폐했다는 거짓말을 들으면 그것이 진실이기를 바란다. 자신이 변하지 않고 율법이 변하기를 바라기 때문이다.

우리가 사는 이 세상은 사람들의 본성이 바뀌면 자연스럽게 모든 것이 바뀌게 되어 있다. 사람의 본성이 악한 상태로 그대로 있는 한 어떠한 법률이나 제도도 세상을 아름답고 행복하게 변화시킬 수 없다. 20세기에 들어서 세상을 지배했던 3대 사상인 사회주의, 자본주의, 파시즘 모두 이 세상을 행복하게 하는 데 실패했다. 지금 전 세계 부(富)의 99%를 1%의 인구가 가지고 있다는 것은 인간의 악함을 증명한다. 이 세상 인구가 100명이라면 하나님께서는 150명(?) 정도가 먹을 수 있는 양식을 주셨고 이를 사람들끼리 사이 좋게 나누어 먹으면 될 것을, 사람들은 서로 싸워서 서로 많은 부를 차지하려고 한다. 위의 통계대로라면 1명이 148.5명이 먹을 것을 자신이 먹지도 못 하면서 창고에 보관하고 있는 셈이다. 100명이 서로 더 많은 것을 차지하기 위해 싸운 결과다. 싸우는 과정도 고통이고 싸움의 결과도 99명에게는 고통이고 그 나머지 승자 1명에게도 진정한 기쁨이 되지 못한다. 인류는 이렇게 의미 없이 싸우는 일을 6,000년 동안 쉬지 않고 해 왔다. 무력으로 싸우기도 하고 싸우는 규칙을 정해서 피 흘리지 않고 싸우기도 한다. 어릴 때부터 자식을 학원에 보내는 목적은 아이들에게 어른이 돼서 남들과 싸울 힘을 키워 주기 위해서다. 생존 경쟁은 인간이 선하다면 불필요한 것이지만 악하기 때문에 필연적으로 따르는 삶의 방식이 되어왔다. 그래서 인간의 본성의 변화함이 없이는 이 세상에는 희망이 없다. 인간은 살기 위해 싸워야 하기 때문이다. 그러므로 하나님께서는 이 불행한 인류의 처지를 영원히 보고 계실 수는 없을 것이다. 하나님께서 이 땅의 죄악을 6,000년 동안 참고 계신 이유는 하나님의 본성을 가지지 않는다면 희망이 없다는 것을 온 우주와 천사들 앞에 증명하시기 위함이었을 것 같다. 그런 세상 속에서 아담의 타락 직후부터 하나님께서 하신 일은 하나님(의 본성=선)을 사랑하는 사람을 찾아서 그 사람 안에 하나님의 형상을 회복시키는 일이었고 이를 '죄로부터의 구원'이라 하였다.

그렇기 때문에 이렇게 어두운 세상에 오셨던 예수님은 매우 **급진적(radical)**이셨는데 이는 사람의 본성에 관해서이지 이 사회의 제도에 관해서 그러신 것이 아니었다. 사회 제도와 법률은 악한 사람들로 구성된 사회를 그나마 통제하고 유지하기 위해서 필요하게 된 결과물이지 악의 원인이 아니었기 때문에 사회 제도에는 관심이 없으셨다. 심지어 당시 유대는 로마의 식민지였지만 이런 정치적인 상황을 해결하려는 노력은 고사하고 이 문제에 관해 언급도 하지 않으셨다. 예수님께서 오셔서 유대 사회가 더 깨끗해진 것도 없다. 다만 진리를 받아들인 하나님의 백성들 곧 세상에서 불러낸 무리의 숫자가 늘어난 것뿐이다. 물론 이들의 영향력으로 유대 사회의 부패를 부분적으로 억제하는 효과는 있었겠지만 다만 이 정도의 일을 위해 예수님께서 이 땅에 오신 것이 아니었다. 예수님께서 이 세상에 오신 목적은 세상을 바꾸시려는 것이 아니라 세상에 속한 사람들 가운데 하나님의 의(義)를 사모하는 자들을 불러내셔서 하늘 나라에 들여보내시기 위해서였다. 예를 들어 최근에 대한민국의 국회를 통과한 소위 '김영란 법'은 사람의 본성이 선하다면 존재의 이유가 없는 법이다. (대부분의 다른 법도 마찬가지지만) 그러나 사람들은 부정한 방법으로 뇌물을 주려 하고 받으려 하기 때문에 그나마 그런 행동을 강제로라도 규제하는 법의 필요성이 제기된 것이다. 그러나 '김영란 법'이 인간의 이러한 부패한 마음을 깨끗하게 하지 못하기 때문에 결국에는 그 법으로 모든 뇌물의 문제가 해결될 것은 아니다. 뇌물의 문제를 완전하게 해결하는 것은 결국 사람의 악한 본성을 개혁하는 길밖에 없고 영원한 세월을 통해 사람 사는 사회가 행복하려면 인간 본성의 개혁 외에는 길이 없다. 예수님의 이름으로 이 사회를 깨끗하게 하는 데 목표를 둔 사람들은 예수님의 십자가의 능력을 '김영란 법' 정도로 절하시키는 일을 하고 있는 것이다. 그들이 이런 일을 열심히 하는 이유는 하나님의 의(義)와 사람의 의(義)를 구별하지 못하고 있기 때문이다.

그래서 영원한 하나님의 나라는 이 세상에 속한 것이 아니다.[40] 그러므로 하나님의 백성들도 이 세상에 속한 자들이 아니다.[41] 물론 작은 하나님의 나라를 이 세상에서도 부분적으로 만들어가고 경험할 수 있다. 그러나 이것이 세상 전체를 바꿀 수는 없는 것이고 이러한 작은 하나님의 나라도 그 구성원의 거듭남을 통해서 이루어지는 것이지 그 작은 사회의 제도나 지도자가 훌륭하기 때문에 이루어진 것은 아니다. 당시 세상에서 가장 훌륭한 법과 지도자(모세)를 가졌던 고대 이스라엘 사회도 하나님께 정죄를 받고 광야에서 심판을 받았다. 그 구성원들이 의를 사랑하지 않고 악을 사랑했기 때문이었다. 그들이 가졌던 하나님의 율법이나 모세라는 지도자는 그들이 의를 사랑하기만 했다면 그 사회를 아름다운 사회로 만들기에 부족함이 전혀 없었다. 그럼에도 불구하고 그렇게 되지 못한 이유는 그들이 악을 사랑했기 때문이다. **복음은 사람이 의를 사랑하여 의를 이루기 위해 하나님께 의지할 때 그 의를 그 사람 안에 이루어 주신다는 약속이다.** 그렇기 때문에 그들은 복음을 거절한 것이었다.[42] 인간 본성의

40) 예수께서 대답하시되 **내 나라는 이 세상에 속한 것이 아니라** 만일 내 나라가 이 세상에 속한 것이었다면 내 종들이 싸워 나로 유대인들에게 넘기우지 않게 하였으리라 이제 내 나라는 여기에 속한 것이 아니니라 (요 18:36)

41) 너희가 세상에 속하였으면 세상이 자기 것을 사랑하였으리라. 그러나 **너희가 세상에 속하지 아니하고** 도리어 내가 세상에서 너희를 택하였으므로 세상이 너희를 미워하느니라 (요 15:19)

42) **그들(광야의 이스라엘 백성)과 같이 우리도 복음 전함을 받은 자이나** 들은

변화 없이 아름다운 세상을 만들려는 시도는 남편이 외도를 하면서 행복한 가정을 꾸리겠다는 시도와 다를 것이 없다. 진정한 행복과 아름다움이란 선함에서 오는 것이다. 이는 선함은 진리의 속성이기 때문이다.

이 세상의 임금(사단)은 따로 있고 예수님도 그 임금의 종말이 세상의 법률이나 정치제도의 개혁으로 올 것이라 하지 않으셨다. 부조리한 이 세상의 권세는 예수님의 본성을 바꿀 수 없었기에 그분을 십자가에서 처형했다. 예수님께서 계속 살아계셨다면 사단의 왕국이 무너질 것 같은 위기감을 느꼈을 것이다. 그러나 그 처형이 세상 권세의 종언을 고했다. 원수 갚는 일은 하나님께 있으므로 십자가에서의 세상 사람들 눈에 보이는 예수님의 패배는 영원한 승리가 되었다. 뱀은 여자의 후손의 발꿈치를 상하게 하였지만 여자의 후손은 뱀의 머리를 상하게 하셨다(창 3:15). 세상 권세는 예수님과 그의 제자들의 육신은 멸할 수 있었어도 예수님 안에 감춰진 **생명(마 10:28)**[43]은 멸할

바 그 말씀이 그들에게 유익하지 못한 것은 듣는 자가 믿음과 결부시키지 아니함이라 (히 4:2)

43) 여기서 생명은 헬라어로 ψυχή (프쉬케)인데 이를 '영혼'이라고 번역하기도 하고 '생명'이라고 번역하기도 했다. **마 10:28에서는 영혼이라고 번역했고 같은 단어를 마 10:39에서는 목숨(생명)이라고 번역했다.** 그러나 영혼은 본래 살아있는 존재(창 2:7) 또는 생명이라는 뜻인데 육체와 분리되는 혼령이라는 미신적 의미로 오해되고 있다. 그러므로 혼동을 피하기 위해 마 10:28의 '영혼'이라는 번역은 '생명'으로 바꾸어야 한다. 다음 말씀에서 '영혼'은 모두 '생명'이라는 뜻이다.
너희 인내로 너희 **영혼**을 얻으리라 (눅 21:19)
예수께서 다시 크게 소리 지르시고 **영혼**이 떠나시니라 (마 27:50)
하나님은 이르시되 어리석은 자여 오늘 밤에 네 **영혼**을 도로 찾으리니 그러면 네 준비한 것이 누구의 것이 되겠느냐 하셨으니 (눅 12:20)
영과 영혼의 문제는 다른 지면에서 자세히 논의하기로 한다.

수 없었다. 악한 세력이 그들의 **생존**을 강제로 종식시킨다 하더라도 그들의 **생명**은 빼앗을 수 없었다. 사실 순교는 악한 자들이 하나님의 백성에게 강제로 수면제를 먹여 잠들게 하는 것에 불과하다.

직접적으로 세상의 정치를 바꾸려고 노력하지 않아도 예수님을 믿고 하늘의 품성으로 거듭난 자들은 세상의 정치에 강력한 영향력을 행사하게 되어 있다. 그래서 그들은 빛과 소금이다. 하나님께서는 그들을 통해서 하나님의 본성을 세상에 드러내시기를 기뻐하신다. 그들의 말과 말투, 눈빛, 행동들은 주변 사람들에게 선한 영향력을 끼친다. 이런 것이 그들이 정치 현실에 선한 영향력을 끼치는 과정일 뿐 내면의 변화 없이 정치에 선한 영향력을 끼치려는 의도는 결국 율법주의적 요소를 함유하고 있다. 하나님의 본성으로 거듭나지 않은 사람들이 모여서 사람들에게 의롭게 보이는 사회 운동을 열심히 한다면 이는 하나님 눈에는 외식에 불과하다. 그리고 이러한 사회 운동이 하나님의 입장에서 볼 때 빛과 소금의 역할을 하는 것도 아니다. **하나님의 의와 사람의 의가 다르기 때문이다.** 그들 자신도 그들에게 영향을 받은 사람들도 구원과는 거리가 먼 삶을 살게 된다. 이것은 하나님의 뜻이 결코 아니다. 선과 후, 원인과 결과가 전도돼서는 안 될 것이다. 그렇게 사람의 노력으로 좀 더 향상된 사회가 될 수는 있을지라도 그곳이 하늘 나라는 될 수 없다. 사람들 눈에 좋은 세상을 만들기 위한 사람의 노력은 어느 선까지는 효과가 있을 수도 있고 없을 수도 있다. 그러나 하늘 나라는 그 사회의 구성원의 마음 안에 하나님의 형상이 회복되기 전에는 불가능하다. 인간의 역사에서 우리가 배울 가장 중요한 교훈이 바로 이러한 사실이다. 예수님의 말씀하신 바 **빛과 소금의 역할은 육신을 좇지 않고 성령을 좇아 사는 삶을 통해 세**

상에 하나님의 이름(본성)을 드러내는 일이지 이 사회에 일시적으로 부분적 유익을 주는 사회 사업 같은 일에 초점이 맞춰져 있는 것은 아니다.

그렇기 때문에 하나님의 목적은 사람의 본성을 하나님의 본성으로 변화시키는 것이다. 사람의 품성이 바뀌지 않으면 불행의 역사는 끝나지 않을 것이기 때문이다. 인류의 역사를 보라. 각자의 탐심을 이루기 위한 싸움의 역사일 뿐이다. 개인 간에 싸우고 집단 간에 싸우고 나라 간에 싸운다. 과거에 그랬었고 지금도 그러고 있다. 얼마나 많은 죄 없는 민중들이 몇몇 지배자들의 탐심과 이기심의 제물이 되었는가? 그러나 죄 없던(사람의 선악의 기준으로 볼 때) 그 민중들 또한 자신이 지도자의 반열에 오른다면 같은 일을 했을 것이다. 왜냐하면 지배자나 피지배자나 동일한 품성을 소유하고 있기 때문이다. 그렇기 때문에 인류가 살아온 흔적은 서로 섬기는 것이 아니라 서로 싸우는 역사의 기록뿐이다. 생존경쟁, 적자생존이라는 현대 문명의 개념 역시 하나님의 통치 법칙이 아닌 인간의 악한 마음의 원칙일 뿐이다. 그리고 이러한 원칙을 우리 아이들에게 어릴 때부터 학교에서 가르치고 있는 현실은 얼마나 슬픈 일인가? 인류가 과학 문명의 발달로 더 행복해진 것이 있는가? 약 3,000년 전에 쓰여진 '시편'에도 "인간의 수명이 70이요, 강건하면 80"[44]이라고 기록되어 있다. 현대 문명의 발달로 인간 수명이 연장됐다고 과학자들은 자랑하지만 인류의 수명이 유의하게 늘어난 것도 없다. 평균 수명 몇 년 더 늘어서 더 행복해진 것

44) 우리의 연수가 칠십이요 강건하면 팔십이라도 그 연수의 자랑은 수고와 슬픔뿐이요 신속히 가니 우리가 날아가나이다 (시 90:10)

도 없다. 성령의 제어하심은 점점 세상 사람들과 멀어져 가고 있다. 인류는 진화한 것이 아니라 퇴화해 가고 있다. 성령의 제어하심이 점점 사람들과 멀어져 갈수록 세상은 점점 더 불법의 세상으로 변해간다. 그래서 이 세상은 점점 사랑은 사라져 가고 심지어 육신의 욕망을 사랑이라 부르고 그 욕망의 실현을 복이라 부르는 세상이 되었다. 모든 인간의 양심 속에 기록된 율법을 점점 더 무시하는 이 세상이 그 종말을 매우 가까이 두고 있는 것은 확실해 보인다.

그러므로 하나님의 법은 사람의 마음의 동기 내지는 그 품성을 통제하려고 한다. 마음 속의 동기까지 통제하는 하나님의 율법을 인간의 법을 지키는 방식으로 지키려는 사람은 반드시 좌절하게 되어 있고 자신 안에는 희망이 없음을 깨닫게 된다. 그러므로 이러한 사람은 자신의 심령에 율법을 지킬 수 있는 선(善)한 것이 없음을 깨닫고 선(善)함이 없는 가난한 심령을 위로 받기를 간절히 바라게 되고 그러한 처지를 애통해 하게 되는 것이다. **이렇게 좌절하여 율법의 요구를 이루기 위해 하나님을 의지하도록 이끄는 것이 율법을 지킬 능력이 없는 우리에게 율법을 주신 목적이다(롬 3:20, 롬 8:4).**

자신의 가난한 심령을 애통해하는 마음으로 말씀을 구할 때 그 말씀을 우리가 더 깊이 깨달을 뿐 아니라 그 말씀을 따라 성령의 역사하심으로 우리의 품성을 거룩하게 변화시켜 주신다는 약속이 복음의 요체라고 할 수 있다. **복음이 복음인 이유는 (진심으로) 원하는 자에게는 누구나 성령을 주시기로 약속하셨기 때문이다.** 복음을 여러 가지로 표현할 수 있겠지만 복음은 '영생의 명령'이다. 왜냐하면 생명을 주시는 분은 하나님이지만 생명을 구하고 말씀에 믿음으로 순종하는 일은 우리가 해야 할 일이기 때문이다. 그러나 구하는 자는 누구나 영생을 얻을 수 있기 때문에 복음은 하나님의 은혜와 약속에 관한 기쁜 소식 이라고도 할 수 있다. 이러한 하나님의 약속은 범죄 직후에 아담과 체결된 것이었는데 이 약속은 노아를 통해, 아브라함을 통해, 그 후 모세를 통해 거듭 확인되었으며 또한 장구한 이스라엘의 역사 속에서 수많은 선지자들로 반복적으로 상기된 것이다.

그리고 이 약속의 신실함의 결정적 증거는 성육신과 십자가이다. 우리는 십자가를 바라볼 때 이 약속이 얼마나 확실한가를 알 수 있다. 그리고 하나님께서 인간의 구원을 얼마나 원하시는가를 가늠할 수 있는 증거이기도 하다. 하나님께서는 이 약속을 사람과 하시기도 전에, 아담이 범죄하기도 전에 아담이 범죄한다면 하나님 자신을 우리에게 주시기로 창세 전에 미리 결정하셨고(예정)[45] 이를 위해 스스로 인간이 되셔서 십자가에 달리셨다. 그런 하나님을 받아들이느냐 안 받아 들이느냐는 우리에게 달려있다. 그러므로 복음은 죄인들에게 "영생하라"고 내리신 명령이다. 복음의 헬라어 ϵὐαγγέλιον(유앙겔리온)은 본래 '황제의 칙령'을 전하는 소식이라는 뜻이다.

> *너희가 악할지라도 좋은 것을 자식에게 줄 알거든 하물며 너희 하늘 아버지께서 구하는 자에게 성령을 주시지 않겠느냐* (눅 11:13)

---

45) 여기서 '예정'이라는 말씀의 뜻은 칼빈의 주장대로 구원 하실 사람을 창세 전에 미리 정했다는 유치한 이론이 아니다. 이런 주장이 거짓이라는 증거는 예수님의 다음 말씀이다.
하나님이 세상을 이처럼 사랑하사 독생자를 주셨으니 이는 **저를 믿는 자마다** 멸망치 않고 영생을 얻게 하려 하심이니라 (요 3:16)
사도 바울이 말한 '예정'(롬 8:29, 30 엡 1:5, 9)은 구속의 방법, 곧 "성육신과 십자가"를 창세 전에 미리 정하셨다는 뜻이다. 이러한 사실의 간접적인 증거는 하나님께서는 미리 정하신 구속의 방법을 아담의 범죄 직후에 선포하셨다는 사실이다(창 3:15).

이렇게 성령을 받은 자가 필요에 따라 기도로써 병도 고칠 수 있고 자기가 모르는 외국어(방언)를 말할 수도 있는 것이지, 말씀이 내면화되지 않은 사람(성령의 열매가 맺히지 않은 사람)이 외국어를 말할 필요가 없는 상황에서 본인도 모르고 남들도 모르는 불필요한 소위 방언을 말하고 안수 기도로써 병을 고치는 등 초자연적인 현상을 행한다면 이는 성령 받은 증거라고 할 수 없다. 오히려 율법을 지키지 않는 사람(성령의 열매가 맺히지 않은 사람)에게 사단은 이런 이적을 일으킴으로써 이를 보는 사람들에게 율법을 지킬 필요가 없다고 믿게 만든다. 그러나 하나님께서는 성령의 열매가 맺히지 않는 자에게 성령의 은사를 주시지 않는다. 성령을 주시는 일차적 목적은 성령의 열매(율법의 요구를 이루는 것)를 맺게 하고자 하심이기 때문이다.

많은 사람들은 과거 바리새인들은 율법만 열심히 지키고 예수님을 믿지 않았기 때문에 그들이 구원을 받지 못했다고 큰 오해를 하고 있다. **사실 예수님을 믿는 목적이 율법을 온전히 지킬 능력을 받기 위해서인데** 이런 논리를 가지고 성경을 본다는 것은 율법과 구원의 관계는 물론 구주로서의 예수님의 역할도 오해할 수밖에 없다. 그러므로 바리새인들이 율법을 잘 지켰다는 생각을 가진 사람들은 예수님께서 바리새인들을 향해 다음과 같이 하신 말씀을 설명할 수 없다.

> *모세가 너희에게 율법을 주지 아니하였느냐* ***너희 중에 율법을 지키는 자가 없도다*** (요 7:19)

> *모세를 믿었더라면 또 나를 믿었으리니 이는 그가 내게 대하여 기록하였음이라 그러나* ***그(모세)의 글(율법)도 믿지 아니하거든*** *어찌 내 말을 믿겠느냐* (요 5:46, 47)

그들은 조상 대대로 랍비들에 의해 왜곡 해석된 율법의 법조문과 인간의 계명들을 지키고 있었지 모세 5경도 그대로 믿지 않았고 모세를 통해 주신 율법을 이해하지도 못했기 때문에 지키지 않고 있었다. 예수님께서 위 말씀에서처럼 바리새인들에게 그들이 율법을 지키지 않고 있다고 책망하신 것은 반대로 말하면 '사람은 마땅히 율법을 지켜야 한다'는 당위성을 전제로 하신 말씀이다. 그러므로 예수를 믿기만 하면 율법을 지킬 필요가 없다는 가르침은 얼마나 악하며 얼마나 무지한 가르침인가? 사실 진정으로 모세의 율법을 지키고 있던 분은 예수님 자신이었다. **그들은 죄로 눈이 멀어 자신들이 율법을 범하고 있으면서도 자신들은 율법을 지키고 있었고 율법을 온전히 지키고 있던 예수님은 율법을 범한다고 정죄하였다.**

이는 과거 유대인들만의 얘기가 아니라 현대 교회에서도 비일비재하게 일어나는 일이다. 당시 유대의 지도자들도 모세의 글을 있는 그대로 믿지 않고 자기들의 입맛에 맞게 변질시켜서 믿고 있었다. 중세 가톨릭 시대도 그랬었고 현대 개신교도 그렇다. 예수님은 죄를 가지고는 천국에 결단코 갈 수 없다고(마 5:29, 30) 하셨는데 대부분의 지도자들은 죄를 가지고 있어도 의롭게 봐 주신다고 믿고 가르친다. 한술 더 떠서 우리의 죄는 예수님이 재림할 때 완전히 없어진다고 믿고 있다. 우리가 죄를 떠나야 하는 가장 핵심적인 일을 예수님이 재림하실 때까지 미뤄 놓고 있을 뿐 아니라 죄를 본인의 결심과 예수님의 능력으로 이기는 것이 아니라 자신의 선택과는 상관없이 예수님의 능력으로 강제로 이기게 된다고 막연히 생각한다. 그런데 요한 계시록의 일곱 교회에 보내는 모든 편지의 결론은 예수님의 재림 때가 아닌 현세에서 **이기는 자에게만** 생명의 면류관을 약속하고 있다(계 2:1-

3:22).[46] 여기서 이기는 것은 죄를 이기는 것이 아닌가? 이렇게 말씀을 그대로 믿기 싫으니 거짓 이론을 만들어낼 수밖에 없다. **그러니 요즘 교회 안에 율법을 온전히 지키고 사는 사람을 보는 것은 과거 예수님 당시 유대 사회에서 율법을 온전히 지키는 사람을 보는 것처럼 어렵다.** 이는 엄연한 현실이다. 그들은 그들이 타고 있는 사망을 향해 달리고 있는 열차가 영생을 향해 달리고 있는 줄 안다. 그 열차의 조종사가 예수님이 아니라는 것도 모른다. 율법은 지킬 필요가 없고 예수만 믿으면 된다고 가르치고 믿는데 어떻게 율법을 지키겠는가? 심지어 어떤 지도자는 '예수님의 율법'이라는 새로운 개념을 만들어서 가르친다. 그러면 율법의 일점일획도 폐할 수 없다는 예수님께서 만드신 율법은 무슨 율법인가? 소위 선생이라는 사람들도 이렇게 율법을 이해하지 못하고 있다. 결국 '예수를 믿는다'는 것은 현대 기독교 교리

---

46) **이기는 자에게는** 내가 하나님의 낙원 한가운데 있는 생명나무에서 나는 것을 주어 먹게 하리라 (계 2:7)
이기는 자는 둘째 사망에게 해를 입지 아니하리라 (계 2:11)
이기는 자에게는 내가 감추어 둔 만나를 주어 먹게 하고 또 흰 돌을 그에게 줄 터인데 그 돌에는 새 이름이 기록되어 있어 그 돌을 받는 자 외에는 아무도 그 이름을 알지 못하느니라 (계 2:17)
이기고 나의 행위를 끝까지 지키는 자에게는 내가 민족들을 다스릴 권능을 주리니 그가 철장으로 그들을 다스리며 토기장이의 그릇같이 부수어 산산조각 내리라. 이것은 곧 내가 내 아버지에게서 받은 것과 같으니라 (계 2:26, 27)
이기는 자 곧 그는 흰옷을 입을 것이요, 내가 그의 이름을 생명 책에서 지워버리지 아니하고 그의 이름을 내 아버지 앞과 그분의 천사들 앞에서 시인하리라 (계 3:5)
이기는 자는 내가 내 하나님의 성전에서 기둥이 되게 하리니 그가 다시는 나가지 아니하리라. 또 내가 내 하나님의 이름과 내 하나님의 도시 곧 하늘에서 내 하나님으로부터 내려오는 새 예루살렘의 이름을 그 위에 기록하고 나의 새 이름을 그 위에 기록하리라 (계 3:12)
이기는 그에게는 내가 내 보좌에 함께 앉게 하여 주기를 내가 이기고 아버지 보좌에 함께 앉은 것과 같이 하리라 (계 3:21)

에 따르면 하나님의 법을 지키는 것과 관계없이 교회 출석해서 교인들과 교제하고 입술로 예수를 구주로 시인하는 것으로 그 의미가 변질되었다. 성령의 역사에 의한 품성의 변화가 있으면 당연히 하나님의 법대로 살게 되어 있는데 이러한 경험이 없으므로 죄 가운데 있는 사람을 의롭게 봐 주신다는 희한한 이론을 만들어서 교인들을 위로하고 있다. 그러나 하나님의 선언은 전혀 다르다.

> *나는 악인*[47]*을* ***의롭다 하지 아니하겠노라*** (출 23:7)
>
> ***악을 선하다 하며*** *선을 악하다 하며 흑암으로 광명을 삼으며 광명으로 흑암을 삼으며 쓴 것으로 단 것을 삼으며 단 것으로 쓴 것을 삼는 자들은 화 있을진저* (사 5:20)

만일 **칭의(稱義)** 이론이 옳다면 다음의 성경 구절을 그 다음과 같이 바뀌야 할 것이다.

> *악인은 그의 길을, 불의한 자는 그의 생각을* ***버리고 여호와께로 돌아오라*** *그리하면 그가 긍휼히 여기시리라 우리 하나님께로 돌아오라 그가 너그럽게 용서하시리라* (사 55:7)
>
> ⇩
>
> *악인이나 불의한 자는 여호와를 의지하라 그리하면 악인이* ***그 길에 있어도 그 길을 의로운 길이라 여길 것이요 불의한 생각을 하여도 그 생각을 의롭게 여길 것이라***

---

47) 성경에서 악인이라는 개념은 우리가 생각하는 극악무도한 강도나 살인자만을 지칭하는 용어가 아니다. 강도나 살인자도 여기에 포함되지만 이 뿐만이 아니다. 의인이 아닌 모든 사람이 악인이다. 우리는 본래 악하기 때문에 우리 가운데 더 악한 사람을 악인이라고 규정하지만 하나님의 기준으로 보면 선하지 않은 모든 사람은 다 악인이다.

이런 웃지 못할 이론이 칭의 이론이고 이것을 하나님의 은혜라고 주장하고 있다. 하늘의 품성으로 다시 태어나지 못했어도 사람들 보기에는 선하게 보여야 하므로 인간들에게 칭찬 들을 만한 정도로만 도덕적 향상을 위해 하나님의 말씀을 인용할 뿐이다. 우리가 그곳에서 영생을 얻어야 할 성경이 거듭남이 필요 없는 도덕 교과서로 전락했다. 그리고 그들은 말씀을 인용한 도덕적 향상을 성화라고 부른다. 통탄할 일이 아닐 수 없다. 그 정도의 도덕적 향상은 『명심보감』이나 『논어』, 『맹자』 등을 읽고 묵상해도 도달할 수 있는 것이다. 그 정도를 위해 예수님께서 인성을 입으시고 십자가에 달리신 것이 아니다. 구원은 우리의 도덕적 향상이 아니라 **본성(품성)의 변화**를 말하는 것이고 이를 위해 인간의 노력이 아닌 예수님께 완전히 의지하는 믿음과 순종이 필요한 것이다. '믿는다'라고 번역된 헬라어 πιστεύω(피스튜오)는 '의탁하다', '맡기다'의 의미이다. "그(예수님의) 이름을 믿는 자"(요 1:12)는 원어로 하면 '예수님의 **이름(인격)** 안에 자기를 의탁하는 자'라고 해야 정확한 의미이다. 사도 바울도 품성의 변화를 이루는 순서를 다음과 같이 말하고 있다.

> *다만 이뿐 아니라 우리가 환난 중에도 즐거워하나니 이는* ***환난****은* ***인내****를, 인내는* ***연단****(character, KJV)을, 연단은* ***소망****을 이루는 줄 앎이로다* (롬 5:3, 4)

여기서 연단이라고 번역된 헬라어 δοκιμη(도키메)는 시험 등을 통해 **'입증된 특징'**이라는 뜻이다. 이는 결국 인내를 통해 변화된 품성, 즉 '하늘의 품성'을 말하고 있다. 인내 없이는 품성의 변화가 없고 또한 순종 없이는 인내할 일도 환난도 없다. 그리고 믿음이 없으면 순종할 수도 없다. 그러므로 본성의 변화, 즉 구원은 순종하는 믿음을 통해서 이루어진다. 그래서 사도 바울도 로마서의 서론과 결론에서 하나님의 계시의 목적은 **'믿음의 순종'**이라고 강조하고 있다(롬 1:5, 롬 16:26). **옛날 에덴의 중앙에 있던 하나님의 사랑의 징표인 선악을 알게 하는 나무를 사단은 질투의 징표로 거짓 포장을 했듯이 '믿음의 순종'이라는 도(道)를 강조하는 로마서를 '순종 없이 하늘 가는 길'을 가르치는 교과서로 탈바꿈시켜 놓았다.** 그래서 로마서의 이러한 잘못된 해석은 전세계적인 인기를 누리고 있다. 인간은 죄를 버리기 싫어하기 때문이다.

순종의 열매를 맺는 믿음을 통해 실제로 성령으로 새 사람을 입는 일이 일어난다. 이런 사람들은 성경에 수도 없이 기록되어 우리들의 진정한 위로가 되고 있다. 새 사람으로 거듭났는가 아닌가의 기준은 율법이다. 그리고 그 율법의 정신에 대해 그리고 그것을 죄인의 심령에 담는 과정, 경험, 주의점 등을 자세히 설교하신 말씀이 산상수훈이다. 이 말씀에 자신을 비춰 봄으로써 자신이 성령에 의해 얼마나 점령당했는가를 가늠할 수 있다. **우리가 율법에 순종할 때 우리의 자유의지는 하나님의 통제에 복종하게 되고 이렇게 될 때 우리의 의지가 하나님의 재창조 작업을 돕게 된다. (돕는다기보다 방해를 하지 않는 것이다) 이런 과정을 거쳐 우리는 새로운 사람으로 다시 창조된다. 이런 일은 죄인들에 있어서는 순간적으로 일어날 수 없고 어느 정도 시간이 걸린다. 왜냐하면 우리의 의지가 하나님의 재창조 사역을 방해할 수 있기 때문이다.** 아담은 창조될 때 자유 의지가 없었으므로 100% 하나님의 뜻대로 창조되었고 시간이 걸리지 않았지만 우리 죄인들은 육신의 소욕을 좇는 죄 된 의지가 있으므로 우리 의지를 하나님의 뜻에 복종할 때만 우리의 마음 판에 율법이 기록된다. **그러므로 율법에 순종하는 믿음을 갖는 것이 우리의 구원을 위해 필수적인 조건이다. 중심의 진실함으로 하는 순종은 하나님의 재창조 사역에 동참하는 것이다. 이런 의미에서 구원이라 하는 '재창조'는 하나님과 인간의 합작품이다. 이것이 아담이 창조될 때와 다른 점이다.** 이렇게 재창조가 완성된 후에 우리의 심령은 하나님의 거처가 된다. 이를 예표하는 것이 지성소의 법궤이다. 가시나무가 뿌리 채 뽑혀 죽임을 당하고 죄의 성질인 가시가 다듬어지고 그 가시나무를 정금으로 싸는 일은 '재창조'의 과정을 상징한다. 한낱 가시나무에 불과했던 보잘것없고 쓸모 없는 나무 궤짝이 하나님의 율법을 담는 정금의 궤로 다시 태어난 것이다. 마음에 하나님의 법이 기록된 사람을 표상한다. 이것이 거듭남을 말하고 있는 것이다. 그 법궤 안에 율법이 담긴 후에 그 위에 하나님의 보좌가 베풀어지고 쉐키나의 영광이 임하고 그룹이 양 옆에서 보위하는 것은 우리 마음에 베풀어진 하나님의 보좌를 보여준다. 이것이 성령 받은 사람의 영적인 모습을 형상화한 것이다.

아담의 창조는 하나님과 아담의 합작품이 아니었다 그렇기 때문에 일단 아담을 하나님 뜻대로 지으신 후에 하나님께서는 아담에게 자유 의지를 주시고 100% 하나님 의지로만 이루신 창조 사역에 아담도 동참할 수 있도록 하셨다. 아담은 바로 선과 악을 알게 하는 나무에 관한 언약을 통해 하나님에 대한 믿음을 행사하도록 섭리하셨다. 죄가 없던 아담이나 죄 가운데 태어난 우리들이나 **순종하는 믿음**으로만 생명을 소유하게 되는 것은 동일하다. 다만 우리 죄인들은 말씀을 듣고 바로 100% 순종하기 어렵기 때문에 자주 실수한다. 그래서 우리 구원은 시간이 걸린다. 사도 바울과 베드로의 다음 말씀에서도 이러한 구원의 과정을 발견할 수 있다.

> *그러므로 나의 사랑하는 자들아 너희가 나 있을 때뿐 아니라 더욱 지금 나 없을 때에도* ***항상 복종하여 두렵고 떨림으로 너희 구원을 이루라*** (빌 2:12)

> *망령되고 허탄한 신화를 버리고 오직* ***경건에 이르기를 연습하라*** (딤전 4:7)

> *갓난 아기들 같이 순전하고 신령한 젖을 사모하라 이는 그로 말미암아 너희로* ***구원에 이르도록 자라게 하려 함이라*** (벧전 2:2)

심지어 초기 고린도 교인들을 향해서는 아직은 구원받지 못한 육신에 속한 자들이라고까지 선언하였다.

> *너희는* ***아직도 육신에 속한*** *자로다 너희 가운데 시기와 분쟁이 있으니 어찌 육신에 속하여 사람을 따라 행함이 아니리요* (고전 3:3)

그러므로 우리는 우리의 삶의 모습을 말씀에 비추어 보고 우리의 믿음을 점검해야 한다. 그리스도를 온전히 알지 못하면 온전한 믿음을 가질 수 없다. 그러므로 그분의 피와 살을 먹는 자에게만 생명이 있는 것이다(요 6:53, 54).

믿음으로 포장된 율법주의

: 세속화된 교회의 실상

모세를 통해서 주신 율법은 곧 하나님의 말씀이고 하나님의 본성(정체성)을 인간의 언어로 그 시대(모세의 시대) 상황에 맞게 법조문이라는 형태로 계시한 것이다. 사실은 예수님 당시 바리새인들은 모세를 통해 주신 하나님의 율법을 지키고 있다고 스스로 믿고 있었고 일반 백성들도 그렇게 믿고 그들을 지도자로서 존경했다. 그러나 **사실 그들은 하나님의 율법이 아닌 율법 학자들의 구전(口傳)된 가르침을 지키고 있었을 뿐이다. 하나님의 율법이 아닌 조상들의 율법이었다.** 이러한 구전된 유대인들의 소위 현명한 가르침들을 기원 후 200년경에 문서화한 것이 '미슈나'이고 그 후 이 '미슈나'에 대한 해설서를 후세에 와서 추가한 것이 '탈무드'이다. 이 미슈나를 보면 예수님 당시 바리새인들은 '하나님께서 왜 이런 율법을 주셨는가?'에 대한 문제, 즉 하나님의 율법의 정신에는 관심이 없었다는 것을 간접적으로 알 수 있다. 다만 겉으로 드러난 율법의 조문만을 왜곡 해석하고 여기에 인간의 생각을 첨가한 규칙들을 열심히 **만들어 지키고** 있었다는 것을 알 수 있다.

이러한 유대인의 전통 법률 가운데 예를 들어 '안식일 법'에 관한 교리를 보면 무화과를 호주머니에 두 개 이상 가지고 안식일에 걷는 것은 짐을 나르는 일이어서 불법이었으나 한 개는 허용되었고, 안식일에 밭에 침을 뱉는 것은 밭에 물을 주는 농사 행위여서 불법이었으나 길에 침 뱉는 것은 허용되었다. 제4계명인 안식일 계명에 관한 이런 식의 편협한 유대인들의 전통적인 해석은 마태복음 12:1-8[48]에 나타난 예수님과 바리새인들의 안식일에 관한 대화에서 잘 드러난다. 예수님과 제자들이 밀 밭 사이를 걷다가 배고파서 이삭을 잘라 먹은 것은 **십계명의 제4계명인 안식일 계명을 범한 것이 아니라 유대인들 조상 대대로 구전으로 내려오는 사람이 만든 '안식일 법'을 위반한 것이었다.** 그러나 그 당시 바리새인들은 그들 조상들의 인간적인 생각이 섞인 율법 해석 전통이 하나님의 율법 자체라고 오해하고 있었기 때문에, 예수님과 그 제자들의 이삭을 따 먹는 일을 십계명의 제4계명을 범한 것으로 생각하였고 오늘날 많은 신학자들도 이렇게 오해하고 있다. 필자는 이 구절을 인용하면서 예수님께서 안식일을 범하셨다고 가르치는 신학자나 목사들을 많이 보아 왔다. 개탄할 일이다. **이는 예수님께서 하나님의 십계명을 범하셨다고 가르치는 참람된 일인 것을 생각했다면 그들은 이렇게 성급한 결론을 내리지 말았어야 했다. 심**

48) 그 때에 예수께서 안식일에 밀밭 사이로 가실새 제자들이 시장하여 이삭을 잘라 먹으니 바리새인들이 보고 예수께 말하되 **보시오 당신의 제자들이 안식일에 하지 못할 일을 하나이다** 예수께서 이르시되 다윗이 자기와 그 함께 한 자들이 시장할 때에 한 일을 읽지 못하였느냐 그가 하나님의 전에 들어가서 제사장 외에는 자기나 그 함께 한 자들이 먹어서는 안 되는 진설병을 먹지 아니하였느냐 또 안식일에 제사장들이 성전 안에서 안식을 범하여도 죄가 없음을 너희가 율법에서 읽지 못하였느냐 내가 너희에게 이르노니 성전보다 더 큰 이가 여기 있느니라 나는 자비를 원하고 제사를 원하지 아니하노라 하신 뜻을 너희가 알았더라면 무죄한 자를 정죄하지 아니하였으리라 인자는 안식일의 주인이니라 하시니라

지어 그들의 주장대로 예수님의 부활을 기념해서 안식일이 폐하고 일요일 주일로 제4계명이 변경되었다 하더라도 이때는 십자가와 부활 이전이었고 제4계명이 유효했던 때였다. 지도자들의 율법에 대한 이러한 몰이해는 교인들로 하여금 하나님의 계명을 가볍게 생각하게 만든다. 하나님의 계명을 가볍게 여기는 것은 하나님을 가볍게 여기는 것이다. 그러나 예수님께서는 "하나님을 참으로 두려워하라"(눅 12:5) 고 경고하셨다. 베드로도 우리의 삶을 두려움[49]으로 지내라고 했다. 하나님을 두려워하라는 예수님의 명령은 성경의 제일 마지막 책인 요한 계시록[50]에서까지도 반복되고 있다. 이렇게 하나님을 두려워하라는 말씀을 반복하시는 이유는 사람들이 하나님을 두려워하지 않기 때문이다. 예수님께서 안식일 계명을 범하신 것이라면 십계명은 폐했다는 이야기이다. 왜 제4계명만 폐하겠는가? 그러나 예수님께서는 예수님과 그분의 제자들은 안식일 계명을 범한 것도 아니고 안식일이 폐한 날도 아니고 이 날은 예수님의 날, 즉 주님의 날이라고 위 논쟁의 결론을 다음과 같이 맺고 계신다.

> *나는 자비를 원하고 제사를 원하지 아니하노라 하신 뜻을 너희가 알았더라면* ***무죄한 자****를 정죄하지 아니하였으리라* ***인자는 안식일의 주인이니라*** *하시니라* (마 12:7, 8)

---

49) 외모로 보시지 않고 각 사람의 행위대로 심판하시는 이를 너희가 아버지라 부른즉 **너희가 나그네로 있을 때를 두려움으로 지내라** (벧전 1:17)

50) 그가 큰 음성으로 이르되 하나님을 **두려워하며** 그에게 영광을 돌리라 이는 그의 심판의 시간이 이르렀음이니 하늘과 땅과 바다와 물들의 근원을 만드신 이를 경배하라 하더라 (계 14:7)

바리새인들이 예수님과 그분의 제자들에게 안식일 계명을 범했다고 정죄를 한 상황에서 **예수님은 자신과 제자들은 무죄하다고 선언하셨다. 이는 안식일 계명을 범하지 않았다고 선언하신 것과 마찬가지이다. 그런데도 예수님께서 제4계명을 범하셨다고 가르치는 신학자들이 있는 것은 개탄할 일이 아닐 수 없다. 이는 그들도 율법에 대해 당시 바리새인들과 같은 생각을 가지고 있는 것을 스스로 증거하는 일과 일반이다.** 그리고 바리새인들이 무죄한 자를 정죄한(안식일 계명을 범하지 않았는데 범했다고 정죄한) 이유가 "나는 자비를 원하고 제사를 원하지 아니하노라"라는 말씀을 이해하지 못한 데서 비롯됐다고 하셨다. 안식일에 관한 계명이 폐했기 때문에 무죄하다고 하지 않으셨다. 결국 그들은 하나님의 율법을 알지 못했다. 율법에 대한 지식이 없어 망한 자들이었다.[51] "나는 자비를 원하고 제사를 원하지 아니하노라"라는 말씀은 하나님께서 제사 법을 제정하셔서 모세를 통해 이스라엘 백성에게 주었다고 해서 하나님께서 진정으로 제사 자체를 원하신다는 것이 아니라는 말씀이다. 하나님께서 진정으로 원하시는 것은 제사 제도를 통해 계시된 하나님의 희생 정신과 자비로움을 깨달아 알고 그들도 이러한 마음을 구하여 갖게 되는 것이다. 그래서 제사제도를 준 것이었다. 그러나 그들은 제사의 정신에는 관심이 없고 오로지 소 잡고 양 잡는 제사 행위만을 법조문에 따라 열심히 하면 그것이 하나님 앞에 의(義)인 줄 생각했다.

제4계명에 명시된 "안식일에 일을 하지 말라"는 명령 역시 단지 일하

51) 내 백성이 **지식이 없으므로 망하는도다** 네가 지식을 버렸으니 나도 너를 버려 내 제사장이 되지 못하게 할 것이요 네가 **네 하나님의 율법을 잊었으니** 나도 네 자녀들을 잊어버리리라 (호 4:6)

지 않는 것을 기뻐하시는 것이 아니라 창조주 하나님께서 자기 백성의 생명의 근원이시기 때문에 창조의 기념일인 안식일만큼은 자신의 생존을 위해 인간적인 노력을 하지 말라는 것이지 무조건적인 무위(無爲)의 명령이 아니다. 또한 인간의 존재의 이유와 진정한 행복은 하나님 안에 있는 것을 전제로 한다는 진리를 선포하고 상기시켜 주기 위해서 안식일을 구별하라고 하신 것이었다. 이렇게 함으로써 하나님 백성의 생존과 행복은 그들의 노력만으로 유지되는 것이 아니라 근본적으로는 하나님의 은혜로 하나님께서 책임지신다는 것을 신뢰하라는 명령이다. 그러므로 밥을 먹는 행위까지 금지한 **'동작 그만'**의 날은 아니었다. 이삭을 따는 행위가 이삭을 거두어 팔아 이윤을 내는 목적이라면 제4계명의 위반이지만, 고기를 포크로 찍어 먹는 것처럼 끼니를 해결하기 위한 식사 행위의 일부라면 제4계명과는 전혀 무관한 것이었다. **그러나 그들은 안식일 계명의 영적인 요구를 단지 일하지 말라는 육적인 요구로만 이해하고 있었고 다른 계명도 마찬가지이지만 이렇게 계명을 육적인 요구로 이해하면 할수록 계명의 본래 정신에서는 더 멀어지게 될 수밖에 없었다.**

그러므로 예수님께서는 안식일 계명의 정신을 생각해야지 '일하지 말라'는 법조문에만 매몰되지 말라는 뜻으로 **"하나님께서는 제사를 원치 않고 자비를 원하신다"**는 호세아(호 6:6)의 말씀을 인용하셨다. 이 말씀이야말로 율법주의와 '믿음으로 말미암는 의'를 명확히 대비시킨 말씀이다. 율법주의는 계명을 육적 요구로 받아들이는 것이고 믿음의 의는 계명의 영적인 요구를 위해 하나님께 자기를 의탁하는 믿음이다. 당시 바리새인들은 물론 현대의 많은 신학자들이 예수님과 예수님의 제자들이 안식일 계명을 범했다고 믿은 이유는 안식일 계명을 육적으로 이해했기 때문이다. 예를 들어 안식일에 '불도 피우지 말라'는 하나님의 명령은 모세 당시 광야에서 불을 피우는 것의 영적인 의미를 생각해야지 현대에 스위치를 돌려 가스레인지의 불을 켜는 것도 금지했다고 생각하는 것과 마찬가지다. 선악을 알게 하는 나무의 열매를 먹는 것이 죄인 것은 그 열매를 먹는 행위에 하나님께서 부여하신 영적인 의미 때문이었지 단지 과일 하나 따 먹었다고 그날 아담이 영적으로 죽은 것은 아니었다(창 2:17).

이 사건의 예만 보아도 그들의 율법에 대한 문자적 이해, 즉 율법주의적 사고방식을 충분히 엿볼 수 있다. 그러나 예수님의 설명은 안식일 계명의 정신 역시 그 날에 일하지 않는 것이 의(義)가 아니라 하나님의 은혜 안에 자신을 완전히 의탁하여 안식을 누릴 줄 아는 믿음이 곧 의라는 것이다. 이렇게 율법의 정신에 관해서는 무지한 것이 그 당시 유대 지도자들의 실상이었다. 그렇다면 이 밀밭에서 이삭을 따 먹은 일을 놓고 예수님과 그의 제자들이 안식일을 범했다고 생각하고 그렇게 가르치는 현대 기독교의 신학자들은 율법을 제대로 이해하고 있는 것인가?

현대 교회의 신자들도 과거의 유대인들과 크게 다르지 않다. 스스로 교회를 오래 다니면서 하나님의 말씀을 나름 순종한다고 생각하고 사는 사람들이 많다. 사실 그들은 과거 유대인들과 마찬가지로 교회 지도자들의 가르침을 따르고 있지 하나님의 말씀을 그대로 따르지 않고 있다. 하나님의 의(義)가 자기 안에 그리고 자기 삶에 구현되지 않았음에도 불구하고 마음 편하게 구원을 확신하고 있다면 이는 교회의 어떤 규례를 지키는 데서 구원을 확신하고 있는 것이다. 이것이 율법주의이다. 과거 바리새인들도 그랬고 예레미야 시대에 바벨론에 멸망당하기 직전의 유대인들도 그랬다(렘 7:10). 그들 조상이 율법을 연구해서 내린 결론들은 전통적 가르침이 되고 세월이 흐르면서 하나님의 말씀을 대신하는 자리에 서게 되었다. 그들은 조상들의 전통을 열심히 지켰고 그런 종교 행위를 통해 구원을 확신하고 하나님께 감사의 기도를 드렸다. 당시 눈물로 하던 감사의 기도를 들으신 하나님께서는 어떤 느낌을 가지셨을까? **믿음은 교회의 어떤 규칙을 지키기 위해서 필요한 것이 아니라 하나님의 의(義)를 하늘로부터 받기 위해 필요한 것이다. 만일 하나님의 의를 아직 받지 못했다면 그 믿음에 문제가 있거나 아니면 하나님께서 거짓말을 하시는 것이거나 둘 중에 하나다.** 이러한 진리를 사도 바울은 다음 말씀에서 분명히 선언하고 있다.

> *곧 예수 그리스도를 믿음으로 말미암아 모든 믿는 자에게 미치는 하나님의 의니 차별이 없느니라* (롬 3:22, 개역 한글)

> *곧 예수 그리스도를* ***믿음****으로 말미암아* ***모든 믿는 자들 안에 그리고 그들 위에 임하는 하나님의 의****니 차별이 없느니라* (롬 3:22, TR 원어 사본 필자 사역)

'모든 믿는 자에게 **미치는** 하나님의 의'라고 번역된 구절의 **'미치는'**이라는 동사로 표현된 헬라어 원어는 εἰς(into)라는 전치사인데 '~안으로 들어가는'이라는 의미이다. 위의 말씀은 예수를 믿는 모든 사람 안으로 들어가는 하나님의 의라는 의미이다. 즉, 로마서 3:20[52]에서

52) 그러므로 율법의 행위로 그의 앞에 의롭다 하심을 얻을 육체가 없나니 율법으로는 죄를 깨달음이니라

언급한 "율법의 의"는 사람 안으로 들어가는 의가 아닌 사람 밖에 있는 의로서 다만 의가 무엇인가를 증거하고 그 의를 사람에게 요구하는 역할을 하는 것이지만 예수를 믿는 자에게는 하나님의 의가 그 사람에게 임해서 그 안으로 들어간다는 선언이다. 로마서 3:20-22의 말씀 역시 율법주의와 '믿음으로 이루는 의'를 대비시키고 있는 것이다. 즉, 예수님을 믿음으로써 실제로 의인으로 변화된다는 말씀이다. 그런데 현대 교회의 대부분의 신자들은 교회의 어떤 활동을 하는 것이 믿음이라고 오해하고 있기 때문에 하나님의 의가 그들 안으로 들어갈 수 없다. 그래서 예수님께서는 그들의 마음 문 밖에 서 계시면서 그들의 마음의 문을 두드리고 계신다. 아직 그들로 더불어 먹고 마시지 못하신다(계 3:20). 그렇기 때문에 그들이 생각하는 바 소위 '믿음'을 통해 하나님의 의에 도달한 사람은 보기 힘들다. 결국은 율법주의적 신앙 형태가 아닐까? 위 로마서 3:22의 사도 바울의 말씀이 진리라면 하나님의 의가 내 안으로 들어와서 의를 이루는 믿음과 일반적으로 현대 교회에서 말하는 믿음은 분명히 다른 것임을 알 수 있다. **믿음을 통해 내면화된 율법의 정신은 없고 사람들이 만든 교회의 전통과 규칙을 지키는 행위만 있기 때문이다. 그러면서 그들은 과거 바리새인들을 율법주의자들이라고 경계하고 있다.**

과거 이스라엘 백성들이 자기들은 아브라함의 후손인 것을 자랑했듯이 현대 개신교 교인들은 정통 개신교 교단에 속해 있음을 자랑하고 있다. 예수님 당시의 유대 교회도 하나님께서 시내산에 신성으로 친히 임하셔서 세우셨던 1,500년의 역사와 전통을 자랑하는 하나님의 참 교회였다. 그러나 그 교회에 속했던 교인들 중 구원을 얻은 자는 소수였다. 그렇다면 현재 정통 교단에 속해 있다는 것은 무슨 의미가 있을까? 500년 전의 종교 개혁은 하나님께서 그분의 종들을 통해 역사하셔서 이루신 일이 분명하다. 그 결과 탄생한 개신교회 역시 가톨릭의 배교에 참여하지 않았던 하나님의 남은 무리들이라고 할 수 있었다. 이런 하나님께서 세우셨던 교회가 교회로서 의미가 있으려면 교회의 강단에서 선포되는 말씀이 사람의 이론이나 전통이 아니라 순수한 하나님의 말씀이어야 한다. 진리는 사람들끼리 모여서 회의해서 다수결로 결정하는 것이 아니라 오로지 하나님의 입에서 나온 말씀이냐의 여부로써 결정된다. 그렇지 않은 모든 것들은 다 거짓말이다. 그 거짓말을 하나님의 말씀으로 믿으면서 신앙 생활을 수십 년 해도 소용없는 일이다. 구원자는 교회가 아니라 예수님이시다. **그리고 예수님은 교회를 통해서 일하시지 않고 말씀을 통해서만 일하신다. 교회는 말씀을 전하는 통로일 뿐이다. 우리가 교회에 출석하면 예수님께서 교회에 앉아 있는 우리의 심령 안으로 들어오시는 것이 아니라 우리가 말씀을 알고 사모하고 받아들일 때 예수님께서 우리 안에 임하신다. 그러나 항상 그래 왔듯이 사람들은 목적과 수단을 혼동한다. 교회와 하나님을 동일시하고 믿음과 구원을 동일시한다. 교회가 하나님의 말씀을 전달하는 통로가 되지 못한다면 그것은 예수님의 반석 위에 세워진 교회가 아님이 분명하다. 예수님에 대한 믿음도 그것을 통해 의를 이룰 수 있는 수단이 되지 못한다면 그 믿음은 의로 간주될 수 없는 다른 믿음이다. 교회의 지도자도 그 입에서 나오는 말이 하나님의 말씀과 완전히 일치할 때만 하나님께서 그를 쓰신다. 그 입술에서 나오는 말이 하나님의 말씀과 일치해야만 하나님의 종이라는 증거일 것이다. 오직 성경, 오직 믿음으로** 우리는 구원에 도달한다. 현대 개신교의 신앙의 모습들 중 성경과 다른 몇 가지 실례를 들어보자.

1) 재물과 하나님

성경에는 돈을 사랑하는 것이 일만 악의 뿌리라고 경계하고 있고 예수님께는 재물과 하나님을 동시에 섬길 수 없다고 하셨는데 대부분의 신자는 물론 많은 교회 지도자들도 돈을 사랑한다. 심지어 돈 많이 벌게 해 달라고 새벽기도회에 열심히 나온다. 사업이 잘되게 해 달라, 만사 형통하게 해 달라, 자식들 대학에 합격시켜 달라 등등 이 모든 기도의 중심에는 돈을 사랑하는 마음이 있다. 하나님의 본성을 잘 알지 못하기 때문에 하나님을 사랑하지 않으므로 자연스럽게 열리는 열매다. 우리들이 흔히 보는 상점 내부에 달려 있는 "네 시작은 미약하나 끝은 창대하리라"는 성경 말씀의 팻말은 이 시대 기독교의 자화상이다. 하나님을 아는 것이 영생이듯이(요 17:3) 하나님을 알지 못하는 것은 사망이다. 하나님을 안다는 것은 하나님의 율법을 안다는 것이요, 율법을 아는 것은 또한 그리스도와 십자가를 아는 것이기도 하다. 그리스도는 그 율법의 정신이 육신이 된 분이기 때문이다.

부자 되게 해달라는 기도가 교회 안에 너무 만연해서 돈과 하나님을 동시에 섬길 수 있는 것처럼 보인다. 구약시대에 이스라엘 백성이 입술로는 하나님을 믿는다고 하고 제사도 잘 지냈고 안식일 날짜도 잘 지키면서도 다산과 풍요를 위해 바알 신에게도 절했던 것과 다름이 없다. 사업 잘되게 해 달라는 새벽 기도, 자식이 대학에 합격하게 해 달라는 기도는 현대판 바알 신에게 올리는 분향이다. 그래서 교회는 예배당[53]이 아닌 신전으로 전락하고 있다. 예배당에서 전심으로

53) 많은 교회 지도자들이 교회 건물을 성전(temple)이라고 하는데 이는 매우

구하는 것과 고대인들이 자기들이 만든 신전에서 구하는 것이 본질적으로 동일하기 때문이다. 그러나 그들은 하나님의 의와 나라는 진심으로 간절하게 구하지 않는다. 하나님의 의와 나라를 진심으로 구하였더라면 이런 세속적인 기도를 할 리가 없다. 하나님의 의(義)는 돈을 사랑하는 것이 아니라 인간과 생명을 사랑하는 것이기 때문이다. 그러면서도 그들은 (교파에 따라서는) 술, 담배를 엄격히 금한다. 주일 성수도 강조하고 부활절, 성탄절 같은 교회 행사에 열심히 참가하고 봉사활동도 열심히 하고 십일조 생활도 열심히 한다. 전도 활동도 열심히 한다. 그러나 하나님의 의와 하나님의 나라가 무엇인지는 정확히 잘 모른다. 율법을 모르니까 하나님의 의(義)를 알 수 없다. 그냥 율법을 지키는 것은 율법주의라고 알고 있는 수준이다. 세상에 나가서 사업을 할 때도 세상 사람들과 별로 다르지 않아 보인다. 더 많은 이익을 위해 약간의 거짓말을 하는 것은 죄로 생각하지도 않는다. 세금을 도둑질하는 것은 모든 사람들이 조금씩 하는 일이므로 죄책감을 가질 필요도 없다. 저속한 성적인 농담을 하면서 세상 사람들과 즐겁게 교제한다. 그리고 자기에게 피해를 준 사람을 계속 미워한다. 그 뿐인가? 교회 안에서 파벌을 짓고 서로 싸운다. 만일 이들이 모두

잘못된 습관이다. 타락 이전의 아담, 예수님 자신이 성전이고 모세의 성소와 솔로몬의 성전은 하나님께서 우리를 하나님의 성전으로 만드시기 위해서 그렇게 되기 위한 과정과 방법을 구체적으로 교육하기 위한 건축물에 불과하였다. 그리고 이 성전 제도는 신약시대에 와서 폐기된 대표적인 제의법 조항의 일부이다. 그러므로 세대주의에서 하는 재림직전에 유대인들이 예루살렘에 하나님의 성전을 다시 건축한다는 주장은 얼마나 황당하며 비성경적인 이론인지를 알 수 있다. **현대의 교회의 건물은 성전이 아니라 예배당이다. 하나님께서는 교회 건물에 계시지 않으시고 우리 안에 계셔서 우리가 성전이 되기를 창세 때부터 원하고 계신다.**

하늘에 간다면 그들은 거기서도 같은 일을 할 것이다. 이런 일들을 행한다는 것은 거듭나지 않았다는 것을 명백히 보여 주지만 교회에 다니기 때문에 구원의 확신을 하고 있다면 결국 교회에서 만든 사람의 규례를 지키는 것을 의로 알고 있다는 얘기가 된다. 이것이 율법주의적 신앙이다. 다만 그것을 믿음이라는 포장지로 가리고 있을 뿐이다.

2) 금주, 금연

성경에 술 취하지(술에 탐닉하지) 말라는 말씀은 있어도 술을 입에도 대지 말라는 가르침은 성경에 없다. 술에 관한 바울의 다음 권면을 통해 성경의 교훈을 알 수 있다.

> *이와 같이 집사들도 반드시 신중하며 (중략)* ***자기를 많은*** *(πολλω)*
> ***술****(οἴνῳ, 포도주)****에 내주지 아니하며*** (딤전 3:8)

우선 어떤 이들의 주장처럼 헬라어 οἶνος(오이노스)는 포도즙이 아니고 포도주라는 뜻이다. 사전에도 포도즙이라는 뜻은 없다. 만일 οἶνος가 포도즙이라면 위 바울의 권면은 포도즙을 많이 먹지 말라는 얘기가 된다. 그러면 사과 즙이나 배 즙은 많이 먹어도 된다는 뜻인가? 필자는 기독교인이 술을 먹는 것을 권장하려는 의도는 결코 없다. 술을 즐기는 일을 좋게 여겨서 이런 글을 쓰는 것도 아니다. 술을 먹는 것보다 안 먹는 것이 하나님의 말씀을 마음에 새기는 데 더 좋았으면 좋았지 더 나쁠 리는 없을 것이다. 다만 하나님의 말씀인 성경의 분명한 의미를 왜곡해 가면서까지 어떤 교리를 주장하는 것을 경계하자는 것이고 또한 이런 약간은 **과장된** 교리에 충성하는 것을 하나님께 순종하는 것이라거나 하나님의 의를 행하는 것으로 착각하기 쉬우므로 이를 경계하고자 함이다.

바울의 의도는 포도주를 상황에 따라 적당량을 음료수로써 어느 정도 먹을 수는 있겠지만 여기에 탐닉해서 취하지 말라는 뜻이다. 취하지 말라는 것은 자신의 말과 행동을 성령을 좇아 통제하는 이성(理性)을 잃지 말라는 뜻이기도 하고 자신의 행복을 술 취함에 두지 말라는 뜻이기도 하다. 그러므로 성경의 술에 관한 견해는 술을 조심해서 먹어야 하는 일종의 음식물로 보고 있다는 것이다. 비단 술뿐만 아니라 모든 음식은 과식을 하면 탈이 나지만 술은 과음을 하면 정신 상태에 부정적인 영향을 미치므로 그 정도까지 먹지 말라는 뜻이다. 따라서 술을 입에 대는 것조차 죄악시하는 것이나 반대로 금주에 성공을 한 일을 무슨 큰 의로운 일이나 한 것처럼 여기는 태도는 매우 율법주의적이다. 사도 바울의 술에 관한 모든 권면에도 '마시지 말라'라는 말씀은 없고 '취하지 말라'고만 일관되게 말씀하고 있다는 것은 '금지'라기보다는 '절제'를 권면하고 있다는 뜻이다. 술을 입에도 대지도 말라는 가르침은 우리나라에 처음 기독교를 소개했던 선교사들[54]의 가르침이지 성경의 순수한 가르침은 아니다.

예수님께서 처음 행하신 표적은 혼인 잔치에서 바닥난 포도주를 새로 만들어 주신 일이었다. 이때 만들어 주신 οἶνος를 포도즙이라고

54) 그 당시 미국에는 금주에 관한 법령이 있었고 밀주와 연관된 마피아들이 극성을 부리던 시기였기 때문에 이런 가르침이 가능했다고 생각된다.

주장하는 사람들도 있는데(한글 흠정역도 이렇게 번역했다) 이때 예수님께서 만들어 주신 οἶνος를 맛본 연회장의 말을 들어보면 이것이 발효된 포도주였다는 것을 알 수 있다.

> *말하되 사람마다 먼저 좋은 포도주를 내고* ***취한 후에*** *(ὅταν μεθυσθῶσιν) 낮은 것을 내거늘 그대는 지금까지 좋은 포도주를 두었도다 하니라* (요 2:10)

예수님 자신도 교제를 위해 포도주를 드셨다(마 11:19, 눅 7:34) 바리새인들이 예수님을 비아냥거리면서 세리의 친구라고 한 것은 예수님께서 실제로 세리들과 교제하고 그들에게 복음 전하시는 일에 있어 다른 사람들과 차별을 두시지 않았기 때문일 것이다. 또한 그들은 예수님을 술고래(οἰνοπότης,[55] 술고래, 대주가, winebibber)라고 비아냥거렸는데, 그들의 이런 표현이 악의적이고 진실은 아니었겠지만 예수님께서 적어도 포도즙을 드시는 것을 보고 그랬을 것은 아닐 것이다.

율법에서도 무조건적인 금주를 명하고 있지는 않다.

> *그것을 돈으로 바꾸어 그 돈을 싸 가지고 네 하나님 여호와께서 택하신 곳으로 가서 네 마음에 원하는 모든 것을 그 돈으로 사되 소나* ***양이나 포도주나 독주 등 네 마음에 원하는 모든 것을 구하고*** *거기 네 하나님 여호와 앞에서 너와 네 권속이* ***함께 먹고 즐거워할 것이며*** (신 14:25, 26)

55) 우리말 성경에서는 이 단어를 '포도주를 즐기는 사람'이라고 번역했고 NIV와 KJV에서는 그냥 drinking이라고 번역했다.

그러나 작은 양의 술은 많은 양의 술을 준비하는 길일 수 있으므로 절제가 필요한 것은 사실이다. **그래서 술을 아예 입에 대지 않는 것도 절제의 방법이 될 수 있다. 그러나 자기의 절제의 방법을 의의 표준으로 삼는 것은 문제 있는 태도다.** 맑은 정신으로 할 수 없는 일을 술을 먹었어도 하지 않을 수 있는 사람들은 얼마든지 있다. 담배도 마찬가지다. 성경이 기록될 때 담배는 없었다. 그러므로 담배를 금하는 말씀이 성경에 없는 것은 당연하다. 그렇다고 담배를 피우는 것이 하나님께 영광이 되거나 권장할 만한 일이라는 것은 아니다. 술, 담배를 엄격히 금하는 일을 나쁘다는 것이 아니라 엄격한 금연금주가 우리의 구원을 위해 꼭 거쳐야 하는 과정처럼 오도된다면 이 또한 율법주의일 뿐이라는 것이다. 구원은 하나님을 알고 하나님과 하나 되는 것인데 금주금연은 하나님을 아는 것과도 하나님과 하나되는 것과도 직접적인 관련이 없다. 다만 그러한 화학 물질에 대한 태도에 따라 하나님을 알아가는 과정에 커다란 방해가 될 수 있는 것은 분명하다. 다니엘 같은 선지자도 평소에는 포도주를 즐겼다. 다음 기도에서처럼 특별한 목적을 가진 작정 기도를 위해 포도주를 끊은 것은 평소에 포도주를 먹을 때 약간의 취기를 경계했던 것 같다.

> ***세 이레가 차기까지*** *좋은 떡을 먹지 아니하며 고기와* ***포도주를 입에 대지 아니하며*** *또 기름을 바르지 아니하니라* (단 10:3)

술주정뱅이가 하나님을 알 수도 없지만 금주를 한다고 하나님을 알게 되는 것도 아니다. 결코 그렇지 않다. 하나님을 아는 방법은 율법과 율법의 정신이 육신이 되신 예수님의 생애와 말씀을 묵상하는 것이다. 아마 그래서 구약시대에 이스라엘 백성은 세상에 대해 제사장 나라였으므로 그들의 문화와 삶의 모습들이 구원과 구속의 섭리를 예표 해야 했으므로 되새김질하는 짐승의 고기만을 먹으라고 허락하신 것 같다(레 11:3). 진정으로 하나님과 그의 보내신 자 예수 그리스도를 알게 된다면 그 사람은 반드시 성령을 구하게 되고 응답을 받게 된다. 그래서 진정으로 하나님을 아는 것이 영생이다.

> *영생은 곧 유일하신 참 하나님과 그가 보내신 자 예수 그리스도를* ***아는*** *것이니이다* (요 17:3)

그러므로 구원을 위한 무조건적인 금주금연은 그렇게 성경적이지도 않고 이를 행한다고 그것이 의(義)라고 착각하지 말자는 것일 뿐이다. 자기 몸을 진정으로 사랑하면 누구나 건강을 위해 할 수 있는 일을 하나님의 의(義)를 행하는 것이라고 생각한다면 이 역시 율법주의적 신앙관이라고 할 수 있을 것이다.

3) 성경에 없는 부활절: 이방 종교의 절기

또 한 가지 꼭 짚고 넘어가야 할 문제는 부활절의 문제이다. 부활절이라는 절기는 기독교 공인 후 4세기에 종교 회의에서 교회 지도자들이 상의해서 만든 것이지, 성경에는 부활에 대한 기록이 있을 뿐 부활절이라는 절기를 지키라고 한 적이 없다. 결국 현대 교회에서 초교파적으로 크게 지키고 경축하고 있는 부활절 행사들은 사람이 만든 규례일 뿐만 아니라 실제로 부활을 기념하려는 의도도 없이 그저 중세 암흑 시대의 교회 전통을 습관적으로 답습하여 지키는 것에 불과하다. 그리고 이런 행사들이 교회 마케팅에 도움이 되니까 이것에 대해 문제 의식을 가지고 있지 않은 것 같다.

사도 바울은 예수님께서 부활하신 날을 기념한 적도 없고 그렇게 하자고 제안한 적도 없다. 오히려 사도 바울은 유월절을 지키자고 했다. 물론 유월절을 지키는 것이 계명이라는 것이 아니라 부활절은 사도 바울도 들어본 적도 없는 절기라는 것이다. **사도 바울이 예수님의 부활의 의미에 대해 깨달음이 부족했거나 지금의 교회 지도자들에 비해서 관심이 별로 없었을까? 아니면 기독교 공인 후 세속화된 교회의 지도자들이 바울보다 더 예수님의 부활을 흠모하고 그들의 심령이 감사로 충만해서 부활절이라는 절기를 종교 회의에서 만들었을까?** 사도 바울은 하나님께서 명하시지도 않은 절기를 만들어서 지키자는 제안을 할 인물도 아니고 그의 글을 읽어보면 만일 누군가가 부활의 날을 기념하여 지키자고 제안했으면 비난하거나 좋게 여기지 않았을 것이 분명하다.

> *너희가 날과 달과 절기와 해를 삼가 지키니 내가 너희를 위하여 수고한 것이 헛될까 두려워하노라* (갈 4:10, 11)

뭔가 조금 이상하다. 다음 성경 절들을 보면 바울은 유월절이나 무교절은 지켰어도 부활의 날을 기념하여 지킨 기록은 신약 성경 전체에 없다.

이러므로 우리가 ***명절(유월절, 무교절)***[56] ***을 지키되*** *묵은 누룩으로도 말고 악하고 악의에 찬 누룩으로도 말고 누룩이 없이 오직 순전함과 진실함의 떡으로 하자* (고전 5:8)

그들에게 작별을 고하며 이르되, ***내가 어찌하든지 다가오는 이 명절(유월절, 무교절)은 반드시 예루살렘에서 지켜야 하리라***[57] *그러나 만일 하나님께서 원하시면 내가 다시 너희에게 돌아오리라 하고 배를 타고 에베소를 떠나* (행 18:21, 흠정역)

그들은 먼저 가서 드로아에서 우리를 기다리더라. ***우리는 무교절 후에*** *빌립보에서 배로 떠나 닷새 만에 드로아에 있는 그들에게 가서 이레를 머무니라* (행 20:5, 6)

비성경적인 것은 이뿐만이 아니다. 현대 교회에서 지키고 있는 부활절은 해마다 날짜가 바뀌는데 그 이유는 **부활절이 예수님께서 십자가에서 돌아가시고 3일 후의 날짜를 계산해서 정한 것이 아니라 춘분**[58]**이 지나고 만월(滿月)이 뜬 다음에 오는 첫 일요일로 정하고 있**

---

56) 이 당시에 부활절이라는 절기는 없었다. 부활절은 AD 323년 니케아 종교회의에서 사람들이 회의해서 만든 절기이다. **사람들의 전통**이다. 여기서 사도 바울이 말하는 명절은 유월절과 무교절(유월절 다음날부터 일주일간의 절기로서 이 기간 중에는 누룩 없는 떡을 먹었다)이 확실한 것은 누룩을 언급하고 있기 때문이다.

57) 개역 한글 성경은 이 굵은 글씨로 된 부분이 생략되어 있다. 이렇게 된 원인은 Westcott과 Hort에 의해 변질된 원어 사본을 영어로 번역한 것이 ASV(American Standard Version)이고 그 ASV를 우리말로 번역한 것이 한글 개역 성경이기 때문이다.

58) 일 년 중 낮의 길이가 밤의 길이보다 길어지기 시작하는 날. 이렇게 낮의 길이와 상관하여 부활절을 지키는 것은 본래 그 날짜가 태양신과 관련이 있고 만월이 뜬 다음으로 부활절의 날짜를 정하는 것도 달의 여신(세라스미스, 아스다롯, 아프로디테, 비너스 등)과 태양 신이 만난다는 미신을 전제로 하기 때문이다. 그래서 부활절의 이름이 봄의 여신의 이름이다. (Easter=Oestre=Ostern) 이런 식으로 부활절을 지키기 때문에 어떤 해에

기 때문[59]이다. 심각한 일이다. 입술로는 예수님의 부활을 기념한다고 하면서 이렇게 부활절을 정하는 것은 이름만 예수님의 부활을 표방할 뿐이지, 실제는 예수님의 부활에는 별 관심도 없다는 증거다. 부활절에 교회에서 달걀을 나누어주는 일도 이런 맥락이다. 메소포타미아 강가로 하늘에서 떨어진 달걀에서 부화한 여신이 Astarte였고 이 여신이 Ostara, Venus 등으로 이름이 바뀌었다.

부활절이 영어로 Resurrection(부활) day가 아니라 Easter인 것은 부활절이 봄의 여신(달의 여신)과 태양신이 만나는 날 태양신의 아들 '담무스'가 부활한다는 이방 종교의 춘분의 축제 절기와 관계가 있다는 증거다. 그래서 부활절의 날짜를 정하는데 보름달이 떠야 하는 것이다. 춘분은 낮의 길이가 밤의 길이보다 길어지기 시작하는 시점이므로 춘분이 지나야 부활절이 온다는 것도 태양신과 관련이 있다는 증거다. Easter는 게르만 민족 중 한 부족이 섬겨 오던 Oestre(독일어로 Ostern)라는 봄의 여신 이름에서 유래했다. (봄의 여신과 부활절의 관계는 다른 문헌에도 많이 서술되어 있으므로 자세한 내용은 본서에서는 생략한다) 그리고 더 놀라운 일은 태양신의 아들 담무스에 관한 신앙이 바벨론에 의한 예루살렘 멸망 직전의 유대 사회에서도 만연해 있었다는 사실이다.

> *또 그분께서 내게 이르시되 너는 여전히 다시 돌아서라 그리하면 그들이 행하는 더 큰 가증한 일들을 네가 보리라 하시더라 그때에 그*

는 부활절이 유월절(예수님께서 십자가에서 운명하신 날)보다 먼저 오는 해도 있다. 웃지 못할 일이다.

59) 이러한 놀라운 사실은 브리태니커 백과사전을 찾아 보면 알 수 있다.

분께서 나를 데리고 북쪽을 향한 주의 집 문의 입구에 이르셨는데 보라 거기에 ***여자들이 앉아서 담무스를 위하여 슬피 울고 있더라*** (겔 8:13, 14, 흠정역)

그리고 그들은 하나님의 성전 앞에서 태양신도 섬기고 있었다.

그분께서 나를 데리고 주의 집의 안뜰에 이르셨는데 보라 주의 성전의 문에 주랑과 제단 사이에 스물다섯 명가량이 있더라 그들이 자기들의 등은 주의 성전을 향하게 하고 자기들의 얼굴은 동쪽을 향하게 한 채 ***동쪽을 바라보며 태양에게 경배하더라*** (겔 18:15, 16, 흠정역)

이는 마치 이방 종교에서 전통적으로 섬겨 오는 여신(女神)의 개념이 세속화된 기독교 안으로 들어오면서 중세 시대에 예수님의 모친 마리아를 신격화하는 일과도 유사해 보인다. 구약시대 이스라엘 백성들도 이방인들에게서 이런 것을 배워서 '아스다롯' 또는 '아세라'라는 여신의 형상을 만들어서 섬겼었다. '아스다롯'은 태양신의 아들 '담무스'의 배우자이기도 하다. 이런 이교도의 절기를 중세 시대에 타락한 교회에서 이름만 부활절로 바꿔서 지키던 것을 개신교가 아무 죄책감 없이 답습하고 있는 것은 오히려 예수님의 희생과 부활을 희화화하고 모독하는 일인지도 모른다. 만일 사도 바울이 지금 부활해서 이런 현대 기독교의 부활절 예배의 현장을 보면 무엇이라고 할 것 같은가? '나는 부활절을 지킬 생각도 못하고 부활절을 만들지 못해서 정말 후회된다'고 할까?

4) 성경에 없는 성탄절: 사람의 전통

성탄절 역시 성경에 없는 도깨비 같은 날이다. 결론부터 말하자면 예수님의 탄신일은 성경에 기록되어 있지 않다. 하나님께서 실수로 빠뜨리신 것이 아니라 의도적으로 감추셨다. 성경의 저자는 하나님이시다.

> *너희는 여호와의 책에서 찾아 읽어보라 이것들 가운데서 빠진 것이 하나도 없고 제 짝이 없는 것이 없으리니 이는 여호와의 입이 이를 명령하셨고 그의 영이 이것들을 모으셨음이라* (사 34:16)

하나님께서 감추신 이유를 묵상해보지 않고 경박스럽게 그날을 인위적으로 정해서 축하하고 있는 일은 필경 하나님의 뜻은 아니다.

예수님의 공생애에 관해서는 그 구체적인 연대까지 구약성경에서 정확히 예언(단 9:24-26[60])을 하고 있고 신약 성경에도 그 연대와 날짜(AD 26년 가을(?) 침례, 27년 유월절 공생애 시작, 30년 유월절 십자가의 희생, 40일 후 승천)에 관한 기록이 있지만 탄신일에 관해서는 침묵을 하고 있다. 여기에는 이유가 있다. 성경의 침묵에서도 우리는 배울 교훈이 있는 것이다. 왜 성경은 예수님의 탄신일에 관해 침묵하고 있을까?

우리는 생일을 맞이하여 기뻐하고 축하해 주기도 하고 함께 하고 싶은 사람들을 초대해서 파티를 열기도 한다. 이는 우리가 태어나기 전

---

60) 다니엘서의 이 부분을 세대주의에서는 적그리스도와 연관 지어 해석을 하고 있다. 그래서 현대 기독교에서는 세대주의의 영향으로 이 부분의 해석에 논쟁이 있는 것은 사실이다. 그러나 이 예언을 말씀한 가브리엘 천사는 분명히 메시아의 기름부음의 시점에 관한 예언이라고 선언하고 있다. 이에 대한 자제한 설명은 본서에서는 생략한다.

에는 이 우주에 '없는' 존재였으나 하나님의 은혜로 또 부모님의 은혜로 이 세상에 존재하게 되었기 때문이다. 그리하여 희로애락을 느끼며 살고, 기쁜 일 슬픈 일을 경험하고, 아름답고 더러운 것을 보며, 옳고 그른 것, 선하고 악한 것을 경험하며 일생을 보내면서 이런 세상에 숨겨 있는 하나님의 뜻을 더듬어 발견할 수 있는 기회를 얻었기 때문이다. 우리 사람들의 탄생은 이렇게 우리들 자신을 위한 것이다. 우리는 영원히 행복하게 살기 위해 태어남이 허락되었다. (물론 태어났다고 모두 자동으로 영생 복락을 누리는 것은 아니지만 모든 사람에게 기회가 주어졌고 본인 하기에 따라 영생을 얻을 수도 창조가 취소될 수도 있다) 우리의 탄생은 창조주를 위한 것이 아니라 우리들을 위한 것이다. 그리고 우리들을 위한 것 자체가 하나님의 영광을 위한 것이다. 그러나 예수님의 탄신일은 우리 유한한 인간들의 생일과는 그 의미가 전혀 다르다. 우리는 태어나기 전에는 없었지만 예수님은 태어나시기 이전에도 '계셨던' 분이다. 우리는 없다가 있게 돼서 기쁘고 의미 있는 일이지만 예수님은 신성으로 계시던 하나님이셨고 그 하나님께서 인간이 되신 일이기 때문에 그 자체가 축하하거나 기쁜 일일 수 없다. 사람이 지렁이가 되면 기쁜 일인가? 그래서 예수님의 성육신을 피조물인 인간의 출생에나 사용하는 '탄생' 또는 '출생'이라는 단어로 표현한다는 그 자체가 하나님을 모독하는 측면이 있는 표현이다. '성탄절'이라는 용어 자체는 사실은 참람한 용어다. 왜냐하면 그 날짜를 모르면서 아무 날을 정해서 성탄절이라고 요란을 떠는 일도 하나님을 두려워하기는커녕 예수님을 모독하는 일일 뿐 아니라 스스로 존재하시는 하나님을 태어났다고 표현하고 있기 때문이다.

예수님께서는 성육신 하시기 전에는 하나님의 모든 영광으로 거하시던 로고스 하나님(요 1:1)이셨다. 로고스 하나님께서 하나님의 아들, 즉 하나님의 본성을 지닌 사람으로 이 세상에 오셔서 하나님의 아들이라고 부르는 것이지 하나님께서 만드신 피조물이라서 아들이라고 부르는 것이 아니다. 만물을 지으신 하나님께서 우리 버러지 같은 인간의 죄의 문제를 해결하시기 위해서 사람이 되셔서 이 땅에 오신 것이다. 예수님의 성육신은 예수님을 위한 것이 아니라 일차적으로 인간을 위한 것이다. **하나님께서는 인간을 위해 인간을 만드셨는데 인간이 복을 거절하여 생명을 잃게 되자 그 잘못된 인간을 위해 이번에는 하나님 자신이 인간이 되셨다.** 그분은 무한히 영광스러운 분이지만 인간의 죄 짐을 지고 결국은 십자가에 달리실 것을 아시면서 이 땅에 인간의 몸으로 오셨다. (본래 십자가에 달아 처형한 주체가 하나님은 아니시지만 사단이 십자가에 달아 죽일 것을 아시면서도 인간 세상에 오셨으므로 이렇게 얘기할 수 있다) 만일 내가 중한 범죄를 져서 사형을 받아야 하는데 나의 아버지께서 나 대신 사형을 받으시기로 하고 감옥에 들어가셨다면 그 투옥된 날이 기쁜 날인가? 슬픈 날인가? 예수님께서는 우리와 함께 하시기 위해서 인성을 쓰셨지만 사단의 영토에 오신 예수님을 사단이 그냥 둘 리는 없었다. 사단에 의한 무고한 예수님의 처형은 사단이 자신의 거처를 다시 하나님께 내어줄 수밖에 없는 속죄의 피가 되었다. 결국 죄의 노예들인 우리의 대속물이 되시기 위해 인성을 쓰신 셈이었다. 자신의 생명을 죄인들의 해방을 위한 속전으로 지불하시기 위해 인간이 되셨다. 그날이 그렇게도 즐겁고 기쁜 날인가? 논리적으로도 감성적으로도 기쁜 날이 될 수 없다. 예수님께서 당하신 희생 그 자체는 결코 기쁜 일이 될 수 없지만 그 희생의 결과는 기쁜 일이기 때문에, 예수님의 나심을 큰 기쁨의 좋은 소식이라고 천사들이 우리 죄인들 입장에서 말하고 있는 것뿐이다(눅 2:10, 11). 성경 어디에도 성육신 자체를 기쁜 사건이라고 묘사한 곳은 없다. 갈보리 언덕을 채찍질 당하시며 비틀거리시며 오르시는 예수님을 바라보라. 그대는 즐거운가? 예수님의 나심은 그곳을 향한 여정의 출발이었다. 이 일을 위해 인성을 쓰신 날이 그렇게도 기쁜 날인가? 십자가에 못 박히시고 인간들의 죄 짐을 지시고 운명하실 때도 그 못 박는 사람들을 위해 기도하셨던 예수님의 기도 소리를 들어 보라. 그대의 입에서 환희의 노래가 나오는가? 이런 일들을 당하시기로 창세 전에 예정하시고 때가 차서 인성을 쓰시고 이 땅에 오시자 마자 짐승의 밥그릇 위에 뉘셨는데 이 장면이 그렇게도 아름다운 장면인가? 아버지 하나님 입장에서는 말씀 하나님께서 십자가에 달리기 위해 스스로 선택하여 인성을 쓰는 일이 어찌 기쁜 일이겠는가? 하나님께서 우리 입장에서 기쁜 소식이라고 말씀하셨으면 우리는 적어도 하나님 입장에서 이 일을 묵상해 봐야 하지 않겠는가? **아이를 낳아 자식을 얻는 기쁨이 아무리 크다 하여도 아이 낳는 고통 자체를 기뻐할 수 있겠는가? 예수님의 성육신과 십자가에서의 희생까지 그분의 사람으로서의 생애는 산모가 아이를 낳는 고통에 해당하는 일이었다.** 우리 같은 죄의 본성을 가진 사람도 이 험난하고 더러운 세상에 한 평생 사는 것이 고난일진대 더할 나위 없이 순결하시고 죄라고는 털끝만큼도 용납 못하시는 예수님께서 온갖 비난과 따돌림과 수모를 겪으시면서 보내신 섬김의 생애를 생각해 보라. 이런 인간 구원을 위한 하나님의 고통을 알려주시기 위해 아담의 범죄 이후 여자에게 아이 낳는 고통을 더하신 것이었다. 인간의 구원은 하나님께는 자식을 얻는 일이기 때문이다. 성탄절을 축하하는 일이 아이를 곧 낳을 것이니까 아이 낳기 전의 산모의 고통을 축하하고 그 산고의 신음 소리에 박수를 보내는 일과 무엇이 다른가?

예수님께서 나신 날 천사들은 이렇게 큰 희생을 감수하신 하나님을 찬송하여 "지극히 높은 곳에서는 하나님께 영광이요 땅에서는 **하나님이 기뻐하신 사람들** 중에 평화로다"(눅 2:14)라고 말했지 하나님께서 예수님의 성육신 자체를 기쁜 일이라고 하신 것이 아니다. 하나님께서 기뻐하신 사람들은 다름 아닌 예수님의 희생으로 말미암아 구원을 받았거나 받을 사람들을 말하는 것이다. 그래서 **하나님께서는 그런 사람들을 기뻐하시고 그렇기 때문에 기쁜 소식이라고 한 것이다.** 또한 예수님께서 죄인들을 불쌍하게 여기셔서 이렇게 큰 희생을 감당하심으로써 하나님의 품성을 온 우주에 드러내셨으므로 하나님께 영광인 것이다. 예수님께서도 이 땅에서 하나님 아버지께서 예수님께 하라고 주신 일을 이루어 하나님 아버지를 이 세상에서 영화롭게 하셨다(요 17:4). **하나님께서는 예수님의 희생을 아파하시고 슬퍼하셨지만 그 희생으로 말미암아 피조물들이 누릴 기쁨을 하나님의 고통보다 더 크게 여기셔서 기쁜 소식이라고 했던 것이지 죄로 가득 찬 세상에서 인간으로서의 생애와 십자가의 희생 자체가 기쁘고 즐거운 일이 결코 아니다.** 성탄의 소식을 큰 기쁨의 소식이라 한 것은 인간의 본성으로 이해하기 어려운 역설의 기쁨이다. 하나님께서는 이렇게 자신의 희생과 고통에 대해 전혀 생색을 내지 않으신다. 오히려 그 희생의 결과에 대해서만 말씀하실 뿐이다. 그렇다고 우리까지 그래야 할 것인가? 그러므로 그 무한한 희생의 수혜자인 죄인들이 무조건 기뻐서 박수 칠 일이 전혀 아니다. 하나님의 그 측량할 수 없는 큰 희생을 보고 박수를 치는 것은 그 희생의 의미를 깊이 있게 생각해 보지도 않고 그것을 가볍게 생각하는 것이다. 단지 예수께서 나 대신 형벌을 받으셔서 고맙고 다행이고 그래서 감사하고 기쁜 날이라는 식의 태도는 우리로 하여금 죄를 증오하고 죄를 떠나게 인도하지 못한다. 이런 식의 태도 자체가 죄 된 품성의 결과이기 때문이다. 그런 정신으로 십자가를 1,000년 동안 바라보아도 죄를 혐오하는 마음이 들 수 없다. 이런 태도는 십자가를 우리의 죄를 합리화하는 도구로 전락시킬 뿐이다. 그래서 죄를 떠나기 싫어서 죄 가운데 머물면서도 믿음 때문에 하나님께서 우리를 의롭게 여기신다고 주장하는 데까지 이른 지도 모른다. 그러나 십자가의 은혜의 본질은 우리 죄를 사하심을 넘어서 우리로 하여금 죄를 증오하게 하고 죄를 이기게 하시는 능력이다.

소위 '성탄절'의 인간적인 축하에는 또 하나의 교리적인 함정이 있다. 예수님의 성육신과 십자가는 우리가 나중에 영원한 하늘 나라에 가서도 영원히 묵상할 신비로운 제목이다. **그 날짜를 정해서 성육신을 축하하는 일은 성육신 이전에는 마치 인간 구원을 위한 하나님의 은혜와 자신을 희생하시는 가슴이 없었던 것처럼 성육신의 의미를 인간의 시간 안으로 가지고 들어오는 일이고 결국은 성육신의 의미를 축소시키고 왜곡함으로써 하나님과 그리스도를 아는 일을 방해한다.** 성육신이라는 신적인 섭리를 육신과 시간 안에 갇혀 있는 사람의 관점으로 축소해서 보는 시각이 세대주의 같은 오류의 토양을 제공하고 있다. 왜 사도 요한은 예수님의 희생을 '창세로부터 있었던' 사건으로 규정하는지를 묵상해 봐야 한다(계 13:8). 예수님은 인간의 시간 속으로 들어오셔서 2,000년 전에 십자가에 달리셨지만 인간 구원을 위해서 자신을 희생하시는 구속의 섭리와 하나님의 뜻은 창세 전부터 있었고(이것이 하나님의 본성이기 때문이다) 아담의 범죄 직후부터 그 섭리는 작동하고 있었다. **하나님께서 실제로 십자가에 '달리셨는가, 달리시지 않았는가'의 여부가 우리의 구원을 결정하는 것이 아니다. 구원은 죄 때문에 단절되었던 하나님과 하나가 되는 일인데 이는 하나님의 자비와 희생 그리고 당사자인 죄인의 죄에 대한 증오와 의를 사모하는 마음이 합해져서 이루어지는 일이다.** 죄인이 죄를 사랑하고 있는데 의(義) 자체이신 하나님께서 죄인과 하나가 될 수는 없는 일이다. 그렇기 때문에 하나님께서는 하나님을 떠난 아담에게 하나님과 다시 하나가 되는 이러한 조건을 알려 주셨다. 그것이 바로 양을 잡아 드리는 제사 제도에 예표된 자아(自我)의 죽음과 여자의 후손으로 오실 그리스도의 희생이었다.

죄인의 죄에 대한 태도와 관계없는 하나님의 일방적인 죄 사하심이 구원이라면 앞으로 또 죄가 이 우주에 들어올 것이다. 이런 일은 다시는 있어서도 안 되겠지만 있지도 않을 것이다. 죄인이 마땅히 하나님의 뜻 아래 있어야 할 것을 깨닫고 그렇게 되기를 사모할 뿐만이 아니라 하나님의 뜻에서 벗어나 있다는 것은 용납될 수 없다는 것을 절실히 깨달을 때 죄인은 죄를 버리고 하나님과 하나가 될 것이다. 그리고 그가 자기를 지배하던 죄를 떠나는 일을 하나님께서 도와주실 것이다. 이를 다른 말로 하나님의 통치 아래로 들어온다고도 한다. 이렇게 하나님의 통치하심 아래에 있는 상태가 바로 하늘 나라다. 그리고 예수님께서는 '**하나님의 통치하심 안으로 들어가는 일**'[61]은 예수님을 믿는 일이라고 하지 않으시고 물(말씀)과 성령으로부터 다시 태어나

61) εἰσελθεῖν(들어가다) εἰς(안으로) τὴν βασιλείαν (통치) τοῦ θεοῦ(하나님의)

야만 가능하다는 것을 분명히 하셨다(요 3:5). (그러나 말씀이 육신이 되신 분이 예수님이라는 것을 깨달았다면 예수님을 믿는 일이 곧 말씀의 정신을 사모하고 구하는 일이요 결국은 성령을 구하는 일이다. 그러므로 예수님을 믿는 일은 수단이고 목적은 말씀과 성령으로부터 다시 태어나는 일이다. 성령으로 난다는 것은 예수님께서 우리 안에 임하신다는 의미다)

죄와 죄인에 대한 하나님의 이러한 뜻과 그 죄인과 다시 하나가 되시려는 하나님의 뜻과 섭리를 인간의 시간과 공간 안으로 하나님께서 친히 들어오셔서 보여 주시되 십자가에서 처참히 달려 죽기까지 이 일을 마다하지 않으신 사건이 십자가이다. 사단은 자신의 영토 안으로 들어오신 예수님을 십자가에 잔인하게 달아 죽였지만 그 십자가의 처형 자체가 사단 자신이 이 우주에서 용납될 수 없는 존재라는 것을 증명하는 사건이 되었다. 그래서 뱀은 그리스도의 발꿈치를 상하게 한 것이지만 십자가에서 발꿈치를 다치신 여자의 후손(예수님)은 뱀의 머리를 상하게 하신 일이었다(창 3:15). 십자가는 사단은 물론 죄 자체에 대한 심판의 장소였다.

> *이제 이 세상에 대한 심판이 이르렀으니 이 세상의 임금이 쫓겨나리라* (요 12:31)
>
> *심판에 대하여라 함은 이 세상 임금이 심판을 받았음이라* (요 16:11)

'죄 사하심'이란 하나님께서 죄인의 심령 안에 거하시게 되면서 그가 하나님과 단절되었던 과거를 없던 일로 해준다는 의미다. 하나님께서 죄인의 심령 안에 거하시게 되는 일은 그 죄인이 죄를 떠나는 일이고 죄를 용서받는 일이고 의의 길로 걸어간다는 것이다. 이 일을 한 마디로 회개라고 부르는 것이다. 이렇게 십자가가 품고 있는 죄인에 대한 메시지는 너무 넓고 깊고 다중적이어서 한 측면만 지나치게 강조하는 것 자체가 십자가의 기별을 오도하는 일이 되기 쉽다.

그러므로 십자가 이전에는 마치 구원의 은혜가 없었던 것처럼 성육신이라는 사건을 인간 시간의 개념 안으로 가지고 들어와서 성탄절이라는 날짜를 정해서 요란하게 기념하는 일은 하나님의 뜻일 수가 없다. 그래서 성육신 하신 날짜를 하나님께서는 감추셨다. 십자가는 인간의 역사 속에서 이루어진 인간 구원에 관한 하나님의 섭리의 실존적 계시이면서 우리에게 성령을 주실 수 있는 근거가 되는 일이지 그 시점으로부터 구원의 효력이 발생하는 인간적인 사건이 아니다. 그렇다면 십자가 이전에는 인간 구원이 없었어야 하는 것이 아니겠는가? 이런 십자가의 왜곡된 의미를 살리기 위해서 세대주의에서는 인류의 역사를 7시대로 나누고 율법 시대에는 율법을 지켜서 구원받는다는 거짓 교리를 만들어냈다. 그리스도의 은혜가 2,000년 전부터 발생했다면 에녹은 어떻게 하늘에 갈 수 있었을까? 사무엘은 어떻고 모세는 어떻게 된 것인가? 이들은 하나님의 은혜 없이 스스로의 능력으로 율법을 지킨 사람들이란 뜻인가? 또한 복음서에 보면 예수님께서 구원을 선포하신 자들이 많다. 세리였던 삭개오라든가 십자가의 강도도 그렇고 예수님의 발등에 향유를 부었던 여인도 모두 구원을 받았고 나중에 부활하여 낙원에 있을 자들이다. 그러나 이들의 구원은 예수님께서 십자가에서 돌아가시기 이전에 이루어졌다. 이렇게 십자가를 2,000년 전에 효력이 발생한 일종의 사건으로 보기 때문에 '상업적 가치 교환'에 의한 죄 사함이라는 십자가 대속론이 생기는 것이고 이런 관념으로 십자가를 바라볼 때 우리의 눈은 어두워지게 된다. 죄와 의와 심판의 의미를 알 수 없게 만든다. 이제는 전 세계적으로 일반화된 요란한 성탄절 행사는 이런 그릇된 십자가 관을 사람들에게 세뇌시키는 일이고 이 일에 교회가 선두 역할을 하고 있다는 것은 개탄할 일이다. **예수님께서는 창세로부터 사람을 사랑하시되 자신의 생명도 내어 주실 정도로 사랑하셨고 그런 하나님의 가슴이 십자가에서 드러난 것이지 그런 하나님의 가슴과 뜻이 십자가 이전에는 없었던 것은 아니다.** 구원은 하나님의 가슴 안에 나의 가슴을 묻는 일이다. 이렇게 하나님의 뜻과 내가 하나가 되게 해달라는 간구와 소원이 바로 기도(προσεύχομαι)의 본질이기도 하다.

> *땅에 거하는 모든 자들 곧* ***세상의 창건 이후로 죽임을 당한 어린양의*** *생명 책에 이름이 기록되지 않은 자들이 그에게 경배하리라* (계 13:8, 흠정역)

> *τοῦ ἀρνίου(어린 양의), ἐσφαγμένου(죽임을 당한), ἀπὸ(이후로), καταβολῆς(기초를 놓음), κόσμου(세상의)*

그러면 현대 교회는 왜 12월 25일을 성탄절이라고 선포하고 이를 핑계로 마케팅을 하고 있는 것일까? 그 역사적인 기원은 로마 시대로 거슬러 올라간다. AD 313년 콘스탄티누스 황제가 기독교를 공인하는 사건은 나름 신앙적으로 순수함을 유지하던 초대 교회가 급속히 세속화하기 시작하는 전환점이 된 것은 주지의 사실이다. 콘스탄티누스 황제가 예수님의 말씀에 감화를 받아 거듭남을 경험해서 기독교를 공인한 것이 아니라 정치적인 목적에서 그렇게 했기 때문에 공인 이후 물밀듯이 교회 안으로 들어온 소위 기독교인들은 회개를 한 사람들일 리도 없고 말씀도 모르고 거듭남이 무엇인지도 모르는 세상 사람들과 다를 것이 없는 사람들이었다.

다음은 국제신학대학원대학교 라은성 교수의 연구와 New Schaff-Herzog 종교백과사전의 내용을 요약 정리한 것이다.[62)]

그 당시 로마는 태양신을 숭배하고 있었는데 12월 21일 동지에 일 년 중 해가 가장 짧았다가 그 후 다시 해가 길어지기 시작하기 때문에 어둠에 대한 빛의 승리를 축하하는 축제일을 12월 17일부터 24일까지로 정했는데 이를 농신제(Saturnalia)라 해서 농업의 신(Saturn)을 축하했고 특별히 해가 가장 짧은 동지 21일로부터 3일 후에 태양의 신이 부활한다고 믿었다. 이러한 빛의 신은 고대 이란의 미스라(Mithra) 숭배에서 기원했고 이런 전통을 그 후 로마가 받아들인 것으로 알려져 있다. 동지(winter solstice)인 12월 21일은 이란에서 아직도 지켜지고 있다. 그날은 '얄다(Yalda)'라 불리는데 어두움에 대한 빛의 승리를 의미하며 악에 대한 선의 승리를 상징한다.

기독교를 공인한 콘스탄티누스도 이런 이교의 축제일을 지키고 있었고 AD 530년에는 로마 가톨릭 교회가 이런 이교의 태양신 축제일을 공식적으로 성탄절로 정해서 지키게 했다. 결국 엉터리 기독교인들이 교회 안으로 가지고 들어온 아기 태양의 생일이 예수님의 생일로 변하여 성탄절로 둔갑을 한 것이다. 오늘날 세상의 복을 받기 위해 고목나무에게 절하던 사람들이 그 고목나무 대신에 예수님께 기도 드리듯이 그 당시 로마인들도 복을 받기 위해 태양신에게 빌던 복을 황

62) http://www.cportal.co.kr/bbs/board.php?bo_table=pds&wr_id=11275

제를 따라서 교회 안에 들어와 예수님께 빌게 된 것뿐이다. 그러니까 그들이 믿던 태양신의 탄신일을 예수님의 성탄절로 바꿔서 지키게 되는 것은 어쩌면 그들에게는 자연스러운 것이다. 이렇게 기독교에 들어온 태양신의 탄신일이 지금 현대 교회에서 마케팅의 자료로 사용하는 성탄절이다. 이런 사실을 알던 영국의 청교도나 미국의 청교도 같은 초기 개신교도들은 중세 시대부터 지켜오던 성탄절을 반대했다. 성탄절을 '교황의 날'로 명명하기도 했다. 미국의 일부 주에서는 성탄절을 금하는 법령도 만들어졌다고 한다. 그러나 남북전쟁 이후 점점 이런 태도는 사라지고 상업적 목적으로 성탄절을 기념하게 되었다.

교회 안에서 이렇게 말씀과 상관 없는 이교의 절기를 예수님의 탄신 일이라고 부르면서 축제를 하고, 교회 밖에서는 예수님과 전혀 상관이 없는 산타클로스 할아버지, 루돌프 사슴 코 등등을 노래하면서 소위 성탄절을 기념하고 있는 모습을 하늘에서 보고 계신 하나님의 심정은 어떠하실까?

5) 성경에 없는 주일: 사람의 계명[63]

'주일 성수'의 '주일' 역시 성경에 없는 중세 때 로마 가톨릭이 만든

63) 본 주제는 토요일 안식일을 지키는 특정 교파를 옹호하는 내용이 아님을 밝혀 둔다. 다만 성경에만 입각해서 하나님의 계명을 돌아보자는 취지다. 어떤 성경 해석이 옳으냐 그르냐를 정하는 데는 그 주장을 누가 했느냐 또는 어느 교단에서 하느냐가 아니라 성경과 일치하느냐 아니냐가 유일한 기준이다. 영혼불멸설이 거짓인 이유는 그것을 마틴 루터가 반대하고 칼빈이 옹호했기 때문이 아니라 성경과 다르기 때문이다.

제도이다. "제 칠일 안식일을 기억하여 거룩히 지키라"고 명하고 있는 십계명이 변했을 리도 없고 변했다는 기록도 성경에는 당연히 없다. 이는 초대 교회 당시 유대인을 싫어하던 로마 사람들이 유대인들이 목숨처럼 지키던 안식일에 대해 반감을 가지고 있었는데 이런 로마인들의 성향이 후일에 로마 가톨릭 교회 안으로 들어와서 공식적으로 종교회의를 통해 하나님의 계명을 바꾸기로 정한 일이다. 이런 과정을 거쳐 변질된 하나님의 계명은 중세시대 1,000년 이상 사람들에게 요구되었다. 이와 같은 역사적 사실은 가톨릭의 요리 문답[64]에 명시되어서 이 사실을 가톨릭 교인들에게 교육하기 위한 자료로 삼고 있다. 그렇기 때문에 성경에는 사람이 만든 '주일'이라는 단어 자체는 있을 수 없고 다만 "주의 날"이라는 표현이 신구약 성경 전체에 단 한 번 나오는데(계 1:10) 이 '주의 날'이 중세 가톨릭이 만들고 현대 교회에서 준수하고 있는 '주일'이 아니라 십계명에 명시되어 있는 '안식일'이라는 것은 성경 자체에 다음과 같이 증거가 있다.

> ***주의 날에*** *내가 성령에 감동되어 내 뒤에서 나는 나팔 소리 같은 큰 음성을 들으니* (계 1:10)
>
> *안식일을 기억하여 거룩하게 지키라 엿새 동안은 힘써 네 모든 일을 행할 것이나* ***일곱째 날은 네 하나님 여호와의 안식일인즉*** (출 20:8-10)
> ***인자는 안식일의 주인이니라*** *하시니라* (마 12:8)

---

64) 『회심자의 카톨릭 요리문답서』를 보면 주일에 관해 다음과 같은 교리가 있다.
문: 어느 날이 안식일인가?
답: 토요일이 안식일이다.
문: 우리는 왜 토요일 대신 일요일을 지키는가?
답: **카톨릭 교회가 라오디게아 종교 회의에서 그 존엄성을 토요일에서 일요일로 옮겼기 때문이다.**

그뿐만 아니라 요한 계시록 도입부에 예수님께서 그 주인이신 안식일을 '주의 날'이라고 표현한 사도 요한은 비슷한 시기(AD 90년 이후)에 요한복음을 기록했는데 요한복음에서 그는 일요일을 '주의 날'이라고 표현하지 않고 '안식 후 첫날'[65]이라고 표현하고 있는 것을 보아도 요한 계시록에서 '주의 날'을 안식일의 의미로 사용한 것을 알 수 있다. 그리고 이렇게 사도 요한이 유배되었던 밧모 섬에서 그 시대 이후 2,000년 이상(?) 계속될 세상의 끝 날까지의 장엄한 구속사에 관한 계시를 받았던 날을 특정해서 '주의 날'이라고 표현하고 있다는 자체는 사도 요한이 90세가 넘은 노년에 유배되어 있었어도 그곳에서 안식일(주의 날)을 기억하여 구별하고 있었다는 증거다. 창조주 하나님께서 직접 자신의 날이라고 신구약 성경에서 선포하신 날은 창조의 기념일인 제7일인 토요일(당시 팔레스타인 지역 기준으로) 안식일이다.

그렇다면 왜 일부 기독교 지도자들은 부활하신 일요일이 주의 날이라고 주장하면서 하나님께서 친히 선언하신 날을 변개시키려는 것일까? 현대 교회에서 지키고 있는 소위 '주일'은 중세 시대에 로마 가톨릭 교회가 유대인들을 미워하는 상황에서 그들이 지키고 있던 안식일과 차별화하려는 목적으로 만든 사람의 계명인 것은 역사에 기록되어 있다. 그들은 이런 이유에서 하나님의 계명을 변질시켰다. 이런 사실을 뒤늦게 알게 된 주류 개신교회의 지도자들이 중세 가톨릭의 사

---

65) 안식 후 첫날 일찍이 아직 어두울 때에 막달라 마리아가 무덤에 와서 돌이 무덤에서 옮겨진 것을 보고 (요 20:1)
이 날 곧 안식 후 첫날 저녁 때에 제자들이 유대인들을 두려워하여 모인 곳의 문들을 닫았더니 예수께서 오사 가운데 서서 이르시되 너희에게 평강이 있을지어다 (요 20:19)

람이 만든 전통을 답습하고 있는 것을 인정하고 반성하는 대신 성경에 없는 구실을 찾고 있는 것에 불과하다. **가톨릭의 요리문답에 나오는 천주 십계에는 제2계명인 우상숭배 금지조항도 빠져 있다는 것을 아는 기독교인은 드물 것이다. 이렇게 하나님의 계명의 변질된 버전인 '천주 십계'에 나오는 계명이 바로 '주일을 지키라'는 계명이다. 또한 주일이 일요일(Sunday)인 것은 당시 로마인들이 태양신을 숭배하던 것과 무관하지 않다. 정말 신기한 것 중에 하나가 현대 개신교에서 종교개혁 이후에도 개혁하지 못하고 중세 로마 가톨릭의 인간적 관습을 그대로 답습하고 있는 성탄절, 부활절, 주일이라는 절기들은 성경에 없는 것은 물론이고 이것들 모두 예외 없이 태양신과 관련이 있다는 것이다. 그리고 이 태양신의 고대 근동지역 국가들의 버전은 구약시대에 하나님께서 그렇게 싫어하셨고 선지자들을 통해 여러 번 경고하셨어도 이스라엘 백성이 꾸준히 우상을 만들어 섬겼던 바알신이라는 것도 놀라운 사실이다.**

로마에 의한 예루살렘의 멸망과 세상 끝에 있을 환란을 예언하시면서 예수님께서는 주일이 아닌 안식일을 지키는 것을 전제로 다음과 같은 명령을 하신다.

> *너희가 도망하는 일이 겨울에나* ***안식일****에 되지 않도록 기도하라* (마 24:20)

그뿐만 아니라 예수님 자신도 사도 바울도 안식일을 지킨 것을 다음 기록을 통해 직간접적으로 알 수 있다.

예수께서 그 자라나신 곳 나사렛에 이르사 ***자기 규례대로(늘 하던 대로) 안식일에*** *회당에 들어가사 성경을 읽으려고 서시매* (눅 4:16)

안식일에 *우리(바울 일행)가 기도할 곳이 있을까 하여 문 밖 강가에 나가 거기 앉아서 모인 여자들에게 말하는데* (행 16:13)

바울이 ***자기의 관례대로*** *그들에게로 들어가서* ***세 안식일에*** *성경을 가지고 강론하며* (행 17:2)

그리고 다음 예수님의 말씀은 안식일이 폐했다는 의미가 아니라 안식일을 지키되 율법적으로 그 문자적 조항에 매몰되지 말라는 뜻이다. 안식일을 본래 하나님의 뜻대로 지키는 것에 관한 교훈을 주시기 위해서 예수님께서는 일부러 안식일에 병을 고치셔서 안식일에 관한 논쟁을 불러 일으키셨다. 이는 안식일 계명 역시 다른 계명들과 마찬가지로 중요시하셨다는 뜻이다. 안식일을 폐할 것이었으면 일부러 안식일에 병을 고치셔서 안식일을 지키는 문제에 관한 논쟁을 야기하셨을 필요가 없었다. 다음 말씀은 안식일을 범해도 된다는 뜻인가 아니면 안식일 계명을 율법주의적으로 지키지 말고 올바로 지키라는 뜻인가? 안식일 계명을 문자적으로만 받아들이는 현대 교회의 많은 지도자들은 예수님께서 안식일에 병을 고치신 일을 안식일을 범했다고 오해하고 있다. 안식일 계명에 대한 이해 정도가 당시의 바리새인들과 크게 다른 것이 없다.

예수께서 이르시되 너희 중에 어떤 사람이 양 한 마리가 있어 안식일에 구덩이에 빠졌으면 끌어내지 않겠느냐 사람이 양보다 얼마나 더 귀하냐 그러므로 안식일에 선을 행하는 것이 옳으니라 (마 12:11, 12)

안식일에 선을 행하는 것이 안식일을 범하는 것인가? 선악을 알게 하는 나무의 열매에 관한 언약 역시 열매 하나 먹지 말라는 육적인 계명이 아니라 그 열매를 먹는 행위에 영적인 의미가 있었듯이 안식일에 일하지 않는 것이 단지 육체 노동의 휴식이라는 의미가 아니라 그 육신의 휴식에 부여하신 영적인 의미를 깨달으라는 교훈의 말씀이었다. 율법의 요구는 육적인 것이 아니라 영적인 것이다(롬 7:14).

사도 행전에는 사도들이 안식일을 지켰다는 암시는 수십 회 나오지만 '안식 후 첫날(=일요일=토요일 해 질 때부터 일요일 해 질 때까지)'에 관한 언급은 다음 구절에 단 한 번 나온다.

> *그 주간의 첫날(안식 후 첫날)에 우리가 떡을 떼려 하여 모였더니 바울이 이튿날 떠나고자 하여 그들에게 강론할새 말을 밤중까지 계속하매* (행 20:7)

이날도 바울이 예루살렘으로 가기 위해 드로아를 떠난다 하여 배웅하기 위해 떡을 떼려고 저녁 때 모인 것이었고 바울이 밤 늦게까지 강론하고 밤새도록 이야기를 나누었다고 기록되어 있다. 사도행전 저자인 누가는 이방인이면서도 유대인의 시간 계산법[66]으로 누가복음과 사도행전을 기록하고 있으므로 이때 모였던 '안식 후 첫날' 저녁은 토요일 밤이었을 가능성이 더 높다. (새 번역 성경에서도 이 점을 명시하고 있다) 이때 바울은 오순절 이전에 예루살렘에 도착하기 위해

66) 유대인의 하루는 해가 지면서 시작한다. "때가 **제 삼 시(유대인 시간으로 오전 9시)**니 너희 생각과 같이 이 사람들이 취한 것이 아니라"(행 2:15) 금요일 해가 지면서부터 안식일이 시작이다. "이 날은 준비일이요 **안식일이 거의 되었더라(금요일 오후)**"(눅 23:54)

급하게 예루살렘으로 여행하던 중이었고 그 와중에서도 안식일을 구별하여 지켰다는 암시를 주는 대목이다.

필자는 토요일인 안식일을 지켜야 구원을 받을 수 있다고 주장하는 것이 아니라 현대 교회에서 옛날 바리새인들처럼 인간이 만든 교리를 얼마나 쉽게 가르치고 있는지를 말하고 싶은 것이다. 사실 안식일과 주일[67]의 문제도 필자의 판단에는 아직 신학적으로 명확히 해결돼지 않은 심각한 묵상과 기도가 필요한 문제라고 생각한다. 과거 이스라엘 사회와는 달리 요즘 세상에서는 모든 상거래를 포함한 사회관계가 복잡하게 얽혀 있으므로 이러한 사회 속에서 안식일 계명을 어떻게 해석하고 구현하는가는 많은 묵상과 기도가 필요해 보인다. 안식일 준수라는 계명은 단순히 일을 하지 않는 차원의 문제가 아니기 때문이다. 특히 19세기에 와서 만든 지구의 날짜 변경선은 유럽의 지구 반대쪽에 있는 지역의 날짜를 인위적으로 하루 더 빠르게 설정했기 때문에 안식일에 관한 문제는 더욱 혼동을 주고 있다.

안식일은 창조의 기념일이라고 십계명에 명시되어 있고 아담부터 시작해서 현재 팔레스타인 지역에서 이스라엘 백성이 지키고 있는 안식일이 태초에 하나님께서 '빛이 있으라' 하신 후 7일마다 돌아온 안식일이다. 이러한 대전제를 놓고 우선 안식일의 날짜부터 생각을 해 보자. 우선 창세기 1장의 다음 말씀은 우리들에게 매우 중요한 몇 가지 전제를 하게 한다.

---

67) 주일로 지키고 있는 일요일은 Sunday로 고대에 태양의 날로 신성시 여기던 날이다.

하나님이 이르시되 빛이 있으라 하시니 빛이 있었고 빛이 하나님이 보시기에 좋았더라 하나님이 빛과 어둠을 나누사 하나님이 빛을 낮이라 부르시고 어둠을 밤이라 부르시니라 저녁이 되고 아침이 되니 이는 첫째 날이니라 (창 1:3-5)

우선 지구의 자전을 간접적으로 선포하고 있다. 인류가 지구의 자전을 깨달아 안 지는 불과 500년 정도이지만 3,500년 전에 기록된 성경의 제일 첫 장에는 지동설을 간접적으로 선포하고 있다. 태양이 없어도 하루라는 시간을 지구의 자전으로 규정하였기 때문이다. 둘째 지구에 비춰진 빛이 지구를 기준으로 볼 때 한 방향에서만 오고 있었다는 사실이다. (이때는 태양이 없었으므로 어디서 어떻게 빛이 왔는지는 알 수 없다) 그렇기 때문에 밝은 부분을 낮 어두운 부분을 밤이라 칭하셨다. 셋째 **'저녁이 되고 아침이 되니'**라고 말하고 있는 것은 지구의 어느 지점을 기준으로 한다는 것이다. 즉, 이 지구의 모든 장소에서 저녁이 되고 아침이 되지 않는다. 지구의 어느 곳이 저녁이 될 때 다른 곳에서는 아침이 된다. 그렇다면 창세기 1:5에서 '저녁이 되고 아침이 된' 장소는 이 지구의 어느 곳일까? 이 곳은 창세기 자체를 놓고 보면 에덴 동산이었다. 왜냐면 여섯째 날 저녁을 에덴을 기준으로 말씀시기 때문이다.

하나님이 자기 형상 곧 하나님의 형상대로 사람을 창조하시되 남자와 여자를 창조하시고 하나님이 그들에게 복을 주시며 하나님이 그들에게 이르시되 생육하고 번성하여 땅에 충만하라 땅을 정복하라 바다의 물고기와 하늘의 새와 땅에 움직이는 모든 생물을 다스리라 하시니라 (중략) 하나님이 지으신 그 모든 것을 보시니 보시기에 심히 좋았더라 ***저녁이 되고 아침이 되니 이는 여섯째 날이니라 천지와 만물이 다 이루어지니라 하나님이 그가 하시던 일을 일곱째 날에 마치시니*** (창 1:27-2:1)

하나님께서는 이 시간을 기준으로 이스라엘 백성들에게 안식일을 지키라고 요구하신 기록이 구약성경에 있고 예수님 당시에도 지켰고 그날을 지금까지 지키고 있다. 그리고 에덴[68] 동산의 위치는 정확히 알 수는 없지만 '동방'에 있었고(창 2:8) 그곳에서 지금까지 알려진 유프라테스 강과 티그리스 강이 발원했다(창 2:14)고 기록되어 있으므로 지금의 팔레스타인 지역과 현대의 시간 개념으로 보아도 시차는 거의 없는 곳임은 확실해 보인다. 그러므로 창세 때 에덴에서 처음으로 맞은 그 여섯째 날의 저녁은 팔레스타인 지역에서 지금의 금요일 저녁이라고 보는 데는 무리가 없다.

이런 의미에서 보면 하나님의 창조 사역을 지구의 시간 속에 기록해 놓으신 것이 안식일이고 그래서 그날을 거룩하게 하신 것이었고 이 날을 기억하여 거룩하게 지키라는 명령을 십계명 안에 넣어 놓으신 것은 당연한 일이다. 사실 창조의 목적은 아담이 평강과 기쁨을 누리는 것이고 이런 아담의 행복은 오직 하나님 안에서만 가능하기 때문에 안식일이라는 시간은 창조의 목적을 표상하는 시간이다. 그래서 복되고 거룩한 시간이며 그렇기 때문에 창조의 다른 날과 구별하신 것이었다. 그러므로 이 시간은 하나님과 인간의 바른 관계를 예표하는 시간이다. 안식일이라는 표상적 시간을 사람의 시간에서 임의로 제하여 버리는 일은 하나님과 관계없는 존재로서의 인간을 표상적으

---

68) 유프라테스 강은 지금의 아르메니아 지역에서 발원하여 페르시아 만 쪽으로 흘러 들어간다. 티그리스 강은 유프라테스 강과 평행해서 흐르고 있다. 이 두 강 사이 지역을 '메소포타미아'라고 한다. 이렇게 보면 에덴의 위치는 지금의 아르메니아 지역일 가능성이 매우 높고 그렇다면 이 곳은 팔레스타인의 북동쪽 지역이므로 옛 유다 땅과는 시차가 없는 곳이다.

로 세우는 일이다. 그래서 하나님께서는 안식일 계명을 십계명 안에 넣어 놓으신 것이었고 그래서 사단은 중세 시대에 자기의 종들을 통해 이 계명을 파괴시킨 것이었다. 태초에 아담을 위한 육적인 조건들은 6일 동안 완성하셨지만 안식일은 그 아담이 하나님 안에 있을 때 비로소 영적인 완전과 안녕이 이루어지는 것을 표상한다. 하나님과 함께 해야 하는 것은 아담의 모든 시간 안에서 그래야 하는 것이지만 이러한 진리를 아담에게 항상 상기시켜 주고 그럼으로써 하나님을 창조주로써 사랑하도록 하신 것이 안식일 계명이다.

> ***또 내가 그들을 거룩하게 하는 여호와인 줄 알게 하려고*** *내 안식일을 주어 그들과 나 사이에* ***표징을*** *삼았노라* (겔 20:12)

그래서 하나님을 배제하여 창조주로부터 단절된 인간들의 품성을 요한 계시록에서는 짐승의 '이름(품성, 인격)'이라고도 하고 그 수가 상징적으로 666이라고 하는지도 모르겠다(계 13:18).

창조의 첫째 날 "빛이 있으라" 하신 이후 지구가 6번 자전을 할 때 에덴에 6번의 저녁을 맞았다. 이렇게 에덴 동산에서 6번째 저녁 곧 제7일이 시작되었고 이때부터 하루 동안 하나님께서 안식하셨고 그래서 이 시간을 거룩하게 하셨다고 기록되어 있다(창 2:3). 이 사실은 창조 후 6,000년이 지난 오늘 날 창조의 기념일인 안식일을 계산하는데 매우 중요한 전제이다. 지금의 이스라엘 지역의 안식일이 구약시대의 그 시간이고 구약시대의 그 시간은 창세 때 하나님께서 거룩하게 하신 제7일이므로 하나님께서 친히 이스라엘 백성들에게 요구하셨을 것이다. 그리고 또 하나의 중요한 전제가 있는데 하나님께서 규정하신 하루의 시작은 해질 때부터라는 점이다. 이 점은 창세기 1장에서 날을 계산하는 기준이 저녁부터라는 것을 보면 알 수 있고 그렇기 때문에 유대인들은 전통적으로 날짜 계산도 그렇게 해 왔다는 것을 보아도 알 수 있다. **이러한 성경 상의 하루에 관한 규정은 그 절대적 시간이 지구의 위치에 따라 다르다는 것을 말해준다. 즉, 안식일은 여섯째 날 해질 때부터 일곱째 날 해질 때까지의 시간이며 그 절대적 시간은 지구에서의 위치마다 다르다. 그렇다면 이 지구에 태초에 처음 빛이 비추인 이래로 제일 먼저 저녁을 맞은 것으로 규정된 장소는 에덴이라는 것을 알 수 있다.**

지구는 서쪽에서 동쪽 방향으로 자전을 하므로 그에 따라 에덴보다 서쪽 방향으로 순차적으로 저녁을 맞았고 둘째 날이 시작되었음을 알 수 있다. 이것이 바로 하나님께서 자전하는 지구에 빛의 방향과 관련하여 규정하신 '날'의 개념이다. 따라서 지구의 공전과 태양과의 관계에 따른 '해'에 관한 언급이 넷째 날에(창 1:14) 있었던 것은 당연한 일이다.

그렇기 때문에 에덴의 바로 동쪽 지역 예컨대 시차가 1시간 정도인 곳은 하나님의 규정상 에덴보다 23시간 늦게 첫날 저녁을 맞았고 이는 에덴이 둘째 날 저녁을 맞기 1시간 전이었다. 그래서 성경상으로 굳이 날짜 변경선을 정한다면 19세기에 사람들이 정한 지금의 동경 180도가 아니라 에덴의 경도라고 봐야 할 것이다. 그리고 성경에서는 시차의 개념이 없고 단순히 팔레스타인 지역을 중심으로 한 지역 특히 동쪽으로는 과거 바벨론까지가 동일 시간 안의 지역으로 보고 있다. 왜냐하면 바벨론 포로로 유배되었던 이스라엘 백성들에게도 하나님께서는 선지자 에스겔을 통해 안식일을 지키라는 계명을 상기시키셨기 때문이다. 그들이 그곳에서 안식일을 지켰다면 고향과 같은 날이었을 것이다. 신기하게도 바벨론 역시 유프라테스강의 하류(페르시아 만)보다 서쪽에 있어서 에덴이라는 날짜 변경선(?)과 같은 시간 대의 지역이었다. 아무튼 이러한 이유 등으로 현재로서는 예수님 당시의 기록이 있는 대로 팔레스타인 지역의 금요일 해질 때부터를 기준으로 이 지역의 서쪽 방향으로 순서에 따라 안식일을 맞는 것으로 보는 것이 창조 주간의 바로 그 안식일이다. 이렇게 보면 팔레스타인보다 서쪽으로 서경 180°(=동경 180°)까지는 현재 국제 시각으로 금요일 해 질 때부터가 안식일의 시작이지만 서경 180°(=동경 180°)를 넘어 더 서쪽으로는 인위적으로 하루를 더 빠르게 설정했으므로 현재의 시간으로는 토요일 해 질 때부터가 안식일의 시작인 셈이다. 적어도 19세기에 정한 날짜 변경선을 기준으로 시간을 정해서 안식일을 계산하는 것은 성경적으로 맞지 않다. 예를 들어 우리 나라의 금요일 해질 때를 기준으로 시간을 거꾸로 돌려 창조의 주간으로 돌아가 보면 이 시간은 에덴에서 지구 최초의 안식일이 시작되기 5시간 정도 전이다. **창조의 기념일이면서 시간 속의 지성소[69](至聖所)인 안식일은 하나님께서 지구의 시간 안에 기록하신 구별된 시간이고 그 시간의 기준은 창세기에 기록되어 있고 이스라엘의 역사를 통해 하나님께서 반복적으로 그날을 구별할 것을 요구해 오셨다. 예수님도 구별하셨**

69) 성막의 제일 안쪽에 있는 칸으로 법궤가 있었던 장소다. 하나님의 영광이 법궤 위에 항상 임해 있었고 이 곳은 일 년에 한 차례 대제사장만이 들어갈 수 있었다. 법궤는 율법의 돌 비가 보관된 상자로서 율법이 마음에 새겨진 하나님의 백성을 예표하였고 그 법궤 위의 임해 있었던 하나님의 영광과 그룹들은 하나님 백성의 마음 안에 베풀어진 하나님의 보좌를 표상하고 있었다.

다. 뿐만 아니라 안식일 계명을 당시 유대인들이 율법주의적으로만 이해를 하고 있었기에 예수님께서는 안식일의 영적인 의미에 관해 교훈을 주신 기록도 있다. 그렇기 때문에 이 지구 위에 사는 모든 사람들이 이 시간의 의미를 되새기면서 이 날을 기억하여 거룩히 지켰다면 세상이 이렇게 하나님을 떠나 타락하지는 않았을 것이다.

안식일을 언제로 해서 어떻게 지키든 안식일은 창조주 하나님께서 **사람을 위해 제정하신** 십계명에 분명히 포함된 **창조의 기념일**이다. 뿐만 아니라 타락 후 제2의 창조라 할 수 있는 구속(救贖)의 기념일이라고도 하나님께서 직접 선포하셨다.

> *너는 기억하라 네가 애굽 땅에서 종이 되었더니 네 하나님 여호와가 강한 손과 편 팔로 거기서 너를 인도하여 내었나니 그러므로 네 하나님 여호와가 네게 명령하여 안식일을 지키라 하느니라* (신 5:15)

그래서 그런지 신비하게도 하나님께서는 태초에 창조 사역을 마치신 후에도 안식일에 쉬셨고 십자가에서 구속의 사역을 완수하신 후에도 안식일에 무덤 안에서 쉬셨다. 안식일을 지킨다는 것은 내가 하나님을 위해 무엇을 해 드리는 것이 아니라 하나님의 은혜를 받아 누리는 모습 중에 하나다. 하나님께서 아담에게 생명 나무의 열매를 먹으라고 명하셨는데 생명 과일을 먹는 것이 하나님을 위한 일인가? 아담을 위한 일인가? 생명과가 도덕과 직접 상관이 없으므로 생명과를 먹는 것이 율법주의인가? 구원 자체도 하나님에게 사람이 무엇을 해드린 대가로서 얻는 것이 아니라 하나님의 은혜를 받아 누리는 것 자체이듯이 안식일을 지킨다는 것은 하나님의 안식 안에 있는 자체를 표상하는 것으로 이해해야 할 것 같다. 이러한 안식일의 개념을 히브리서 기자는 다음과 같이 표현했다.

> ***제 칠일(안식일)에 관하여는*** *어딘가에 이렇게 일렀으되 하나님은 제 칠일에 그의 모든 일을 쉬셨다 하였으며 (중략) 이미 그의 안식에 들어간 자는* ***하나님이 자기의 일을 쉬심과 같이 그도 자기의 일을 쉬느니라*** *그러므로 우리가 저 안식에 들어가기를 힘쓸지니 이는 누구든지 저 순종하지 아니하는 본에 빠지지 않게 하려 함이라* (히 4:4, 10, 11)

히브리서는 주지하다시피 유대인 그리스도인들 중에 아직도 제사와 같은 율법의 제의법을 지켜야 된다고 생각하는 사람들에게 제사와 의식에 관한 율법의 법조항은 새 언약에서는 믿음으로 폐했다는 기별을 주기 위해 쓰여진 편지서이다. **그런 히브리서에서도 안식일 제도가 폐했다고 하지 않고 오히려 하나님의 안식에 들어간 자들은 하나님처럼 안식일에 쉰다고 말하고 있다.** 안식일을 지키는 것이 하나님의 안식에 들어가는 것이 아니라 하나님의 안식을 누리는 자가 안식일을 지킨다는 것이고 안식에 들어가기 위해서는 순종해야 한다는 것이다. (그리고 순종하는 것은 단순히 그 겉으로 드러난 행위가 아닌 말씀의 정신을 소유하는 것임을 본서에서 지금까지 누차 강조했다) 그렇기 때문에 하나님의 의에 도달하는 것에 궁극적 관심은 없으면서 안식일 날짜에만 매몰되어 안식일을 지키는 것을 강조하고 주일을 지키는 사람들을 정죄하려는 태도는 분명히 율법주의적이다. 반대로 성경을 통해서 하나님을 안다고 주장하면서 십계명대로 안식일을 지키는 사람들을 또한 율법주의자라고 손가락질하는 것도 문제가 있는 태도라고 생각한다. 그래서 안식일에 주일을 지키는 사람이 있고 주일에 안식일을 지키는 사람이 있는 것 같다.

안식일 계명을 어떻게 이해하고 지킬 것인가의 문제는 차치하고라도 상식적으로 생각해도 창조의 기념일이 바뀔 리가 없다. 그리고 하나님의 친수(親手)로 돌에 새겨 주셨던 십계명이 변할 리가 없다는 것을 부인할 기독교인이 있을까? 예수님께서 **부활하실 것도 창세 이전에 정하신 바**[70]인데 부활하셨다고 십계명에 변동이 있을 이유가 없다. 예수님께서 일요일에 부활하셨기 때문에 주일을 지킨다는 성경 어디에도 없는 변명은 하나님의 계명을 이해하지도 못하고 부활의 의미도 이해하지 못한 결과다. 그렇다면 예수님께서 십자가에서 돌아가신 금요일은 왜 기념하지 않는가? 돌아가신 날은 기념하지 않으면서 부활의 날은 기념해야 하는 이유를 설명하는 학자는 없다. **그리고 부활 때문에 십계명이 변했다고 주장하는 그들은 전술했듯이 실제로 부활의 날을 기념하지도 않고 있다. 이율배반이다.** 오히려 예수님께서는 십자가에서 "다 이루었다"(요 19:30)고 하심으로써 인류 구속의 완성을 선언하셨다. 그렇다면 구속의 완성일인 금요일은 왜 지키지 않는가? 그들은 십자가의 보혈을 입이 마르도록 찬송을 한다. 우리의

---

70) 실제로 부활의 날짜가 십자가의 희생(유월절) 후 처음 오는 일요일이라는 것은 구약의 절기에 예언되어 있는데 그 날이 바로 요제의 날이다.
이스라엘 자손에게 말하여 이르라 너희는 내가 너희에게 주는 땅에 들어가서 너희의 곡물을 거둘 때에 너희의 곡물의 첫 이삭 한 단을 제사장에게로 가져갈 것이요 제사장은 너희를 위하여 그 단을 여호와 앞에 기쁘게 받으심이 되도록 흔들되 **안식일 이튿날에** 흔들 것이며 (레 23:10,11)
안식일 이튿날 곧 너희가 요제로 곡식단을 가져온 날(**요제의 날**=부활하신 날)부터 세어서 일곱 안식일의 수효를 채우고 일곱 안식일 이튿날까지 합하여 **오십 일을 계수하여**(**오순절**=칠칠절=초실절=맥추절) 새 소제를 여호와께 드리되 (레 23:15, 16)
실제로 부활하신 날은 유월절 후 첫 번째 일요일인 요제절이고 이날부터 50일 후에 오는 일곱 번째 일요일인 오순절에 성령 강림이 있었다.

죄 사함이 십자가의 보혈로 이루어졌다고 설교하면서 감사의 눈물을 흘린다. 그런데 왜 금요일은 기념하지 않는지는 설명이 없다. 어떻게 보면 예수님은 생명 자체이시기 때문에 부활이라는 사건은 당연한 일이지만 그 생명 자체이신 예수님께서 십자가에서 돌아가신다는 것은 당연한 일이 아니다. 오로지 죄인들의 속죄를 위해 자신을 희생하신 특별한 사건이다. 오히려 부활은 이런 속죄의 죽음에 따른 당연한 결과이다. 만일 부활과 십자가의 희생 둘 중 하루를 기념하라면 우리는 부활보다는 십자가에서 돌아가신 날을 기려야 할 것이다. 다음 예수님의 말씀을 순종하여 굳이 날짜를 정해서 기념한다면 우리는 예수님께서 희생되신 날을 기념해야 할까 아니면 부활의 날을 기념해야 할까?

> *또 떡을 가져 감사 기도 하시고 떼어 그들에게 주시며 이르시되 이것은* ***너희를 위하여 주는 내 몸이라*** *너희가 이를 행하여* ***나를 기념하라*** *하시고* (눅 22:19)

만일 중세시대에 로마 가톨릭이 십계명의 안식일을 일요일이 아닌 금요일로 바꾸고 그날을 주일이라고 종교회의에서 결정했고 그 전통을 지금 교회가 지키고 있다면 이 신학자들은 아마도 금요일을 지키는 이유는 구속의 완성일이기 때문일 것이라고 변명을 하고 있을 것은 자명해 보인다. 부활의 날을 그렇게 기념하고 싶으면 일 년에 한 번 **유월절 다음에 오는 일요일**(요제의 날, 레 23:11)에 지키면 될 일이지 부활을 기념하기 위해서 매주 일요일에 일하지 말라고 명하시고 하나님께서 십계명에 포함시키신 안식일 계명을 폐하셨다고 거짓말까지 하는 것은 지나쳐 보인다. 이런 말씀이 성경에 있는가? 그러면 바울은 왜 안식일은 지켰으며 **예수님께서는 예루살렘 멸망과 마지막**

환란 때 도망하는 날이 안식일이 되지 않게 기도하라고 하시면서 안식일을 다른 날과 구별하고 계셨을까? 사도 바울은 할례 제도가 종이에 기록된 모세의 율법에 있었기 때문에 갈라디아 교인들에게 오해를 하지 않게 자세한 신학적 근거를 설명을 하면서 그것을 폐했다고 누차 강조를 했다. 그렇다면 돌 비에 써 주신 십계명에 포함된 안식일 계명은 만일 그것이 폐했다면 더욱 더 많은 설명을 하면서 강조했어야 하는 것은 너무도 당연한 것이 아닌가? 그러나 안식일에 대해서는 아무 말도 없다. 하나님께서 십계명을 모세에게 종이에 써 주시지 않고 돌 비에 새겨 주신 것은 영원히 변하지 않는다는 의미이다. 뿐만 아니라 안식일은 새 하늘과 새 땅에서도 지킬 것이라고 하였다.

> ***내가 지을 새 하늘과 새 땅이*** *내 앞에 항상 있는 것 같이 너희 자손과 너희 이름이 항상 있으리라 여호와의 말이니라 여호와가 말하노라* ***매월 초하루와 매 안식일에*** *모든 혈육이 내 앞에 나아와* ***예배하리라*** (사 66:22, 23)

하나님께서 창조하신 것들은 모두 말씀으로 창조하셨는데 하나님의 손으로 만드신 것이 두 가지가 있다. 그것은 **사람**과 **십계명 돌 비**이다. 두 가지 창조물의 공통점은 **하나님의 형상, 곧 본성**이 기록되어 있다는 것이다. 둘 다 하나님의 말씀이 기록되어 있다. 아담의 코에 생명의 영(생기라고 번역 됨)을 불어 넣으셨다는 것은 하나님의 입에서 나왔다는 것이고 이는 곧 하나님의 말씀이 아담의 머리가 아닌 가슴에 기록된 것이다. 예수님도 율법의 일점일획도 폐할 수 없다고 하셨다. 그러므로 현대 교회에서 그렇게 쉽게 안식일이 폐했다고 하면서 성경에도 없는 주일 성수를 외치는 것은 매우 경박한 일이라고 할 수

밖에 없다. **차라리 안식일은 제의법이므로 폐했고 주일이라는 것은 성경에도 없는 인간적인 전통이지만 우리가 편의상 일주일에 한 번 일요일에 모여 예배를 드리자고 주장해야 논리적으로 모순은 없다.**

적어도 하나님과 그리스도를 안다면 하나님의 계명을 사람의 생각으로 판단하고 변동시켜서 사람들에게 가르칠 수 있을까? 이 또한 하나님을 두려워하지 않기 때문에 말씀을 그대로 믿지 않는 습관에서 비롯된 것이다. 옛날 에덴 동산에서 선악과를 먹기 전 하와가 그랬었다. 하나님의 말씀에 대한 이런 태도는 결국 사람의 계명을 만들어 지키게 하고 그것을 의로 생각하게 된다. 주일 성수를 주장하는 신학자들이 인용하는 성경 구절들이 몇 가지 있는데 이에 대한 반박은 본서의 주제에서 먼 것이므로 다른 지면으로 미루기로 한다. 그러나 다음 구절은 다른 문헌에도 나오지 않고 번역의 오류가 있어서 짚고 넘어가고 싶다.

> *그러므로* ***먹고 마시는 것과 절기나 월삭이나 안식일****을 인하여 누구든지 너희를 비판하지 못하게 하라 이것들은 장래 일의 그림자이나 몸은 그리스도의 것이니라* (골 2:16, 17)

이 말씀은 안식일 폐지론자들이 즐겨 인용하는 구절이다. 이 구절의 전후 문맥을 살펴보면 인간의 전통과 세상의 초등학문은 물론 제사와 예물에 관한 율법이 십자가에서 폐해졌고 이런 율법들은 너희를 거룩하게 하지 못하고 너희의 거룩함은 믿음으로 예수님과 함께 장사되고 다시 태어남으로써 이루어진 것이라는 것이다. 이런 제사와 먹고 마시는 문제들은 결국 구약시대에서 볼 때 미래에 있을 십자가를 예표하는 그림자일 뿐이었고 십자가 이후에는 아무 의미 없는 것이 되어 버렸다는 것이다. 그렇다면 안식일이 과연 십자가를 예표하는 제도인가? 그렇지 않다. 안식일 제도는 시내산에서 제정된 것이 아니라 모세의 율법이 주어지기 전에 아담이 범죄하기도 전에 에덴동산에서 창조를 기념하여 제정된 것이었다. 아담은 태어난 바로 그 다음 날이 최초의 안식일이었으므로 안식일부터 지키고 일주일을 시작했었다. 아담이 범죄를 하지 않았더라도 아담은 영원히 안식일을 지켰을 것이다. 그래서 새 하늘과 새 땅에서도 지킨다고 한 것이다. 범죄 때문에 생긴 십자가의 희생이 범죄 이전에 제정된 안식일을 폐할 수는 없는 것이다. 무언가 석연치 않은 부분이 있다. 이럴 때는 원어를 보면 해결되는 경우가 많다. 사실 위의 번역에는 헬라어 μέρος**(메로스, 부분, 몫)라는 단어가 빠져 있다.** 절기, 월삭, 안식일이라는 명사들도 모두 소유격의 형태로 되어 있어서 이 세 개의 명사가 모두 μέρος를 꾸미고 있다. 결국 원어 성경의 의미는 **"절기나 월삭이나 안식일의 몫(분배)에 대해서 비판하지 못하게 하라"**이다. 이 문장에서 비판의 소지를 삼는 것은 절기나 월삭이나 안식일 자체가 아니라 그날들의 **'몫'**이다.

그러면 여기서 몫은 무엇인가? 제사에 관한 율법에는 일 년에 7차례 있는 절기와 매달 초하루(월삭)와 매 안식일에 성전에서 다양한 종류 제사를 지내게 되어 있는데 이때 희생되는 짐승 외에도 소제(grain offering)나 전제(drink offering) 등 하나님께 드리는 예물은 그 종류와 수가 다양하고 제사의 종류에 따라 제사장이나 일반 백성이 먹을 제물과 먹지 못할 제물 등으로 복잡하게 규정이 되어 있어서(민수기 28, 29장, 레위기 1-5장), 제사 법에 따라 분배된 제물과 제사 음식을 절기와 안식일과 월삭의 몫이라고 표현한 것이다. 뿐만 아니라 유대인들은 이러한 율법의 규정 외에 또 다른 여러가지 규칙들을 만들어서 여기에 첨가해 놨을 것이다. (필자가 이 부분을 조사해 보지는 않았지만 그들이 만든 정결법, 안식일 법의 예를 보면 명약관화한 일이다) 이렇게 안식일과 절기 등과 관련된 일체의 먹고 마시는 문제나 의식들을 총칭해서 '몫'이라고 표현 한 것이다. 물론 신약시대에는 이런 제사 제도가 폐했기 때문에 이런 류의 먹고 마시는 문제에 의미를 두지 말라는 것이다. **이 말씀을 역으로 얘기하면 절기와 안식일, 월삭을 바울 시대에도 어떤 형태로든 습관적으로 기억하여 지키고 있다는 전제하에 하는 말인 것을 알 수 있다. (물론 이 날들을 지키는 것이 구원을 위한 일은 아니다. 사도 바울도 성경의 기록을 보면 적어도 유월절, 무교절,[71] 안식일은 지키고 있었다는 것을 알 수 있다. 안식일은 계명에 포함되어 있어서 지켰을 것이고 유월절이나 무교절은 십자가를 가슴에 새기면서 습관적으로 지켰던 것 같다) 그 날들을 기억하여 지키는 것을 책망하는 것이 아니라 그날에 해야 할 어떤 의식들, 먹는 문제, 마시는 문제 등에 대해서까지 왈가왈부하지 말라는 뜻이다.** 제4계명이 폐했다는 뜻은 아니다.

6) 십일조: 폐해진 제의법

---

71) 그들은 먼저 가서 드로아에서 우리를 기다리더라 **우리(바울과 누가 일행)는 무교절 후에** 빌립보에서 배로 떠나 닷새 만에 드로아에 있는 그들에게 가서 이레를 머무니라 (행 20:5, 6)
그들에게 작별을 고하며 이르되, 내가 어찌하든지 **다가오는 이 명절은 반드시 예루살렘에서 지켜야 하리라.** 그러나 만일 하나님께서 원하시면 내가 다시 너희에게 돌아오리라, 하고 배를 타고 에베소를 떠나 (행 21:18, 한글 KJV)
안식일에 우리가 기도할 곳이 있을까 하여 문 밖 강가에 나가 거기 앉아서 모인 여자들에게 말하는데 (행 16:13)
바울이 자기의 관례대로 그들에게로 들어가서 **세 안식일에** 성경을 가지고 강론하며 (행 17:2)

십일조도 마찬가지이다. 십일조는 구약의 폐해진 제의(祭儀)에 관한 율법이다. 당시 유대 사회에서 전체 인구의 대략 1/12을 차지하고 있던 레위인들은 성소 봉사를 위해 구별되었고 그들에게는 특별한 분깃도 없었다. 그들의 생계와 성소 봉사에 필요한 자금과 물자를 공급하기 위한 십일조라는 비율은 그 당시 사회에 적용되던 하나님께서 정해 주신 숫자이다. 인구의 11/12이 나머지 1/12에 해당하는 레위 인을 부양하기 위한 비율이었다. 결국 1/12이 가졌던 몫은 유대 전체 부(富)의 11/12×1/10=1.1/12이었다. 그리고 여기에는 성소 봉사를 위한 경비와 물자가 포함되어 있었다.

그러나 이 비율을 현대 교회에 그대로 적용하는 것은 어폐가 있다. 우선 교인 11명에 목회자를 포함해서 교회 직원이 1명이 되지 않는다. 예컨대 서울의 어떤 대형 교회는 신자가 10,000명인데 교회 직원이 1,000명 가까이 되지 않는다. 그리고 교회의 건물을 꼭 그렇게 많은 돈을 들여서 교회 이름으로 소유할 이유도 없다. 여기에 큰 돈이 들어가지만 하나님께서는 이 건물에는 아무 관심이 없으시다. 구약시대의 성전이라는 건물의 구조물들은 십자가를 예표할 뿐만 아니라 개인의 거듭남을 교육하는 영적인 시청각 자료였기 때문에 하나님께서 친히 건물의 설계까지 하셨고 이 건물의 유지·관리에 지대한 관심을 가지고 계셨다. 그렇기 때문에 이 일을 위해 드리는 십일조를 하나님의 것이라고도 하셨다. 그러나 현대 교회 건물은 사람들에게 말씀을 전하는 회합 장소에 불과하다. 그러므로 하나님의 관심은 그 건물 자체에 있는 것이 아니라 그곳에서 전해지는 말씀의 내용과 그 말씀을 듣는 사람들의 마음에만 있다. 구약시대에 성전(temple)은 유대 전체에 단 하나, 예루살렘에만 있었다. 성전이 지금의 교회 건물처럼 동네마다 있었던 것은 아니다. 당시 십일조는 유대 전체에 하나밖에 없는 성전의 유지와 그곳에서 봉사하는 제사장들의 분깃으로 사용되었다. 그리고 그 제사장들의 수는 전체 인구의 1/12에 해당하는 엄청난 수였다. 일반 백성들은 안식일에 지역마다 있는 회당(synagogue)에 모여 성경을 읽고 기도하는 시간을 가졌을 뿐, 예루살렘 성전에 가는 일은 일 년에 세 차례뿐이었다. 당시 십일조는 지역마다 있었던 이 회당을 유지하는 데 들어간 돈이 아니다. 지금의 교회 건물은 당시 성전이 아니라 회당에 해당한다.

> *그러므로 만일 레위의 제사장 체계를 통해 완전함이 있을 수 있었으면 (백성이 그의 제사장 체계 하에서 율법을 받았느니라) 아론의 계통에 따라 부르심을 받지 아니하고 멜기세덱의 계통을 따르는 다른 제사장이 일어날 필요가 또 있었겠느냐? **제사장 체계가 변하였은즉 율법도 변하는 것이 마땅하니라*** (히 7:11, 12, 흠정역)

이 말씀에서 다른 제사장이란 예수 그리스도를 말씀하는 것이고 변해야 하는 율법은 도덕의 율법이 아니라 성전 봉사와 제사 제도에 관한 율법을 말하고 있다. 물론 십일조 제도는 이런 체계를 유지하기 위한 자금이므로 제의법(祭儀法)에 속한 율법이다. 십자가 이후 신약 시대에는 가난한 사람을 위해 헌금을 한 기록은 있어도 십일조를 내라고 요구하거나 실제로 거둔 기록이 없다. 있을 수도 없다. 사도 바울의 그 많은 편지들 가운데 교회 유지를 위해서 십일조를 내야 한다고 권면한 기록은 단 한 번도 없다.

교회에서 구약의 율법은 안 지켜도 된다고 가르치면서 십일조의 비율은 지키라고 하는 이유가 어디 있는가는 초등학생도 알 수 있다. 십일조의 제도는 폐해졌지만 다만 그 정신은 살아있어서 꼭 1/10은 아니더라도 형편에 따라 더 할 수도 있고 덜할 수도 있는 것이지 성전 제도가 폐해진 이 시대에도 1/10을 하나님의 계명으로 생각하는 것은 사람의 계명이다. 이것이야말로 현대판 율법주의의 전형이다. 사실 1/10이 아니라 필요하면 전 재산과 자기 생명도 하나님께 드릴 만큼 믿음이 있어야 진정한 믿음이다. 예수님은 우리에게 **"죽도록 충성하라"**(계 2:10)고 하셨지 십 분의 일만 충성하라고 하신 적이 없다. 오히려 십일조를 하기 때문에 '나는 구원받았다'고 착각을 한다면 더욱 곤란한 얘기다. 초대교회의 초기에는 십일조라는 명목과 관련 없이 자기의 재산을 자기 것으로 여기지 않고 그것을 팔아서 이웃과 함께 했다(행 2:44, 45). 십일조라는 제도는 이런 관대한 마음이 없는 인색한 자신을 가리는 무화과 나무 잎사귀일 수도 있다.

교회의 유지를 위해 헌금은 반드시 필요한 것이다. 교회의 형편에 따라서는 교인들의 자원하는 마음으로 십일조가 아니라 십이조 십삼조가 필요한 곳도 있다. 또한 하나님께 드리는 마음으로 십일조를 내는 마음을 폄하하려는 것도 아니다. 일면식도 없는 가난한 이웃을 위해서도 헌금을 내기도 하는데 하물며 자기가 속한 교회의 유지와 목회자의 부양을 위해 헌금을 하는 것을 어떻게 책망할 수 있겠는가? 그리고 헌금을 하려면 넉넉한 마음으로 충분히 해야 하지 않겠는가? 그러나 헌금과 십일조를 동의어로 생각하고 그렇게 가르치고 있는 것은 잘못된 관습이다. 1/10이라는 비율은 신약시대에는 의미없는 숫자이다. 구약시대의 제사장은 분깃이 있어야 했지만 신약시대의 제사장은 이런 류의 분깃이 필요없으시기 때문이다. 더욱이 십일조를 하지 못해서 죄책감을 느끼는 것도 문제 있는 일이다. 오히려 자기 재산과 관련해서 이기적인 마음을 완전히 버리지 못한 것에 대해 죄책감을 느껴야 할 것이다. 아무튼 십일조라는 비율을 지켜야 하는 계명처럼 헌금을 강요하는 것은 교인들의 믿음의 본질에 혼동을 주는 일일 수 있으므로 지도자의 입장에서 조심해야 하는 일임은 분명하다. 그리고 이 십일조라는 명목으로 거두어진 재물이 하나님의 사업에 온전히 사용되지 못한다면 그 재물을 관리하는 자들이 받을 심판은 엄중할 것이다. 신자들의 피땀 어린 돈을 거두어서 비싼 땅을 매입하고 그 위에 화려한 교회 건물을 짓는 것이 진정한 하나님의 사업인지 아닌지는 건물을 짓는 당사자들이 심각하게 기도하며 생각해 봐야 할 문제일 것이다. 임대한 건물에서 드리는 예배는 안 받으시고 교회가 소유한 건물에서 드리는 예배만 하나님께서 받으실 리는 없지 않는가? 그리고 꼭 그렇게 동시에 많은 사람들이 한 장소에 모여서 예배를 드려야만 하는 이유가 있을까? 그렇다면 그 비싼 건물은 누구를 위한 것인가?

위 열거한 현대 교회에서 일반적으로 교인들에게 지키기를 요구하는 규례들은 ① 성경에도 없는 사람의 전통과 계명일 뿐만 아니라 ② 그 규례를 지켜야 할 동기가 하나님의 의(義)와도 직접적인 관련이 없으며 ③ 이런 규례들을 지키면서 하나님의 말씀에 순종하고 있다고 착각하고 있는 것은 과거 바리새인들의 율법주의적 삶의 태도와 별로 다를 것이 없다. 이 외에도 수많은 종류의 종교 활동이 있지만 이런 일을 하는 것 자체가 믿음은 아니다. 이런 일을 열심히 하기 때문에 믿음이 있는 것이고 그래서 구원의 확신을 한다면 이는 믿음의 의가 아닌 행위의 의일 뿐이다. 믿음은 종교 활동이 아니라 하나님의 의를 사랑하여 구하고 그러므로 말씀에 순종하는 것이다. 제사 제도를 모세의 율법에 포함시켜서 명하셨던 하나님께서 그들이 하나님의 품성을 모르고 이웃 사랑하는 마음이 없는 것을 보시고 그들이 언약을 어겼다고 하셨다. 언약을 지킨다는 것은 믿음으로 의롭게 변화되는 것이지 의롭게 다시 태어나지 않으면서 단지 제사를 열심히 행하는 것은 언약 안에 머물러 있는 것이 아니라는 뜻이다.

> *나는 인애(仁愛)를 원하고* ***제사를 원치 아니하며 번제보다*** *하나님 아는 것을 더 원하노라 그들은 아담처럼* ***언약을 어기고*** *거기에서 나를 반역 하였느니라* (호 6:6, 7)

이 말씀이 이렇게 들리지 않는가?

> *나는 너희가* ***서로 사랑하는 것을 원하고 예배를 원치 아니하며 헌금보다*** *하나님 아는 것을 더 원하노라 너희들은 바리새인들처럼* ***언약을 어기고*** *나를 반역 하였느니라*

우리는 예수님께서 우리를 사랑하신 것처럼 서로 사랑하며 나에게 죄 지은 자들을 용서하고 나를 미워하는 자들을 위해 축복하는 삶을 살고 있는가? 그렇지 않다면 예수님의 계명을 범하는 것이고 예수님 안에 거하는 것이 아님이 분명하다. 그렇다면 우리가 이제 할 일은 무엇인가?

칭의(counted for righteousness)와 득의(made righteous)

위에 열거한 사람의 전통과 계명들 외에도 많은 현대 교회에서 가르쳐지고 있는 교리 중 가장 해로운 가르침은 "우리가 예수님을 믿기만 하면 예수님의 보혈로 말미암아 우리를 의롭게 여겨 주셔서 구원이 이루어진다"는 오묘한 거짓말이다. 이런 거짓말을 신학자들은 '칭의'라고 명명했다. 만일 이 가르침이 진실이라면 다음 질문에 답을 할 수 없을 것이다. 예수님은 지금 하늘에 구름 타고 나타나셔서 지구 한 바퀴를 돌며 모든 불신자와 이교도들에게 교회 나가라고 한 마디만 하시면 모든 인류가 예수님을 영접하여 구원을 받을 텐데 왜 2,000년 동안 그러지 않으시고 세상이 갈수록 타락해가는 모습을 지켜만 보고 계실까? 하나님께서 우리 죄를 사하시고 의롭게 봐 주실 거면 그냥 처음부터 아담이 선악과를 따 먹었을 때부터 그렇게 하실 일이지 왜 과일 하나 따 먹었다고 아담을 에덴에서 쫓아내시고 하나님께서 인간이 되셔서 십자가에 달리셔야 하는가? 그때 아담은 하나님을 안 믿었는가? 그리고 더 단순한 의문점은 계속 죄 가운데 있을 것이면 왜 예수를 믿어야 하는가? 예수님을 믿어도 계속 죄 가운데 있을 것이면 예수께서 "자기 백성을 그들의 죄로부터 구원하신다"(마

1:21)는 것은 무슨 의미인가? 이런 심각한 모순이 발생한다. 뿐만 아니라 신앙 고백을 했기 때문에 의롭지 못한 자를 의롭게 봐 주신다면 하나님께서 **그 사람이 율법을 범하고 있는데 율법을 지키고 있는 것으로 봐 주신다**는 이상한(?) 의미가 된다. 도둑질을 해도 도둑질하지 않은 것으로 간주하시고 다른 사람이 피해를 입을지라도 거짓말을 했는데 참말을 한 것으로 간주하신다는 말이다. 내가 다른 사람을 미워해도 사랑하는 것으로 간주하시고 가난한 이웃을 외면하고 금고에 돈을 쌓아 놓고 있어도 구제를 많이 한 것으로 간주하신다는 말과 같다. 진정으로 독자들은 이런 하나님을 믿을 것인가? 그런데 놀랍게도 교회에서는 이런 하나님을 가르치고 사람들은 이런 가르침을 좋게 여기고 이런 이상한(?) 하나님을 은혜롭다고 찬송한다. 이것이 칭의 이론의 실상이다.

우리는 4복음서를 읽으면서 바리새인들의 이야기를 남의 이야기로만 여기고 지나가지만 사실은 예수님 당시의 기록이 유대인에 대한 최후의 심판[72] 직전 시대에 하나님을 믿는 사회의 말세적 사회상(社會像)을 묘사하고 있다. 그리고 2,000년이 지난 오늘 인류 역사의 마지막 장면을 살고 있는 자칭 하나님의 백성들의 모습이 예수님 당시 유대 사회의 모습과 얼마나 닮았는지 마치 그 시대의 기록은 현대 우리들의 이야기이고 특별히 말세에 사는 우리들의 교훈을 위해서 기록된 것처럼 보인다.

---

72) 예루살렘 성전은 예수님 처형 후 40년이 지난 기원후 70년 로마의 타이터스 장군에 의해 파괴되었고 그 후 부분적으로 유대의 반란이 2세기까지 계속되었으나 결국 유대인들은 나라를 잃고 전세계에 흩어지게 되었다. 그 후 그들은 예수님의 예언대로 하나님의 버려진 백성이 되어버렸다.

그 당시 유대인들은 율법의 법조문만을 확대 왜곡 해석해서 지키고 있었지 율법의 정신, 즉 그 율법을 주신 이의 가슴을 이해하지 못했고 관심도 없었다. 그러므로 그들은 하나님의 완전한 율법을 잘못 해석함으로써 율법이 불완전하게 백성들에게 제시되었다. 이렇게 율법이 지도자들에 의해 교인들에게 불완전하게 제시된 것은 현대 기독교도 마찬가지이다. 바리새인들은 율법의 법조문만 강조하고 또 그것의 일부를 빼거나 더하여 그것을 지키는 것이 구원의 길이라고 가르쳤다. 그 결과 많은 사람들을 멸망의 길로 인도하였다. 현대 교회의 많은 지도자들도 과거 바리새인들의 믿었던 바 왜곡된 율법이 하나님의 율법 자체라고 믿고 바리새인들이 열심히 지키다 정죄를 받았으므로 율법은 지킬 필요가 없다고 가르친다. 예수님께서 당시 바리새인들을 책망하신 이유는 그들이 율법을 지키고 있어서가 아니라 율법을 지키지 않고 있어서였다. 그들이 지키고 있었던 것은 율법이 아니라 율법을 왜곡한 인간의 전통일 뿐이었다. **이렇게 하나님의 법과 바리새인들이 지키던 율법의 왜곡된 전통을 구별하지 못하는 지도자들은 예수를 믿는 것이 구원의 길이고 율법을 지키는 것은 율법주의라고 가르친다.** 구약의 율법이 바로 오실 예수님의 예고편이라는 것을 이해하지도 못한 결과 성경과 다른 율법을 교인들에게 제시한다. 그러나 예수님은 율법의 정신이 육신이 되신 분이고 특별히 그 당시 예수님을 믿는다는 것은 그들이 오해했던 율법을 바로 알게 되었다는 의미이기도 했다. 예수님께서는 백성들 사이에서 그들 선생들에 의해 불완전하게 되어 버린 율법을 그렇게 완전하게 하시기 위해서 오신 분이었다.

율법을 무시하고 예수만 믿으면 된다고 주장하는 사람들은 율법의 의를 행하기 **위해** 예수님을 믿어야 된다는 것을 깨닫지 못한다. 예수님께 우리 전 존재를 맡기지 않고는 스스로의 능력으로 율법을 지킬 수 없기 때문이다. **믿음 없는 순종은 율법주의이고 순종 없는 믿음은 종교 행위로 포장된 허구이다.** 그래서 사도 바울은 하나님의 모든 계시가 '믿어 순종케' 하기 위함'이라고 하였다. 율법을 지킬 필요도 없는데 왜 "복 있는 자는 율법을 즐거워하여 주야로 묵상하는 자"(시 1:1, 2)라고 하였는가? 예수님은 왜 "생명에 들어가려면 계명을 지키라"고 하셨는가?(마 19:17)

율법(계명)을 지키라는 명령은 자신의 심령 안에 하나님의 형상을 회복하라는 명령과 같은 명령이다. 율법을 주신 목적은 하나님께서 이 땅에서 사신다면 이러이러하게 살 것이라는 가이드라인을 제시한 것이지, 율법이라는 것을 주어서 그것을 범하는'가를 지켜보고 있다가 벌을 주시려는 목적이 아니다. 그리고 실제로 하나님께서 인간이 되셔서 율법을 지키는 삶을 보여 주셨다. 예수님도 우리와 똑같은 성정을 지닌 육신을 가진 분이시지만 하나님과 하나이시기 때문에 율법을 지키는 것이 가능하다는 것을 보여 주셨다. 예수님은 하나님의 아들이라서 저절로 율법이 지켜진 것이 아니다. 예수님도 하나님의 뜻대로 삶을 살기 위해 기도로써 자신을 지키셨다. 우리도 성령을 구하여 하나님과 동행하는 삶을 산다면 율법을 지킬 수 있다는 것을 보여 주신 것이다. 그래서 예수님은 모든 면에서 우리의 모본이시다.

> *그는 육체에 계실 때에 자기를 죽음에서 능히 구원하실 이에게* ***심한 통곡과 눈물로 간구와 소원을 올렸고*** *그의 경건하심으로 말미암아 들으심을 얻었느니라 그가 아들이시면서도 받으신* ***고난으로 순종함을 배워서 온전하게 되셨은즉*** *자기에게 순종하는 모든 자에게 영원한 구원의 근원이 되시고* (히 5:7-9)

우리도 하나님과 하나가 되면 율법을 지키는 삶을 살게 된다. 이렇게 하나님과 하나가 되는 과정은 우리의 행위가 아닌 믿음을 통해서 되기 때문에 "우리가 **의롭다 하심을 얻는 것**(의롭다고 선언되는 것, 의롭게 만들어지는 것)이 믿음으로 된다(롬 3:28)"고 하는 것이다.

율법은 결국 하나님을 알게 하기 위한 방편이지 지키는 자는 상을 주고 못 지키는 자는 벌을 주려는 것이 아니다. 어차피 율법은 그것을 지킬 수 있는 사람이 없다는 것을 아시고 주신 것이다. 사람은 태어날 때부터 이미 율법의 기준으로 볼 때 모두 죽은 자들이다. 율법을 못 지켰기 때문에 **산 자(living being)**를 죽이시는 것이 아니라 날 때부터 죽은 자들이기 때문에 율법을 지킬 수 없다. 그래서 '죽은 자'로 태어난 우리들에게 '산 자'가 되라고 하는 **명령이면서 그럴 능력을 주시겠다는 은혜의 약속이 율법이다. 그러므로 율법은 복음이다.** 율법은 다만 산 자의 모습으로서 죽은 자들에게 제시된 것이다. 그러므로 예수를 믿는다는 것은 예수님께 자신을 맡긴다는 뜻이고 그럼으로써 순종하고 성령을 구하여 받고 하나님과 하나가 되어 산 자가 되면 율법을 지키는 삶을 살게 되는 것이다. 이렇게 하나님의 은혜 아래 들어가면 율법은 범할 수도 없는 법이다.

> *죄가 너희를 주장하지 못하리니 이는 너희가 **법(율법은 죄를 지적할 뿐 죄를 이길 능력을 주지 못한다)** 아래에 있지 아니하고 **은혜(죄를 이길 능력을 거저 받는 것이 은혜다)** 아래에 있음이라 그런즉 어찌 하리요 우리가 법 아래에 있지 아니하고 은혜 아래에 있으니 **죄를 지으리요 그럴 수 없느니라*** (롬 6:14, 15)

여기서 '법 아래 있지 않다'는 말씀은 율법을 지킬 필요가 없다는 말씀이 아니라 율법을 지킬 의무만 있는 것이 아니라 지킬 능력 주시는 은혜도 받기 때문에 죄를 지을 수 없고 따라서 율법의 정죄 아래 있지 않다는 뜻이다. 예수님[73]도 율법 아래 태어나셨고 이 우주에 하나님의 율법의 통제를 안 받아도 되는 존재는 없다. 은혜는 없고 율법의 요구만 있으면 당연히 율법의 정죄 아래에 있게 될 것이다. 또한 율법이 없다면 은혜는 필요 없는 것이 된다. 그러나 우리가 율법 아래 있지만 율법을 지킬 능력이 없기 때문에 율법을 지킬 능력 주시는 은혜가 필요한 것이고 이 은혜는 믿음을 통해 받는다. 우리 안에 임하셔서 우리를 의롭게 변화시켜 주시는 대가를 우리가 지불하지 않았기 때문에 이것은 은혜다.

그러므로 산상수훈 가운데 예수님께서 율법의 정신을 설명하신 부분은 얼마나 소중한 가르침인가? 이 말씀에 자신을 비춰 보고 자신이 죽어 있는지 살아있는지를 살펴보고 죽어 있다면 살기 위해 하나님께 그 율법의 정신, 곧 하나님의 형상을 구하면 성령을 주신다고 하였기 때문이다. 예수님께서는 이런 복음의 원리를 아주 단순한 말씀으로 "두드리라 그리하면 열릴 것이다"라고 하셨고 또 다른 말씀으로 "성령을 구하면 주실 것"이라고 하셨다(눅 11:13).

---

73) 때가 차매 하나님이 그 아들을 보내사 여자에게서 나게 하시고 **율법 아래** 나게 하신 것은 **율법 아래 있는 자들을 속량하시고** 우리로 아들의 명분을 얻게 하려 하심이라 (갈 4:4,5)
사실 율법 아래 있지 않은 피조물은 없다. 다만 인간은 율법 아래에 있어 율법의 정죄로 죽어 있는 자들이지만 예수님께서 우리들을 사단(죄)의 노예 상태에서 해방(속량)시키셨으므로 우리를 율법의 정죄로부터 해방하셨다는 뜻이지, 율법을 지킬 필요가 없게 됐다는 뜻이 아니다. 반대로 **율법을 지킬 필요가 없게 된 것이 아니라 율법을 지킬 능력을 소유하게 되었다**는 뜻이다. 그렇기 때문에 우리들을 하나님의 아들이라 부를 수 있는 근거가 생긴 것이다.

만일 예수님의 약속을 믿는다면 율법을 묵상하되 은혜 아래 들어감으로써 율법을 지킬 수 있다는 믿음을 가지고 묵상을 해야 한다. 그러면 반드시 우리의 영혼은 살아난다. 이를 에스겔 서에서는 마른 뼈의 이상으로 비유하고 있다. 에스겔은 바벨론 느부갓네살 왕의 예루살렘 1, 2차 침공에 의해 바벨론에 포로로 잡혀간 유대인 무리 가운데 있었던 선지자이다. 유다의 바벨론 포로 생활은 그들이 맺었던 하나님과의 언약을 파기하고 하나님을 떠난 죄에 대한 심판이자 다시 하나님께 돌아오라는 회개에의 초청이었다. 그 당시 하나님을 배반하여 바벨론으로 포로로 끌려가서 거기서 종살이했던 유대인들은 예수님 당시 유대교의 교리에 따라 죄에 종살이 했던 유대인들을 표상한다. 당시 바벨론 포로들이 예루살렘으로 돌아와 성전을 건축하고 하나님과 새 언약(렘 31:31, 32)의 관계에 들어가는 일은 본질적으로 그들의 거듭남을 말하고 있다. 자비로우신 하나님께서는 에스겔을 통해 이렇게 죄와 허물로 죽어 있는 **그들이 간절히 원하면** 다시 그들에게 성령을 주셔서 함께 하실 것을 다음과 같이 약속하고 계신다. 그리고 성령을 주시는 목적과 결과는 **율법을 지키는 것**이라고 말씀하신다.

> *또 **내 영(성령)을 너희 속에 두어** 너희로 내 율례(호크)를 행하게 하리니 너희가 내 규례(미쉬파트)를 **지켜 행할지라*** (겔 36:27)

그러나 이런 성령의 임재도 사람이 진실로 간절히 구할 때만 주어진다고 조건이 주어져 있다. 이렇게 성령을 간절히 구하는 일을 신약의 용어로 말하면 '믿음'이다.

*주 여호와께서 이 같이 말씀하셨느니라 그래도 이스라엘 족속이 이 같이 자기들에게 이루어 주기를 **내게 구하여야** 할지라 (겔 36:37)*

그리고 율법의 정죄 아래에 있는 죽은 자들을 마른 뼈에 비유하시면서 성령이 그들에게 임할 때 그들이 영적으로 살아나는 것을 마른 뼈들이 살아나는 것으로 비유하셔서 이것을 이상(환상)으로 보여 주셨다. 이 마른 뼈들은 거듭나지 못한 하나님의 백성들이다. 우리들은 많은 잡지 또는 매스컴 등을 통해 미라처럼 말라 버린 오래된 시체의 사진을 본 적이 있다. 하나님의 눈에는 그 미라로 된 시체나 그것을 보고 있는 우리나 (거듭나지 못했다면) 같은 존재로 보인다. 왜냐하면 그 안에 성령이 없으므로 죽은 자들이기 때문이다. 그러나 그들에게 성령을 주셔서 산 자로 만드시겠다는 약속의 말씀을 다음과 같이 하신다. 다음의 이상은 '거듭남(=위로부터 태어남)'을 비유로 형상화하여 보여 주신 것이라고 할 수 있다.

*여호와께서 권능으로 내게 임재 하시고 그의 영으로 나를 데리고 가서 골짜기 가운데 두셨는데 거기 뼈가 가득하더라 (중략) 그 골짜기 지면에 뼈가 심히 많고 아주 말랐더라 (중략) 주 여호와께서 이 뼈들에게 이같이 말씀하시기를 내가 생기(루아흐, 성령)를 너희에게 들어가게 하리니 너희가 살아나리라 너희 위에 힘줄을 두고 살을 입히고 가죽으로 덮고 **너희 속에 생기(루아흐, 성령)를 넣으리니** 너희가 살아나리라 (중략) 이에 내가 명령을 따라 대언하니 대언할 때에 소리가 나고 움직이며 이 뼈 저 뼈가 들어 맞아 뼈들이 서로 연결되더라 내가 또 보니 그 뼈에 힘줄이 생기고 살이 오르며 그 위에 가죽이 덮이나 **그 속에 생기(루아흐, 성령)는 없더라** 또 내게 이르시되 인자야 너는 생기를 향하여 대언하라 생기에게 대언하여 이르기를 주 여호와께서 이같이 말씀하시기를 생기(성령을 상징)야 사방에서부터 와서 이 죽음을 당한 자에게 불어서 살아나게 하라 하셨다 하라 이에 내가 그 명령대로 대언하였더니 생기가 그들에게 들어가매*

그들이 곧 살아나서 일어나 서는데 극히 큰 군대더라 (겔 37:1-10)

이 말씀에서 유의하여 볼 것은 마른 뼈에 힘줄이 붙고 살이 생기고 가죽이 덮이는 것만으로는 산 것이 아니고 그 속에 생기(루아흐, 성령)가 들어가야 비로소 산 존재가 된다는 것이다. **이것은 창세기 2:7의 창조의 과정과 완전히 동일하다. 마른 뼈에 힘줄이 붙고 살이 생기고 가죽이 덮이는 것은 흙으로 사람을 만드신 것에 해당한다. 그리고 그 속에 생기(루아흐)가 들어가는 것은 사람의 코에 생기(네샤마=루아흐)를 불어 넣으시는 것과 같은 일이다.** 율법을 기뻐하여 깊이 묵상할 때 우리는 우리의 더러움을 깨닫고 하나님의 자비하심에 감동되며 나의 죄를 하나님 앞에 내어 놓고 기도로 씨름하며 통회하는 경험을 반드시 하게 된다. 애통해 하고 의에 주리게 된다. 이런 과정을 통해 성령께서는 옛날 돌 비에 기록하셨던 그 율법을 우리의 마음 판에 기록하신다. 이렇게 마른 뼈와 같은 우리들에게 힘줄이 생기고 살이 오르며 결국에는 성령께서 임재하시게 되는 경험을 하게 될 것이다. 이것이 새 언약이다. **그러므로 우리가 자원하여 하나님의 법이 우리 마음에 새겨질 때 비로소 하나님과 언약 관계에 들어간 것이다.**

여호와의 율법은 완전하여 영혼을 소성시키며 *여호와의 증거는 확실하여 우둔한 자를 지혜롭게 하며* (시 19:7)

예수님께서는 왜곡된 율법 해석을 바로 잡으려 하셨다. 유대 율법학자들의 율법 해석은 하나님의 율법을 성령에 의한 품성의 변화 없이도 지킬 수 있는 그런 인간의 법률 수준으로 축소시켜 놓았다. **율법**

의 영적인 요구를 육적인 요구로 왜곡시켰다. 현대의 많은 기독교 지도자들도 율법의 영적 요구를 깨닫지 못하기 때문에 율법은 우리들에게 육적인 요구를 하는 것으로 오해하고 율법주의와 율법의 준수를 구별하지 못한다. 그렇게 왜곡된 율법 앞에 자신을 비추어 보면 구주의 필요성도 느낄 수 없었고 애통해 하는 마음도 들 수 없었다. 그 법조문을 지키기 위해서 결심하고 노력만 하면 되는 그런 수준으로 하나님의 율법을 변질시켜 놓았기 때문이다. 그들은 "어떻게 인간이 무엇을 해서 하나님으로부터 복을 받을 것인가?"[74]에만 관심을 가지고 율법을 연구했기 때문에 '미슈나'와 같은 가르침의 결과가 왔었다. 그러나 율법의 말하는 바는 "우리가 무엇을 해야 한다"는 것이 아니라 "우리가 어떠한 사람이 되어야 한다"는 것이다. 율법은 우리에게 본성의 변화를 요구하고 있다는 사실을 그들은 깨닫지 못했다. 이렇게 율법을 모르는 유대인들에게 예수님께서 율법을 지킨다는 것은 그 법조문을 겉으로 지키는 행위에 있는 것이 아니라 율법의 정신으로 사는 것이라는 교훈을 마태복음 5:17-48에서 주고 계신다. 바리새인의 의보다 더 나은 의가 무엇인가를 설명하신다. 이것은 본래 율법을 주셔서 알게 하시려던 그 의, 곧 그 정신이었다. 그리고 그 결론은 이렇게 율법의 정신으로 사는 것이 온전한 삶이요, 너희도 이렇게 삶으로써 하늘의 아버지처럼 온전하라는 명령으로 율법에 관한 설교를 요약하

74) 이러한 태도로 성경을 연구하는 것은 현대의 신학자들의 대부분의 경우도 마찬가지다. 그들이 내린 결론은 우리는 예수를 **믿어야** 한다는 것이다. 그러나 예수를 믿는 것이 무엇인지, 왜 믿어야 하는 것인지에 관해서는 설명이 불분명하고 사람마다 다르다. 믿음에 관한 교리를 설명하는 로마서 해설서가 그렇게 두꺼운 이유는 잘 모르는 얘기를 장황하게 현학적으로 설명하고 있기 때문인 것 같다.

셨다. 그러므로 예수님께서는 하나님의 율법(말씀)을 잘 지키고 있었다고 스스로 믿고 있던 바리새인들에게 그들은 율법을 지키고 있지 않다고 말씀하셨다.

> *모세가 너희에게 율법을 주지 아니하였느냐* ***너희 중에 율법을 지키는 자가 없도다*** *너희가 어찌하여 나를 죽이려 하느냐* (요 7:19)

> ***그 말씀****(λόγος,* ***로고스=율법의 정신)****이 너희 속에 거하지 아니하니 이는 그가 보내신 이를 믿지 아니함이라* (요 5:38)

그들 안에는 하나님(성령)이 없었다. 그러므로 그들의 내면에는 말씀(율법)의 정신이 없었고 그들의 삶 역시 성령의 인도하심을 따라 사는 삶일 수 없었다. 만일 그들 안에 말씀이 있었으면 말씀이 육신이 되신 예수님을 배척했을 리가 없다. 위 말씀을 통해서도 우리가 알 수 있는 것은 우리가 **예수님을 믿는 목적과 결과는 우리 안에 로고스(율법의 정신)를 받아들여 소유하기 위함**이라는 것을 알 수 있다. 그들은 예수님을 믿지 않았을 뿐 아니라 증오하였고 결국에는 십자가에 달아 죽임으로써 그들은 하나님의 말씀을 거절하였다. 더 나아가 이 우주에서 하나님의 말씀(율법)이 없어지기를 바란다는 것을 온 우주와 천사들 앞에 증거하였다.

“의롭다 하신다”의 본뜻

‘칭의’ 이론을 뒷받침하는 것으로 오해되고 있는 성경 구절들 가운데 가장 대표적인 것이 로마서 4:4-6절이다. 이 말씀은 아브라함의 믿음을 의로 여기셨다는(창 15:6) 구약성경 구절을 사도 바울이 인용하면서 일을 하지 않아도 **경건하지 않은 자를 의롭다 하시는 이**를 믿는 자에게는 그의 믿음을 의로 여기신다는 구원의 핵심 진리를 설명하는 대목이다. 또한 다윗이 말한 바 죄 사함을 받은 사람을 사도 바울은 ‘일한 것도 없이 의로 여기심을 받은 사람’이라고 설명하고 있다. 그러나 이러한 바울의 설명은 불의한 자를 하나님께서 의롭다고 선언하신다는 뜻이 아니다. 하나님께서는 불의한 자를 의롭다 하지 않으시겠다고 선포하셨다(출 23:7). 오히려 불의한 자가 믿음을 가지게 되어 그 믿음을 통해 그 사람 안에 임하셨으므로 그 사람의 믿음을 의로 여기시겠다는 말씀이다. 그 사람의 의는 그 사람이 아니라 그 사람 안에 임하신 하나님이시기 때문이다.

모든 문제는 창세기로 돌아가면 풀리듯이 이 문제도 창세기에 기록된 창조의 원칙을 묵상함으로써 오해 없이 설명될 수 있다. 필자는 이러한 중요한 문제를 하나님의 의(義)를 사모하지 않는 신학자들의 사변(思辨)이나 인간의 지혜로써 이해하려고 하였기 때문에 오늘과 같은 믿음에 대한 오해를 불러 왔다고 생각한다.

1) 타락 이전의 아담의 의(義)도 성령의 내주에 의한 것

본서의 도입부에서부터 밝히고 있듯이 우주를 구성하고 있는 눈에 보이고 만져지는 물질에는 선한 것이 없다. 옳고 그름도 없다. 그리고 물질 자체는 아름다움이라는 것도 인식할 수 있는 능력이 없다. 이 모든 가치 체계는 영(靈)이신 하나님으로부터 왔다. 하나님께서는 창세전부터 사람을 하나님의 형상 곧 하나님과 같이 선한 품성을 지닌 존재로 창조하시기로 계획하셨고 그렇게 사람을 지으셨다. 그러나 사람이 하나님의 품성, 곧 의(義)를 소유하게 된 것은 하나님께서 흙을 기술적으로 잘 빚으셔서 흙인 아담이 선한 품성을 소유하게 된 것이 아니었다. **그랬다면 아담이 과일 하나 따 먹었다고 그날에 죽은 존재가 되지 않았을 것이다(창 2:17).** 선악은 영의 문제이기 때문에 흙을 어떻게 빚느냐의 문제가 될 수 없다. **아담이 선한 품성을 소유하게 된 것은 하나님의 영이 그의 심령 안에 내주하시게 됨으로써 이루어진 일이었다.** 이런 과정이 창세기 2:7[75]에 단순한 한 문장으로 기록되어 있지만 이 말씀이 우리에게 가르쳐주는 바는 매우 심대하다. 이 말씀을 다음의 공식으로 표현할 수도 있다. 이를 **'창조의 공식'**이라고 할 수 있을 것이다.

75) 여호와 하나님이 땅의 흙으로 **사람을 지으시고** 생기(네샤마 하이=생명의 영=성령)를 그 코에 불어넣으시니 사람이 **생령**(living soul, living being)이 되니라

흙(사람) + 생기(성령) = 생령(살아있는 영혼, 존재)

그러나 선악과를 먹음으로써 아담은 자기 안에 계신 성령을 거절하였고 아담은 **그날에(창 2:17) 죽은 영혼이 되었다.** 아담은 실제로 930세에 죽었기 때문에 선악과를 먹은 날 죽었다는 하나님의 말씀은 우리들 생각처럼 생물학적 죽음이 아니라는 것을 알 수 있다. **그렇기 때문에 아담이 지음 받던 날 살아있는 영혼(존재)이 되었다는 의미도 생물학적으로만 살아있다는 뜻이 아니라는 결론에 도달한다.** 이 사실은 우리들에게 구원의 문제를 푸는 매우 중요한 열쇠를 제공한다. 이를 공식으로 표현하면 다음과 같다. 이는 **'타락의 공식'**이다.

살아있는 영혼 - 성령 = 흙(사람) = 죽은 영혼 = 죄인

죽은 영혼이 된 아담의 후손인 우리들은 성령 없는 죽은 영혼으로 태어난다. 그러므로 우리는 하나님의 품성을 소유하고 있지 않은 상태로 태어나므로 죄인이라 불린다. 예수님께서는 이런 우리를 육(肉)에서 난 육(肉)이라고 하셨다. 빛이 없는 상태가 어둠이듯이 죄는 선한 것이 없는 상태가 죄다. 이렇게 육신만 소유한 우리가 믿음으로써 성령을 구하고 성령을 받게 되면 하나님의 품성을 소유하게 되고 율법의 요구를 이루며 거룩함을 소유하게 된다. 이를 '위로부터 태어남'이라고도 하고 '구원'이라고도 한다. 그래서 예수님께서도 부활하신 첫날 제자들이 모인 곳에 오셔서 **그들을 향하여 숨을 내쉬면서** 성령을 받으라고 명하셨다(요 20:22). 이는 창세기 2:7에 기록된 에덴에서 아담에게 생기를 불어 넣으시던 장면이었다. 그러므로 **'구원의 공식'**

은 다음과 같이 쓸 수 있는데 이는 결국 창조의 공식과 동일하므로 구원을 재창조라고 부르기도 한다.

죽은 영혼(죄인) + 성령 = 살아있는 영혼

여기서 우리들이 항상 혼동하는 것은 '사람'이라고 지칭을 할 때 우리 안에 내주하시는 성령을 포함한 전 인격적인 사람을 지칭하기도 하고 성령은 본래 하나님의 영이므로 성령을 제외한 본질 상 흙인 사람을 지칭하기도 한다는 것이다. 사실 아담이 창조되었을 때 아담은 흙이므로 그 자신에게 선함은 없지만 그 안에 성령이 내주하심으로써 아담은 선한 존재가 되었다. 아담은 그 안에 계신 성령을 제외하고 말하면 선한 존재가 아니고 그 안에 내주하시는 성령을 합해서 말하면 선한 존재라고 할 수 있다. 구원받은 사람도 마찬가지이다. **구원받은 사람이 선한 이유는 그 사람 자체가 선한 것이 아니라 그 안에 계신 성령께서 선하신 존재이고 그 사람은 다만 그 선하신 성령을 사모하여 믿음으로 붙들고 있는 것뿐이다.** 그렇기 때문에 우리 안에 계신 그리스도가 우리의 의(義)이시다. 그러나 그 사람은 겉으로 보기에는 의를 행하므로 의인이다. 하지만 **성령을 제외한 그 사람 자체는 의인이 아니다. 그러나 선의 근원이신 성령을 받아들이고 붙들고 있는 그 사람의 믿음을 의(義)로 간주할 수 있고 따라서 그런 믿음을 소유한 사람을 의롭다고 인정할 수 있는 것이다.** 성경에서 말씀하시는 바 의로 간주한다는 의미는 이러한 것이지 그 사람이 성령을 붙들고 있지 않고 계속 죄를 범하는데 그가 교회에 출석하니까 또는 신앙 고백을 했으니까 그를 의인으로 봐 준다는 뜻이 결코 아니다. 그렇다면 하나님은 성령이 없는 사람을 성령이 있는 사람이라고 거짓말하시는 분이 된다. 사도 바울도 말년에 사형집행을 기다리면서 감옥에서 쓴 편지에서, 온갖 죽을 고비를 넘기면서 선한 싸움을 평생 싸우고 충만하게 성화된 상태였던 **자신을 가리켜 "죄인의 괴수"라고(딤전 1:15) 한 이유는 사도 바울이 그때까지 계속 죄를 범해서가 아니다.** 자신 안에 내주하시는 성령을 제외한 자기 자신만을 지칭해서 한 말씀이다. 하나님과 가까워지면 가까워질수록 자기 안의 성령을 제외한 자신을 바라볼 때 그 더러움을 더욱 절실히 깨닫게 되므로 사도 바울은 자신을 죄인의 괴수라고 하였다.

2) 헬라어 δικαιόω(디카이오오: 의롭게 만들다, 의롭다고 선언하다)

로마서에 나오는 다음과 같이 세 가지 명제의 정확한 의미를 살펴보아야 한다. 이 명제의 의미에 대한 오해가 다른 성경 구절들을 이차적으로 오해하게 만들고 결과적으로는 많은 사람들을 생명으로 인도하고 있지 못하고 있기 때문에 매우 심각한 문제가 아닐 수 없다. 우리가 하나님의 말씀을 주신 그대로 정확하게 이해하고 받아들이는 일의 중요성은 아무리 강조해도 지나치지 않다.

① 경건하지 않은 자를 **의롭다 하신다.**
(δικαιόω, **의롭게 만들다, 의롭다고 선언하다**) (롬 4:5)
② 위 ①의 일을 하시는 이를 믿는 믿음을 의로 **여기신다.**
(λογίζομαι, **인정하다, 간주하다**) (롬 4:5)

③ 위 ②의 믿음을 가지고 있는 사람은 일한 것이 없는데 의로 **여기심을 받는다.**

(λογίζομαι) (롬 4:6)

먼저 이 문제들을 설명하기 전에 성경 원어의 단어들을 정리하고 시작할 필요가 있다. ①의 '의롭다 하신다'라는 표현이나 ②, ③의 '의로 여기신다'라는 표현은 우리 말로는 비슷한 의미로 들리지만 헬라어 원어로는 전혀 다른 의미의 단어가 사용되었다. '의롭다 하신다'로 번역된 헬라어 단어 δικαιόω[76](dikaiow)는 '의롭다'라는 뜻의 형용사인 δίκαιος (dikaios)의 동사 형태로서 본래의 의미는 "δίκαιος의 상태로 만들다"라는 의미이다. 사전에는 이러한 의미로는 거의 사용되지 않는다고 되어 있다. 그럴 수밖에 없는 것이 사람이 사람을 의롭게 만드는 경우는 없기 때문일 것이다. 그래서 대부분은 법정적 용어로서 '(실제로 의롭기 때문에) 의롭다고 선언하다'라는 의미로 사용되는 단어이지 실제로 의롭지 않은데 거짓말로 의롭다고 말한다는 뜻이 아니다. 영어 성경에서도 이를 'justify(합리화하다)'라고 오역을 하고 있다. 합리화라는 것은 옳지 않은 것을 억지로 옳은 것처럼 보이게 만드는 것을 말한다. 이런 일은 우리 죄인들이나 하는 일이지 전지전능하시

76) 다음은 Thayer's 헬라어 사전에 있는 δικαιόω의 뜻 설명이다. '의롭다고 간주한다'는 뜻은 없다.

δικαιόω

1) to make δίκαιος: to render(=만들다) righteous or such he ought to be
2) to show, exhibit, evince, one to be righteous, such as he is and wishes himself to be considered
3) to declare, pronounce, one to be just, righteous, or such as he ought to be

고 절대적으로 선하신 하나님께서 하실 일이 아니라는 것은 삼척동자도 동의할 일이다. 우리 인간들은 거짓돼서 얼마든지 거짓말로 의롭지 않은 사람을 의롭다고 할 수 있고 실제로 그런 식의 거짓말을 밥 먹듯이 하고 산다. 우리들이 항상 하는 남들을 치켜 세우고 칭찬하는 말들의 대부분이 이런 범주에 속한다. 그러나 하나님께서는 사람과 다르시다. 하나님께서 의롭다고 선언하신다면 그것은 죄인이 실제로 '의롭게 변화했기 때문에' 의롭다고 선언하시는 것이다. 그러므로 ①번에는 δικαιόω가 사용되었으므로 ①번 명제의 의미는 경건하지 않은 자, 즉 하나님께 불순종하는 자를 '의롭게 만드신다'는 뜻이지 계속 불순종하고 있는데 입술로 신앙 고백을 했으니까 의롭다고 봐준다는 의미일 수가 없다. 이것은 너무나 당연한 얘기이고 성경 전체의 메시지이다. 하나님께서 사람 안에 거하시게 되는 일이 구원이고 그렇게 되면 당연히 그 사람은 하나님의 뜻을 따라 삶을 살게 되므로 실제로 의로워지는 것이다. **따라서 δικαιόω의 본질적인 의미는 하나님께 자신의 전 존재를 의탁하는 사람 안에 하나님께서 거하시게 되는 일을 사람이 인식할 수 있는 언어로 표현한 것이다.**

현대의 대부분의 신학자들은 δικαιόω라는 헬라어가 법정적 용어라서 '의롭다고 판결하다'라는 의미이고 따라서 결국 '의롭다고 간주하다, 인정하다'라는 뜻이라고 주장하는 논리의 비약을 서슴지 않고 있다. 사전적인 의미를 보아도 δικαιόω에는 '의롭다고 판결하다'는 뜻은 있어도 의롭지 않는데도 불구하고 의롭다고 간주한다는 의미는 없다. 그리고 하나님의 법정에서 의롭다고 하나님께서 판결하시는 것은 실제로 의롭게 변화됐기 때문이지 의롭지 않은데 거짓말로 의롭다고 판결한다는 뜻일 수 없다. 하나님의 본성과 능력을 모르고 하는 터무니

없는 주장들이다. 그런데 많은 사람들은 이런 주장들을 좋게 여긴다. 전능하신 하나님께서 의롭게 만드시면 될 일을 무슨 이유로 의롭다고 간주만 하시겠는가? 의(義)라는 것이 전혀 없는 흙에 불과한 아담도 여섯째 날에 성령을 주심으로써 순간적으로 의롭게 만드셨는데 하나님께 전심으로 성령을 구하는 믿음이 있는 자를 무슨 이유로 의롭다고 간주만 하시겠는가? 이는 예수님의 속죄의 희생을 예언한 이사야 53장을 보아도 분명하게 선언하고 있다.

> *그(예수님)가 자기 영혼의 수고한 것을 보고 만족하게 여길 것이라 나의 의로운 종(예수님)이 자기 지식으로 많은 사람을 의롭게 하며 (θδξ, 짜다크; 의롭게 하다) 또 그들의 죄악을 친히 담당하리로다 (λβσ 싸발; 나르다, 운반하다)* (사 53:11)

이 구절에서도 예수님께서 많은 사람을 **의롭게 하실 것**이고 이를 다른 말로 그들의 **죄를 가져가실**(담당하실) 것이라고 예언하고 있다. 신약 성경에서도 예수님의 희생으로 말미암아 사람들의 **죄를 없이 하실 것**이라고 했지, 있는 죄를 없는 것으로 봐줄 것이라는 말씀은 없다. 죄를 없이 하시는 것은 다른 말로 하면 의롭게 만드는 것이다. 죄를 가져가신다는 말씀은 예수님께서 그 심령 안으로 들어오시는 일이다. 성경의 다음 말씀들은 죄를 없이 한 것으로 간주한다는 뜻인가 아니면 실제로 죄를 가져가심으로써(죄를 없이 함으로써) 의롭게 하신다는 뜻인가?

> *이제 자기를 단번에 제물로 드려 **죄를 없이 하시려고** 세상 끝에 나타나셨느니라* (히 9:26)

> *이와 같이 그리스도도 많은 사람의 죄를 담당하시려고(ἀναφέρω 운*

반하다, 가져가다) 단번에 드리신 바 되셨고 ***구원****에 이르게 하기 위하여* ***죄와 상관 없이*** *자기를 바라는 자들에게* ***두 번째*** *나타나시리라* (히 9:28)

그가 빛 가운데 계신 것 같이 우리도 빛 가운데 행하면 우리가 서로 사귐이 있고 그 아들 예수의 피가 ***우리를 모든 죄에서 깨끗하게 하실 것이요*** *만일 우리가 죄가 없다고* ***말했다면***[77] *스스로 속이고 또 진리가 우리 속에 있지 아니할 것이요* (요일 1:7, 8)

그가(예수님) ***우리 죄를 없애려고 나타나신 것을*** *너희가 아나니 그에게는 죄가 없느니라* (요일 3:5)

이런 기본 지식을 가지고 그 유명한 다음 말씀의 의미를 분석해 보면 별로 어렵지 않게 이해할 수 있다.

그러므로 사람이 의롭다 하심을 얻는 것(의롭게 되는 것, 의롭다고 선포되는 것)은 율법의 행위에 있지 않고 믿음으로 되는 줄 우리가 인정하노라 (롬 3:28)

사도 바울이 이 명제에 도달하기 전에 밟은 4단계의 논리를 이해해야 그 의미를 정확히 알 수 있다.

---

77) 우리말 성경이나 영어 성경 모두 과거형을 현재형으로 번역하여 성경의 본뜻을 심각하게 훼손하고 있다. 원어 성경에 '말하면'으로 번역된 단어는 ˆεἴπωμεν¨ 에이포멘으로 'ῥέω 흐레오; 말하다' 동사의 **가정법 과거형**이다. 영어에서는 **조건절의 가정법 과거는 현재 사실의 반대를 가정할 때 사용되지만 헬라어에서는 조건절의 가정법 과거는 시간의 개념은 없고 일반적으로 주절의 시제보다 먼저 일어난 일(발생 동작)을 나타내므로** 이 문장에서 우리말로는 과거 시제로 번역해야 한다. 이런 심각한 실수는 같은 요한 일서 2:1에서도 과거형인 '범했다면'을 '범하여도'로 오역한 데서 반복되고 있다.

① 마지막 심판 때에 의롭다고 판단하는 기준은 하나님의 율법의 준수 여부에 달렸다는 것이다.

하나님 앞에서는 율법을 듣는 자가 의인이 아니요 오직 ***율법을 행하는 자****라야* ***의롭다 하심을 얻으리니****(δικαιόω,의롭다고 판결 받다) 곧 나의 복음에 이른 바와 같이 하나님이 예수 그리스도로 말미암아 사람들의 은밀한 것을 심판하시는 그 날이라* (롬 2:13, 16)

② 율법을 지킨다는 것은 법조문을 행하는 것이 아니라 거듭남을 통해(마음의 할례를 받아) 그 의(義)를 성취하는 것이라는 것이다.

그런즉 무할례자가 율법의 규례(δικαίωμα, 의, 義)를 지키면 그 무할례를 할례와 같이 여길 것이 아니냐 또한 본래 무할례자가 율법을 온전히 지키면 율법 조문과 할례를 가지고 율법을 범하는 너를 정죄하지 아니하겠느냐 무릇 표면적 유대인이 유대인이 아니요 표면적 육신의 할례가 할례가 아니니라 오직 이면적 유대인이 유대인이며 ***할례는 마음에*** *할지니 영(靈)에 있고 율법 조문에 있지 아니한 것이라* (롬 2:26-29)

③ 그러므로 성령을 받지 않고 육체만을 가지고 율법의 법조문을 행하는 것은 하나님 앞에 의(義)가 아니라는 것이다. 더 쉽게 얘기하면 에스겔서 37장의 마른 뼈들이 하나님으로부터 생기(성령)를 받기 전에는 하나님의 율법을 지킬 수 없다는 말씀이다.

그러므로 율법의 행위로 그의 앞에 의롭다 하심을 얻을 ***육체(성령을 받지 못한 사람=육(肉)으로 난 肉=죄인)가*** *없나니 율법으로는 죄를 깨달음이니라* (롬 3:20)

④ 그러므로 율법은 우리에게 죄와 의를 깨닫게만 해주지 우리를 의롭게 만들어 주지는 못하였다. 즉, 율법이 말하는 의(義)는 우리 밖에 있는 의였지만 이제는 **그리스도를 믿는 모든 자 안[78]에 임하는** 하나님의 의가 나타났다는 것이다.

> *이제는 율법 외에 하나님의 한 의가 나타났으니 율법과 선지자들에게 증거를 받은 것이라 곧 예수 그리스도를 믿음으로 말미암아* ***모든 믿는 자에게 미치는(믿는 모든 자 안과 위에 임하는) 하나님의 의****니 차별이 없느니라* (롬 3:21, 22)

바울이 이 네 가지 전제를 먼저 말하는 이유는 3:28의 결론을 내기 위해서이다. 즉, 율법은 지켜야 하는데 성령의 내주함 없이는 율법을 지킬 수 없고 따라서 성령을 받아 거듭나야 한다는 것이고(마음의 할례를 받는다고 표현함), 거듭나는 방법은 육체의 행위가 아닌 믿음으로 되는 일이라는 것이다. 따라서 하나님 앞에 의인이 되는 것(또는 의롭다고 판결받는 것, δικαιόω)은 믿음으로 되는 것이지 율법을 지키려는 육체의 수고나 노력으로 되는 일이 아니다. 왜냐하면 선악의 문제는 영의 문제이고 율법의 요구는 영적인 요구(롬 7:14)이기 때문에 성령의 내주가 일어나야만 율법의 요구가 이루어지고 그래야만 하나님께 의롭다고 판결을 받을 수 있기 때문에 이 모든 일이 믿음으로 된다는 말씀이다.

78) δικαιοσύνη(의) δὲ θεου῀(하나님의) διὰ πίστεως 'Ιησοῦ Χριστοῦ(예수그리스도를 믿는 믿음으로 말미암는) εἰς(안으로) πάντας(모든 사람) καὶ ἐπι(위에) πάντας τοὺς πιστεύοντας(믿는) οὐ γάρ ἐστιν διαστολη´(차별이 없느니라)

3) 의(義)의 전가(轉嫁)라는 허구

그러나 많은 신학자들은 하나님께서 의롭지 않은 자를 '의롭다고 간주하신다'고 주장하고 이를 의(義)의 전가(轉嫁)라고 주장한다. 전가라는 말은 다른 사람에게 '덮어 씌운다(impute, attribute)'는 뜻이다. 물론 성경에는 없는 소설 같은 주장이다. 그리고 그 근거를 예수님의 십자가의 희생은 우리의 죄가 예수님께 전가돼서 속죄가 이루어진 것이기 때문에 의(義)도 전가되는 것은 논리적으로 문제가 없다고 주장한다. 그 근거로 다음 성경 구절을 예로 든다.

> *하나님이 죄를 알지도 못하신 이를 우리를 대신하여 죄로 삼으신 것은 우리로 하여금 그 안에서* ***하나님의 의가 되게*** *하려 하심이라* (고후 5:21)

그런데 이 성경 절 안에 그들 주장의 모순이 드러난다. 왜냐하면 예수님을 죄로 삼으신 이유는 위 성경 절에 따르면 믿는 사람들이 예수님 안에서 **하나님의 의가 되게** 하는 것이 목적이지 그들에게 없는 의를 있는 것으로 봐 주기 위함이 아니기 때문이다. **실제로** 예수님께서는 우리의 죗값을 대신 치르셨다. 그러나 그렇게 죗값을 실제로 대신 치르신 목적은 사단의 포로인 우리들 안에 실제로 들어오셔서 우리의 의가 되시기 위해서이다. **우리 밖에 계속 계시면서 우리를 의롭다고 봐 주시기 위함이 아니다.** 그럴 것이면 우리의 죄값을 **실제로** 대신 치르시지 않고 속죄를 하신 것으로 간주하면 될 일이다. 사단의 합법적 포로인 우리를 의롭게 하시기 위해 사단을 내쫓고 **실제로 우리 안에** 들어오시기 위해서는 **실제로** 속죄의 희생이 필요했고 이를 위해 죄가 없으신 예수님을 죄로 삼으신 것이다. 의의 전가를 주장하는 신학자들의 논리대로라면 **하나님께서 우리를 의롭다고 간주하시지 않고 실제로 의롭게 하시기 위해서는 예수님도 실제로 죄를 범해야 한다는 논리나 마찬가지다.** 생각만 해도 참람하다! 뿐만 아니라 로마서 3:22에서는 모든 믿는 자에게 하나님의 의를 실제로 주신다[79]고 (given righteousness) 명시되어 있다. 의를 준 것으로 간주하신다는 말은 없다. 이는 다른 말로 하면 성령을 주신다는 의미이다. 아담이 지음 받던 그날 아담 안에 성령께서 함께 하심으로 아담은 의로운 자, 곧 하나님의 형상으로 창조되었음을 부인할 신학자는 없을 것이다. **믿음 없이** 성령의 내주함과 동시에 태어났던 아담은 그 성령을 지키기 위해서 성령을 받은 사후에 믿음을 행사해야 했다. 그것이 선악과의 언약이었다. 그렇다면 성령 없이 태어난 죄인들이 믿음으로 성령을 그 안에 받아들이면 그 사람은 실제로 의롭게 되는 것은 당연한 일이다. 실제로 의롭게 되지도 않을 것이면 예수님께서 우리들에게 성령을 받으라고 하실 이유가 없다. 포도 나무의 가지들인 우리가 믿음으로 본 나무이신 예수님께 붙어 있어야 하는 이유는 의의 열매를 맺기 위함이지 의롭다고 덮어 씌우기 위해서가 아니다. 실제로 의롭게 변화되지 않았는데도 불구하고 의롭게 봐 주실 것이면 예수님께서는 왜 **'위로부터 태어나지[80] 아니하면'** 하늘 나라를 볼 수 없다고 하셨겠는

79) 곧 예수 그리스도를 믿음으로 말미암아 모든 믿는 자에게 미치는(given) 하나님의 의니 차별이 없느니라 (롬 3:22, 개역 한글)
이는 곧 예수 그리스도를 믿는 믿음으로 말미암아 믿는 모든 자들 안에 그리고 위에 임하는 하나님의 의니 차별이 없느니라 (롬 3:22, Textus Receptus 원어 사본, 필자 번역)

80) 요 3:3의 '거듭남'이라고 번역된 헬라어 γεννηθῇ ἄνωθεν의 본뜻은 '위로부터 태어남', 즉, '하나님께로부터 태어남'(요 1:13)이라는 뜻이다.

가(요 3:3)? 사도 바울은 믿음으로 예수님 안에 있으면 왜 새로운 피조물이라고 했겠는가(고후 5:17)? 단지 의롭게 봐 주시는 것이라면 하나님께로부터 다시 태어난 것도 아니고 새로운 피조물도 아니다. 믿기 전과 달라진 것은 안 다니던 교회 다니는 것밖에 없지 않는가? 새로운 피조물이라는 의미는 의롭지 않은 자가 성령으로 의롭게 재창조되었다는 뜻이다. 본성이 바뀌었다는 뜻이다. **그 새로운 본성은 우리 안에 거하시는 로고스 하나님이시다. 전능하신 하나님께서 의를 위해서 신실하게 하나님을 의지하는 자를 의롭게 만드시면 될 일을 굳이 없는 의를 있다고 봐 주기만 할 이유가 없다.** 지극히 상식적인 얘기가 아닌가? 칭의 이론은 하나님의 전능하신 능력을 알지도 못하고 믿지도 않는 신학자들의 허탄한 이론이다. 즉, 경건의 능력은 부인하면서 경건의 모양만 있는 자들을 하나님께서 그 경건의 모양 때문에 경건하다고 봐 주신다는 희한한 이론이다. 그것을 받아들이는 자들을 계속 죄 가운데 머물게 하는 음행의 포도주다. 이는 매우 심각한 얘기다. 칭의(稱義)를 주장하는 신학자들의 주장대로 예수님의 십자가의 희생은 죄의 전가라고 표현할 수 있을지 몰라도 그 전가의 목적이 우리에게 반대로 없는 의를 있는 것처럼 뒤집어 씌우기(義의 전가, imputed righteousness) 위함이 아니라 예수님께서 믿는 자 안에 들어 오셔서 실제로 의가 되게 하기 위함이라고 수많은 성경 구절에서 선언하고 있다.

> *너희는 하나님으로부터 나서 그리스도 예수 안에 있고 예수는 하나님으로부터 나와서* ***우리에게 지혜와 의로움과 거룩함과 구원함이 되셨으니*** (고전 1:30)

내가 그리스도와 함께 십자가에 못 박혔나니 그런즉 이제는 내가 사는 것이 아니요 ***오직 내 안에 그리스도께서 사시는 것이라*** (갈 2:20)

하나님께서는 이방인들 가운데서 이 신비의 영광의 풍성함이 무엇인지 자신의 성도들에게 알리려 하시는데 이 신비는 ***너희 안에 계신 그리스도*** *곧 영광의 소망이시니라* (골 1:27)

위의 모든 말씀들은 **죄인 안에 예수님께서 내주하심으로써 의를 이룬다**는 것이 핵심 메시지라는 것을 알 수 있다. 내가 사는 것이 아니요 내 안에 그리스도가 사신다고 주장하는 사도 바울이 로마서 3:28에서 나는 의롭지 않은데 '의롭다고 간주하신다'라고 주장할 수 있을까? 그렇다면 예수님께서 내 안에서 나 대신 살고 계신다고 했는데 예수님께서 내 안에 들어오셔서 죄를 범한다는 뜻인가? 갈라디아서는 로마서보다 먼저 쓰여진 편지이다. 더욱이 로마서 3:28의 δικαιόω가 '의롭게 봐 주신다'는 의미일 수가 없는 또 하나의 확실한 증거는 사도 바울은 로마서 3:31에서 **"그런즉 믿음으로 말미암아 율법을 더욱 굳게 세운다"**고 선포하고 있기 때문이다. 여기서 '그런즉'이란 롬 3:28에서 말한 바 '믿음으로 말미암아 사람이 성령을 받아 의롭게 되기 때문에'라는 의미이다. 율법은 우리에게 의(義)라는 영적인 요구를 하고 있기 때문에 율법을 진정으로 지키는 것은 성령을 배제한 육체의 행위가 아닌 성령의 내주로 인한 영의 일을 행하는 것이다. **만일 3:28의 δικαιόω가 다만 '의롭게 봐준다'라는 의미라면 믿음으로 율법을 굳게 세우는 것이 아니라 믿음으로 율법을 불필요하게 하는 것이다.** 하나님께서 믿는 자를 의롭게 봐 주시기만 할 뿐 율법의 요구가 그 사람에게서 이루어진 것은 아니기 때문이다. 이로 보건대 로마서 해석의 열쇠도 창세기 2:7에 있는 것을 알 수 있다.

이 얼마나 명료한가? 이런 분명한 말씀을 설명하기 위해 그렇게 두꺼운 로마서의 해설서가 왜 필요한가? 그런데 우리말 성경은 불분명하게 번역되어 있어서 여기에 칭의 이론을 옹호하는 신학자들의 해설이 곁들여지면 믿기만 하면 의롭게 봐준다는 식으로 얼버무리고 넘어가고 있다. 그리고 믿음이라는 것의 본질은 자아(自我)가 죽는 것임은 강조하지 않고 종교 활동을 성실하게 하는 것을 믿음이라고 여기는 것을 그대로 방치하고 있다. 칭의에 대한 이러한 해석은 사복음서의 예수님의 말씀과도 모순이 될 뿐 아니라 사도 바울 자신의 다른 글과도 상충하기 때문에 우리의 믿음을 혼미하게 하고 있다. 옳지 않은 앞뒤도 맞지 않는 이론을 설명하기 위해 설명이 길어지기 때문에 로마서 해설서가 두꺼운 것이다. 거짓말과 변명을 하는 사람은 말을 많이 하게 되어 있다. 정말 그렇게 많은 이론과 설명이 필요하다면 로마서라는 편지를 받은 2,000년 전의 로마 교회 교인들 중 로마서를 이해한 사람은 한 사람도 없었을 것이다. 필자 생각에는 사도 바울이 나중에 부활해서 현대 신학자들이 펴낸 로마서 해설서를 직접 읽어도 이해하지 못할 것 같다. 이러한 오도된 그리고 혼미한 믿음 때문에 대부분 기독교인들의 삶에 하나님의 의가 나타나지 않으므로 기독교가 세상 사람들의 조롱거리가 된 지 오래 되었다. 사도 바울의 말대로 이방인 가운데 하나님의 이름이 모욕을 받아 오고 있다. 세상 사람들이 칭송하는 프랑스 혁명이라는 것도 오도된 하나님과 그것과 결탁한 부패한 권력에 대한 반기였다. 심지어 공산주의자들은 종교(기독교를 염두에 두고 모든 종교를 지칭하는 말)는 "인민의 아편"이라고 말할 정도가 되었다. 만일 그 공산주의자들이 사도 바울이나 예수님의 제자들의 삶을 실제로 보았다면 성경은 인민의 아편이라고 말할 수 있었을까? 필자는 칭의(稱義) 이론이야말로 기독교인들의 아편이라고 생각한다. 양심을 따라 진리를 구하고자 교회에 들어와서 하나님 알기를 원하는 자들에게 기존의 지도자들은 하나님의 의(義)의 모본을 보여 주기는커녕 영혼의 아편을 주어서 그들의 영혼을 혼미케 하고 있다. 하나님을 만나서 의롭게 되기 위해 교회에 찾아온 사람들에게 '교회 다니면 의롭게 봐준다'고 가르치고 있기 때문이다.

4) δικαιόω가 쓰인 다른 예들

만일 δικαιόω라는 단어를 현대 신학자들의 의견대로 "의롭게 간주하다"라는 의미로 받아들이면 같은 로마서 3:4의 다음 예수님에 관한 기술도 동일한 동사가 사용되었기 때문에 **예수님이 실제로 의롭지 않은데 의롭다고 간주된다는 참람한 의미가 된다.**

> *기록된 바 주께서 주의 말씀에* ***의롭다 함을 얻으시고****(δικαιόω의 수동태) 판단 받으실 때에 이기려 하심이라 함과 같으니라* (롬 3:4)

그러므로 3:4의 δικαιόω나 3:20의 δικαιόω는 (실제로 의로우므로) '의롭다고 선언하다'의 의미로 해석해야 올바른 의미가 되고 앞뒤에도 맞는다. 특히 3:28 이후 구절들에 사용된 경우는 '의롭게 만드신다'라는 뜻이 더 강해 보인다. 특히 3:28은 의롭게 되는 방법 내지는 수단이 믿음이라는 점을 강조하고 있으므로 이 문장에서 δικαιόω의 수동태는 '의롭게 변화되다'로 해석해야 문맥에 더 잘 맞는다. 그러나 '의롭다고 선언하다'라고 굳이 해석해도 의미는 통한다. 예수님을 믿는 자가 의롭다고 선언되는 이유는 그들이 믿음으로 말미암아 하늘로부터 성령을 받고 의로운 사람으로 재창조됐기(거듭났기) 때문이다. 성령으로 거듭나는 길은 인간의 행위에 있는 것이 아니라 오직 진실한 믿음으로만 가능하기 때문에 이 모든 과정을 생략하고 구원의 원리를 간단히 표현하면 "믿는 자를 의롭다고 선언하신다"라고 할 수 있다. 이는 로마서 서론에 해당하는 1:16, 17의 선언과도 일치한다.

> *내가 그리스도의 복음을 부끄러워하지 아니하는 것은 복음은 믿는 모든 자에게* ***구원에 이르게*** *하는 하나님의 능력이기 때문이라. 먼저는 유대인에게 요 또한 헬라 인에게 로다. 복음에는* ***하나님의 의가 오직 믿음에 의해****(믿음에서 믿음으로)*[81] ***나타나나니*** *이는 기록된 바, 의인은 믿음으로 살리라 함과 같으니라* (롬 1:16,17 원어 필자 사역)

우리말 성경에 "의롭다 하신다"라는 애매한 의미로 번역된 헬라어 동사 δικαιόω는 다음 성경 구절 모두에서 **'의롭다고 선포하다' 또는 '의롭게 만들다'**라는 의미로 사용되고 있다. 이를 다시 한 번 더 확인하라.

> *하나님 앞에서는 율법을 듣는 자가 의인이 아니요 오직 율법을 행하는 자라야 의롭다 하심을 얻으리니****(의롭다고 선언되리니)*** (롬 2:13)

81) 이 부분의 원어는 ἐκ πίστεως εἰς πίστιν인데 이 구절의 의미에 관한 논란이 오랫동안 있었다고 500년 전에 쓰여진 루터의 로마서 해설서에도 기록되어 있는 것을 보면 해석이 쉽지는 않은 것 같다. 이 구절을 영어로 그대로 옮겨보면 'out of faith into faith'이다. into faith의 뜻이 명확하지는 않다. 그러나 이 구절을 KJV 에서는 그냥 from faith to faith로 대강 번역했다.

*그러므로 율법의 행위로 그의 앞에 의롭다 하심을 얻을**(의롭다고 선언될)** 육체가 없나니 율법으로는 죄를 깨달음이니라* (롬 3:20)
*그리스도 예수 안에 있는 속량으로 말미암아 하나님의 은혜로 값없이 **의롭다 하심을 얻은(의롭게 변화된)** 자 되었느니라* (롬 3:24)

*그러므로 사람이 **의롭다 하심을 얻는(의롭게 되는)** 것은 율법의 행위에 있지 않고 믿음으로 되는 줄 우리가 인정하노라 (롬 3:28)*

*그런즉 한 범죄로 많은 사람이 정죄에 이른 것 같이 한 의로운 행위로 말미암아 많은 사람이 **의롭다 하심을 받아(의롭게 되어)** 생명에 이르렀느니라* (롬 5:18)

*이는 죽은 자가 죄에서 벗어나 **의롭다 하심을 얻었음(의롭게 되었음)**이라* (롬 6:7)

*사람이 율법의 행위로 **의롭게 되지 아니하고** 오직 예수 그리스도의 믿음으로 되는 줄 알므로 우리도 예수 그리스도를 믿었나니 이것은 우리가 율법의 행위가 아니라 그리스도의 믿음으로 **의롭게 되고자** 함이라. 율법의 행위로는 어떤 육체도 **의롭게 될 수** 없느니라. 그러나 만일 우리가 그리스도로 말미암아 **의롭게 되고자** 하다가 우리 자신 또한 죄인으로 드러난다면 그리스도께서 그런 까닭으로 죄의 사역자가 되시느냐 결코 그럴 수 없느니라* (갈 2:16,17, 흠정역, δικαιόω를 정확히 번역했다)

*또 하나님 앞에서 아무도 율법으로 말미암아 **의롭게 되지 못할** 것이 분명하니 이는 의인은 믿음으로 살리라 하였음이라* (갈 3:11)

*이같이 율법이 우리를 그리스도께로 인도하는 초등교사가 되어 우리로 하여금 믿음으로 말미암아 **의롭다 함을 얻게(의롭게 되게)** 하려 함이라* (갈 3:24)

*율법 안에서 **의롭다 함을 얻으려(의롭게 되려)** 하는 너희는 그리스도에게서 끊어지고 은혜에서 떨어진 자로다* (갈 5:4)

5) 바른 믿음의 예: 여호수아와 갈렙, 아브라함

그러므로 δικαιόω라는 헬라어 동사의 (의도적?)[82] 오역으로 ①번 구절이 오역됐고 이 구절의 오역에서부터 다른 구절의 해석이 불완전해지고 있다. 만일 ①번 명제 없이 ②, ③번 명제만 있다면 ②, ③번의 의미가 계속 불순종하는데도 의롭다고 봐준다는 의미로 해석될 수도 있을 것이다. 그러나 ①번 명제에서 **"불순종하는 자를 순종하는 자로 만드신다"**고 했기 때문에 그리고 이런 믿음이 있는 자에게 성령을 주셔서 하나님께서 실제로 의롭게 만드시므로 그렇게 의롭게 만드시는 하나님을 믿는 자의 믿음을 의로 간주한다는 표현이 가능해지는 것이다. 왜냐하면 그런 믿음을 통해서 실제로 하나님께서 그 사람 안에 내주하셔서 그 사람을 의롭게 변화시키기 때문이다. 하나님께서 사람 안에 내주하시는 것이 그 사람이 의로워지는 유일한 길인데 그런 하나님을 자기 심령 안으로 영접하는 믿음을 의로 간주하는 것은 당연한 일이다. 다시 말해서 하나님께서 사람의 심령 안으로 임하시는 통로를 제공하는 측은 사람이기 때문에 그 믿음이라는 통로를 의로 여기시는 것이다. 다시 말해 ①번의 믿음을 행사하는 자는 하나님께서 그의 믿음을 따라 일하심으로 그에게 순종할 힘을 주시고 따라서 그는 순종의 열매를 맺음으로써 그 믿음을 의로 인정하신다. 아브라함

82) 필자같이 신학을 전공하지 않은 사람도 사전만 찾아서 알 수 있는 것을 그렇게 공부를 많이 하신 신학박사들이 감수한 성경 번역이 틀린 이유는 이해하기 어렵다. 이는 영어 성경도 마찬가지이다. 심지어 신학과 학생들이 많이 보는 어떤 전자 성경 안에 들어 있는 헬라어 사전에는 δικαιόω의 뜻으로 헬라어 사전에는 없는 '의롭다고 간주하다'라는 뜻을 만들어 넣었다.

의 예를 보면 아브라함의 믿음을 의로 여기셨는데(창 15:6) 아브라함은 결국 그의 믿음을 따라 이삭을 제단에 드리는 순종의 열매를 맺음으로써 그의 믿음을 의로 여기신다는 성경의 말씀을 성취하였다.

> *우리 조상 아브라함이 그 아들 이삭을 제단에 바칠 때에 행함으로 의롭다 하심을 받은(δικαιόω의 수동태) 것이 아니냐 네가 보거니와 믿음이 그의 행함과 함께 일하고* ***행함으로 믿음이 온전하게 되었느니라 이에 성경에 이른바 아브라함이 하나님을 믿으니 이것을 의로 여기셨다는 말씀이 이루어졌고 (성취되었고)*** *그는 하나님의 벗이라 칭함을 받았나니 (약 2:21-23, KJV)*

②, ③번의 "여기신다" 또는 "여기심을 받는다"의 헬라어 단어는 logizomai(λογίζομαι)인데 이는 '~라고 간주하다', '~라고 인정하다'라는 의미이다. 우선 ②번에서는 죄인을 의롭게 만드실 것을 믿는 믿음을 의로 여기신다고 했다. ②의 믿음은 ①의 역사를 믿는 믿음으로서 오늘날처럼 교회 다니면서 입술로 신앙 고백하는 믿음과는 분명히 다른 믿음을 말씀하고 있다. 그것은 하나님께서 "그동안 불순종했던 나를 의롭게 만드신다"는 것을 믿는 믿음이고 이러한 믿음을 의로 인정하신다는 것이다. 그러나 일반적으로 교회에서는 **'현재 불순종하고 있는 나'를 의로 여기신다**고 믿는 믿음을 가르치고 있다. 믿는 내용이 성경의 믿음과는 전혀 다르다. 이는 여호수아와 갈렙의 믿음이 나머지 열 정탐꾼의 믿음과 전혀 다른 것과 마찬가지다. 여호수아와 갈렙은 가나안 땅 주민들의 장대함과 그 군대의 강함을 정탐하고 돌아와서도 이스라엘 군대가 하나님과 함께하기만 한다면 하나님의 능력으로 가나안을 정복하는 것이 가능하다고 믿었다. 더 정확히 말하자면 가나안을 정복할 능력이 없는 그들에게 하나님께서 정복할 능력을 주

실 것을 믿었다. 가나안을 믿음으로 정복할 수 있을 것이라 믿었던 여호수아와 갈렙은 가나안을 정복하기 전에도 정복한 사람으로 간주할 수 있다. 왜냐하면 정복은 그들의 능력이 아닌 하나님의 능력으로 이루어질 것이기 때문이다. 다만 그들의 믿음은 하나님의 능력이 나타나는 통로일 뿐이기 때문이다. 그리고 실제로 정복했다.

그러나 다른 열명의 정탐꾼은 가나안의 군대가 너무 강해서 가나안을 정복할 수 없다고 믿었다. 그들은 그들에게 능력을 주시는 하나님을 믿지 않았고 그래서 의지하지도 않았다. 하나님을 창조주로서 인정하고 받아들이고 예배에 참석하는 것을 믿음이라고 한다면 이 열 정탐꾼들도 믿음이 있었다. 그들도 하나님의 명령을 따라 애굽에서 나왔고 모세를 통해 명령하신 대로 안식일도 지키고 제사도 지냈다. 그러나 그들은 하나님의 능력이 나타날 통로로서의 믿음은 없었다. 이는 대부분의 기독교인들이 강한 죄의 세력을 이길 수 없다고 믿는 것과 동일하다. 당시 정탐꾼들에게 주어진 시험을 현재 우리들에게 적용한다면 **의(義)를 행할 능력이 없는 우리에게 능력을 주시는 하나님을 믿느냐 믿지 않느냐의 문제와 완전히 동일한 문제이다. 하나님께서는 '의를 행할 능력 주실' 하나님을 믿는 그 믿음을 의로 인정하신다.** 그리고 그렇게 믿는 자의 믿음을 통해 그 사람 안에 친히 임하셔서 그 사람을 거룩하게 하시고 그에게 의(義)를 행할 능력을 주신다. 이것이 로마서 3:22의 메시지이다. 그러므로 그는 그의 믿음을 통해 의롭게 만들어지고 따라서 의롭다고 선언된다. 이런 일련의 과정을 한 단어로 표현한 헬라어 동사가 바로 δικαιόω이다. 그리고 그가 의롭게 변화되는데 그가 한 일은 아무것도 없다. 다만 그렇게 해 주실 것을 사모하고 믿었고 그리고 구했을 뿐이다. 그러므로 로마서 4:4에서 사도 바울은 "일을 아니할지라도 경건치 아니한 자를 의롭다 하시는(의롭게 만드시는) 이"라는 표현을 사용한 것이다. 바울은 또한 이렇게 의롭게 변화되는 역사를 일하지 않고 받는 삯(롬 4:4)에 비유하기도 하였다. 우리를 의로운 사람으로 변화시키시는 일을 하시는 주체는 우리 자신이 아니라 하나님이시기 때문이다. 그렇기 때문에 성령의 내재(內在)로 의롭게 변화된 사람은 자랑할 것이 없다. 그는 성령을 담고 있는 그릇일 뿐이다. 보물을 담고 있는 그릇이 그릇인 자신을 자랑할 것인가 아니면 자기가 담고 있는 보물을 자랑할 것인가? **그러나 보물을 담고 있는 그 그릇은 보물을 담을 능력 곧 믿음 때문에 귀하다고 간주되는 것이다.** 그래서 예수님은 우리의 주인(主人)이시다.

> *우리가 이 보배(예수 그리스도)를* ***질그릇****에 가졌으니 이는 능력의 심히 큰 것이 하나님께 있고 우리에게 있지 아니함을 알게 하려 함이라* (고후 4:7)

그러므로 그릇을 볼 때 그 그릇 자체로 판단하지 말고 그 그릇이 담고 있는 물건으로 판단해야 한다.

> *그러므로 우리가 이제부터는 어떤 사람도* ***육신을 따라 알지 아니하노라*** *비록 우리가 그리스도도 육신을 따라 알았으나 이제부터는 그같이 알지 아니하노라* (고후 5:16)

그렇기 때문에 우리가 거듭남으로써 의인이라 불린다면 그것은 내가 의로운 것이 아니라 내 안에 계신 예수님께서 의로우시기 때문에 그렇게 불리는 것이다. 이는 성소가 하얀 세마포에 싸여 있는 것과 마찬가지이다. 성소 자체는 하나님께서 거하시는 성전이므로 믿음으로 의롭게 된 죄인을 상징한다 그 안에서는 제사장(예수님을 상징)의 주관으로 희생 제물이 죽어가고 그 시체가 불에 타고 그 피가 뿌려지는 일이 일어나고 성령의 역사를 상징하는 번제단의 불과 금 촛대의 빛이 있고 분향단의 연기(기도)가 끝없이 올라가는 복잡한 영적인 일이 일어나고 있지만 남들의 눈에는 깨끗한 세마포만 보인다. 이는 성도들의 옳은 행실이라 하였다(계 19:8). 그러므로 의인의 의(義)는 그 자신이 아니라 그 안에 계신 그리스도이시다. 그러나 교회에 출석하는 많은 사람들은 의롭게 되기를 사모하지 않는다. 그러므로 그렇게 해 주실 것을 믿을 필요가 없다. 그러나 그들은 그렇게 될 수 없다고 핑계를 댄다. 그러면서 신앙고백을 했으니까 의롭게 봐 주신다고 강변한다. 그들의 지도자들도 이런 잘못된 믿음을 의라고 부르면서 계속 그렇게 살도록 장려한다. 이러한 그들 마음 속 깊은 곳에 감춰진 죄에 대한 애정을 예수님께서 이렇게 말씀하셨다.

> *이 백성들의 마음이 완악하여져서 그 귀는 듣기에 둔하고 눈은 감았으니 이는 눈으로 보고 귀로 듣고 마음으로 깨달아 돌이켜 내게* ***고침을 받을까(=죄인이 의롭게 거듭나는 일) 두려워함이라*** *하였느니라* (마 13:15)

믿음을 가지고 있다고 주장하면서 교회를 평생 다녀도 의롭게 변화되지 못했다면 그 믿음에 문제가 있는 것이다. 또 예수를 믿는다고 하면서 하나님께서 나를 의인으로 만들어 주실 것을 소망 하지도 않고 믿지도 않는다면 이는 예수를 믿는 것이 아니라 거짓 교리를 전한 지도자를 믿는 것이다. 만일 누가 의인으로 진실로 거듭나게 되는데 시간이 수십 년 걸렸다면 이는 그 사람이 의인으로 거듭나는 데 수십 년이 걸린 것이 아니라 **올바른 믿음을 갖게 되는데 수십 년이 걸린 것이다.** 예수님의 제자들도 사도 바울도 올바를 믿음을 갖는 데 20-30년 정도가 걸렸다(그들이 어릴 때부터 계산해서) 그러나 올바른 믿음을 가지고 난 후에는 거듭나게 되는 데는 수 년밖에 걸리지 않았다. 이제 우리도 바른 믿음을 갖는다면 하나님의 나라는 곧 우리를 찾아 와 우리를 집어 삼킬 것이다. 이를 반대로 말한다면 천국은 침노하는 자의 것이기 때문이다(마 11:12). **이렇게 우리를 의롭게 변화시켜 주시기를 구하고 받은 줄로 믿는 믿음을 가지면 의롭게 될 것이라는 약속을 예수님도 하셨다.**

> *내가 진실로 너희에게 이르노니 누구든지 이 산더러 들리어 바다에 던져지라 하며* ***그 말하는 것이 이루어질 줄 믿고 마음에 의심하지 아니하면 그대로 되리라*** *그러므로 내가 너희에게 말하노니 무엇이든지 기도하고 구하는 것은 받은 줄로 믿으라 그리하면 너희에게 그대로 되리라* (막 11:23, 24)

예수님께서 이 말씀하시기 하루 전에 잎만 무성하고 열매는 없어서 저주하신 그 무화과 나무가 마른 것을 가리키며 하신 말씀이다(막 11:21). 즉, 잎만 무성하고 열매 없는 무화과 나무는 종교 행위는 요란하게 하면서 성령의 열매는 맺지 못한 이스라엘 백성을 상징한다. 이런 이스라엘 백성처럼 되지 않기 위한 예수님의 처방은 **"하나님을 믿으라"**(막 11:22)였다. 그리고 위의 말씀은 **'하나님을 믿는다'는 것이 무엇을 어떻게 믿는지를 설명하신 내용이다.** 여기서 '의심하다'라는 동사는 본래 '감각으로 판단한다'는 뜻이다. 우리의 경험과 오관으로 인식된 자료로만 하나님의 약속을 판단하면 하나님의 약속은 이루어지지 않을 것 같이 보인다는 역설이기도 하다. 산이 들리어 바다에 던져지는 일은 **우리 같은 죄인이 의를 행하게 되는 이적**을 말하고 있는 것이지 자식이 좋은 대학에 가거나 사업이 잘 되는 것을 말씀하시는 것이 아니다. 사실 우리들 욕망이 이루어지는 것은 이적이 아니다. 더욱이 위의 말씀은 우리들의 육신의 욕망을 실현하는 방법을 교육하시는 것이 아니다. 죄인이 의를 이루는 방법 곧 올바른 믿음을 교훈 하고 계시는 말씀이다. 죄인이 의를 이루는 일이야말로 이적 중의 이적이다. 90세 된 할머니의 자궁에 아이가 들어서는 일과 같은 것이다. 이스라엘 백성이 열매가 없었던 이유는 하나님의 의를 위하여 하나님께 구하지도 않았고 구한다 하더라도 그렇게 해 주실 것이라고 믿지 않았기 때문이라는 교훈이다. 현대 대부분의 기독교인들에게 하나님의 의가 이루어지지 않은 이유가 바로 이것이다. 그러면 신학자들의 말 대로 믿음으로 실제로 의로워지는 것이 아니라 하나님의 의(義)가 믿음으로 죄인에게 전가(轉嫁)되는 것이라면 이 말씀을 예수님은 다음과 같이 하셨어야 했다.

> *이 산더러 들리어 바다에 던져지라 하며 그 말하는 것이 이루어질 줄 믿고 마음에 의심하지 아니하면 산이 바다로 던져진 것으로 여기실 것이다*

로마서 4장에서 예를 들고 있는 아브라함의 믿음도 예수님께서 말씀하신 믿음과 같은 경우이다. 아브라함이 경수가 끊어진 사라에게서 아들을 낳는다는 것은 죄인인 우리가 의를 행하는 것처럼 인간의 능력으로는 불가능한 것이다. 그러나 아브라함은 초창기에는 이런 믿음에 약점을 보여서 첩을 얻어 하나님께 책망을 듣기도(창 17:1) 했지만 나중에는 그 믿음이 견고하여져서 온전히 믿었다. 하나님께서 아브라함에게 약속하신 것을 능히 이루어 주실 것을 아브라함은 확신하였고 하나님께서는 아브라함의 이런 믿음을 의로 여기셨다(롬 4:20, 21). **이는 죄인이 의인으로 되는 이적을 하나님의 약속을 따라 믿는 믿음을 예표한다. 이는 남을 사랑할 수 없는 죄인의 심령에 하나님의 사랑이 폭포수처럼 부어져서 이웃을 사랑하고 원수를 사랑할 수 있게 되는 이적을 말한다. 사도 바울도 이런 하나님의 사랑이 자신의 심령 안에 부어진 경험을 간증하고 있다.**[83] 그러므로 그리스도를 믿는 것이 하나님의 일의 전부다. 죄는 그리스도를 믿지 않는 일이다. 믿음으로 예수님과 하나 되지 않으면 계속 죄 가운데 있기 때문이다. 아브라함의 믿음과 현대 기독교의 믿음(세대주의적 신앙관)을 비교해 보자.

---

83) 소망이 우리를 부끄럽게 하지 아니함은 우리에게 주신 성령으로 말미암아 하나님의 사랑이 우리 마음에 부은 바 됨이니 (롬 5:5)
And hope does not put us to shame, because God's love has been poured out into our hearts through the Holy Spirit, who has been given to us.(롬 5:5, NIV)

칭의(稱義)의 신앙	득의(得義)의 신앙
세대주의적 믿음	아브라함의 믿음
의롭게 여기신다고 믿음	의롭게 만들어 주신다고 믿음
아브라함의 후손이므로 구원받았다고 믿음	돌들로도 아브라함의 후손을 만들 수 있으시다고 생각
정통 기독교 교단의 교인이므로 구원받았다고 믿음	교단이 구원을 하는 것이 아니라 하나님께서 구원을 하신다고 믿음
제사를 잘 지내므로 의롭다고 믿음	순종이 제사보다 낫다고 믿음
예배를 잘 참석하므로 의롭다고 믿음	몸(육신의 소욕)을 산 제물로 드리는 것이 참 예배라고 믿음
죄를 이길 수 없다고 믿음	죄를 넉넉히 이길 수 있다고 믿음
믿어도 온전해질 수 없다고 믿음	하나님께서 온전하게 만들어 주신다고 믿음
구원은 믿음으로 내세에 하늘에 가는 것이라고 믿음	구원은 믿음으로 하나님과 하나가 되는 것이라고 믿음
스스로 의롭다고 생각함 (염소, 마 25:33-46)	스스로 의롭다는 생각이 안 듦 (양, 마 25:33-46)
종교 행위(=신앙 고백, 교회 출석)를 의로 여기신다고 생각	의롭게 만들어 주실 것을 믿는 것을 의로 여기신다고 생각

우리는 아브라함에게 육적으로 약속하신 것을 능히 이루어 주신 것처럼 아브라함과 그 후손들에게 영적으로 약속하신 것도 능히 이루어 주실 것을 믿어야 한다. 그 약속은 '죄로부터의 구원'이다. 그러므로 예수님을 믿는다는 것은 우선은 예수님을 통해 의를 알았기 때문에 예수님께서 나를 예수님과 같은 의인으로 변화시켜 주실 것을 사모하고 그렇게 해 주실 것을 믿는 것이다. 예수님과 같이 되고 싶지 않는데 예수님을 믿는다면 그런 믿음은 하나님께서 요구하시는 믿음이 아니다. 옛날 바리새인들도 하나님을 믿었지만 인간이 되신 하나님을 죽인 사실은 그들이 진정 사랑한 것은 하나님이 아닌 자기 자신

들이었다는 증거로서 성경에 기록되었다. 예수님과 같이 되고 싶지 않는데 예수님을 믿는다는 것은 예수님을 사랑하는 것이 아니라 나 자신을 사랑하여 나의 욕망을 이루는 데 예수님의 능력을 빌리고 싶다는 것일 뿐이다. 예수님의 **이름**을 믿고 사랑하는 것은 예수님의 **품성**을 사랑하는 것이다. 그리고 예수님의 품성은 율법의 정신이요, 바로 하나님의 형상이다(고후 4:4). 그리고 이를 본받게 하는 것이 창세 전에 미리 정하신 구원의 섭리였다.

> *하나님이 미리 아신 자들로 또한* ***그 아들의 형상(=하나님의 본성)을 본받게 하기 위하여 미리 정하셨으니*** *이는 그로 많은 형제 중에서 맏아들이 되게 하려 하심이니라 또 미리 정하신 그들을 또한 부르시고 부르신 그들을 또한* ***의롭게 하시고****(δικαιόω 의롭게 만들다, 필자 교정)* ***의롭게 하신*** *그들을 또한* ***영화롭게 하셨느니라*** *(δοξάζω 영광스럽게 하다)* (롬 8:29, 30)

6) 혼인잔치의 비유와 심판

> *천국은 마치 자기 아들을 위하여 혼인 잔치를 베푼 어떤 임금과 같으니 그 종들을 보내어 그 청한 사람들을 혼인 잔치에 오라 하였더니 오기를 싫어하거늘 다시 다른 종들을 보내며 이르되 청한 사람들에게 이르기를 내가 오찬을 준비하되 나의 소와 살진 짐승을 잡고 모든 것을 갖추었으니 혼인 잔치에 오소서 하라 하였더니 그들이 돌아보지도 않고 한 사람은 자기 밭으로, 한 사람은 자기 사업하러 가고 그 남은 자들은 종들을 잡아 모욕하고 죽이니 임금이 노하여 군대를 보내어 그 살인한 자들을 진멸하고 그 동네를 불사르고 이에 종들에게 이르되 혼인 잔치는 준비되었으나 청한 사람들은 합당하지 아니하니 네거리 길에 가서 사람을 만나는 대로 혼인 잔치에 청하여 오라 한대 종들이 길에 나가 악한 자나 선한 자나 만나는 대*

로 모두 데려오니 혼인 잔치에 손님들이 가득한지라 임금이 손님들을 보러 들어올새 거기서 예복을 입지 않은 한 사람을 보고 이르되 친구여 어찌하여 예복을 입지 않고 여기 들어왔느냐 하니 그가 아무 말도 못하거늘 임금이 사환들에게 말하되 그 손발을 묶어 바깥 어두운 데에 내던지라 거기서 슬피 울며 이를 갈게 되리라 하니라 ***청함을 받은 자는 많되 택함을 입은 자는 적으니라*** (마 22:2-14)

의로운 품성을 소유하게 되는 것이 구원이라는 진리를 예수님께서는 어떤 임금의 혼인잔치에 관한 비유(마태 22장)로써 우리들에게 명확히 제시하고 계신다. 여기서 임금의 혼인잔치는 구원받은 무리들이 영생 복락을 누리는 것을 상징한다. 혼인 잔치에의 초청은 결국 '구원받으라'는 복음을 의미하고 이 복음을 하나님의 백성이라고 자부하는 유대인들은 거절했을 뿐 아니라 그 복음을 전한 사람들을 핍박하고 죽였다. 그 후 복음은 이방인들에게로 전해지고 많은 사람들이 혼인 잔치에 참석을 했으나 그들의 대부분[84]은 혼인 예복을 입지 않았기에 잔치에서 쫓겨나고 영생 복락을 누릴 수 없게 되었다. **여기서 혼인 잔치, 즉 영생 복락에 참여하기 위해 필수적으로 입어야 하는 혼인 예복은 그리스도의 의로운 품성을 의미한다. 곧 본받아야 할 '아들의 형상'을 말한다.** 하나님과 결혼 상태로 태어났던 아담에게 내주(內住)하시던 성령과 그에 따른 아담의 거룩한 품성을 혼인 예복에 비유하고 계신다. (그래서 아담에게서 성령께서 떠나셨을 때 아담은 영적으로 벌거벗게 되었다. 이런 영적인 부끄러움을 가르쳐 주시기 위해서 하나님께서는 아담에게 육적인 부끄러움을 느끼게 하셨다)

84) 비유에서는 한 사람으로 되어 있지만 택함을 입은 사람이 적다 하셨으므로 실제로는 많은 사람이 예복을 입지 않을 것이라는 말씀이다.

임금(하나님)은 혼인 예복을 입지 않은 사람들을 그 잔치에 참석했다고 해서 예복을 입은 것으로 간주하지 않는다. 이 비유에서 먼저 청함을 받은 사람들은 물론 이스라엘 백성을 말하고 길거리에서 만나는 대로 청한 사람들은 이방인들을 비유하고 있다. 유대인들이 먼저 그리스도의 복음을 거절하였고 많은 이방인들은 그리스도를 믿는다고 하면서 교회에 출석하여 예수님의 이름을 부르고 있지만 많은 이들의 품성은 성령을 받아 하늘의 품성으로 거듭나지 못했다. 하나님께서는 이렇게 거듭나지 못한 의롭지 않은 사람들을 의롭게 간주하시지 않는다. 의는 의이고 불의는 불의일 뿐이다. **그래서 청함 받은 사람은 많으나 택함을 입은 사람은 적은 것이다**(마 22:14).

아담의 범죄 이후 하나님께서는 죄인을 의롭게 만드시는 일을 인류의 구속사를 통해 수많은 사람들의 심령 속에 지금까지 이루어 가고 계신 중이다. 이제 곧 구원하시는 일의 종결이 이루어질 것인데 그 이유는 하나님 보시기에 구원하실 자들은 모두 구원을 주시고 이 세상에 더 이상 구원할 자가 없기 때문이다. 그 순간 은혜의 시기는 종결되고 예수님은 다음과 같이 선포하실 것이다. 우리는 이때 어느 무리에 속할 것인가? 이 시점 이후에 더 이상 회개하는 자는 없을 것이다(계 9:21, 계16: 9, 11).

> *불의를 행하는 자는 그대로 불의를 행하고 더러운 자는 그대로 더럽고 의로운 자는 그대로 의를 행하고 거룩한 자는 그대로 거룩하게 하라 보라 내가 속히 오리니 내가 줄 상이 내게 있어 각 사람에게* ***그가 행한 대로 갚아 주리라*** (계 22:11, 12)

믿은 대로 갚아 주시지 않고 행한 대로 갚아 주실 것이다. 예수님과 같이 변화되기를 사모하지도 않으면서 믿음으로 구원을 받는다는 교리는 다른 이방 종교의 특징이다. **이방 종교의 신들은 신자들의 품성의 변화를 요구하지 않는다.** 다만 신들에게 경배하고 예를 갖출 것을 요구할 뿐이다. 그 대가로 사람들의 욕망을 채워 준다고 유혹한다. 그리고 이방 종교에서는 사람들의 '욕망의 실현'을 **복**이라고 부른다. 성경에 기록된 하나님의 영광은 우리들의 품성이 하나님처럼 변하여 영원히 행복한 삶을 누리는 것이지만 이방 신의 영광은 그 신에게 경배와 예를 갖추면서 입술로 그 신을 찬양하는 것이다. 하나님께서는 자신의 희생보다 우리들의 영원한 행복을 더 크게 여기셨는데 이방 신들은 사람들의 희생의 대가로 약간의 복(?)을 주면서 이를 은혜라고 생색을 낸다. 이런 이방 신들의 개념이 기독교 안에 만연해 있다. 무엇보다 주목해야 할 점은 이방 종교의 신들의 품성은 우리들의 품성과 동일하다는 것이다. 그래서 그 신들에게 배울 교훈이 없다. 다만 그 신들은 우리보다 능력이 더 있어서 우리가 이룰 수 없는 것을 종종 이루어 준다. 이는 그 신이 마귀라는 증거이다. 제1계명에 "나 외에 **다른 신들**을 네게 두지 말라" 하시던 그 다른 신들이 바로 마귀다. 마귀가 주인인 이방 종교의 풍습이 말세에 세속화된 기독교 안에 유행하므로 하나님께서 그들을 버리실 것을 이사야의 입술은 다음과 같은 비유로 예언하고 있다.

> ***말일에***(사 2:1) (중략) 주께서 ***주의 백성 야곱 족속을 버리셨음은*** 그들에게 ***동방 풍속***[85]이 가득하며 그들이 블레셋 사람들 같이 점을

85) **동방**이라 함은 당시 이스라엘 땅의 동쪽을 말한다. 앗수르, 바벨론, 페르시아 등이 지배를 했기 때문에 결국 이방 땅을 말하고 있다.

치며 이방인과 더불어 손을 잡아 언약하였음이라 그 땅에는 ***은금이 가득하고*** *보화가 무한하며 그 땅에는 마필이 가득하고 병거가 무수하며 그 땅에는 우상도 가득하므로 그들이* ***자기 손으로 짓고 자기 손가락으로 만든 것****(=돈)을 경배하여 천한 자도 절하며 귀한 자도 굴복하오니 그들을 용서하지 마옵소서* (사 2:6-9)

이사야서의 위의 예언은 2:1부터 말세의 일이라고 명시하고 있을 뿐 아니라 위의 예언의 말씀 바로 뒤(사 2:10-22)에 타락한 하나님의 백성을 심판하시는 예수님의 재림의 장면이 묘사되고 있다. 그러므로 위 예언의 말씀은 재림 직전의 시대를 사는 하나님의 백성의 모습이라는 것이 말씀의 전후만 보아도 확실하다. 그러나 우리들은 이사야의 이러한 경고의 말씀을 읽을 때 남의 얘기로 읽고 흘려버리고 있다. 소돔이 심판 받기 직전에 롯의 사위들이 천사들의 경고를 농담으로 여긴 것(창 19:14)과 비슷하다.

율법(성령)을 담는 그릇으로 창조됨

1) 산 자와 죽은 자

우리의 심령은 율법(말씀=성령)을 담는 그릇으로 창조되었다. 창세기 2:7에 하나님께서 사람에게 생기(성령)을 불어 넣으시니 **생령(living soul=산 영혼)**이 되었다고 분명히 기록되어 있다(우리는 보통 하나님께서 흙에 생기를 불어 넣었더니 사람이 되었다고 오해하고 있다). 이는 아담의 심령 안에 로고스를 담는 장면을 묘사하고 있는 것이다. **우리 심령에 로고스(=율법의 정신=성령)가 담길 때 우리는 산 영혼이 된다. 심령 가운데 로고스가 없는 자는 생물학적으로 생존해 있어도 생명은 없는 죽은 존재인 것이다.** 이러한 생명에 관한 성경의 가르침은 장례식[86]이라는 인간의 허례허식을 두고 예수님께서 하신

86) 장례식은 죽은 자를 위한 죽은 자들의 의식이므로 하나님 보시기에 합당치 않은 의식이다. 죽은 자는 흙으로 돌아가 그 당일에 모든 생각이 없어지므로 자기가 죽은지도 모르는 존재가 죽은 자인데(시 104:29, 시 146:4, 전 9:5) 이를 위한 어떠한 의식도 결국 사후 세계에 관한 이교의 미신에 바탕을 둔 것이다. 예수님도 사도 바울도 죽은 자를 잠자는 자라고 하셨다(막 5:39, 요 11:11, 고전 11:30, 고전 15:6, 엡 5:14). 이는 그들의 혼령이 천국에 있는 것이 아니

다음 말씀에도 잘 나타나 있다. 아버지가 임종을 앞 두고 있는 어느 제가가 아버지의 임종을 보고 장례를 치르고 와서 예수님을 따르겠다고 하자 예수님께서는 그 제자에게 말씀하시기를

> *이르시되* ***죽은 자들로 자기의 죽은 자들을*** *장사하게 하고 너는 가서 하나님의 나라를 전파하라 하시고* (눅 9:60)

결국 관 안에 있는 사람은 생물학적으로나 영적으로 모두 죽은 자이고 관 밖에 있는 사람들은 생물학적으로는 살아있으나 영적으로는 죽은 자들이라는 뜻이다. 그리고 가까운 시간 안에 그들도 그 안에 들어갈 것이었다. 그리고 실제로 그렇게 되었고 그리고 2,000년이 흘렀다. 관 밖에 있었던 그들은 몇 십 년 먼저 관에 들어갔던 사람과 함께 마지막 심판의 부활을 기다리면서 무덤에서 자고 있다(요 5:29). 그리고 그 당시 장례식장에서 죽은 자를 위하여 곡하는 것은 예수님의 눈에는 가증스러운 허례허식에 지나지 않았다. 죽은 자를 위한 죽은 자들의 의식에 불과하다. 예수님께서는 사랑하시는 나사로가 죽었을 때도 장례식을 위해 곡하는 사람들이 모인 마을로 들어가시지 않으시고 마을 밖에서 마리아를 불러내셨다(요 11:28-30). 생명 그 자체이신 예수님께서 사람의 죽음을 슬퍼하는 무리들과 같이 섞이셔서 같은 일을 할 수는 없는 것이었다. 그들이 진정으로 생명을 사랑하고 죽음을 슬퍼한다면 평소에 생명의 왕이신 예수님을 찾아와서 생명을

라 의식이 없다는 뜻이다. 그러므로 예수님께서는 결혼식에는 참석하셨어도 장례식에는 참석하지 않으셨으며 아버지 장례를 치르려는 제자도 장례식 참석을 금하셨다(마 8:21, 22). 죽은 자를 위해 곡하는 것을 책망하기도 하시고(5:39) 통분히 여기시고 우시기까지 하셨다(요 11:33, 35, 38).

구(求)했어야 했다. 생명은 곧 생명의 법이었고 그것은 곧 그분의 말씀이었다. 그들이 예수님께 와서 생명을 구하지 않은 것은 우리들 눈에는 그들의 깨달음의 부족으로 보이지만 예수님의 눈에는 그들 영혼 깊은 곳에 있는 죄를 사랑하는 그들의 마음이 보였을 것이다. 엄격히 말하면 죄를 사랑하는 마음은 사망을 사랑하는 것인데 이웃의 죽음을 슬퍼하는 것 자체가 이율배반이고 위선적인 것이다. 그러나 그들은 이 사실을 깨닫지 못하고 있었다. 이런 죽은 자들의 죽은 자를 위한 애통이 예수님을 통분히 여기시게 만들었을 것이다. 그들은 생명의 길이 바로 그들 곁에 있는데도 생명을 구하지 않았고 자기 앞에 놓인 사망의 길을 걸어가면서도 죽은 자를 위하여 곡을 하였다. 음주운전을 계속하는 사람이 음주 운전 사고로 죽은 동료의 가족을 위로하는 모습을 보면 어떻겠는가? 예수님께서는 그들의 이러한 모습을 보시고 **분개하시고 괴로워하셨다**(요 11:33, 35, 38).[87] 그리고 우셨다(요 11:37). 이렇게 우시는 예수님의 모습을 보고 유대인들은 예수께서 나사로를 너무 사랑하셔서 그의 죽음을 슬퍼하신다고 오해하고 있었다(요 11:36). 우리도 당시 그곳에 있었다면 아마 같은 생각을 했을지도 모른다. 그러나 예수님 입장에서는 나사로를 잠시 후에 부활 시

87) 개역 개정판에는 이를 "**비통히 여기시고 불쌍히 여기신**" 것으로 다분히 **의도적으로** 오역이 되어 있는 것 같은 인상을 준다. 왜냐하면 1996년 개역 한글판에는 '**통분히 여기시고 민망히 여기셨다**'고 비교적 정확하게 번역이 되어 있었기 때문이다. '비통히 여기다'로 오역된 헬라어는 ἐμβριμάομαι (엠브리마오마이)는 '분개하다' '엄히 꾸짖다'는 뜻이고 '불쌍히 여기다'로 번역된 헬라어 ταράσσω (타랏소)는 '동요시키다', '괴롭히다'라는 뜻이다. 그러므로 "**분개하시고 괴로워하셨다**"라고 번역해야 정확한 뜻이다. 이런 의도적(?) 오역을 하는 건, 정확한 번역을 하면 영혼불멸설과도 잘 맞지 않고 현대 기독교 안에 편만한 장례식 관련 행사들과도 모순이 되기 때문인지도 모르겠다.

킬 것이므로 이러한 설명은 설득력이 없다. 뿐만 아니라 예수님께서는 회당장의 딸이 죽었을 때도 그 죽음을 놓고 우는 사람들을 책망하셨다(막 5:39). 그러나 그들은 죄로 눈이 멀어서 자기들의 망자에 대한 '애통함'이 영혼 깊은 곳의 모순 또는 가식이라는 것도 모르고 있었다. 예수님께서는 나사로 때문에 우신 것이 아니라 죄로 눈이 먼 그들 때문에 우셨다. 나사로는 잠들어 있다(요 11:11)고 예수님께서 직접 말씀하셨는데 잠자는 사람을 보고 울 이유가 무엇인가? 그들은 자신들의 눈이 멀어 있음 때문에 예수께서 우셨는데 나사로의 죽음 때문에 우셨다고 착각하고 있었다. 예수님 입장에서 진정 가련한 사람들은 죄 가운데서 죽어 있는 그들이었지 무덤에서 잠자고 있던 나사로가 아니었다. 나사로는 구원받아 산 자로서 다만 무덤에서 자고 있을 뿐이고 그들은 죽은 자들이면서 자기가 죽어 있는지도 모르고 있었다. 오늘날 관 속에 있는 죽은 자를 보고 애통해 하면서 생명의 법칙인 하나님의 의를 중심의 진실함으로 구하지 않는다면 이를 보고 계신 예수님께서 지금도 통분히 여기시고 우실 것이다.

선과 악을 알게 하는 나무의 열매를 먹는 것은 아담의 심령 안에 내주 하시는 하나님의 영을 내쫓는 행위이기 때문에 다음 하나님의 경고의 말씀에서도 성경의 위와 같은 생명관(觀)을 알 수 있다.

> *선악을 알게 하는 나무의 열매는 먹지 말라* ***네가 먹는 날에는 반드시 죽으리라*** *하시니라* (창 2:17)

이러한 인간과 생명에 관한 성경적 개념을 갖지 못하면 아담은 930세까지 살았는데 '왜 하나님은 아담에게 선악을 알게 하는 나무의 열매를 먹는 **그날에** 반드시 죽는다고 하셨을까?'라는 의문을 갖기 쉽다. 실제로 신학적으로도 이 문제를 놓고 논쟁이 있는 것도 사실이다. 그러나 이런 논쟁은 성경에서 말하는 '생명'의 뜻을 모르기 때문에 발생하는 불필요한 논쟁이다. 아무튼 성경적으로[88] **생존과 생명은 완전히 다른 개념이다.**

창세기의 창조의 과정을 주의 깊게 관찰해 봐도 이런 사실을 알 수 있는데 하나님께서 **새나 물고기나 짐승을 창조하시는 데는 그들에게 생기(성령)을 불어 넣으시지 않았다는 점이다. 다시 말해 짐승들은 생물학적으로만 살아있는 존재로 계획하셨지 영적으로도 살아있는 피조물로 계획하신 것은 아니라는 것을 알 수 있다.** 짐승은 하나님의 형상으로 창조되지 않았기 때문이다. 그들에게는 하나님의 품성이 주어지지 않았다. 그러나 사람은 하나님과 교제하고 하나님의 뜻과 품성을 드러내는 하나님의 형상을 따라 지음을 받을 피조물이었으므로 성령의 내주(內住)가 필요했고 그래서 하나님은 아담에게 생기(성령)을 불어 넣으심으로써 아담은 생물학적으로는 물론 영적으로도 살아있는 존재로 지음을 받았다.

그러나 아담이 하나님과의 언약을 깨고 선과 악을 알게 하는 나무의 열매를 먹음으로써 자신의 심령 안에 내주하시는 하나님을 거절한 후 아담의 모든 자손들은 다만 생물학적으로 부모의 유전자를 물려받아 태어날 뿐이었다. 본래 하나님의 자녀로서 지음을 받았던 사람

88) '성경적으로'라는 표현을 '신학적으로'라는 의미는 아니다. 신학적이라는 말은 하나님의 뜻이라기보다는 '성경을 연구하는 학자들의 생각의 관점에서'라는 뜻이지 그것이 하나님의 뜻과 항상 일치하는 것은 아니다. 오히려 중요한 부분에서는 하나님의 뜻과 정반대되는 경우가 많은 것 같다.

은 짐승들 중에 제일 영리한 짐승의 하나로 전락해 버렸다. 사람의 이러한 비참한 처지를 성경에서는 '육신'이라 한다. 사람은 성령의 내주가 없으므로 그 안에 선한 것이 없는 존재로 생존해 가다가 때가 되면 흙으로 돌아갈 뿐이었다. 생명이 없는 자가 영원히 생존할 수는 없기 때문이다. **그러나 우리는 생존해 있는 동안 (영원한) 생명을 찾을 수 있는 기회가 주어져 있다. 사실 이 가능성은 우리의 가능성이기도 하지만 하나님의 가능성이기도 하다. 우리는 영생을 얻을 수 있는 기회이고 하나님께서는 자기의 백성을 얻으실 수 있는 기회이기도 하다.** 이 가능성이 길다면 길고 짧다면 짧은 우리들의 인생이 이 땅에 일시적으로 나마 허락된 이유이다. 예수님께서는 이런 우리의 **처지**와 우리의 **가능성**에 대해 다음과 같이 아주 단순 명료하게 말씀하셨다.

> ***육으로 난 것은 육이요 영으로 난 것은 영이니*** *내가 네게 거듭(위로부터) 나야 하겠다 하는 말을 놀랍게 여기지 말라* (요 3:6, 7)

거듭 강조하지만 우리 죄인들에게 구원이라는 것은 결국 성령의 내주하심으로 하나님과 하나가 되는 것인데 이는 중심의 진실함으로 성령을 구할 때 이루어진다. 그리고 성령을 구한다는 것은 말씀에 순종하게 하는 믿음을 의미한다. 우리가 생존해 있는 동안 만난 성령을 우리 안에 받아들이면 잠시 동안만 허락하셨던 우리의 생존도 부활을 통해서 영원하게 된다. 왜냐하면 하나님께서 영원하시듯이 하나님께서 주신 생명도 영원한 것이기 때문이다. 어떻게 보면 흙으로 된 우리 육신의 존재의 이유는 그 안에 거하시는 하나님이고 하나님은 영원하신 분이기 때문의 우리의 존재도 영원히 지속될 것이다.

*예수를 죽은 자 가운데서 살리신 이의 **영이** 너희 안에 거하시면 그리스도 예수를 죽은 자 가운데서 살리신 이가 **너희 안에 거하시는 그의 영으로 말미암아 너희 죽을 몸도 살리시리라*** (롬 8:11)

2) 성소(성막)에 계시된 구원

이러한 구원의 원리는 율법을 담는 그릇인 **법궤**를 보아도 알 수 있다. 출애굽기 25:10-22를 보면 십계명 돌 비를 담는 법궤는 조각목(가시나무)을 다듬어서 먼저 궤를 만들고, 그리고 그 궤의 안팎을 정금으로 싸서 만든다. 겉으로 보면 그냥 금으로 된 궤인데 사실 그 속에는 죽은 가시나무(조각목)가 들어 있다. **여기서 가시나무는 죄인(의 품성)을 상징한다.** 우리는 가시나무다. 가시는 우리의 악한 품성을 잘 나타내고 있다. 우리는 서로 가까이 가면 서로를 찌르고 서로 아파하면서 상대방의 가시를 비난하고 그 가시 때문에 상대방을 증오하고 서로 원수가 되기도 하고 그런 모습으로 평생 살다 결국에는 한 줌 흙으로 돌아가는 가련한 죄인들이다.

어떤 사람들은 자기에게 난 가시를 깨닫고 그 가시를 잘라서 거듭나려고 하지만 가시를 아무리 다듬어도 가시는 다시 난다. 이런 가시의 근본적인 해결책은 우선 가시나무가 뿌리 채 뽑혀 죽고, 죄의 성질이라고 할 수 있는 그 가시가 다듬어져야 한다. 이것만으로는 부족하다. 우리에게는 선한 것이 없으므로 선한 것으로 덧씌워져야 하는데, 이를 정금으로 가시나무 궤를 감싸는 것으로 상징하고 있다. **가시 나무에는 정금의 요소가 없기 때문에 십계명의 돌 비를 담을 수 없다.**

우리 안에도 의(義)가 전혀 없기 때문에 하나님의 율법을 마음에 담을 수가 없다.

우리는 먼저 우리의 죄 된 육신의 소욕을 그리스도와 함께 십자가에 못 박아 버리고 죄에 대해 죽음을 당하고 그런 후에 그리스도와 함께 의(義) 가운데서 다시 살리심을 얻어야 한다(롬 6:6-8). 이를 거듭남 이라고도 하고 그리스도의 의(義)로 옷 입었다고도 한다. **성령으로 옷 입었던 아담이 선악과를 먹은 후 벌거벗었음을 알고 부끄러워하게 하신 것은 성령의 내주함이 없는 아담의 처지를 표상적으로 교육하시기 위한 하나님의 심오한 섭리이다.** 우리도 성령으로 다시 옷 입어야 하는데 이를 성경에서는 "그리스도의 의로 옷 입음"(롬 13:14) 또는 "자기의 두루마기를 빨아 희게 함"(계 7:14 계 22:14) 등으로 표현하고 있다. 예수님 재림 직전에 있을 마지막 선과 악의 영적 전쟁(계시록에서는 아마겟돈 전쟁이라 함)에서도 예수님께서 선포하시기를 "복 있는 사람은 그리스도의 옷을 입은 자들"이라고 하셨다.

> *보라 내가 도적 같이 오리니 누구든지* ***깨어 자기 옷을 지켜 벌거벗고 다니지 아니하며 자기의 부끄러움을 보이지 아니하는 자****가 복이 있도다* (계 16: 15)

이렇게 한낱 가시나무에 불과하던 우리가 하늘의 품성(정금)으로 옷 입힘을 당했을 때 비로소 율법을 담는 법궤가 된다. 그리고 율법을 새긴 돌 비를 넣은 그 법궤 위에 '속죄소'라고 하는 금 판이 덮이고 그 위에 쉐키나의 영광이 임한 것은 우리 마음에 베풀어지는 하나님의 보좌를 보여 주고 있다. 그래서 속죄소를 '시은좌(은혜를 베푸는 보좌)'라고도 한다. 이러한 법궤의 모양은 우리의 구원의 과정을 또한 암시하고 있다. 즉, 구원은 하나님께서 우리의 심령 안에 거처를 정하시는 것인데 이를 다른 말로 하면 나의 마음 안에 하나님의 보좌가 베풀어진다는 의미다. 그렇다면 하나님의 보좌가 나의 심령 안에 베풀어지려면 먼저 내 안에 하나님의 율법이 담겨야 하는데 하나님 보좌의 기초는 율법[89]이기 때문이다. 법궤처럼 우리의 심령이 하나님의 율법을 담게 되는 일을 예레미야는 하나님의 법을 우리 속에 두고 그 마음에 기록하는 일이라고 했고 이를 새 언약의 특징이라 했다(렘 31:33). 그리고 나의 심령 안에 하나님의 율법이 담기려면 나의 죄의 성질이 다듬어지고 그리스도의 의로 옷을 입어야 한다. 이런 일들은 믿어 순종함으로써 그리고 순종에 따른 어려움들을 인내함으로써 시간이 가야 이루어지는 일이다. 그리고 순종은 믿음이 없으면 불가능하다. 이렇게 하나님의 보좌가 사람의 심령에 베풀어지는 일을 예수님께서는 성령을 받는다고 표현하셨다. 단순히 일시적으로 성령의 감동에 영향을 받는 것을 성령 받는다고 하신 것이 아니다. 제자들도 예수님과 함께하던 3년 동안 성령의 감화 감동하심의 영향 아래 있었으나 아직 성령을 받은 상태는 아니었다(요 7:39).[90] 이 사실은 예수께서 부활하신 날 저녁 그들이 모인 곳에 오셔서 "성령을 받으라"고 하신 것을 봐도 알 수 있다. 그리고 50일 후 오순절에 그들은 성령을 받았다. 그들의 심령 안에 하나님의 보좌가 베풀어진 것이다. **그러므로 '성령을 구한다'는 것은 하나님께서 내 마음의 보좌에 좌정하시기**

89) 구름과 흑암이 그를 둘렀고 의와 공평이 그의 보좌의 기초로다 (시 97:2) 의와 공평은 히브리어로 '제다카'와 '미슈파트'이다. 이것이 율법의 정신이다.

90) 이는 그를 믿는 자들이 받을 성령을 가리켜 말씀하신 것이라 (예수께서 아직 영광을 받지 않으셨으므로 **성령이 아직 그들에게 계시지 아니하시더라**)

를 구하는 것이고 이는 결국 '믿어 순종하는 것'이다.

예수님께서는 3년여 동안 제자들을 말씀으로 깨끗하게 하심으로써 그들의 심령을 준비시키셨다. 그동안 제자들은 많은 실수를 범했고 그에 따른 책망을 예수님으로부터 받았고 그러면서 그들의 심령은 점점 정결해져 가고 있었다. (우리들도 이제는 바른 믿음을 갖고 말씀 묵상과 진실한 기도로써 제자들의 경험을 해야 하고 또 할 수 있다) 그리고 마침내 그들 선생님의 십자가에서의 부당한 처형과 부활을 목도함을 끝으로 그들의 심령은 성령을 받을 준비가 완성되었다. 그리고 부활 후 50일, 승천 후 10일이 지난 오순절에 그들에게 약속하신 대로 성령께서 임하셨다. 예수께서 십자가에서 운명하신 날이 출애굽의 기념일이었던 유월절이었듯이 이 오순절은 모세가 출애굽 후 시내산에서 신성으로 임하신 여호와로부터 십계명을 새긴 돌 비를 받은 기간 안에 있었던 날이었다. **성령께서 내 마음에 자리잡는다는 것은 돌 비에 새겼던 율법의 정신이 내 마음 안에 자리 잡는 것과 같은 일이다. 이런 진리를 이스라엘의 절기를 통해서도 우리들에게 계시하고 있다. 이 일은 아담이 지음 받던 날의 경험이기도 하다**(창 2:7). 이렇게 성령이 아담의 심령에 부은 바 되었을 때 아담은 살아있는 영혼(생령)이 되었다고 기록되어 있다. 그렇게 그들은 이제 살아있는 영혼이 되어 하나님의 전사로써 세상에 나가 모든 고난을 불사하고 진리를 전할 준비가 되었다.

하나님께서는 모세의 입술에는 말씀을 그 손에는 지팡이(**모세의 지팡이는 성령의 권능을 상징한다**)를 주셔서 애굽의 바로 왕(세상의 임금인 사단을 상징)에게 모세를 보내셨듯이 예수님의 제자들에게도 말씀과 성령의 권능을 주셔서 세상에 그들을 보내셨다. 예수께서 하나님께서 받으시는 진실한 예배(경배)는 '신령과 진정'으로 드리는 예배라고 하신 것도 같은 맥락이다. '신령과 진정'이라고 번역된 헬라어는 πνεῦμα(프뉴마; 영, 성령)와 ἀλήθεια(알레쎄이아; 진리, 사실)이다. 이는 곧 **'말씀과 성령'**을 뜻한다. **'말씀'은 인간이 인식할 수 있도록 인간의 언어로 표현된 하나님의 정체성이다. '성령'은 우리가 그 말씀대로 살 수 있는 능력을 주시는 분이다. 그러므로 말씀을 모르면 성령을 구할 수 없기 때문에 성령을 받을 수 없고 성령의 임재 없이 말씀을 행할 수도 없다.** 성경의 맨 마지막 책인 요한 계시록은 예수님 재림 직전의 타락한 세상과 교회를 묘사하면서 이들을 통해 참 하나님 백성을 핍박하는 사단과 이런 핍박에도 불구하고 끝까지 하나님에 대한 진실한 믿음을 지키는 순수한 무리와의 영적 전쟁에 초점이 맞춰져 있다. 이 마지막 때의 참 하나님의 백성을 여자의 남은 자손[91]이라고 부르고 이들의 특징을 하나님의 **계명**을 지키고 **예언의 영(=성령)**(계 12:17, 계 19:10)을 가진 자들이라고 규정하고 있다. 즉, 계명을 지키고 성령을 가진 자들이란 **'말씀과 성령'**으로 타락한 세상 가운데서 삶을 살아가는 자들이라는 뜻이다. 이들에게 부어진 성령을 특별히 '예언의 영'이라고 하는 이유는 그들이 마지막 시대에 타락한 세상을 향해 하나님의 영원한 복음을 선포하는 일을 할 것이기 때문이다. 복음 선포를 성경에서는 예언(대언; 하나님을 대신해서 말씀을 선포하는 일)

91) 용이 여자에게 분노하여 돌아가서 그 여자의 남은 자손 곧 **하나님의 계명을 지키며 예수의 증거(증언)를 가진 자들**과 더불어 싸우려고 바다 모래 위에 서 있더라 (계 12:17)
내가 그 발 앞에 엎드려 경배하려 하니 그가 나에게 말하기를 나는 너와 및 예수의 증언을 받은 네 형제들과 같이 된 종이니 삼가 그리하지 말고 오직 하나님께 경배하라 **예수의 증언(증거)은 예언의 영**이라 하더라 (계 19:10)

이라고 하고 있고 이렇게 대언을 하게 하시는 성령의 임재를 **예수의 증거**(계 12:17)라고도 하고 있다. 이렇게 말씀과 성령은 우리 구원을 위한 필요충분 조건이다. 성막 안에서도 양을 잡는 데 쓰이는 놋 칼[92]이나 물두멍의 물[93]이나 떡 상위의 떡[94]은 모두 말씀을 상징하고 번제단의 불이나 일곱 금 촛대의 불빛, 이를 유지하는 감람유는 모두 성령을 상징한다. 이렇게 말씀과 성령의 역사로 인해 법궤가 만들어지고 그것이 완성됐을 때 그 위에 하나님의 보좌가 베풀어진다. 예수님도 사도 바울도 이를 아주 단순한 말씀으로 표현하셨다.

> *예수께서 대답하시되 진실로 진실로 네게 이르노니 사람이* ***물과 성령****으로 나지 아니하면 하나님 나라에 들어갈 수 없느니라* (요 3:5)

> *이는 곧* ***물로 씻어 말씀으로*** *깨끗하게 하사 거룩하게 하시고* (엡 5:26)

여기서 물은 침례(세례)를 의미하는 것이 아니라 우리의 심령의 더러움을 씻어내는 말씀을 의미한다. 사람이 물로써 침례(세례)를 받는다고 거듭나지 않는다는 것은 우리 모두 경험한 일이다. 예수님의 제자들이 준비되는 과정도 동일하였다. 3년 동안 **말씀**으로 깨끗하게 함을 입었고 곧바로 **성령**의 침례로써 하나님과 완전히 하나가 되었다.

---

92) 하나님의 말씀은 살아있고 활력이 있어 **좌우에 날 선 어떤 검보다도 예리하여** 혼과 영과 및 관절과 골수를 찔러 쪼개기까지 하며 또 마음의 생각과 뜻을 판단하나니 (히 4:12)

93) 이는 곧 **물로 씻어 말씀으로 깨끗하게 하사** 거룩하게 하시고 (엡 5:26)

94) 예수께서 이르시되 **나의 양식**은 나를 보내신 이의 뜻을 행하며 그의 일을 온전히 이루는 이것이니라 (요 4:34)

유대인들은 이런 법궤의 모양을 잘 알고 있었지만 그 법궤가 바로 자기 자신이 그렇게 변해야 할 그들을 향한 '하나님의 꿈'이라는 것을 깨닫지 못하고 있었다. 이 법궤는 성소 안의 가장 거룩한 장소인 지성소(the most holy place)에 위치하고 있었고 1년에 1차 속죄일(유대력 7월 10일)에 대제사장만이 이 안에 들어갈 수 있었다.

내가 변하든지
율법이 변하든지

율법은 그 조항의 가장 작은 부분이라도 범했을 때는 죽음이라는 형벌을 선고하기 때문에 우리 죄인으로서는 율법을 대하기가 무섭고 겁나고 부담스러운 것은 사실이다. 이런 율법을 대하는 두려운 감정은 우리 안에 성령의 내주가 없을 때의 정직한 감정이다. 그러나 이러한 부담스러운 감정을 느끼는 것은 우리가 우리의 본성을 변화시킬 생각을 하지 않고 우리의 본성을 가지고 율법을 지켜서 구원을 얻으려고 생각하기 때문이다. 그래서 **바리새인들은 자신들의 본성을 하나님의 은혜로 변화시킬 생각은 하지 않고 율법을 자기들의 본성에 맞는 형태로 변질시켰다.** 결국 그들이 믿고 지켰던 것은 **다른 율법**이었다. 현대의 일군의 신학자들 역시 하나님의 은혜로써 그들의 본성을 변화시켜 율법을 지키려고 하지 않고, 인간은 죄인이니까 율법은 어차피 지킬 수 없고 예수님을 믿음으로써만 구원을 얻는다는 **다른 복음**을 고안해 냈다. ('믿음'이라는 글자는 성경과 일치하지만 믿음의 내용과 실상이 다르다. 그래서 열매도 다르다) 과거 유대인들은 **율법**을 그들의 입맛에 맞게 변질시켰고 현대 기독교 지도자들은 **복음**을 죄인의 본성에 맞게 변질시켰다. 이로 보건대 과거 바리새인들이나 현대 기독교 지도자들이나 본성의 변화, 즉 새로운 피조물로 거듭나는 경험을 하지 못 하고도 구원을 얻었다고 주장하는 공통점이 있다고 할 수 있다. 오히려 현대 교회에서는 거듭나지 않았는데도 거듭났다고 주장하고 가르치는 차이는 있다. 안 다니던 교회를 출석하고 입술로 예수님을 구주로 시인하는 것이 거듭남이라고 주장하는 장면을 독자들은 지금도 목도하고 있을 것이다. **예수님께서는 성령의 내주하심으로써 거룩하게 그 본성이 하늘로부터 새로 태어나는 것 그리고 그 결과 성령의 열매가 맺히는 것, 곧 율법을 지키게 되는 것을 거듭남이라고 하셨다.** 이 말씀은 에스겔서 36:26, 27[95]을 다시 풀어서 말씀하신 것에 불과했고 그렇기 때문에 이스라엘의 선생으로서 '거듭남'이라는 것을 깨닫지 못하고 있던 니고데모를 책망하셨다(요 3:10). 랍비들의 전통만 지키고 있었지 성경을 깊이 있게 보지 않았던 니고데모는 **거듭남**(헬라어 본뜻은 **위로부터 남**)이라는 개념 자체를 아예 몰랐고 현대 교회의 지도자들은 거듭남이라는 개념을 천박한 수준으로 변질시킨 차이가 있다. 위와 같은 잘못된 구원론이 교회에 가면 예수님과 같은 품성을 지닌 사람을 찾아 보는 것이 매우 어려운 근본적인 이유이다. **그러나 예수님께서는 종교 활동을 믿음이라고 하신 적이 없다. 자신을 믿는 것과 자신의 말, 곧 율법을 지키는 것을 동일시하셨다.**

> *진실로 진실로 너희에게 이르노니 사람이* ***내 말을 지키면*** *영원히 죽음을 보지 아니하리라* (요 8:51)

95) 또 새 영을 너희 속에 두고 새 마음을 너희에게 주되 너희 육신에서 굳은 마음을 제하고 부드러운 마음을 줄 것이며 또 내 신(루아흐, 성령)을 너희 속에 두어 너희로 내 율례를 행하게 하리니 너희가 내 규례를 지켜 행할지라 (겔 36:26, 27)

*사람이 나를 **사랑**하면 **내 말을 지키리니** 내 아버지께서 그를 사랑하실 것이요 우리가 그에게 가서 거처를 그와 함께 하리라 나를 사랑하지 아니하는 자는 내 말을 지키지 아니하나니 너희가 듣는 말은 내 말이 아니요 나를 보내신 **아버지의 말씀**이니라* (요 14:23, 24)

믿기 때문에 율법을 지키지 않아도 의로운 사람으로 봐준다는 소위 칭의(justification)의 이론은 사단의 영감임이 명백해진다. 우리는 거듭나지 않은 상태에서 율법을 지키려고 노력을 하면 어느 조항에 위배될까 항상 불안하고 전전긍긍하는 삶을 살 수밖에 없게 된다. 그리고 지킬 수도 없다. 그러나 우리의 품성이 하나님의 형상으로 다시 태어나면 율법은 무거운 것이 아니다. 이 일을 위해 예수님께서 십자가에 달리셨다. 다음 예수님의 말씀은 바로 이러한 **본성의 변화**가 우리를 쉬게 하고 자유하게 만든다는 진리를 선포하시고 있다.

수고하고 무거운 짐 진 자들아 다 내게로 오라 내가 너희를 쉬게 하리라 나는 마음이 온유하고 겸손하니 나의 멍에를 메고 내게 배우라 그러면 너희 마음이 쉼을 얻으리니 이는 내 멍에는 쉽고 내 짐은 가벼움이라 하시니라 (마 11:28-30)

사람의 본성을 가지고 하나님의 나라에 들어가는 것은 아무리 노력을 해도 불가능하다. 즉, 사람의 악한 본성으로 율법을 지키려고 노력하는 것이 고역이라는 말씀이다. 이는 다리에 장애가 있는 사람이 달리기 대회에 나가서 상을 타려는 시도와도 같다. 그 자체가 고난이고 괴롭다. 그리고 상을 탈 수도 없다. 그러나 우리의 본성이 변할 때, 즉 예수님처럼 온유하고 겸손한 품성을 소유하게 될 때 율법을 지키는 것은 쉬운 일이라는 것이다. 뿐만 아니라 삶이 정말로 평화롭고 행복해진다. 사랑은 정말 받는 것이 아니라 주는 것이고 받는 자보다 주는 자가 복이 있다는 진리를 몸소 체험하게 된다. 이와 같은 주기를 기뻐하시는 하나님의 본성을 소유할 때 우리는 삶을 기쁨으로 영위하게 된다. 가난이 우리를 불행하게 할 수도 없고 남들의 비난이 우리를 절망 가운데 던질 수도 없다. 심지어 순교를 당해도 그 자체가 우리를 슬프게 하거나 분노하게 하지 않는다. 오히려 나를 핍박하는 그 사람들을 긍휼히 여기고 그들을 위해 기도하게 된다. 만물이 우리 것(고전 3:21)이고 우주의 주인이신 하나님께서 친히 우리들의 아버지 되시기 때문이다. 우리는 스테판의 순교하는 모습에서 거룩하게 된 죄인의 모습을 본다. 이것이 진정하고 영원한 복이다. 이러한 품성으로 율법의 정신으로 사는 삶이 예수님의 멍에요 예수님의 짐이다. **예수님께서 "나는 온유하고 겸손하다"라고 말씀하심은 우리는 본래 그렇지 못하다는 말씀이다.** 즉, 너희들은 아직 사람의 본성 안에 머물고 있다는 말씀이 숨어 있다. 그러므로 우리는 예수님에게서 배워야 한다. 하나님의 본성이 어떤 것인지를 먼저 깨닫고 그 다음에 구해야 한다. **예수님의 짐은 예수님의 품성을 소유한 상태에서 지켜야 하는 하나님의 율법이요, 삶의 무게다.**

앞으로 살펴볼 산상수훈의 말씀은 당시 유대 지도자들에 의해 불완전하게 제시되었던 율법, 곧 아버지의 말씀을 완전하게 다시 해석해 주신 예수님의 말씀이다. 우리는 예수님의 해석을 들으면서 율법은 우리의 본성을 가지고는 지키는 것이 전혀 불가능한 신령한 것임을 깨닫게 된다. 이제 우리 앞에는 단 하나의 희망이 있을 뿐이다. 그것은 하나님의 은혜로써 본성의 변화함을 입는 길뿐이다. 그러므로 우리는 우리의 죄 된 본성의 옛사람을 십자가에 못박아 버리고(롬 6:6)

예수님께 온전히 의지함으로써 거듭나게 되기를 간절히 기도해야 할 것이다. 이것이 바로 성령을 구하는 일이다. 그리고 이 기도가 응답받는 비결은 단 하나다. 그렇게 이루어 주실 것을 진실로 믿는 것이다. 그리고 진실한 믿음에는 반드시 순종의 열매가 맺힌다.

이는 우리의 욕심을 따라 하는 기도가 아니라 말씀을 따라 성령을 구하는 기도이므로 100% 응답을 받는다. 그렇기 때문에 예수님은 우리의 구주인 것이다. 이렇게 해서 우리의 품성이 거룩하게 함을 입으면 율법은 가벼운 것일 뿐 아니라 오히려 그것을 범하는 것이 죽음보다 싫게 된다는 것을 사도들의 순교가 증언하고 있다.

> *하나님을 사랑하는 것은 이것이니 우리가 그의 계명들을 지키는 것이라 그의 계명들은* ***무거운 것이 아니로다*** (요일 5:3)

> *내가 진실로 진실로 너희에게 이르노니 나를 믿는 자는* ***내가 하는 일****을 그도 할 것이요 또한* ***그보다 큰 일도 하리니*** *이는 내가 아버지께로 감이라* (요 14:12)

> *하나님께로부터 난 자(거듭난 자)마다 죄를 짓지 아니하나니 이는 하나님의 씨가 그의 속에 거함이요 그도* ***범죄하지 못하는****(cannot sin)것은 하나님께 로부터 났음이라* (요일 3:9)

산상수훈의 문학적 구조

산상수훈은 율법과 상관 없이 태어난 인간의 심령에 율법의 정신(=로고스=성령)을 담아 영적인 법궤가 되는 과정과 그 과정 가운데 실수할 수 있는 함정들에 대한 주의점들을 상기시켜 주고 또한 율법을 담은 사람과 담은 것처럼 보이나 실제로 그렇지 않은 사람들의 특징을 설명하고 있다. 이 모든 말씀의 주제는 율법의 정신을 소유하는 것 다시 말해 "복"이다. 그렇기 때문에 **온전한 삶의 기준이요, 구원받은 자의 증거인 율법의 정신을 명확히 제시하고 계신다.** 율법에 관한 완전한 이해를 바탕으로 참으로 복이 있는 자와 복 있는 것 같지만 사실은 없는 자의 구별법도 더불어 설명하신다.

예수님께서는 먼저 마태복음 4:16에서 천국이 가까이 임했다는 선포를 하시고 7:24에서는 이 천국은 바로 예수님의 말씀(율법)을 행하는 것이라고 천국의 본질을 설명하고 계신다. 우리는 '최후의 만찬'이라는 레오나르도 다 빈치의 그림을 잘 알고 있다. 이 그림의 작가는 상상 속에서 예수님의 이 땅에서의 마지막 유월절 식사를 묘사하고자 했을 것이다. '최후의 유월절 만찬'이라는 한 편의 동영상을 상상해 보자. 이 동영상의 한 정지 화면인 이 작품의 장면에서 조금만 뒤로 감기를 하면(앞으로 감아야 하는지도 모르겠다) 예수님께서는 식사

중간에 허리에 수건을 두르고 대야의 물을 받아 제자들의 발을 일일이 씻기시는 장면이 나온다. 이 장면을 그린 작품들도 유명하진 않지만 여럿 있다. 필자는 예수께서 다른 제자들이 보는 가운데 각각 제자들의 발을 씻기시는 이 그림은 작가의 의도가 어떻든 하나님의 나라를 함축적으로 보여 주는 그림이라고 생각한다. 가장 높은 자가 가장 낮은 자의 발 씻기는 나라. 심지어 자기를 팔아 버릴 원수의 발도 씻겨주는 나라. 이러한 **섬김의 원칙**으로 통치하고 움직여지는 나라. 그렇기 때문에 그 초라한 방 안에서도 같이 떡을 떼며 기뻐할 수 있는 사랑이 있는 나라. 이것이 하나님의 나라가 아니겠는가? 지난 3년 동안 율법에 관한 긴 설명과 예화로 보여 주셨던 하나님의 나라를 예수님께서는 십자가에 달리시기 직전 한 편의 퍼포먼스로 하나님의 나라를 보여 주신 것이다. 그 나라는 진수성찬이 있어서 기쁨이 있는 나라가 아니다. 화려한 장식이 있어 남들의 칭찬을 받아 우쭐해 하는 곳도 아니다. 다만 서로 사랑하고 섬김으로써 하나가 되기에 기쁨이 있는 나라다. 이런 서로 섬기는 관계만이 우리를 기쁘게 하고 평강 가운데 머물게 하는 유일한 가치이기 때문이다. 이것이 하나님의 본성이고 우리는 본래 하나님의 형상으로 지음을 받았기에 이런 가치 안에서만 진정으로 그리고 영원히 행복할 수 있는 존재이기 때문이다.

어쩌면 죄 때문에 눈이 먼 사람들이 이런 하나님의 나라를 싫어하여 다른 복음을 고안했는지도 모른다. 진정으로 기뻐해야 할 가치에 기뻐하지 못하므로 다른 헛된 것을 구하다가 흙으로 돌아가는 것이 죄인의 일생이다. 이런 안타까운 장면들을 수천 년 동안 목도하신 예수님께서는 이렇기 때문에 그들이 예수님께로 와서 고침을 받을까 두려워한다고 하셨을 것이다. 그래서 사도 바울도 이 헛된 것을 구하는 탐심을 우상 숭배라고 질타했을 것이다. 그러나 우리는 하나님의 말씀을 믿어야 한다. 하나님께서는 우리에게 가장 **좋은 것**을 주시는 분이지 우리가 가장 **좋아하는 것**을 주시는 분이 아니라는 것을 적어도 우리는 알지 않는가? 그러므로 우리는 예수님께로 가야 한다. 고침을 받자. 고쳐 주실 것을 믿고 은혜의 보좌로 나오는 자는 반드시 상 주신다고 하셨다(히 4:16, 히 11:6). 그분의 말씀에 순종함으로 구원의 기쁨을 누리자. 여기에는 전능자 하나님의 약속이 있다.

성경의 많은 다른 부분과 마찬가지로 산상수훈도 "온전함"을 정점으로 한 대차대비(chiastic structure)의 구조를 이루고 있다. 온전함이란 율법의 정신의 자기 내면화가 완성된 상태이다. 이런 온전한 율법의 정신을 보여 주심을 정점으로 율법의 내면화가 이루어진 사람과 그렇지 않은 사람을 대비시키고 율법의 내면화를 이루는 경험과 주의점을 대비시키고 있다. 그리고 이러한 율법의 내면화가 이루어진 심령이 바로 그들에게 가까이 임해 있었던 천국의 실상이었고 이는 율법을 행하는 것으로 그 진실성이 드러나게 되어 있다. 산상수훈을 기쁜 마음으로 주야로 묵상하자. 마음 속에 샛별이 떠오를 때까지 묵상을 하면 생명의 길이 밝히 보이고 내가 그동안 구해왔던 것들과 지금 가진 모든 것들이 배설물로 여겨질 정도로 보석 같이 빛나고 아름다운 진리를 발견할 것이다. 산상수훈을 율법을 중심으로 사람의 심령과 율법과의 관계에서 조명해 보면 다음 도표와 같다.

천국이 가까이 임함 (마 4:16)

율법을 심령에 담은 경험 — 8복

율법을 심령에 담은 사람 — 박해, 세상의 빛과 소금

율법의 정신 = 하나님의 형상 = 온전함의 기준

온전치 못한 모습들 — 내면에 율법의 정신이 없음

- 외식; 구제, 기도, 금식
- 재물을 섬김
- 비판과 정죄

온전함을 위한 주의점들

- 보석을 개와 돼지에게 던지지 말라
- 성령을 구하면 받을 것이다
- 황금률
- 좁은 문으로 가라
- 거짓 선지자를 조심하라
- 말씀에 순종하라

천국의 본질

율법을 실천하는 심령 = 율법의 원칙대로 움직이는 나라 = 하나님 나라

V.
하나님께서 주시는 복: 팔복(八福)

복(福)이란 무엇인가?

복(福)이라는 단어는 성경을 모르는 사람들도 일상 생활에서 자주 사용하는 단어이다. 세속적으로 '복'이라는 개념은 마음에 근심 걱정 없이 건강하고 평안하게 잘 사는 것이라는 정도로 정립되어 있는 것 같다. 동양에서는 전통적으로는 부모 복, 자식 복, 재물 복, 건강 복 등등으로 우리가 세상에서 누리기를 바라는 항목별로 나누어 복을 설명하기도 한다. 흔히들 오복(五福)이라는 표현을 쓴다. 그러나 하나님께서 우리에게 주기 원하시는 복(福)은 본질적으로 이렇게 우리의 육신에 관한 것들이 아니다. 성경 전체가 영(靈)에 관한 이야기이듯이 하나님께서 주시고자 하시는 사람이 누려야 할 복 역시 영적인 개념이다. 사람은 영적인 동물로 지음을 받았기 때문이다. **성경에서 말하는 복은 영적인 안녕 내지는 평강이고 영적인 안녕은 육적인 안녕을 보장한다.** 사람의 영이 안녕하다는 것은 그 영이 하나님의 영과 함께 할 때만 가능한 일이다. 그러므로 시편 기자는 "여호와께 가까이 함이 내게 복이라(시 73:28)"고 노래했다. 복을 생명을 누리는 기쁨이라고 정의한다면 그 복의 조건이 세상 사람들이 생각하는 것과 하나님께서 우리들에게 가르쳐 주시는 것이 다르다. 즉 사람들의 생각은 그 조건이 육적인 것이고 하나님께서 우리들에게 요구하시는 것은 우리들의 복을 위해 영적인 조건을 갖추라는 것이다.

우선 복(福)이라는 한자를 분석해 보면 신(神)이 밭(田)에서 한(一) 사람 또는 식구(口)에게 주신 것이 복이다. 여기서 밭(田)은 4줄기의 강이 흐르던(창 2:10) 에덴 동산을 가리키는 것이라는 것은 적어도 기독교 한자 연구가들 사이에서는 이견이 없다. 에덴 동산의 한 사람도 아담 내지는 아담의 부부를 말하는 것이 틀림 없다. 고대 중국 한자에서도 복(福)이란 이렇게 인간의 능력으로 얻는 것이 아니라 근본적으로는 하늘에서 주어지는 것이라는 개념이 숨어 있다. 그리고 **복은 인간이 창조될 때 최초에 주어진 것**이라는 역사적 사실도 이 단순한 한자 한 글자에 내포되어 있다. 그러면 이 지구에서 복을 처음 받은 존재는 누구인가? 그 존재는 놀랍게도 사람이 아니라 물고기와 새들이었다.

> *하나님이 그들(물고기와 새들)에게* ***복을 주시며*** *이르시되 생육하고 번성하여 여러 바닷물에 충만하라 새들도 땅에 번성하라 하시니라*
> (창 1:22)

창세기를 살펴보면 물고기와 새들이 하나님으로부터 처음 복을 받았다고 기록되어 있다. **이는 성경에서 말씀하고 있는 복(福)이 인간의 통속적인 개념의 복과는 다르다는 것을 보여 주고 있는 대목이다.** 물고기와 새가 무슨 건강 걱정을 하겠으며, 자식 걱정을 하겠는가? 그들은 복이 무엇인지도 모른다. 그러나 하나님께서는 그들에게 '복'이란 것을 주셨다. 성경 상의 '복'이란 무엇일까? 이 개념을 정확하게 파악하기 위해서 창세기의 그 다음 이야기들에서 하나님께서 복을 주시는 장면을 살펴 볼 필요가 있다. 왜냐하면 피조물에게 있어서 복이라는 것은 창조주의 창조행위에 따른 후속적인 것이기 때문이다.

*하나님이 그들(아담과 하와)에게 **복을 주시며** 하나님이 그들에게 이르시되 생육하고 번성하여 땅에 충만 하라, 땅을 정복하라 바다의 물고기와 하늘의 새와 땅에 움직이는 모든 생물을 다스리라* (창 1:28)

*하나님이 노아와 그 아들들에게 **복을 주시며** 그들에게 이르시되 생육하고 번성하여 땅에 충만하라* (창 9:1)

*내가 너(아브람)로 큰 민족을 이루고 네게 **복을 주어** 네 이름을 창대하게 하리니 너는 복이 될지라* (창 12:2)

*내가 그(사라)에게 **복을 주어** 그가 네게 아들을 낳아 주게 하며 내가 그에게 복을 주어 그를 여러 민족의 어머니가 되게 하리니 민족의 여러 왕이 그에게서 나리라* (창 17:16)

*이스마엘에 대하여는 내가 네 말을 들었나니 내가 그에게 **복을 주어** 그를 매우 크게 생육하고 번성하게 할지라 그가 열두 두령을 낳으리니 내가 그를 큰 나라가 되게 하려니와* (창 17:20)

*내가 네(아브라함)게 **큰 복을 주고** 네 씨가 크게 번성하여 하늘의 별과 같고 바닷가의 모래와 같게 하리니 네 씨가 그 대적의 성문을 차지하리라* (창 22:17)

*네(아브라함) 자손을 하늘의 별과 같이 번성하게 하며 이 모든 땅을 네 자손에게 주리니 네 자손으로 말미암아 천하 만민이 **복을 받으리라*** (창 26:4)

*그 밤에 여호와께서 그에게 나타나 이르시되 나는 네 아버지 아브라함의 하나님이니 두려워하지 말라 내 종 아브라함을 위하여 내가 너(이삭)와 함께 있어 네게 **복을 주어** 네 자손이 번성하게 하리라 하신지라* (창 26:24)

*전능하신 하나님이 네(야곱)게 **복을 주시어** 네가 생육하고 번성하게 하여 네가 여러 족속을 이루게 하시고* (창 28:3)

위의 말씀들에서 보면 복을 주시는 것이 결국 생육하고 번성하는 것으로 귀착되고 있다. 이는 복이라는 것은 창조와 생명 자체의 문제임을 알 수 있다. 하나님께서 주시고자 하시는 복의 요체는 '생명' 또는 '생명을 영위하는 기쁨'이라는 것을 위 말씀들에서 다시 한 번 더 확인할 수 있다. 생명을 영위하는 데 기쁨이 없다면 생육하고 번성하는 것이 어찌 복이 되겠는가? 그러나 대부분의 사람들은 생명을 영위하는 자체가 그렇게 기쁘지 않다. 심지어 어떤 사람들은 죽지 못해 산다고도 말하고 어떤 사람들은 스스로 목숨을 끊기도 한다. 이렇게 많은 사람들이 이 아름다운 세상에 태어나서 하나님께서 주시고자 하는 복을 받아 본 적도 없고 잘 알지도 못한 채 다시 흙으로 돌아가는 것은 행복 내지는 기쁨이라는 것이 어떤 자극에 의해서 오는 것이라고 오해하고 살았기 때문이다. 이 자극이라는 것은 남들과 경쟁을 해서 이기는 일, 돈을 많이 벌어서 세상 사람들의 부러움을 받는 일, 혀를 즐겁게 하는 맛있는 음식을 즐기는 일, 아름다운 여인을 취하는 일 등에 의한 만족감이 행복인 줄만 알았기 때문이다. 그리고 이런 류의 소위 행복은 모든 사람이 동시에 결코 누릴 수 없고 경쟁해서 쟁취하든지 아니면 타고나든지 해야 한다. 그래서 삶이 고달프다. 그리고 이런 것들을 얻었어도 진정한 기쁨이 없고 왠지 공허하다. 생명의 진정한 가치와는 관계없는 거짓 행복이기 때문이다. 대부분의 사람들은 이런 유사 행복을 누려보지도 못하고 평생 이것들을 얻기 위해 수고하고 싸우다가 흙으로 돌아가고 이것을 얻은 일부 극소수의 사람들도 이것 때문에 진정 행복하다고 말하는 사람은 없다.

사람의 생명이라는 것은 단순이 목숨이 붙어 있는 생존의 상태가 아니라 어떤 유의한 가치에 의해 존속되는 영적인 현상이다. 이 가치는 결국 생명을 주신 분의 생명에 관한 뜻이다. 이 뜻 안에 있을 때만 생명은 참 의미를 갖게 되고 그것을 누리는 것이 기쁨이 된다. 그래서 이 생명은 소멸하는 것도 아니고 소멸되어야 할 이유도 없는 영원한 생명이다. 그러므로 생명을 영위하는 진정한 행복은 겉으로 요란하거나 화려할 필요도 없고 무슨 큰 일을 이루어야 하는 것도 아니다. 그저 소소한 일상 속에서 서로 섬기고 사랑하는데 느끼는 평화롭고도 심오한 기쁨이다. 그리고 이 기쁨은 소멸되지 않는 영존하는 기쁨이다. 이 기쁨을 아는 사람은 세상 사람들이 구하는 것을 구하지 않는다. 그리고 이 행복은 그냥 생존해 있다고 누리는 것이 아니라 (적어도 짐승이 아닌 사람에게 있어서는) 자신의 '살아있음'을 '생명의 법칙' 안에서 영위할 때만 누릴 수 있는 것이다. 그러므로 복을 받는다는 것은 생명의 법칙 안으로 들어가는 일이고 복을 누린다는 것은 생명의 법칙 안에 나의 영혼을 두는 일이다. 이 생명의 법칙은 바로 하나님의 본성에서 비롯된 하나님의 뜻이고 이 뜻을 법조문화한 것이 하나님의 율법이다. 그리고 이 생명의 질서 안으로 들어가는 방법이 그리스도를 통해 그 질서의 속성을 깨닫고 구하는 믿음뿐이라는 것이 얼마나 감사한 일인가? 그러므로 우리는 성경에서 영생을 얻는 줄 알고 성경을 상고해야 한다.

이러한 행복은 내세에 가서 비로소 이루어지는 것이 아니라 바로 현재를 위한 것이다. 그리고 현세에서 도달한 진정한 행복은 내세까지 연결되는 영원한 것이다. 성령의 열매에 '희락'이 포함되어 있는(갈 5:22, 23) 것은 성령과 함께하는 사람은 생명의 법칙에 따라 생명을 영위하기 때문에 항상 기쁘고 즐겁기 때문이다. 사도 바울도 '항상 기뻐하라'(빌 4:4)고 한 이유가 여기에 있다. 예수님께서도 십자가에 달리시기 전에 하신 마지막 기도에서 아버지 하나님께서 아버지의 이름으로 제자들을 보전하시기를 간구하셨는데 그 목적이 예수님의 기쁨을 제자들에게 충만하게 하시기 위함이었다(요 17:11-13[96]). 아버지의 이름으로 보전한다는 의미는 아버지의 본성을 그들 안에 유지하는 것이고 하나님의 본성이 곧 생명의 법칙이기 때문에 제자들에게 기쁨이 충만하게 될 것이었다. 예수님의 기쁨도 생명의 법칙 안에 거하는 기쁨이기 때문이다. 전술하였듯이 생명의 법칙이 바로 사랑의 법칙이요, 또한 율법의 정신이라는 것은 성경 전체를 통해서 일관되게 흐르고 있는 메시지이다. **예수님의 기쁨의 근원은 서로 사랑하여 아버지와 하나이기 때문이었고 제자들도 하나가 되어 예수님과 같은 기쁨을 누리기를 원하신다고 기도하고 있다.** 그리고 이 원칙은 영원히 변하지 않기 때문에 기쁨도 영원한 것이다.

> *그러므로 모든 육체는 풀과 같고 그 모든 영광은 풀의 꽃과 같으니 풀은 마르고 꽃은 떨어지되* ***오직 주의 말씀은 세세토록 있도다*** (벧전 1:24, 25)

복이 곧 생명이라는 것은 다음 시편 구절에서 명백히 드러나 있다.

> *헤르몬의 이슬이 시온의 산들에 내림 같도다 거기서* ***여호와께서 복을 명하셨나니 곧 영생이로다*** (시 133:3)

---

96) 아버지께로 가옵나니 거룩하신 아버지여 내게 주신 아버지의 **이름(품성)**으로 그들을 보전하사 우리와 같이 **그들도 하나가 되게 하옵소서** 내가 그들과 함께 있을 때에 내게 주신 아버지의 이름으로 그들을 보전하고 지키었나이다 (중략) 내가 아버지께로 가오니 내가 세상에서 이 말을 하옵는 것은 **그들로 내 기쁨을 그들 안에 충만히 가지게 하려** 함이니이다

그러므로 시편 1:1, 2에는 **"복 있는 사람은 (중략) 오직 여호와의 율법을 즐거워하여 그의 율법을 주야로 묵상하는도다"**라고 기록되어 있는 것은 당연한 결론이다. 복 있는 자란 결국 생명이 있는 자 다시 말해 구원받은 사람을 의미하기 때문에 하나님의 말씀(하나님의 율법을 자세히 여러 가지 모양으로 풀어 쓴 것이 결국 성경 전체의 말씀이다)이 생명의 말씀이므로 그 말씀을 기뻐하여 주야로 묵상하는 자가 복(생명)이 있다는 것은 너무도 당연한 것이다.

그러면 예수님께서 복 받는 과정과 복 받은 경험에 대해 자세히 설명하신 이른바 팔복을 살펴보자. 예수님께서 복이 있는 자에 대해 설명하고 있다는 사실 자체는 **우리가 본래 복이 없는 자들이라는 것을 전제로 하고 있다.** 이러한 사실만 보아도 세상에서 통상적으로 생각하는 복과 예수님의 말씀하시는 복이 다르다는 것을 알 수 있다. 예수님 말씀대로 살지 않아도 복(?) 있는 자들은 얼마든지 있기 때문이다. 이제 복에 관한 설교에서 어떠한 사람이 복이 있다고 설명하시는 것은 그런 사람이 되는 것이 복 받는 조건이라는 뜻이기도 하다. 심령이 가난하지도, 애통하지도, 마음이 청결하지도, 의에 주리고 목 마르지도 않기 때문에 복이 없는 사람들에게 그런 사람이 되어서 복을 받으라는 말씀이다. **복이 생명의 법 안에서 생명을 영위하는 기쁨이라면 복을 받는 과정은 결국 사람의 마음에 생명의 법인 하나님의 법을 담는 과정과 경험일 수밖에 없다.** 우리 죄인들은 마음 속에 율법이 없이(하나님의 뜻을 모르고) 태어나고[97] 그렇기 때문에 불법 가운데

97) 에덴에서 아담이 처음 창조되어 태어날 때 아담의 마음 속에는 성령이 함께 하셨으므로 그 속에 율법이 있는 상태로 태어났다. 율법의 법 조항이 아담에게 주어진 것이 아니라 성령의 내주하심으로써 율법의 정신을 소유한 상태

살다 죽는 사람들이기 때문에 원래는 복이 없는 자들이다. 그러므로 복 없는 우리들에게 복을 주시기 위해서 복 있는 사람에 대해 말씀하셔서 그 복을 받는 방법에 대해 설명하시는 것이다. 하나님의 법을 우리 생각에 두고 우리의 마음에 하나님의 율법을 새기는 것이(히 8:10, 히 10:16, 렘 31:33) 복이기 때문에 소위 **팔복은 하나님과 새 언약을 체결하는 과정과 경험이다.** 새 언약은 입술로 하는 신앙 고백으로 성립되는 것이 아니라 이른바 팔복에서 예수님께서 설명하신 과정을 따라 **하나님의 법이 우리 마음에 새겨질 때 비로소 체결되는 것이다.** 결국은 새 언약을 맺으러 이 땅에 오셨던 예수님께서 새 언약을 체결하는 과정을 말씀하신 것이 팔복이다.

A와 B가 언약을 맺는다는 것은 A는 A'를 행하는 조건으로 B는 B'를 행한다는 약속을 하는 것이다. 하나님과 우리들 사이에 언약을 맺었다. 하나님은 우리들에게 복(영원한 생명과 그 생명을 영위하는 기쁨)을 주시기로 약속하시고 우리들은 성령님의 도움으로 하나님의 법을 내 생각에 두고 내 마음에 기록하기로 한 것이 하나님과 우리들 사이에 맺은 새 언약이다. 옛 언약에서는 하나님의 법을 돌 판에 기록하여 지키기로 하였지만 이스라엘 백성이 이를 행동에 옮기지 않았고, **예수님께서 오신 이후에는 동일한 법을 우리들 마음 판에 기록한다 하여서 새 언약이라 부를 뿐 하나님의 법은 변하지 않았기 때문에**

로 태어났다. 이 율법의 정신을 심어주는 어떤 실체가 바로 로고스다. 그리고 이 로고스는 우리 안에서 선한 생각과 행동을 하게 하시는 동력이 된다. **말씀(율법)이 곧 영이요 생명이기 때문이다**(요 6:63). 율법의 정신, 곧 사랑으로 충만한 곳에는 율법의 법 조항은 필요 없었다. 율법의 법 조항들은 율법의 정신이 없는 곳에 필요한 것이다. 그러므로 율법(의 법조문들)은 범죄함으로 더하여진 것이다(갈 3:19).

언약의 내용은 동일하다. 언약은 이렇게 쌍방간의 약속인데도 불구하고 우리들은 하나님의 의무(약속)만을 생각하고 우리들의 의무는 망각한다. 지극히 어리석은 일이다. 그러면서 하나님의 은혜를 찬송한다. 자기의 의무는 행할 생각이 없으면서 하나님의 의무에 대한 감사와 찬송을 열심히 드리는 일은 일종의 하나님을 모독하고 능멸하는 행위다. 새 언약에서도 우리들의 의무는 하나님의 법을 지키는 것이고 이는 하나님의 법을 우리 마음에 새길 때만이 가능하다. 그리고 이 일은 오직 믿음으로만 이루어진다. 그래서 예수님을 믿지 않는 것이 죄다. 옛 언약은 율법을 지키는 것이고 새 언약은 예수님을 믿는 것이라고 오해하는 사람들이 너무 많다(이런 말은 성경에 없는 말이다). 위에서 인용한 새 언약을 규정한 말씀들(히 8:10,[98] 히 10:16, 렘 31:33)을 읽어보라. 새 언약에서는 율법이 육신이 되신 예수님께서 세상에 오심으로 우리가 율법을 보고 만질 수 있게 되어서 바른 믿음을 갖고 그 믿음을 통해 성령을 받음으로써 율법을 지키기에 더 쉬워진 것이 다를 뿐이다. 예수님을 믿는다는 것은 다른 말로 하면 율법을 믿는다는 뜻이고 율법의 정신을 사랑한다는 뜻이다. 그래서 예수님을 사랑하는 자는 예수님의 계명을 지킬 것이라고 하셨다. 예수님의 계명이

98) "또 주께서 이르시되 그 날 후에 내가 이스라엘 집과 맺을 언약(새 언약)은 이것이니 **내 법을 그들의 생각에 두고 그들의 마음에 이것을 기록하리라** 나는 그들에게 하나님이 되고 그들은 내게 백성이 되리라"(히 8:10 렘 31:33) **그들이 하나님의 백성이 된다는 뜻은 하나님의 통치 아래 있게 된다는 뜻이고. 다른 말로 하면 하나님의 법을 지킨다는 의미이다. 예수님을 믿기만 하면 율법을 범해도 하나님의 백성이 된다는 것은 어불성설이다.** 하나님은 율법의 원칙으로 온 우주를 통치하시기 때문에 결국 **율법을 지키게 됨으로써 하나님의 나라의 백성이 된다**는 뜻이다. 그러므로 이 일은 모두 현세에서 일어나는 일이다.

바로 모세를 통해서 주신 그 율법이다. 반대로 생각하면 오히려 하나님의 심판대 앞에 섰을 때 변명할 일이 없게 됐다.

마태복음 5장의 팔복(八福)이라고 일컬어지는 산상수훈의 예수님의 설교는 8가지 종류의 복이라고 생각하고 그렇게 명명되었다. 동양에서는 복을 인생에서 누리고 싶은 항목별로 나누어 생각하기 때문에 아마 이런 개념에서 팔복이라고 지칭하는 것 같다. 그러나 복은 생명과 생명을 영위하는 기쁨을 말하는 것이기 때문에 팔복이라고 말한다면 8가지 생명이 있다는 우스운 결론에 도달하게 된다. 마태복음 5장의 소위 팔복은 복 받는 자(구원받는 사람)의 경험을 8 가지로 요약해서 말씀하신 것이라고 해야 할 것이다. 결국 '구원받는(복 받는) 사람의 8가지 경험'이라고 하면 가장 정확하게 의미 전달이 될 것이다. 이 8 가지는 각각 서로 다른 구원을 얻는 방법도 아니고 서로 다른 별개의 속성도 아니다. 다만 8가지의 측면에서 구원의 길을 가는 사람의 경험 내지는 특성을 설명하고 있는 것이다. 그러므로 구원받은 사람은 이 8가지의 경험을 모두 다 하게 되어 있고 그래서 이러한 경험들이 예수님을 따르고자 하는 자들의 경험이 되어야 할 것을 교훈하고 계신 것이다. '예수님을 믿음으로 순종하면 경험하게 되는 8가지 일들'이라고 제목을 붙이는 것도 또 다른 쉽고 정확한 표현일 것 같다. 만일 내가 예수님을 믿는다고 하면서 이러한 경험들이 내 삶 속에서 나타나지 않는다면 나의 믿음에 무엇인가 문제가 있는 것이 분명하므로 나의 믿음을 기초부터 차분히 점검해 봐야 할 것이다.

그리고 이러한 경험들은 엄격하지는 않지만 구원의 열매가 맺혀져 가는 시간 순서에 따라 배열되어 있다. **가장 먼저 일어나야 하는 일은 자신의 심령이 가난하다는 것을 깨닫는 일이다.** 그리고 가장 나중에 그들을 기다리고 있는 일은 세상으로부터 부당하게 박해 받는 일이다. 예수님을 처음 믿기 시작할 때 주변에서 듣는 싫은 소리나 차별대우 정도를 박해라고 생각하면 곤란하다. 이 문제는 추후에 자세히 논의하기로 한다.

> *심령이 가난한 자는 복이 있나니 천국이 그들의 것임이요 애통하는 자는 복이 있나니 그들이 위로를 받을 것임이요 온유한 자는 복이 있나니 그들이 땅을 기업으로 받을 것임이요 의에 주리고 목마른 자는 복이 있나니 그들이 배부를 것임이요 긍휼히 여기는 자는 복이 있나니 그들이 긍휼히 여김을 받을 것임이요 마음이 청결한 자는 복이 있나니 그들이 하나님을 볼 것임이요 화평하게 하는 자는 복이 있나니 그들이 하나님의 아들이라 일컬음을 받을 것임이요 의를 위하여 박해를 받은 자는 복이 있나니 천국이 그들의 것임이라* (마 5:3-10)

심령이 가난한 자

심령(spirit)이 가난한 자는 마음[99]이 가난한 자인데 어떤 심령이 부자이고 어떤 심령이 가난한 심령인가를 먼저 따져 봐야 할 것이다. 우리는 단순히 겸손한 마음이 가난한 심령이라고 생각한다. 어떤 사람은 심령이라는 개념은 빼고 경제적으로 가난한 것이라고 해석하기도 한다. 이런 해석들이 완전히 틀린 것은 아니지만 그 의미가 속 시원하게 정확하지 않다. 특히 복에 관한 성경적 개념에서 보면 문맥에 잘 맞아 떨어지지 않는 해석이다. 예를 들어 예수님께서 자신을 가리켜 "나는 마음이 온유하고 겸손하다"(마 11:29)라고 하셨는데 그러면 예수님의 심령도 가난하다는 얘기가 된다. 예수님께서 '가난한' 심령(마음)을 어떻게 말씀하셨는지를 살펴 보면 정확하게 의미를 알 수 있을 것이다. 예수님은 요한 계시록 3장의 라오디게아 교회의 교인들에게 보내는 권면에서 라오디게아 교인들의 영적인 상태를 다음과 같이 진단하셨다.

---

99) 영어로는 mind가 아닌 spirit이므로 영적 상태를 염두에 두고 칭하는 마음.

네가 말하기를 나는 부자라 부요하여 부족한 것이 없다 하나 네 곤고한 것과 가련한 것과 ***가난한 것과*** *눈 먼 것과 벌거벗은 것을 알지 못하는도다* (계 3:17)

즉, 라오디게아 교인들의 심령이 가난한데 자신은 부자라고 착각을 하고 있다는 것이다. 그들이 느끼기에 그들의 심령은 가난하기는커녕 부요하다. 다시 말해 사람의 심령 안에 예수님께서 계시면 부자인 것이고 없으면 가난한 것이다. 성령이 그 안에 없는 자가 곧 가난한 자이다. 이 세상의 재물이 없어도 그 심령 안에 성령께서 내주하시는 사람은 진정한 부자이다. 왜냐하면 창조주 하나님께서 친히 그의 아버지가 되심이고 따라서 "만물이 그의 것"(고전 3:21)이기 때문이다. 구원은 각자의 가난한 심령 안에 예수님을 모셔 들여서 심령이 부요하게 되는 것이다. 그러므로 "심령이 가난한 자"라는 것은 그들이 느끼기에 자신의 심령이 가난하다는 것이다. 자신의 **심령에 성령의 내주함이 없어 가난한 줄을 깨달아 알고** 그 가난한 심령이 예수님의 내재로 말미암아 부요하게 되기를 구할 준비가 되어 있는 사람인 것이다. 이는 마치 다음 말씀에서 목마른 자의 비유와 비슷하다.

나는 알파와 오메가요 처음과 마지막이라 내가 생명수 샘물을 ***목마른 자에게*** *값없이 주리니* (계 21:6)

여기에서 목마른 자는 물이 필요한 자가 아니라 물이 필요하다고 갈증을 느끼는 자라는 뜻이다. 실제로 모든 인간은 태어날 때부터 심령이 가난하다. 그래서 죄인이라고 부른다. 그러나 자신의 심령이 가난한지를 모르는 것이 더 가련한 일이다. 가난한 자가 부자가 되기를 원할 때 부자가 되기 위해 열심히 일하고 노력을 한다. 그러나 자기가 가난한 줄 모르면 그냥 그런 처지에 만족하며 살다가 죽게 될 것이다. 영적인 가난도 마찬가지이다. 우리의 심령에 선(善)한 것이 없음을 깨달을 때 우리는 선한 것을 구할 최소한의 준비가 된 것이다. 그래서 예수님께서 이 세상에 오셨다. 그리고 부요한 심령이 어떤 것인지를 우리들에게 명확히 보여 주시고 우리들의 선택을 기다리신다. 그러나 대부분의 사람들은 예수님에게서 그 부요함을 보지 못한다. 아니, 그 부요함은 원하지 않는 것 같다. 어둠에 빛이 비쳤는데 어둠이 빛을 기뻐하지 않았다.

물고기와 새들은 복을 그들이 원하지 않아도 주셨으나 인간에게는 영원한 복을 원하는 자에게만 주신다. 이렇게 (영원한) 생명이 없으나 그것을 갖기를 갈급하는 자를 '심령이 가난한 자' 또는 '목 마른 자'라고 표현하고 있다. 그러면 자신의 심령이 가난한지를 어떻게 깨달을 수 있는가? 그 방법은 율법(말씀)에 자신을 비추어 보면 알 수 있다. 율법이 주어진 목적도 바로 우리로 하여금 자신의 심령의 가난함과 헐벗음을 깨달아 알고 하나님께 나와서 은혜를 구하게 함이다. 특히 예수님의 생애와 나의 생애를 비교해 보면 더욱 쉽게 알 수 있는데 이는 예수님의 생애 자체가 말씀이 육신이 되신 삶이었기 때문에 말씀(율법)으로 나를 살펴보는 것과 동일한 일이다.

아담은 본래 선하게 태어났기 때문에 자신이 선하다는 것을 알지 못했다. 그러나 자신 안에 내주하시던 성령을 소멸시킨 이후 자신이 악해지고 나서야 과거 자신이 선했다는 것을 알았다. 우리는 악하게 태어나기 때문에 내가 악하다는 것을 알지 못하고 살아간다. 그러나 예수님의 생애를 살펴 볼 때 비로소 내가 악하다는 것을 깨닫는다.

막연히 깨닫는 것이 아니라 철저히 깨닫게 된다. 그리고 이런 악한 나의 본성의 문제를 심각하게 인식하고 고민할 때 문제가 해결될 실마리를 찾기 시작한 것이다. 이런 사람을 심령이 가난한 자라고 말씀하신 것이다. 심령이 가난한 자가 자신의 가난한 것을 깨닫고 이 가난한 문제를 해결하기를 진심으로 원하는 사람은 반드시 예수님의 내재로 부요 하게 될 것을 여기서 약속하고 계신다. (성령을) 구하면 얻을 것이기 때문이다. 누가 복음 11:13[100]에는 성령을 구하면 반드시 주신다고 약속을 하시고 있다. 그리하여 그들의 심령에 성령께서 내주하시게 되면 그 마음이 부요하게 되고 천국이 된다.

> *바리새인들이 하나님의 나라가 어느 때에 임하나이까 묻거늘 예수께서 대답하여 이르시되 하나님의 나라는 볼 수 있게 임하는 것이 아니요 또 여기 있다 저기 있다고도 못하리니* ***하나님의 나라는 너희 안에 있느니라***[101] (눅 17:2, 21)

심령이 가난한 자는 성령을 구하는 자이므로 성령을 받을 것이고 그러므로 천국이 저희 것이 될 것이므로 천국은 저희들 안에 있는 것이다. 그러면 오늘날 예수님의 이름을 부르고 있는 수많은 사람들의

100) 너희가 악할지라도 좋은 것을 자식에게 줄 줄 알거든 하물며 **너희 천부께서 구하는 자에게 성령을 주시지 않겠느냐** 하시니라

101) 이 말씀을 바리새인들 가운데 서 계시는 예수님 자신이라고 해석하는 신학자들이 있다. 이런 해석은 우리들에게 아무런 교훈이 되지 못한다. 바리새인들 가운데 서계신 예수님이 천국이라는 말씀을 하셨다면 이 사실이 그들에게 무슨 유익이 있는가? 그들이 어떻게 하라는 말인가? 그들은 물론 이 말씀을 읽는 우리들과도 천국은 아무 상관이 없는 일이 된다. 그러나 예수님의 의도는 천국은 너희의 심령 안에 이루어지는 것이므로 이를 구하여 얻으라는 교훈의 말씀을 하신 것이다.

심령은 부요한가 아니면 가난한가? 가난하다면 그들이 가난한 것을 깨닫고 있는가? 그 가난을 부요하게 하기 위하여 무엇을 할 것인가? 계시록 3:14-22의 예수님의 권면은 현대를 사는 우리 기독교인들에게 절실한 말씀이다.

> *내가 네 행위를 아노니 네가 차지도 아니하고 뜨겁지도 아니하도다 네가 차든지 뜨겁든지 하기를 원하노라 네가 이같이 미지근하여 뜨겁지도 아니하고 차지도 아니하니 내 입에서 너를 토하여 버리리라 네가 말하기를 나는 부자라 부요하여 부족한 것이 없다 하나 네 곤고한 것과 가련한 것과 가난한 것과 눈 먼 것과 벌거벗은 것을 알지 못 하는도다 내가 너를 권하노니 내게서 불로 연단한 금[102]을 사서 부요 하게 하고 흰 옷[103]을 사서 입어 벌거벗은 수치를 보이지 않게 하고 안약[104]을 사서 눈에 발라 보게 하라 무릇 내가 사랑하는 자를 책망하여 징계하노니 그러므로* ***네가 열심을 내라 회개하라*** (계 3:15-19)

---

102) 율법을 담는 그릇인 법궤는 죄인을 상징하는 가시나무로 만들고 그것을 금으로 안팎을 쌌다. 그리고 그 안에 하나님의 율법을 담았다. 금은 그리스도의 의를 말한다는 것을 알 수 있다. 결국 예수님께서 심령에 안 계셔서 가난한 심령을 예수님을 모셔 들임으로써 부요하게 하라는 말씀이다.

103) 흰 옷은 깨끗한 행실이므로 (계 19:8) 흰 옷을 입는 것은 완전한 회개를 통한 의로운 행실을 말한다. 다른 말로 하면 그리스도의 의로 옷 입는 것이다.

104) 영적인 소경을 치료하는 안약이므로 영적 통찰력을 주는 말씀 또는 성령을 말한다.

애통하는 자

애통하는 자는 자신의 죄를 애통하는 사람이다. 하나님께서 그 심령 안에 계시지 않는 사람은 죄인이기 때문에 죄를 범하게 된다. 죄를 범해서 죄인이라는 개념은 세상 사람들의 세계관에서 나온 생각이다. 왜냐하면 세상 사람들의 마음에는 율법이 없으므로 '죄'의 기준은 사람이 만든 법을 범하는 것이기 때문이다. 사람들이 만든 법은 사람이 지킬 수가 있기 때문에 범하면 죄인이고 범하지 않으면 의인이다. 그러나 하나님의 율법은 사람은 어차피 지킬 수 없으므로 모든 사람은 죄인이라는 것을 가르쳐 줄 뿐 그것을 인간의 능력으로 지키기를 기대해서 주어진 법이 아니다. 그러므로 성경의 개념은 죄인이기 때문에 죄를 범한다는 것이다. 거듭 말하지만 하나님의 율법은 우리가 죄인임을 알려주기 위함이다. 마음 속에 하나님께서 없는 자체가 죄의 본질이고 그래서 그런 사람은 죄인이고 죄인이기 때문에 율법을 범하게 된다.

자기의 죄를 후회하는 마음은 처음에는 자신이 율법을 범한 사실을 깨달았을 때 생기지만 자신이 어떤 동기로 그 죄를 범했는가를 깊이 생각해 보면 그 원인이 자신의 내면에 있는 이기심과 자존심이라는 자기애(自己愛)인 것을 알게 된다. 그리고 이기심과 자존심이라는 것은 내 안에 하나님께서 내재하시지 않으면 나를 지배하는 일종의 육신의 소욕이라는 것을 깨닫게 된다. 육신의 소욕에는 선한 것이 없기 때문에 자기를 희생해서 남을 사랑할 능력이 없다. 결국 하나님과 이웃을 사랑하지 않는 것이 율법을 범하는 것이고 죄다. 우리가 성령의 음성에 예민하게 반응을 하다 보면 이런 죄의 본질을 깨닫고 죄를 미워하게 되는 단계까지 가게 되는데 이런 사람을 애통해 하는 자라고 말씀하신 것이다. 이런 단계를 거쳐 죄인은 죄를 떠나게 되고 이렇게 죄(罪)를 버리고 의(義)의 길로 들어서는 것을 성경은 회개(悔改)라고 한다.

여기서 영적으로 우리가 정확히 깨달아야 할 일이 있는데, 교회에 출석하지 않던 사람이 교회에 출석하게 되는 것도 회개가 아니고 침례(세례)를 받는다고 역시 회개한 것이 아니다. 회개 또는 회심이라는 것은 전술한 바와 같이 죄의 길을 가던 사람이 그 길에서 나와서 '의(義)'의 길을 가게 되는 것이다. 예수님을 사랑한다는 것 자체는 예수님의 외모를 사랑하는 것도 아니고 예수님의 전능한 능력을 사랑하는 것도 아니다. **바로 예수님의 인격, 즉 그분의 의(義)를 사랑하는 것이기 때문에, 예수님을 올바로 믿게 되면 죄를 미워하게 되는 것은 당연한 결과이다.** 온몸이 검은 까마귀가 하얀 백조를 그 백색 때문에 사랑하게 된다면 그것은 자기 몸의 검은 색을 부정하고 싫어하는 일이다. 예수님은 말씀이 육신이 되신 분이기 때문에 말씀을 사랑하지 않으면서 예수님을 사랑한다는 말은 예수님이 누군지도 모르기 때문에 할 수 있는 말이다. 예수님을 진정으로 사랑한다면 말씀을 사랑할 것이고 말씀을 사랑한다면 그 사람 안에 성령께서 임재하셔서 말씀대로 살게 도와주실 것이다.

그런데 교회에는 마음속 깊은 곳에서는 여전히 죄를 사랑하고 있으면서 입술로는 예수님을 믿는다고 고백하고 심지어 눈물도 흘리는 등 "경건의 모양은 있으나 경건의 능력은 부인하는"(딤후 3:5) 사람들로 가득 차 있다. 경건의 능력이란 경건하게 삶으로써 하늘로부터 받는 '죄를 이기는 능력'을 말하는데, 예수님께서는 경건의 모양만 있는 사람들에 대해 그들의 열매로 그 나무를 알 수 있다고 단언하셨다(마 7:17-20).[105] 여기서 열매란 역시 성령의 열매 또는 죄의 열매를 말하는 것이다. 또한 예수님께서는 수난 주간 첫 날 베다니에서 성전을 방문 하시기 위해 나오시던 날 아침에 잎사귀는 무성한데 열매는 없는 무화과 나무를 보시고 저주를 하셨다(막 11:13). 이는 종교행위는 요란하게 하지만 성령의 열매는 없는 이스라엘 백성에 대한 하나님의 심판을 상징하는 일이었다. 그들은 하나님의 백성이라고 자부하고 있었고 스스로 율법을 준수하는 삶을 산다고 믿었을 뿐 그들에게는 의(義)의 열매는 맺히지 않았었다. 이는 또한 예수님의 이름을 부르는 모든 소위 기독교인들에 대한 경고이기도 하다. **심판의 기준은 그들의 믿음의 내용이 아니라 열매의 내용이다. 여전히 죄를 사랑하면서도 교회를 출석한다는 이유로 그 사람에게 구원을 선포하는 것은 그 사람으로 하여금 계속 죄의 길로 가도록 십자가의 이름으로 장려하고 있는 것과 다를 것이 없다.** 하늘에서 보면 이 얼마나 개탄할 일이 과거 이스라엘에도 그랬듯이 현대 교회에도 편만해 있는가?

---

105) 이와 같이 좋은 나무마다 아름다운 열매를 맺고 못된 나무가 나쁜 열매를 맺나니 좋은 나무가 나쁜 열매를 맺을 수 없고 못된 나무가 아름다운 열매를 맺을 수 없느니라 아름다운 열매를 맺지 아니하는 나무마다 찍혀 불에 던지우느니라 이러므로 그의 열매로 그들을 알리라

단순히 안 나가던 교회에 출석하게 되는 것이 회개가 아니듯이 죄를 후회하거나 반성하는 것도 회개하는 것과 전혀 다른 것이다. 우리는 똑같이 예수님을 배반한 예수님의 두 제자 유다와 베드로의 죄를 잘 알고 있다. 유다는 그 이유가 성경에 기록되어 있지는 않지만 예수님을 은 삼십에 팔아서(마 26:15) 배신을 했고 베드로는 예수님을 세 번 부인했다. 심지어 세 번째 부인할 때는 저주하며 맹세하여 예수님을 알지 못한다고까지 하였다(마 26:74). 예수님을 배반한 후 유다는 자신의 죄를 깊이 후회하여 자살을 하였고 베드로 역시 후회하면서 심히 통곡했다. 그러나 한 사람은 영원한 멸망을 한 사람은 영원한 생명을 얻었다. **이 두 사람의 다른 점은 비슷한 죄를 범했어도 유다는 후회를 했고 베드로는 회개를 했다는 것이다.** 사람의 눈에는 유다가 더 남자답고 책임감 강하고 확실히 회개한 것 같지만 이는 하나님의 요구하시는 바 진정한 회개가 아니다. 왜냐하면 우리가 할 일은 우리가 죄 자체를 미워하게 되는 일이지 죄에 대한 형벌을 받는 것이 아니기 때문이다. 우리의 죗값은 우리가 치르지 말고 하나님께서 친히 치르시기를 원하신다. 우리 스스로 죄값을 치른다는 것은 하나님의 구원하시는 은혜에 의지할 줄을 모르고 자신의 힘으로 문제를 해결하려는 태도다. 결국 이는 자존심이다. 베드로도 거듭나기 전 아직 자존심이 살아있을 때는 예수님께 자기를 온전히 의탁하기를 불편해했다. 다음 베드로의 이유를 보면 매우 양심적이고 남자다워 보이지만 이는 하나님께서 원하시는 바가 아니다. 베드로는 아직도 하나님께 무언가를 드릴 수 있어야 한다고 생각하고 있었던 것 같다. 베드로의 말대로 그가 죄인이라고 해서 예수님께서 떠나셔야 한다면 이 세상에 구원받을 사람은 하나도 없을 것이다.

그렇게 하니 고기를 잡은 것이 심히 많아 그물이 찢어지는지라 이에 다른 배에 있는 동무들에게 손짓하여 와서 도와 달라 하니 그들이 와서 두 배에 채우매 잠기게 되었더라 시몬 베드로가 이를 보고 예수의 무릎 아래에 엎드려 이르되 ***주여 나를 떠나소서 나는 죄인이로소이다*** *하니* (눅 5:6-8)

하나님께 의지하는 것이 불편한 이유는 자존심 상하는 것이거나 그럴 필요가 없다고 생각하기 때문이다. 그리고 죄 자체를 미워하는 마음이 없기 때문에 죄를 버리기 보다는 죄와 함께 죽기를 원하는 것이다. **회개는 죄를 후회하고 죄의 대가를 치르는 것이 아니라 죄를 증오하게 되어 죄를 버리는 것이다.** 그러나 우리가 진정으로 죄를 증오하기 까지는 말씀의 많은 묵상과 그 말씀을 따라 하는 수많은 눈물의 기도가 있어야 한다. 죄를 미워하는 것은 생명을 사랑하는 것이기 때문에 죄를 회개하는 사람은 유다처럼 자살을 선택할 수 없다.

그러므로 진정한 회개는 죄를 떠나는 열매를 맺게 되어 있다. 신앙을 가졌다고 하면서도 계속 죄 가운데 머무는 이유는 아직도 죄를 사랑하기 때문이다. 이 외에 다른 이유가 없다. 그리고 회개는 또한 그 죄를 담당하신 하나님의 은혜를 감사함으로 받는 것이다. 베드로의 통곡은 단순히 예수님을 배반한 자신에 대한 통회일 뿐만 아니라 자신이 품었던 그런 죄의 더러움을 절실히 깨닫는 과정이었다. 이러한 일은 그가 예수님께 3년 동안 받아왔던 가르침을 통해 더욱 명확하게 다가왔을 것이다. 베드로가 저주하면서 예수님을 부인하는 동안 베드로의 죄를 담당하시기 위해 예수님은 침 뱉음을 당하시면서 골고다 언덕으로 끌려 가시고 있었다. 그런 예수님과 눈이 마주친 베드로는 예수님을 배반하는 사건을 통해서 죄를 확실하게 증오하게 되었고 그의 회개는 하늘에서 받으신 바 되었다. 이는 예수님 부활하신 후 무덤 앞의 천사가 제자들을 지칭할 때 혹 낙심하여 버림받았을 것이라고 생각하고 있을 베드로의 이름을 따로 부름으로써 확증되었다.

> *청년(천사)이 이르되 놀라지 말라 너희가 십자가에 못박히신 나사렛 예수를 찾는구나 그가 살아나셨고 여기 계시지 아니하니라 보라 그를 두었던 곳이니라 가서* ***그의 제자들과 베드로에게*** *이르기를 예수께서 너희보다 먼저 갈릴리로 가시나니 전에 너희에게 말씀하신 대로 너희가 거기서 뵈오리라 하라 하는지라* (막 16:6, 7)

이제 베드로는 죄를 미워하게 되는 회개를 하였고 생명을 사랑하게 됨으로 그 죄를 담당하신 하나님의 은혜와 죄 사하심의 자비를 중심으로 받아들이고 그런 하나님께 자기를 온전히 의탁하는 믿음을 가지게 되었다. 이런 일을 거듭남이라고 한다. 십자가 사건 이후 진정한 회개를 했던 베드로는 예수님을 오랜만에 뵈었을 때 자신의 죄를 변명하거나 자존심을 세우는 자세는 전혀 찾아 볼 수 없었다. 사실 이때는 약 2년 전 갈릴리 호숫가에서 예수님을 오랜만에 뵈었을 때보다 더 큰 죄를 범한 후였다. 그러나 그는 이제 완전히 죄를 떠났으므로 예수님께 자신을 의탁하고 예수님과 교제하는 데 전혀 부끄러움이 없었다. 2년 전 그는 완전히 죄를 떠나지도 못했고 죄를 떠날 자신이 없었으므로 예수님께 자신을 떠나달라고 청하였던 것이다. 이제는 예수님이라는 말을 듣고 바다로 뛰어들어 예수님께 달려가는 베드로가 되었다. **별로 큰 죄를 범한 것도 없이 예수님께 떠나달라고 청하던 베드로가 이제는 더 큰 죄를 범하고도 예수님께로 달려가고 있었다.** 여기에 우리 구원의 비밀이 있다. **어린 아이와 같은 '의존성'이 그 비**

밀이다. 단순히 의를 위하여 어린 아이와 같이 온전히 예수님께 의지하는 순수한 믿음이 그 비결이다.

> *이르시되 그물을 배 오른편에 던지라 그리하면 잡으리라 하시니 이에 던졌더니 물고기가 많아 그물을 들 수 없더라 예수께서 사랑하시는 그 제자가 베드로에게 이르되 주님이시라 하니* ***시몬 베드로가 벗고 있다가 주님이라 하는 말을 듣고 겉옷을 두른 후에 바다로 뛰어 내리더라*** (요 21:6, 7)

베드로는 죄 자체를 애통해했고 유다는 죄의 결과를 애통해했다. 율법을 깊이 묵상해 보면 죄라는 것은 겉으로 드러난 행위의 문제가 아닌 본질(본성)의 문제라는 것을 깨닫게 된다. **죄의 문제를 행위의 문제로만 보면 우리는 죄 자체 보다는 죄의 결과 내지는 형벌을 두려워한다. 그러나 죄의 본질을 알게 되면 죄의 결과 보다는 죄 자체를 두려워하고 증오하게 되는 것이다.** 죄는 바로 우리를 사망으로 끌고 가는 거대한 힘이고 우리는 그것의 노예이기 때문이다. 그러나 우리를 노예로 사로잡고 있는 죄를 벗어나기를 우리가 진심으로 원할 때 하나님께서는 우리에게 찾아 오셔서 우리를 그 거대한 힘으로부터 해방시키신다.

그러므로 우리에게 **중요한 것은 '우리가 하나님을 위해 무엇을 하는가'가 아닌 '하나님 앞에 어떠한 존재인가'라는 문제다.** 이렇게 죄로 오염된 자신의 심령의 더러움을 말씀을 통해 정확히 깨달아 알면, 자신의 죄를 슬퍼하고 통회하는 마음이 생기게 된다. 이렇게 자신의 죄를 슬퍼하고 통회하는 동기는 이렇게 죄 가운데 살아온 나를 위하여 십자가에서 희생 당하시고 지금도 나를 사랑하시고 계시는 하나님의 가슴을 깨달아 알게 되었기 때문이다. 그러므로 자신의 죄를 애통해 하는 자는 심령이 가난한 자와 별반 다를 것이 없지만 전자는 후자보다 죄(罪)라는 문제에 대해 더 예민해진 상태이다. 죄라는 것이 얼마나 더럽고 추한 것인가를 깨달을 뿐 아니라 내 안에 들어오시려는 하나님을 그동안 거절해 왔던 자신의 교만에 대한 통회(痛悔)이기 때문이다. 이를 서로 다른 측면에서 묘사하고 있다. 죄를 애통해 하는 것은 가난한 심령으로 인하여 죄를 벗어나지 못하고 있는 상태를 괴로워하는 것이다. 죄를 애통해 하며 용서를 구하는 자는 죄 사함을 받을 뿐 아니라 성령께서 함께하셔서 죄를 이길 수 있는 힘을 주실 것이므로 위로를 받게 되는 것이다.

> *지극히 존귀하며 영원히 거하시며 거룩하다 이름하는 이가 이와 같이 말씀하시되* ***내가 높고 거룩한 곳에 있으며 또한 통회하고 마음이 겸손한 자와 함께 있나니*** *이는 겸손한 자의 영을 소생시키며 통회하는 자의 마음을 소생시키려 함이라* (사 57:15)

> *주께서는 제사를 기뻐하지 아니 하시나니 그렇지 아니하면 내가 드렸을 것이라 주는 번제를 기뻐하지 아니하시나이다* ***하나님께서 구하시는 제사는 상한 심령이라*** *하나님이여 상하고 통회하는 마음을 주께서 멸시하지 아니 하시리이다* (시 51:16, 17)

바리새인 시절 사도 바울은 자신의 죄를 깨닫지 못하고 있다가 예수님을 만나고 난 후 과거 회심 전에 자신이 죄의 종으로 끌려 다녔었다[106]는 것을 밝히 깨달았고 이런 죄의 종에서 해방시켜주신 예수님

106) 로마서 7장에 있는 바울이 회심하기 전 아직 육신에 있을 때(롬 7:14)의 경험을 회고해서 묘사한 것을, 많은 신학자들과 그들에게 배운 목사들은 예수님을 믿어도 죄를 범할 수밖에 없는 경험이라고 가르치고 있으니 개탄할

께 감사하는 글을 로마서 7장과 8장에 걸쳐 쓰고 있다. 예수님께서 죄의 종이었던 자기를 죄로부터 해방시키시고 **율법을 지킬 능력을 주셨기 때문이다.**

> *내 속 사람으로는 하나님의 법을 즐거워하되 내 지체 속에서 한 다른 법이 내 마음의 법과 싸워 내 지체 속에 있는* ***죄의 법으로 나를 사로잡는 것을 보는도다*** *오호라 나는 곤고한 사람이로다 이 사망의 몸에서 누가 나를 건져내랴 우리 주 예수 그리스도로 말미암아 하나님께 감사하리로다 그런즉 내 자신이 마음으로는 하나님의 법을* ***육신으로는 죄의 법을 섬기노라*** (롬 7:22-25)

> *이는 그리스도 예수 안에 있는 생명의 성령의 법이 죄와 사망의 법에서 너를 해방하였음이라 율법이 육신으로 말미암아 연약하여 할 수 없는 그것을 하나님은 하시나니 곧 죄로 말미암아 자기 아들을 죄 있는 육신의 모양으로 보내어 육신에 죄를 정하사* ***육신을 따르지 않고 그 영(성령, the Spirit)을 따라 행하는 우리에게 율법의 요구가 이루어지게 하려 하심이니라*** (롬 8:2-4)

사도 바울 시대의 헬라 문명에서는 '육체(sarx)'를 단순히 몸이라는 의미로만 사용한 것이 아니라 '하나님의 거룩한 뜻, 곧 선한 것에 반하는 타락한 상태'라는 의미로도 사용되었기 때문에 사도 바울의 글에서는 '육체'와 '영'을 대비시켜 묘사하고 있다. 예수님께서도 이를 대비하셔서 성령을 받지 못한 사람을 육(肉)에서 난 육(肉)이라고 하셨

일이다. 롬 7:14-24의 경험은 롬 7:4의 경험을 심리학적으로 자세히 풀어서 쓴 것에 불과하다. 그리고 이렇게 육신의 죄의 법에 종 된 상태에서 (예수님을 통해) 해방된 경험을 8:1-11에서 묘사하고 있는데도 7:14-24을 회개 후의 경험이라고 주장하는 것은 어불성설이다. 8:4에서 육신을 따르지 않고 성령을 따라 행한다고 말한 이유는 7:14-24에서 이미 묘사한 육신을 따라 행하는 모습, 즉 죄의 법의 노예인 상태와 대비를 하기 위해서임을 문맥을 통해 알 수 있다. 그리고 8:1-11에서는 성령을 좇아 사는 모습을 묘사하고 있다.

고 성령을 받아 거듭나게 된 사람을 영(靈)에서 난 영(靈)이라고 대비시키셨다. 결국 성령의 내주가 없는 육체 자체는 죄의 성격을 가질 수 밖에 없기 때문에 헬라 문명의 이런 식의 개념은 매우 성경적이다. (그렇다고 헬레니즘이 이원론적 세계관을 가지고 있었지만 거듭남을 믿고 가르친 문명은 아니었다. 오히려 성경의 가르침은 육과 영은 다르지만 육이 성령과 하나가 되는 것이 구원이고 거듭남이라는 것이고 이러한 진리를 성전 제도라는 실물 교훈으로도 계시되었다) **빛이 없는 상태가 어둠이듯이 죄는 선한 것이 없는 마음의 상태이다. 그리고 선의 근원은 하나님이시다.** 그러므로 육체의 소욕을 따라 행하면 항상 죄의 종이 되지만 성령의 능력을 힘 입어 육체의 소욕을 십자가에 못 박아버리고 성령을 좇을 때 죄를 이길 수 있어 율법의 요구를 이룰 수 있게 되는 것이다.

이렇게 자신의 죄를 진심으로 애통해하는 자는 더 나가 세상의 죄를 위해서도 애통해하게 된다. 특히 하나님의 백성이라 불리는 자들 사이에서 행해지는 수많은 죄를 자신의 죄처럼 애통해 하고 하나님 앞에서 통회의 기도를 올리게 된다. 다니엘서 9장의 다니엘의 기도를 보라. 다니엘은 자기 민족이 하나님 앞에서 조상 대대로 지어온 죄를 하나님 앞에 내어 놓고 기도로 씨름을 하고 있던 중 가브리엘 천사의 방문을 받는다. 하나님께서는 이러한 사람을 간과하지 않으신다. 마지막 심판의 날이 다가올 때, 노아의 홍수 직전과 같이 죄악이 온 땅에 관영 하여 성령의 통제하심이 이 땅에서 점점 멀어져 갈 때, 하나님의 참 백성들은 세상에 만연한 죄악을 인해, 특히 교회 안에서 행해지는 참람한 일들에 대해 애통해 할 것이다. 하나님께서는 이렇게 애통해 하는 자신의 **참 백성의 이마에 성령의 인을 치실 것**[107]인데 이는 예루살렘이 멸망하기 직전의 상황과 세상의 끝 날의 상황이 동일할 것이므로 예루살렘 멸망 직전에 하나님께서 하신 인치시는 일을 통해 마지막 때 하실 일을 예언하고 있다. 동일한 예언의 말씀이 요한계시록에서도 반복되고 있다.

> *그룹에 머물러 있던 이스라엘 하나님의 영광이 성전 문지방에 이르더니 여호와께서 그 가는 베 옷을 입고 서기관의 먹 그릇을 찬 사람을 불러 여호와께서 이르시되 너는* ***예루살렘 성읍 중에 순행하여 그 가운데에서 행하는 모든 가증한 일로 말미암아 탄식하며 우는 자의 이마에 표를 그리라*** (겔 9:3, 4)

> *이 일 후에 내가 네 천사가 땅 네 모퉁이에 선 것을 보니 땅의 사방의 바람을 붙잡아 바람으로 하여금 땅에나 바다에나 각종 나무에 불지 못하게 하더라 또 보매 다른 천사가 살아 계신 하나님의 인을 가지고 해 돋는 데로부터 올라와서 땅과 바다를 해롭게 할 권세를 받은 네 천사를 향하여 큰 소리로 외쳐 이르되 우리가* ***우리 하나님의 종들의 이마에 인치기까지 땅이나 바다나 나무들을 해하지 말라*** *하더라* (계 7:1-3)

---

107) 등이나 배가 아니고 '이마'에 성령의 인을 친다는 것은 결국 그 사람의 정신이 하늘의 정신으로 거듭남을 의미한다.

온유한 자

온유한 자는 위의 두 가지의 경험을 거치면서 하나님의 말씀을 묵상하고 받아들이게 되고 하나님께서는 그 사람의 마음 밭에 심겨진 말씀의 씨앗에 성령의 비[108]를 내려 자라게 하셔서 마침내 성령의 열매가 맺히게 역사하신다. 이렇게 성령의 열매가 맺힌 사람을 온유한 자라고 표현하신 것이다. 성령의 열매의 특징을 사도바울은 사랑, 희락, 화평, 오래 참음, 자비, 양선, 충성, 온유, 절제(갈 5:22, 23)라고 표현하기도 했지만 예수님께서는 아주 단순하게 온유한 자라고 표현하신 것뿐이다. 그리고 성령의 열매가 맺혀야 구원받았다고 말할 수 있다. 만일 열매가 없다면 아직은 구원에 이른 것은 아니거나 버려진 자이다(마 7:17-19, 고후 13:5). 우리는 열매를 맺지 못하는 경우에 더욱

108) 성령은 성경에서 비에 비유를 하고 있다. 성령의 열매를 밭에 뿌려진 씨앗이 열매 맺는 것에 비유하면서 회개하는 백성에게 성령의 열매를 주실 것을 다음과 같이 약속하고 있다. "시온의 자녀들아 너희는 너희 하나님 여호와로 인하여 기뻐하며 즐거워할지어다 그가 너희를 위하여 **비를 내리시되** 이른 비를 너희에게 적당하게 주시리니 **이른 비와 늦은 비가 전과 같을 것이라** 마당에는 밀이 가득하고 독에는 새 포도주와 기름이 넘치리로다" (욜 2:23,24) 한자에서 영(靈)이란 글자를 분석해 보아도 신기하다. 삼위(口 口 口) 하나님이 **비(雨)처럼** 내려오셔서 일(工)을 하셔서 두 사람(人人)을 만드셨다는 표현이다.

주의하여 우리 마음의 허리띠를 동여 메야 할 것이다. 이것은 더 순종하려고 인간적인 노력을 하라는 것이 아니라 하나님을 더 잘 알아야 하고 그런 하나님께 자신을 온전하게 의탁하는 믿음을 가져야 한다는 것이다. 이 일은 반드시 열매를 맺게 한다. 열매를 맺었다 할지라도 항상 기도하며 성령의 능력을 힘입어 자신을 깨끗하게 지켜야 한다. 예수님께서는 비유로써 이에 대한 교훈을 주셨다. 씨 뿌리는 자가 (말씀의) 씨를 더러는 바위에, 더러는 길 가에, 더러는 가시떨기에, 더러는 좋은 밭에 뿌렸는데, 이에 대한 설명을 다음과 같이 하고 계신다.

> *길 가에 있다는 것은 말씀을 들은 자니 이에 마귀가 가서 그들이 믿어 구원을 얻지 못하게 하려고 말씀을 그 마음에서 빼앗는 것이요 바위 위에 있다는 것은 말씀을 들을 때에 기쁨으로 받으나 뿌리가 없어 잠깐 믿다가* ***시련을 당할 때****에 배반하는 자요 가시떨기에 떨어졌다는 것은 말씀을 들은 자이나 지내는 중* ***이생의 염려와 재물과 향락****에 기운이 막혀(질식하여) 온전히 결실하지 못하는 자요 좋은 땅에 있다는 것은 착하고 좋은 마음으로 말씀을 듣고 지키어 인내로 결실하는 자니라* (눅 8:12-15)

위의 말씀을 보면 구원에 관한 몇 가지 중요한 교훈을 배울 수 있다.

① 구원은 말씀에서 난다는 것이다. 세상의 학문이나 인간의 노력이 아니라 하늘에서 주어진 진리의 말씀을 듣고 받아들임으로써 구원의 과정이 시작된다. 그런데 진리의 말씀의 내용을 구체적으로 보면 결국은 율법의 가르침이다. 이는 곧 하나님의 본성과 뜻에 관한 말씀이다. 예수님을 믿는다는 것도 예수님의 생애와 말씀을 통해 진리를 받아들이고 믿는 것인데 예수님의 말씀은 율법

의 가르침과 동일하다. 예수님의 말씀이 율법이라는 것은 다음 말씀들을 봐도 명확하다. 심판의 기준은 예수님의 말씀, 즉 율법이라는 것이다. 그러므로 율법을 즐거워하여 주야로 묵상하는 자가 복이 있다.

> *나를 저버리고 내 말을 받지 아니하는 자를 심판할 이가 있으니* ***곧 나의 한 그 말****이 마지막 날에 저를 심판하리라* (요 12:28)
>
> *내가 너희를 아버지께 고소할까 생각지 말라 너희를 고소하는 이가 있으니 곧 너희의 바라는 자* ***모세(의 율법)****니라* (요 5:45)
>
> *너희는 자유의* ***율법****대로 심판 받을 자처럼 말도 하고 행하기도 하라* (약 2:12)

② **말씀을 받아들이고 믿는 것으로만 충분하지 않고 말씀의 열매가 맺혀야 한다. 말씀을 주신 목적은 열매를 맺게 하기 위함이기 때문이다.** 열매가 맺힌다는 것은 '제다카'[109]와 '미슈파트'[110]를 행하는 것이다. 다른 말로 하면 성령의 열매가 맺힌 상태이다. **열매를 아직 맺지 못했는데 단지 말씀을 받아들인 것만으로 구원**

---

109) '제다카'는 의(義), 사랑, 정의(定義) 등으로 번역되는데 올바른 관계를 지칭하는 단어이다. 하나님과의 수직적인 관계와 사람 간의 수평적인 관계를 모두 내포하고 있고 이 '제다카'를 열 개 조항으로 간략하게 규정하고 있는 것이 십계명이다.

110) '미슈파트'는 판결, 공도, 규정, 조례, 심판 등으로 번역되는데 이는 올바른 관계 속에 살면서 주변에서 일어나는 여러 모양들의 관계를 보고 이것의 옳고 그름을 판단해 주고 바로 잡아주는 행위라고 볼 수 있다. 율법에서 '미슈파트'를 반영한 법이 재판법이다. '제다카'와 '미슈파트'는 구약성경에서 "의와 공도"라고 번역되어 쌍으로 같이 자주 쓰이는 단어이다.

을 받았다고 선포하는 것은 예수님의 가르침과 상반된다. 여기서 또 하나 중요한 것은 구원을 받는 데는 시간이 걸린다는 것이다. 그러므로 싹이 나거나 이삭이 난 정도는 아직 구원을 이룬 것은 아니다.

③ 열매를 맺되 부분적으로 맺히다 말면 역시 안 되고 온전히 맺혀야 한다

④ 열매를 맺는 방법은 말씀을 **믿음으로 순종하고 인내**하는 것이고

⑤ 열매를 맺지 못하는 원인 중 하나는 이생의 염려와 재물과 향락에 정신이 팔려 성령의 역사를 본인이 방해하여 말씀의 나무가 은혜를 받지 못하여 질식하여 죽어버리는 경우이다.

전술한 대로 에덴 동산에서 하나님께서 아담과 하와를 하나님의 형상으로 창조하실 때는 하나님의 뜻대로 창조할 수 있었다. 그것은 창조 당시 아담의 자아(自我)가 없었기 때문에 아담은 하나님의 창조 행위를 방해할 수가 없었다. 그러나 죄인의 마음을 재창조하시는 일도 물론 하나님께서 하시고 하나님의 형상을 따라하시지만 그 죄인의 자아(또는 의지)가 하나님의 창조 행위를 방해할 수 있기 때문에 100% 하나님의 뜻대로 강제할 수는 없다. 이미 강조했듯이 말씀에 순종한다는 것은 하나님의 재창조 역사를 방해하지 않는다는 의미이다. 재창조는 말씀을 따라 이루어지기 때문이다. 하나님의 말씀은 하나님께서 죄인인 우리들을 하나님의 성전으로 재창조하시기 전에 우리들에게 먼저 보여 주신 성전의 건축 설계도이다. 우리가 그 설계도대로 지음 받기를 진심으로 원할 때 그대로 지어진다. 이것이 구원이다. 그런데 그 건축 설계도에 진심으로 동의하는 것은 순종의 열매를 맺는

믿음이다. 그러므로 하나님의 재창조 역사를 인간의 의지로써 방해를 계속하면, 이런 사람에게서는 구원이 실패하고 만다. 이러한 예가 가시떨기에 떨어진 씨의 비유이다. 결국 말씀의 열매를 맺는다는 것은 성령의 역사로 말미암아 하나님의 형상으로 재창조를 받는 것이다. 이런 재창조의 역사를 이생의 염려와 재물의 유혹으로 말미암아 스스로 방해를 하면 열매가 맺히지 못한다. 그렇기 때문에 계명에 순종하는 것을 예수님 안에 있는 것이라고 하셨다.

> *내가 아버지의 계명을 지켜 그의 사랑 안에 거하는 것 같이* ***너희도 내 계명을 지키면 내 사랑 안에 거하리라*** (요 15:10)

> *그런즉 누구든지* ***그리스도 안에 있으면*** *새로운 피조물이라 이전 것은 지나갔으니 보라 새 것이 되었도다* (고후 5:17)

이렇게 하나님의 영에 의해 하나님의 형상을 사람의 심령에 새기는 일을 성경에서는 여러 가지 표현으로 말씀하고 있지만 모두 같은 내용이다. **위로부터 난다(요 3:3), 하나님의 말씀으로 깨끗하게 한다(요 15:3, 엡 5:26), 새로운 피조물이 된다(고후 5:17), 영으로 난다(요 3:6), 하나님의 법을 마음에 새긴다(렘 31:33), 그리스도의 편지가 된다(고후 3:2, 3), 그리스도로 옷 입는다(롬 3:14, 27), 거룩함에 이른다(롬 6:19, 히 10:10), 온전하게 된다(창 17:1, 마 5:48, 엡 4:13) 등의 표현은 모두 하나님과 하나가 되는 동일한 영적 사건을 말씀하고 있다.** 바로 우리의 구원이다. 이렇게 되는 일이 결국은 하나님으로부터 의롭다고 선언되고 거룩함에 이른 것이요 하나님의 영광에 이른 것이다. **그러므로 칭의(의롭다고 선언됨이라는 의미로서의 칭의), 성화,**

영화는 구원의 과정이 아니라 구원의 다른 표현일 뿐이다. 이런 우리의 구원은 전술하였듯이 시간이 걸리는 일이다. 이런 사실을 예수님께서는 다음 비유로 명확히 설명하시고 있다.

> *땅이 스스로 열매를 맺되 처음에는 싹이요 다음에는 이삭이요 그 다음에는 이삭에 충실한 곡식이라* (막 4:28)

여기서 땅은 사람의 마음 밭을 비유하고 있다. 말씀의 씨가 사람의 마음 밭에 뿌려지면 그 사람이 일단은 말씀을 믿음으로 받아들인 것이고 그 믿음은 **말씀에 순종하고 인내하게 하며** 시간이 지남에 따라 싹이 나고 이삭이 나고 최종적으로는 이삭에 충실한 곡식이 맺힌다. 말씀에 순종하는 데는 인내가 필요하다. 왜냐하면 **하나님의 말씀은 우리의 본성과는 반대되는 일을 명하고 있기 때문이고** 게다가 그 말씀을 순종하지 못하도록 세상은 계속 유혹하고 그래도 안 되면 시련을 주기 때문이다. 그러나 이 모든 일을 인내하면서 순종할 때 반드시 성령의 열매가 맺히게 되어 있고 **이 일을 위해서 그리스도께서 십자가에 달리셨다.** 열매가 맺힌 상태를 구원받았다고 한다. **예수님께서도 열매 맺지 못한 나무는 모두 찍혀서 불에 던져질 것이라(마 7:19) 하셨는데 이것이 심판의 부활 때 있을 지옥[111] 불이다**(마 10:28, 요

111) 지옥은 우리가 죽어서 우리의 혼령이 가는 곳이 아니다. 신약성경에서 지옥이라고 번역된 *γέεννα*라는 단어는 '쓰레기 소각장'이라는 의미이다. 심판의 부활 때 구원을 거절한 모든 사람들은 마땅히 자신들이 죽을 수밖에 없는 존재라는 것을 깨닫고 우주의 모든 천사들 앞에서 그들의 생명이 끊긴 후 그들의 시체가 불에 타서 소각될 것인데 이를 지옥 불이라고 한다. 그러나 이 불에 산 채로 던져질 자들이 있는데 그들은 지옥 불에 심판을 받은 사람들을 이적으로 미혹하던 바로 짐승(사단의 대리자)과 거짓 선지자들이다(계 19:20).

5:29, 벧후 3:7, 계 20:9, 13). 싹과 이삭이 난 것을 보고 구원받았다고 신자들에게 아부하는 것은 구원이 무엇인지 모르기 때문이다. 우리는 어린 아이 같이 이런 미혹에 속으면 안 될 것이다(엡 4:14).

구원의 확신이라는 것도 복잡한 이론으로 설명할 필요가 없다. 구원의 확신에 관한 복잡한 이론이 생기는 것은 구원받지 못한 신학자가 구원받지 못한 (또는 아직 구원받지 못한) 교인들을 안심시키기 위해 만든 이론일 뿐이다. 구원받지 못한 사람이 구원의 확신을 가지면 그 사람은 영원히 구원을 받지 못할 것이다. 말씀의 열매를 맺지 못하고 있는 사람이 이미 열매를 맺었다고 교회에서 세뇌를 받으면 그 사람은 영원히 열매를 맺지 못할 것이다. 위암에 걸린 사람이 배가 아파서 의사를 찾아 왔는데 의사가 그 환자에게 진통제를 주고 통증이 가라 앉자 그 환자에게 위암이 다 나았다고 선언하면 그 사람은 반드시 암으로 죽을 것이다. **칭의 이론은 위암 환자에게 진통제를 주고 통증이 완화되자 위암이 완치되었다고 진단하는 것과 같은 일이다.** 위암을 근치하려면 그 암 덩어리를 잘라내야 한다. 예수님의 성전 정결의 역사(요 2:13-22)는 죄로 오염되어 하나님께서 거하실 수 없는 성전인 우리 심령을 정결하게 하시는 일을 눈으로 보여 주신 사건이다. 성전에서 소와 양과 비둘기를 파는 사람들과 돈 바꾸는 사람들을 성전에서 모두 쫓아내셨다. 거룩한 성전 안에서 장사를 하던 이 사람들은 거룩해야 할 우리의 심령을 점령하던 탐심과 이기심 등을 상징한다. 이렇게 성령에 의해 우리 마음의 탐심이 실제로 사라져야만 성령의 열매를 맺을 준비가 된 것이다. **구원은 구원의 확신을 억지로 갖는다고 이루어지는 것이 아니라 예수님의 비유에서처럼 인내의 말씀에 순종하는 가운데 시간을 갖고 이루어지는 것이다. 아직 죄 가운데 있으면**

서도 구원의 확신을 갖는 것은 자기 최면이다. 인내와 순종도 믿음의 바탕 위에서 열매로써 이루어져야 하는 것이지 믿음 없이 자신의 인격적 노력으로 하는 인내와 순종은 그 사람을 율법주의자로 만들고 타인을 정죄하는 사람으로 만들 뿐이다. 예수님의 제자들이 성령을 받은 후 계속 죄 가운데 있으면서 구원의 확신을 가진 적이 있는지 생각해 보라. 베드로는 차라리 예수님께 자기를 떠나시라고 했다. 구원이라는 것이 죄를 떠나 의에 거하게 되는 것인데 죄를 사랑하여 그 가운데 머물고 있으면서 구원의 확신을 갖는 것은 구원이 무엇인지 모르거나 진정한 구원을 받기 싫거나 둘 중 하나일 것이다. 물론 열매가 맺히는데 걸리는 시간은 사람마다 다르다. 성령의 열매가 심령 가운데 맺혔으면 내가 예수님 안에 있다는 명백한 증거가 되는 것이고 그것이 구원의 확신이요, 성령의 인치심이다.

> *너희는 믿음 안에 있는가 (너희 심령 안에 성령께서 내재하고 계시고 그 영을 따라 행하는가를)* ***너희 자신을 시험하고*** *너희 자신을 확증하라 예수 그리스도께서 너희 안에 계신 줄을 너희가 스스로 알지 못하느냐 그렇지 않으면 너희는 버림 받은 자니라* (고후 13:5)

> *만일* ***누가 아무것도 되지 못하고 된 줄로 생각하면 스스로 속임이라*** (갈 6:3)

우리들이 흔히 말하는 성령의 열매도 "사랑과 희락과 화평과 오래 참음(인내)과 자비(친절)와 양선(착함)과 충성(진리에 대한 확신=믿음, faithfulness)과 온유와 절제(자기 통제)"(갈 5:22, 23)라고 9가지로 기술하고 있지만 이 또한 하나인 열매의 속성을 9가지로 설명하고 있을 뿐이다. 그래서 성령의 열매(단수)이지 열매들이 아니다. 성령의 열매는 9가지 맛이 나는 하나의 열매다. 이 열매를 맺게 하는 동력은 단 하나이기 때문이다. 바로 로고스다. 예를 들어 자비라는 성령의 열매는 맺었는데 온유라는 열매는 맺지 못할 수는 없는 일이다. 이렇게 성령의 열매를 맺은 사람들을 단순하게 온유한 자라고 표현하신 것이고 이런 사람들은 이미 생명을 받았고 마지막 때 생명의 부활(요 5:29)에 참여하여 새롭게 될 이 땅에서 행복한 삶을 영원히 누릴 것이다. 그래서 땅을 기업으로 받는다고 하셨다.

의에 주리고 목마른 자

의에 주리고 목마른 자 역시 심령이 가난한 자나 애통해 하는 자와 본질적으로 크게 다르지 않다. '의(義)'라는 것은 본래 올바른 생각이나 뜻 내지는 그러한 행동이라는 개념으로 사용되고 있지만 모든 선(善)의 근본은 하나님이므로 결국 하나님의 본성과 뜻이 의(義)이다. 또는 율법의 정신 또는 하나님의 형상 등으로 말할 수 있으나 본질적으로는 모두 같은 것을 지칭하고 있다. 이를 법률적으로 표현하면 죄를 범하지 않는 것 또는 율법을 지키는 것 등으로 말할 수 있을 것이다. 구약에서는 이를 히브리어로 '제다카'라고 한다. '제다카'는 하나님의 본성, 곧 의(義)를 삶을 통해 드러내는 일이다. 우리가 이렇게 살 때 하나님께 영광을 돌리게 된다. 그렇지만 주말 마다 교회 열심히 나가서 십일조하고 찬송가를 부르면서 자신의 삶 가운데서는 불의를 행한다면 이는 하나님께 영광이 아닌 욕을 돌리는 일이다. 하나님께서 나에 관해 기뻐하시는 일은 단 하나이다. 그것은 하나님께서 나의 심령 안에 거처를 정하시는 일이고 이를 통해 하나님의 의가 나의 삶 속에 드러나고 내가 진정으로 행복하게 살게 되는데 이는 하나님의 내주(內住)의 결과일 뿐이다. **하나님께서는 과거 구약시대에도 하나님께서 직접 명하신 제사를 기뻐하지 않으셨는데 현대라고 우리의 예**

배 행위 자체를 기뻐하겠는가?[112] 하나님께서 기뻐하시는 진정한 예배는 사람이 정한 의식(儀式)에 따른 예배 행위가 아니라 우리의 의로운 삶이다. 사도 바울도 우리의 육신의 소욕을 산 제물로 드리는 것이 **진정한 제사**(logikos latreia)라고 하였고(롬 12:1)[113] 이사야도 진정한 금식(기도)은 밥을 안 먹는 것이 아니라 우리의 의로운 삶이라고 하였다.

> *내가 기뻐하는 금식(기도)은 흉악의 결박을 풀어 주며 멍에의 줄을 끌러 주며 압제 당하는 자를 자유 하게 하며 모든 멍에를 꺾는 것이 아니겠느냐 또 주린 자에게 네 양식을 나누어 주며 유리하는 빈민을 집에 들이며 헐벗은 자를 보면 입히며 또 네 골육을 피하여 스스로 숨지 아니하는 것이 아니겠느냐* (사 58:4, 5)

제사와 예배 모두 하나님께서 나의 심령에 거처를 정하시도록 나를

---

112) 나는 인애를 원하고 제사를 원치 아니하며 번제보다 하나님을 아는 것을 원하노라 (호 6:6)

113) "그러므로 형제들아 내가 하나님의 모든 자비하심으로 너희를 권하노니 너희 몸을 하나님이 기뻐하시는 거룩한 산 제물로 드리라 이는 너희가 드릴 **영적(reasonable, 합리적인) 예배**니라." 여기서 '합리적인 제사'라고 번역해야 할 것을 '영적인 예배'로 번역한 것은 작지 않은 실수이다. 왜냐하면 영적 예배라고 바울이 말했다면 영적인 예배 따로 있고 육적인 예배가 따로 있다는 오해를 불러 일으킨다. 지금과 같은 예배 형식은 종교 개혁 때 칼빈이 만든 것이고 **바울 시대는 떡을 떼며 기도하고 말씀을 나누던 일을 예배라고 따로 부르지 않았다.** 여기서 예배라고 번역된 λατρεία **(라트레이아)는 율법에 따라 드리던 제사**를 말한다. 그래서 몸을 제물로 드리라는 표현을 한 것이다. 실제로 율법에서 양, 소를 희생시키는 것은 십자가에서의 희생은 물론 우리 자신의 육신의 소욕을 죽이는 것을 상징하는 것이므로 우리의 육신의 소욕을 제물로 드리는 삶이 본래 율법에 규정된 제사의 정신이다. 따라서 이 말씀은 바울이 율법의 제사 제도의 참 의미를 해석한 구절이라고 할 수도 있다.

준비하는 의식에 속한 행위일 뿐 그 행위 자체가 하나님께 기쁨을 드리고 영광을 돌리는 것이 아니다. 진정한 예배의 원형은 칼빈이 만든 현대 교회의 예배 형태에 있는 것이 아니라 율법에 표상적으로 규정된 제사 의식에 나타나 있는데 사도 바울의 말 대로 하나님께 우리의 몸을 드리는 것이다. 즉, 우리의 육신의 소욕을 제물로 드리는 삶이 진정한 예배이고 이는 예수님의 말씀대로 자기를 부인하는 삶이다(마 16:24).[114] 몸을 제물로 드린다는 것은 결국 자기 육신의 소욕을 죽이고 말씀에 순종하는 것이 아니겠는가? 하나님께서 이를 받으시는데 이는 하나님께서 우리의 모든 죄를 담당하심을 예표하는 것이지 우리의 몸을 좋아하셔서 달라는 것이 아니다. 본래 성령께서 우리 안에 내주하시면서 하실 일을 육신의 소욕이 대신하고 있는 상태가 죄이기 때문이다. 화목제에서는 모든 기름은 여호와의 것이라고 선포하신 것과 마찬가지이다. 우리가 몸(육신의 소욕)을 하나님께 드려야 하나님께서는 그 빈 자리를 성령으로 채우신다. 우리의 몸을 하나님께 드릴 때 우리는 비로소 의에 주리고 목마르게 된다. 육신이 살아있을 때는 육신이 원하는 것을 목말라 하고 주려 하지만 육신의 소욕이 죽으면 우리는 영적인 것에 주리고 목말라 한다. 그 결과 우리의 심령은 의(義)로 채워지고 배부를 것이다. 그러므로 진정한 예배는 자기 안에 있는 죄와 성령을 교환하는 일이다. **죄를 사랑하여 품고 있으면서 성령을 받을 수는 없다.**

예수님께서 공생애를 시작하시기 약 6개월 전부터 유대의 모든 사

114) 이에 예수께서 제자들에게 이르시되 누구든지 나를 따라오려거든 자기를 부인하고 자기 십자가를 지고 나를 따를 것이니라 (마 16:24)

람들의 관심을 예수님께로 향하도록 일한 선지자가 있었다. 그는 침례(세례) 요한이다. 그의 사역에 대해 이사야서에 다음과 같이 예언하고 있다.

> *외치는 자의 소리여 가로되 너희는 광야에서* ***여호와의 길을 예비하라*** *사막에서 우리 하나님의 대로를 평탄케 하라 골짜기마다 돋우어지며 산마다, 작은 산마다 낮아지며 고르지 않은 곳이 평탄케 되며 험한 곳이 평지가 될 것이요 여호와의 영광이 나타나고 모든 육체가 그것을 함께 보리라* (사 40:3-5)

침례 요한의 사역은 여호와 하나님(=예수님)의 길을 예비하고 평탄케 하는 일이었다. 그렇다면 하나님께서 어느 목적지를 향해서 가시고 있는데 그 길에 있는 골짜기, 작은 산, 고르지 않은 노면 등이 여호와의 여행을 방해하고 있다는 뜻이다. 그리고 여호와의 길이 평탄케 되어 여호와 하나님께서 목적지에 도달하시면 하나님의 영광이 나타날 것이고 모든 육체가 그것을 볼 것이라고 예언하였다. 그렇다면 여호와, 곧 예수님께서 도대체 어디를 향해 가시길래 그 길이 험하다 하였으며 또 그곳에 도달하면 하나님이 영광이 나타날 것이라 하였을까? 그곳은 바로 사람들의 마음이다. 예수님의 최종 목적지는 십자가처럼 보이지만 이런 견해는 육신을 입으신 예수님만을 생각해서이다. 십자가는 예수님께서 나의 마음에 들어오시기 전에 거쳐가는 장소일 뿐 최종 목적지는 우리의 마음이다. 우리 인간들의 마음으로 들어오시는 길은 교만으로 높아져 있고, 편견으로 그 길이 휘고 고르지 못하며 때로는 절망과 낙담으로 골이 깊이 파여 있다. 그래서 이런 길을 통해서는 예수님께서 사람의 마음에 들어 오시는 것이 불가능하다.

그러므로 교만한 마음을 낮추며 편견을 바로 잡고 낙심한 자를 일으켜 세워 하늘을 보게 하여 그 길을 평탄케 할 때 예수님께서는 비로소 나의 마음에 들어 오셔서 거처를 정하시고 나를 변화 시켜주신다. 그러므로 내 안에 하나님의 형상이 회복되고 하나님의 영광을 드러내게 된다. 이러한 나의 변화를 나를 아는 모든 육체(거듭나지 못한 사람과 거듭난 사람 모두)가 목도하게 될 것이다. 이렇게 볼 때 의에 주리고 목 마른 자는 예수님께서 그 마음으로 들어 오시는 길을 이미 평탄케 한 자이다. 그러므로 예수님께서 들어오셔서 그로 하여금 의로 배부르게 하실 것이다. 교만한 자는 의에 주리고 목말라 하지 않는다. 교만은 의의 반대 자리에 있기 때문이다. 하나님의 은혜와 섭리에 관해 왜곡된 견해를 가지고 있는 사람 역시 하나님의 의를 갈급해 하지 않는다. 의(義)는 하나님의 본성이요, 하나님의 정체성이다. 하나님의 정체성은 율법에 계시되어 있으므로 의에 주리고 목마른 자는 율법의 정신을 사모하는 자이다. 율법을 즐거워하여 주야로 묵상하는 자다. 그래서 하나님을 자기의 심령에 모시고자 간절히 소망하는 것이다. **이사야는 말세에 예수님 재림 직전에 하나님의 율법이 다시 높임을 받고 많은 사람이 율법에 관한 오해를 풀고 율법을 다시 배우려고 모여들 것을 예언하고 있다. 이는 다른 말로 표현 하면 많은 사람들이 자신의 마음으로 예수님께서 들어 오시는 길을 예비하고 평탄케 한다는 예언이다.**

> ***말일에 여호와의 전의 산****이 모든 산 꼭대기에 굳게 설 것이요 모든 작은 산 위에 뛰어나리니 만방이 그리로 모여들 것이라 많은 백성이 가며 이르기를 오라 우리가 여호와의 산에 오르며 야곱의 하나님의 전에 이르자 그가 그의 길을 우리에게 가르치실 것이라 우리가 그*

*길로 행하리라 하리니 이는 **율법**이 시온에서부터 나올 것이요 **여호와의 말씀**이 **예루살렘**에서부터 나올 것임이니라* (사 2:2,3)

이 말씀에서 '그의 길'과 '율법'과 '말씀'이 동의어로 쓰이고 있음을 알 수 있다. 여기서 언급한 시온이나 예루살렘은 하나님의 율법이 올바르게 선포되는 장소를 상징적으로 말하고 있는 것이지 현재의 팔레스타인에 있는 예루살렘이 아니다. (필자의 생각으로는 은혜의 왕국을 말하는 것 같다) 현재 예루살렘에 사는 대부분의 이스라엘 사람들(인구의 99.7%)[115]은 탈무드를 하나님의 율법과 동일시하고 있으므로 여호와의 왜곡된 율법을 선포하고 믿고 있다. 과거 바리새인들과 동일한 율법 관을 가지고 있다. 만일 지금 예수님께서 그들 가운데 계시다면 예수님을 율법을 범하는 자라고 정죄할 것이다.

요한 계시록에서는 마지막 때 예수님 재림하기 직전의 참 하나님의 남은 백성은 율법을 지키는 백성이라고 예언하고 있다.

*용이 여자에게 분노하여 돌아가서 그 여자(교회)의 남은 자손 곧 **하나님의 계명을 지키며** 예수의 증거를 가진 자들과 더불어 싸우려고 바다 모래 위에 서 있더라* (계 12:17)

*성도들의 인내가 여기 있나니 그들은 **하나님의 계명**과 예수에 대한 믿음을 지키는 자니라* (계 14:12)

의(義)를 드러내는 삶 또한 성령의 내재로부터 오는 능력으로만 가능한 일이다. 우리가 의를 행하려면 우리는 어떻게 해야 하는가? 답은

115) 현재 기독교 인구는 이스라엘 국민의 0.3%이다. 그리고 이들이 모두 진정한 기독교인이라는 보장도 없다.

명백하다 '우리가 의로워져야 한다'. 의인이 된다는 것은 성령의 능력으로 재창조를 받아 새 사람을 입는 것이다. 예수님께서는 이를 '위로부터 난다'고 표현하셨다. 결국의 위의 '온유한' 사람은 '의인'인 것이다. 온유하고 의롭지 못한 사람이 따로 있고 거칠고 불친절한 의인이 따로 있겠는가?

의인이 되지 않은 상태에서 겉으로 보기에 의를 행한다는 것은 하나님 보시기에 가증한 일이다. 왜냐하면 마음의 동기는 자기애(自己愛)로 가득 차 있으면서 남들 보기에 의로운 행동을 하는 것이기 때문이다. 의와 불의의 판단기준은 겉으로 보이는 모습이 아니라 어떤 행동을 하는 마음의 동기가 그 기준이기 때문이다. **마음의 동기라는 것은 결국 품성(본질)의 문제이다.** 예를 들어 어느 지역에 심한 홍수가 나서 많은 피해가 발생했을 때, 어느 부자가 수재민을 위한 모금 프로그램에 출연하여 카메라 앞에서 좋은 얘기 한 마디하고 봉투를 모금함에 넣는다고 하자. 사람들은 이를 선행이라고 생각한다. 일단은 그 돈으로 피해자들이 혜택을 입을 것이기 때문이다. 그러나 하나님 보시기에는 대부분의 경우 가증한 일이다. 기부 행위 자체가 가증한 것이 아니라 그 기부 행위를 자기의 선함의 증거로 삼으려고 하는 것이 가증한 것이다. 물론 사람의 마음 속의 동기야 하나님만이 알 수 있겠지만, 이런 경우 대부분 그 부자는 텔레비전에 얼굴을 비쳐 자기가 선하다는 것을 선전하여 자기 자신과 자신이 운영하는 기업의 이미지 제고를 위하는 목적이 구제하는 동기이기 때문이다. 그 봉투의 돈은 그 부자에게는 있어도 되고 없어도 되는 돈일 뿐인 것이다. 그 부자는 선하지 않은데 선하다는 평가를 받기 위해 그런 일을 했을 뿐이다. 하나님 눈에는 가식이다.

내가 보는 것은 사람과 같지 아니하니 사람은 외모[116]*를 보거니와 나 여호와는 중심을 보느니라* (삼상 16:7)

그래서 의에 주리고 목마른 자는 의인이 되기 위해 성령을 간절히 구하는 자이다. 그리고 진심으로 성령을 구한다면 넘치도록 받을 것이기 때문에 의에 배부를 것이다. 의에 배부른 것으로 간주하신다고 한 것이 아니다. 실제로 의인이 될 것이기 때문이다.

116) 여기서 외모는 잘생기고 못생긴 것을 말하는 것이 아니라 '겉으로 드러난 모습'을 말한다.

긍휼히 여기는 자

긍휼히 여기는 자는 다른 사람에 대해 자비와 용서를 베푸는 자이다. 여기서 우리가 빠지기 쉬운 실수가 있는데 긍휼히 여기는 행위를 통해 우리가 죄 사함을 받는다는 오해에 빠질 수 있다는 것이다. 긍휼히 여기는 자란 '긍휼히 여기는' 행위를 하는 자가 아닌 '긍휼히 여기는' 품성을 가진 자를 말한다. 다시 말해 행위가 아닌 영적인 자질을 말하고 있다. 사람이 똑같이 긍휼히 여기는 행동을 한다 하더라도 이 행동이 가식인지 진짜인지의 기준은 그 행동의 동기에 있다. 이와 같은 진정으로 긍휼히 여기는 마음과 행동 또한 성령의 열매가 맺힌 사람의 특징의 한 단면을 말씀하고 있을 뿐이다. 우리가 다른 사람의 허물을 용서하지 아니하면 하나님도 우리의 허물을 용서하지 않으신다. 마 18:23-35의 비유를 보라. 왕으로부터 일만 달란트의 빚을 탕감 받은 자가 자기 동료가 자기에게 진 백 데나리온의 빚을 탕감하여 주지 아니하였더니 왕이 다시 그를 옥에 가둔 비유는 하나님께서 우리를 먼저 사랑하시고 먼저 우리를 대신해서 속죄의 피를 흘리신 이유는 우리도 남을 사랑하게 하시기 위함이라는 진리를 분명히 가르쳐준다.

사실 우리는 예수님을 믿고 죄 사함을 구하였을 때 우리는 죄 사함을 받았다. 그러나 우리가 이웃의 죄를 사하여 주지 않는다면 우리가 받았던 죄 사함은 무효가 된다고 말씀하신다. 이를 다시 말하면, 우리가 회개하여 성령의 능력으로 거듭나게 된다면 타인의 죄를 용서하는 사람이 된다는 것이다. 우리가 회개의 기도를 하고 죄 사함을 받는 다는 것은 **단순히 죄의 형벌을 면제해 달라는 기도가 아니라 이제 죄를 미워하여 죄를 떠나고 싶으니 과거의 죄를 간과해(롬 3:25) 달라는 것이고 더불어 내 안의 죄 된 품성을 정결하게 해달라는(히 9:12, 요일 3:5, 9) 기도이다.** 만일 이런 기도가 진심이라면 이 기도는 100% 응답 받을 것이고 그렇다면 그 사람은 다른 사람을 긍휼히 여기는 사람이 될 것이다. 그러나 위의 비유처럼 타인의 죄를 용서하지 않는 사람이라면 거듭남이 무효가 되는 것이라기 보다는 원래 드렸던 죄 사함을 위한 기도가 죄를 미워해서 드린 기도가 아니라 교회 다닐 테니까 단순히 죄의 결과와 형벌을 면제해 달라는 기도였다는 것이다. 주의 기도문에서 "우리가 우리에게 죄 지은 자를 사하여준 것 같이 우리 죄를 사하여 달라"는 기도는 하나님께로부터 죄 사함을 받는 것과 타인의 죄를 용서하는 행위의 인과관계를 말하는 것은 아니다. 만일 그렇다면 행위로써 죄 사함을 받는 다는 모순이 발생한다. 그러나 예수님께서 이렇게 말씀하신 이유는 우리가 타인의 죄를 용서하는 것은 우리의 계명에 대한 순종을 말하는 것이고 순종은 믿음의 증거이기 때문이다. **우리가 계명에 순종하는 행동의 동기는 죄 사함을 받기 위함이 아니라 하나님의 의를 사랑하는 마음에서 출발해야 하고 이런 동기를 성경에서 '믿음'이라고 부르고 있다.** 신앙고백도 그 동기가 하나님의 의를 사랑하는 마음에서 우러나와서 해야 하는 것이지 영생을 받기 위해 하는 것은 믿음이 아니다. 이런 류의 신앙 고백을 대단한 의를 행한 것처럼 치켜세우고 구원의 근거로 믿고 가르친다면 그것은 주술과도 같은 것이다. 하나님의 뜻대로 살 생각도 없으면서 예수님의 이름을 부르는 것도 마찬가지이다. 통성 기도할 때 큰 소리로 하나님의 이름을 부르는 사람들을 본 적이 있는가? 그들이 외치는 그 소리의 크기만큼 하나님의 의를 사랑하는 것처럼 보이지 않는 것은 필자만의 안목이 아닐 것이다. 그래서 예수님을 주님이라고 부르는 자가 천국에 들어갈 것이 아니라 하나님의 의를 사랑하고 그렇기 때문에 의를 행하는 자만이 천국에 갈 것이라고 말씀하셨다(마 7:21).

사실은 타인의 죄를 마음으로부터 용서한다는 것은 우리가 마음먹으면 할 수 있는 우리의 의지나 교양의 문제가 아니다. 나에게 죄지은 자를 진심으로 용서하는 것은 원수를 사랑하는 마음과 대동소이한 마음이다. 이런 마음 가짐은 우리에게는 본래 없는 하늘로부터 오는 로고스의 능력이다. 진실한 회개의 기도를 통해 죄 사함을 받으면 내 안의 죄를 없이함을 받게 됨과 동시에 다른 사람의 죄를 용서할 수 있는 능력을 받게 된다. **사실은 다른 사람을 용서할 수 없는 마음을 버릴 수 없다면 아직 죄 가운데 있다는 증거다. 그렇기 때문에 주변의 경제적으로 가난한 사람은 물론 영적으로 가난한 사람도 긍휼히 여기는 마음을 가져야 한다. 나에게 죄 지은 자가 바로 영적으로 가난한 사람이고 그 사람 때문에 입은 피해에 집착하기보다 그 영혼의 가련함을 긍휼히 여길 때 그를 용서할 수 있게 된다.** 이 역시 구원받아 성화된 사람의 모습의 전형을 예로 들고 있다. 긍휼히 여기는 자에 관한 위 말씀은 심리적으로 분석해 보면 다소 복잡할 수 있는 우리의 거듭남의 과정 내지는 우리의 마음에 하나님의 법을 새겨가는 과정과 결과를 단순한 언어로 표현한 것이라 할 수 있다. 긍휼히 여기는 자는 하나님으로부터 긍휼히 여김을 받을 것이다. **이는 죄 사**

함의 전제 조건은 회개이면서 죄 사함의 결과는 단순히 형벌의 면제가 아니라 거듭남(예를 들어 다른 사람을 긍휼히 여기게 됨)이라는 말씀과 같은 의미이다.

다른 사람을 긍휼히 여긴다는 것은 사람을 볼 때 그 사람과 그 사람이 품고 있는 죄를 분리하여 보는 것을 전제로 하고 있다. 죄인은 죄의 노예이다. 그렇기 때문에 하늘의 백성이라면 그 사람을 불쌍히 여기는 것은 당연한 일이다. 과거에 죄의 종이었던 나 자신을 돌아보라. 그런 상태의 나 자신을 보고 우리는 우리의 영적 빈곤과 더러움을 애통해하지 않았던가? 그런 우리를 정결하게 해 달라고 하나님께 기도드렸던 우리들이 아닌가? 그렇다면 아직 죄의 종으로서 죄 가운데 있는 다른 사람을 어찌 긍휼히 여기지 않을 수가 있겠는가? 하물며 그들이 우리에게 특별한 손해를 끼치지 않았다면 그들을 더더욱 긍휼히 여겨야 하지 않겠는가?

죄와 죄인을 분리하여 사람을 보는 것은 바로 우리가 믿는 십자가의 정신이다. 십자가에서는 하나님의 죄인에 대한 무한한 사랑과 죄에 대한 무한한 증오가 가장 극적으로 동시에 드러나 있다. 하나님도 우리를 보실 때 우리의 죄와 우리를 분리해서 보시고 분리되기를 바라시고 기다리신다. 그러므로 이러한 십자가의 정신이 우리의 정신이 될 때 원수를 사랑할 수 있게 되는 것이다. 나를 십자가에 못 박는 사람을 위해서도 기도할 수 있게 된다. 우리가 원수도 사랑할 수 있을진대, 가난한 이웃, 곤란에 처한 친구, 나의 가족을 어찌 사랑하지 못하겠는가?

마음이 청결한 자

마음이 청결한 자 역시 성화된 사람의 또 다른 특징을 말씀하고 계신다. 마음이 청결하다는 것은 더러운 것이 없다는 얘기인데, 더러운 것이란 결국 탐심, 이기심 그리고 자신을 높이고자 하는 마음(자존심) 같은 것들이다. 이러한 정신은 하나님의 율법의 정신과 반대되는 정신이고 하나님을 대적하는 악한 영인 사단의 정신이다. 우리는 이러한 정신을 가지고 살아왔고 다른 사람들도 그렇게 살기 때문에 이러한 마음을 가지고 있다는 것에 대해 죄책감이 없었다. 하나님의 법을 모른다면 이것이 더러운 죄인지도 모를 것이다. 세상의 어떠한 제도도 어떠한 법률도 이러한 더러운 정신을 정죄하지 않는다. 자본주의는 각자의 탐심을 만족시키기 위해 자유롭게 경쟁하자는 것이고 사회주의는 탐심은 모든 사람에게 있으니까 탐심을 만족시켜주는 가치를 평등하게 나누자는 것이다. 이러한 사상들은 인간의 문제를 문제로 파악하고 있지도 못하고 있고 따라서 이 문제를 해결하지 못한다. 문제는 인간의 본성에 있는데 해결책을 다른 데서 찾고 있다. 그래서 해결이 안 되고 있다. 사람 사회의 모든 문제의 근본 원인인 인간의 본성을 정죄하고 그에 대한 명확한 해결 방법을 제시하는 책은 성경뿐이라는 것은 놀라운 사실이다. 그나마 이러한 성경의 핵심 메시지도 지도자들에 의해 일반인들의 눈에는 가려져 있는 실정이다.

만물보다 거짓되고 심히 부패한 것은 마음이라 누가 능히 이를 알리요 (렘 17:9)

사람들은 자식이 다른 사람들에게 기죽지 않게 하기 위해서 어릴 때부터 학원에 보내고 예쁜 옷을 입히고 해외 여행도 시킨다. 자기를 높이는 정신 때문에 수많은 전쟁이 있었고 수많은 죄 없는 백성들이 지도자의 자존심을 위해 피를 흘렸다. 지금도 강대국은 같은 일을 하고 있다. 인류 역사에서 배워야 할 진정한 교훈은 보지 못하고 누가 누구를 많이 죽였느냐를 가지고 영웅 운운한다. 전쟁을 하지 않을 때는 스포츠를 통해서 자기를 높이는 정신을 만족시키고자 한다. 도대체 다른 사람의 골에 공을 더 많이 넣는 일이 왜 그렇게 기쁜가를 묵상해 보라. 그리고 이 일을 위해 하나님께 기도하는 이유는 무엇인가? 모두 자기를 높이는 정신이 악이고 문제인데 문제 의식이 없다. 이 세상이 이렇게 살기 힘들고 비참한 이유는 인간들의 마음이 악하기 때문인데 사회 제도를 고쳐서 정의롭고 행복한 사회를 만들려고 한다. 정치 지도자들은 항상 국민을 위해 무엇을 한다고 말하지만 대부분은 자기의 공명심, 자존심을 세우기 위해서 일을 한다. 국민이 잘 살게 되고 경제 지표가 좋아지면 자신이 칭송을 받기 때문에 국민이 잘 살기를 바라지만 국민이 잘 살게 되기 위해 자기를 희생하는 지도자는 거의 없다. 많은 사람들이 국회의원이 되기 위해 선거에 출마하지만 국민을 위해 출마를 하는 것이 아니라 대부분의 경우 자기의 입신양명을 위해서 출마를 한다. 그러나 그들의 입술은 항상 국민을 위하고 있다.

인간의 본성이 사단의 정신(이기심, 자존심, 탐심)을 가지고 있지만 사람들은 이 마음이 악이라는 것을 모른다. 모든 사람이 이 마음을 가지고 있기 때문이다. 그러나 이런 마음이 악이라는 것은 하나님의 본성을 깨달음으로써 알 수 있고 그 마음이 그래서 사단의 마음이라는 것도 알 수 있다. 사도 바울도 예수님을 만나기 전에는 율법을 율법주의적으로만 지키고 있었지 율법의 정신을 깨닫지 못하고 있었다. 자신이 악한데도 악한지 몰랐다. 이 말은 선이 무엇인지도 몰랐다는 뜻이다. 그러나 회심 후 율법의 정신을 깨닫고 난 후에 과거 바리새인 시절의 자기의 죄에 대해 다음과 같이 고백하고 있다.

> *그러나 죄가 기회를 타서 계명으로 말미암아 내 속에서 각양 탐심을 이루었나니 이는 (율)법이 없으면 죄가 죽은 것임이니라 전에* ***(율)법을 깨닫지 못할 때에는 내가 살았더니*** *계명(율법)이 이르매 죄는 살아나고 나는 죽었도다* (롬 7:8, 9)

계명의 문자만을 지키는 것이 의라고 생각할 때(이를 율법이 없다고 표현함)는 사도 바울은 자신의 속에 있는 탐심을 죄라고 인식하지 못하고 있었는데(이를 죄는 죽었다고 표현함) 율법을 깨닫고 보니(계명이 이르매) 자신은 죽을 수밖에 없는 탐심의 노예였다는 것이다(이를 죄가 살아 났다고 표현함). 어릴 때부터 성경을 배웠던 바울도 자신의 탐심이 악이라는 것을 모르고 있었는데 세상 사람들은 오죽하겠는가? 악한 마음이라는 것은 그런 마음을 모두 갖고 살면 서로에게 피해를 주게 됨으로써 사회가 불행해지는 마음이다. 그렇기 때문에 자존심, 이기심, 탐심 같은 자기애(自己愛)는 악이다. 이런 마음을 모든 사람이 품고 있는 한 이 세상은 영원히 평화롭고 행복한 세상이 올 수 없다. 인류 역사가 이 사실을 묵묵히 증거하고 있다. 그러므로 성경에 예언되어 있는 지구의 종말은 악의 종말이요, 악한 세상의 종말이다. **악은 먼저 우리들 마음 안에서부터 종말을 맞아야 한다. 이 일이 이루어지는 것이 회개다. 그래서 회개한 사람의 마음은 정결하다.** 모든 사람이 가지고 있으면 서로에게 피해를 주는 그런 마음을 악이라고 정의하면 선한 마음은 그런 마음을 모든 사람이 가지고 있으면 세상이 행복해지고 그렇기 때문에 종말이 올 필요가 없는, 세상이 영원히 지 지속되어도 되는 그런 마음은 무엇이겠는가? 이는 당연히 나보다 남을 더 낫게 생각하고 자기의 유익을 구하지 아니하고 서로 섬기기를 기뻐하고 다른 사람의 허물은 덮어주는 마음이다. 이러한 마음이 곧 율법의 정신이고 하나님의 본성이요, 우리 안에 마땅히 회복되어야 할 하나님의 형상이다. 그래서 예수님께서는 율법의 정신을 다음과 같이 요약하여 말씀하신다. 아래의 두 말씀은 결국 같은 말씀이다.

> *그러므로 무엇이든지 남에게 대접을 받고자 하는 대로 너희도 남을 대접하라 이것이 율법이요 선지자니라* (마 7:12)

> *네 마음을 다하고 목숨을 다하고 뜻을 다하여 주 너의 하나님을 사랑하라 하셨으니 이것이 크고 첫째 되는 계명이요 둘째는 그와 같으니 네 이웃을 네 몸과 같이 사랑하라 하셨으니 이 두 계명이 온 율법과 선지자의 강령이니라* (마 22:37-40)

청결한 마음은 이러한 육신의 소욕에 지배되지 않고 오직 하나님의 사랑과 자비의 마음이 모든 행동의 동기가 되는 마음의 상태이다. 그러기 위해서는 우리들의 심령 안에 하나님께서 거하시게 해야 한다.

우리 죄인들의 마음에는 자신도 모르게 자기를 다른 사람보다 더 높이려는 속성이 숨어 있다. 자신을 높이는 정신은 핵심적인 사단의 정신이다.

기독교계 안을 보아도 겉보기에는 하나님의 일을 열심히 하고 있는 것처럼 보여도 그 열심의 동기가 자신을 높이기 위한 이기심 내지는 공명심에서 출발하는 소위 '사역자'들이 얼마나 많은가? 그들의 관심사는 인간 구원이 아니라 교회에 얼마나 많은 사람을 모으느냐이다. 이런 목적으로 전도를 하면 골수를 쪼개 찌르는 하나님의 말씀을 그대로 전하지 않고 사람들이 듣고 싶어 하는 내용을 하나님의 말씀에 섞어서 전하게 된다. 사람들이 들어야 할 말씀을 전하는 것이 아니라 사람들이 듣고 싶어 하는 말을 전한다. 그래야 교회에 사람이 많이 모이기 때문이다. 이런 방법으로 하나님의 말씀이 혼잡하게 된다. 이렇게 왜곡된 말씀의 대표적인 예가 "신앙 고백을 하면 구원을 받았고 이생에서도 복을 받고 내세에서도 복을 받는다"는 가르침이다. "당신의 죄는 2,000년 전에 십자가에서 예수님께서 고난 받으심으로 다 해결됐으니 당신은 입술로 시인만 하면 (신앙 고백) 구원을 받는다"는 것이다. 이런 가르침을 힘 있게 전파하는 지도자들 자신도 거듭남을 경험하지 못했거나 거듭나고 싶지 않기 때문에 죄를 합리화하는 이론을 만들어서 위로하고 위로 받기를 원하는 것 같다.

세상의 끝을 바라보는 요즘 시대나 로마에 의한 예루살렘의 멸망을 앞두고 있었던 예수님 당시의 시대 그리고 바벨론 침공으로 유다가 멸망하기 직전의 예레미야 시대도 모두 하나님의 심판이 임박했을 정도로 하나님의 백성이 하나님과 거리가 멀어진 시대였다. 이 시대들의 하나님 백성의 두 가지 공통점이 두드러진다. 하나는 하나님의 율법을 버리고 우상을 섬긴다는 것과 둘째는 그럼에도 불구하고 자신들은 예배를 열심히 드리고 있기 때문에 구원을 받았다고 믿고 있고 또 그렇게 가르치는 거짓 선지자가 많다는 것이다. 예레미야가 외쳤던 그 당시 이스라엘 백성들에 대한 하나님의 호소를 보면 그때 사람들의 영적 상태를 알 수 있다. 그러나 당시 예레미야의 기별을 하나님의 경고로 받아들인 사람은 왕부터 일반 백성에 이르기까지 거의 없었다. 그들은 아브라함의 후손인 자기들을 하나님께서 끝까지 지켜주실 것이라고 믿었고 오히려 예레미야는 하나님의 은혜와 보호하심을 부정하는 거짓 선지자 취급을 했다.

> *선지자(라고 불리는 자)들은* ***거짓을 예언하며(다른 복음을 선포하는 일)*** *제사장들은 자기 권력으로 다스리며 내 백성은 그것을 좋게 여기니 마지막에는 너희가 어찌하려느냐* (렘 5:3)

> *이는 그들이 가장 작은 자로부터 큰 자까지 다 탐욕을 부리며 선지자로부터 제사장까지 다 거짓을 행함이라* ***그들이 내 백성의 상처(죄)를 가볍게 여기면서 말하기를 평강하다 평강하다 하나 평강이 없도다*** *그들이 가증한 일을 행할 때에 부끄러워하였느냐 아니라 조금도 부끄러워하지 않을 뿐 아니라 얼굴도 붉어지지 않았느니라* (렘 6:13-15)

> *너희가 도둑질하며 살인하며 간음하며 거짓 맹세하며 바알에게 분향하며 너희가 알지 못하는 다른 신들을 따르면서* ***내 이름으로 일컬음을 받는 이 집에 들어와서 내 앞에 서서 말하기를 우리가 구원을 얻었나이다 하느냐*** *이는 이 모든 가증한 일을 행하려 함이로다* (렘 7:9, 10)

하나님의 복음의 본질은 구주를 믿기만 하면 죄 사함 받고 천국 가는 것이 아니라 자신의 마음속의 더러움을 믿음을 통해 구하기만 하면 값없이 깨끗하게 함을 받는 것이다. 이것이 생명이요, 구원이다. 그러나 현대 교회의 상당히 많은 지도자들은 설교의 강단에서 신앙 고백만을 강조하고 있다. 사실 신앙은 심령의 정결을 우리 능력으로 이룰 수 없기 때문에 예수님의 은혜와 능력을 의지하는 방법인데 **목적은 없어지고 수단인 신앙만을 강조하고 있으니 개탄할 일이다.** 그리고 그들이 말하는 신앙도 성경에서 말하는 죽은 신앙일 뿐이다.

> *이로 보건대 사람이* ***행함(순종)으로 의롭다 하심을 받고 믿음으로만은 아니니라*** *또 이와 같이 기생 라합이 사자들을 접대하여 다른 길로 나가게 할 때에 행함으로 의롭다 하심을 받은 것이 아니냐 영혼(성령, 프뉴마) 없는 몸이 죽은 것 같이 행함이 없는 믿음은 죽은 것이니라* (약 2:24-26)

그렇기 때문에 그들은 주변에서 일어나는 불의(不義)에는 별 관심이 없다. 어차피 믿는다고 신앙고백만 하면 의롭게 봐 주신다고 믿기 때문에 불의는 중요한 문제가 아니다. 그러나 자신들이 당하는 불이익(不利益)에는 매우 예민하다. 마음이 완전하게 정결하게 되지 않았다고 스스로 주장하는 것처럼 이기심은 여전히 살아있기 때문이다. 육신의 소욕이 십자가에 못박힌 적이 없기 때문이다. 입술로는 십자가를 높이고 있지만 행동으로는 십자가의 죄를 정결케 하는 능력을 부인하고 능멸하고 있다. 십자가를 통해 예수님께서 이루고자 하셨던 심령의 정결은 믿어도 불가능하다고 가르치기 때문이다. 이런 현상이 말세에 교회 안에 팽배한 믿음의 실상일 것이라고 바울은 이미 예견하였다.

> ***경건의 모양은 있으나 경건의 능력은 부인하니*** *이 같은 자들에게서 네가 돌아서라* (딤후 3:5)

심령 가운데 이러한 정결하게 함을 입는 경험도 없이 달콤한 말로 교회에 사람들로만 가득 채우는 것이 하나님의 사업인가? 교회 안에 가라지를 채우는 일은 하나님의 일이 아니라 사단의 일이라고 하셨다(마 13:25).

이렇게 마음이 청결해지는 것 역시 인간의 능력으로 도달할 수 없는 경지이다. 우리의 모든 대화, 모든 상업적 거래, 타인에 대한 태도에서 이기심의 동기가 전혀 없는 사람은 십자가의 능력으로 거룩해진 사람뿐이다. 이 세상의 모든 상거래의 바닥에는 이기심과 거짓말이 깔려 있다. 그래서 세상의 현명한 사람들은 하나님을 알지 못하면서도 사람을 믿지 않는다. 남들은 물론 자기 자신도 그런 사람이라는 것을 경험을 통해 깨달았기 때문이다. 그러나 이렇게 세상적으로만 현명한 사람들의 대부분은 이런 형편에 맞춰서 자신의 이익만을 추구하면서 살뿐, 자신의 더러움을 벗어나고자 하는 바람이나 의지가 없다. 왜냐하면 모든 사람이 그렇게 살고 있고 또 그럴 필요도 느끼지 못하기 때문이다. 사도 바울은 다음과 같이 기록하고 있다.

> *의인은 없나니 하나도 없으며 깨닫는 자도 없고 하나님을 찾는 자도 없고 다 치우쳐 함께 무익하게 되고 선을 행하는 자는 없나니 하나도 없도다* (롬 3:10-12)

이러한 사정이 하나님께서 개입하시지 않은 상태의 인간들의 사정이다. (이 말씀을 예수님을 믿어도 죄를 지을 수밖에 없다는 말씀으로 믿고 가르치는 지도자들이 많다. 그러나 이 말씀은 하나님을 배제한 상태의 인간을 묘사하는 말씀이고 그렇기 때문에, 의(義)에 도달하기 위해서는 모든 사람에게는 예수님이 필요하다는 결론을 이끌어내기[롬 3:21 이후] 위한 전제로서 한 말씀이지 예수님을 믿은 결과를 얘기하는 것이 아니다) **하나님 밖에서는 모든 사람은 죄인이다. 왜냐하면 선(善)이라는 것은 하나님으로부터만 오는 하나님의 본성이기 때문이다. 그렇기 때문에 인간이 선해지기 위해서는 예수님을 자신의 심령 안으로 영접해야만 한다.** 육신 자체에는 선한 것이 없기 때문이다. 그러나 그 육신에 성령이 깃들 때 그 육신은 선한 일을 행한다. 하나님께서는 성령을 거절함으로써 이렇게 죄에 빠진 인간들을 사랑하시고 그들의 더러움을 불쌍히 여기신다. 그리고 이러한 인간들의 문제에 적극적으로 개입하셔서 죄인으로 가득 찬 세상에서 자기 백성으로 삼을 자들을 불러내시고 그들 안에 친히 임하심으로써 그들을 그들의 모든 죄에서 정결하게 하신다(요일 1:7).

예수님께서는 공생애를 성전을 정결[117]하게 하시는 일로 시작하셨고 (요 2:14-17) 십자가에 돌아가시기 5일 전 예루살렘에 입성하셔서 마지막 수난 주간을 보내실 때도 성전 정결로써 마지막 주일을 시작하셨다(막 11:15-18). 전술했듯이 이는 예수님의 사역은 결국 성전 정결이라는 사건으로 함축되는데, 성전은 우리의 몸(마음)이요, 성전을 정결하게 하는 것은 죄로 더럽혀진 우리를 정결케 하시되 그 마음 가운데 있는 죄를 없이 하심으로 깨끗게 하신다는 것을 성전 정결이라

117) 어떤 학자들은 예수님의 성전 정결 사건을 성전을 정결하게 하신 것이 아니라 성전을 더럽힌 사람들을 비난하심으로 성전 부정(否定, negation)이라고 주장하지만 결국은 같은 얘기이다. 성전을 정결하게 하기 위해서는 먼저 성전이 부정(不淨)하다는 것을 선포하는 일이 전제가 되어야 한다. 이는 우리가 새롭게 함을 받기 전에 우리가 더럽다는 것을 깨닫고 애통해 하고 심령이 가난하다는 것을 깨닫는 일이 전제되어야 하는 것과 마찬가지다. 이런 일을 예수님께서 '자기부인(否認)'이라고 하셨다.

는 사건을 통해 우리들에게 밝히 보여 주고 계신다. 그리고 성전 정결의 역사에서 보듯이 예수님께서 그 더렵혀진 성전에 친히 임하셔서 성전 안에서 장사하는 사람들을 쫓아내셨듯이 우리도 우리가 정결해지기를 진심으로 원한다면 예수님께서 우리 안에 친히 임하셔서 우리들 심령의 탐심과 이기심 같은 더러운 것들을 친히 없애실 것이다. 이 일이 바로 그리스도께서 우리의 죄를 담당하신다는 의미다. 그래서 사도 요한은 예수님께서 이 땅에 오신 목적이 "우리의 죄를 없이 하는 것"이라고 하였다(요일 3:5, 8). **우리가 십자가를 바라보아야 하는 이유는 우리의 죄를 정결하게 함을 받기 위함이지 십자가를 바라보는 그 자체가 목적이 아니다.** 마찬가지로 우리가 도달할 수 있는 가장 위대한 장소는 십자가의 예수님 발 아래라고 말하는 이유도 그곳에서 우리가 정결함을 입을 수 있기 때문이지 그곳에 있는 자체가 목적이 아니다. 성전 정결의 교훈을 보더라도 십자가의 보혈로 우리 마음이 정결해 진다는 것은 이론이 아닌 실제로 우리 마음 가운데 일어나야 하는 일이라는 것을 알 수 있다.

그런데 수많은 신학자들은 청결한 마음이 마음에 죄가 전혀 없는 것이 아니고 부분적으로 정결케 되어 상대적으로만 정결해지고 완전한 정결은 하늘 나라에서 이루어진다고 주장을 한다. 그러면서 다음 구절을 인용한다.

> *만일(ἐὰν, 조건절 if) 우리가 죄가 없다고 말하면 (εἴπωμεν, 가정법 과거) 스스로 속이고 (πλανῶμεν, 현재형) 또 진리가 우리 속에 있지 (ἔστιν, 현재형) 아니할 것이요 (요일 1:8)*

그러나 위의 성경 구절은 영어성경이나 우리말 성경이나 심각한 번역의 오류이다. 이렇게 번역했기 때문에 요한 일서 1:7[118]에서 예수님께서 우리의 모든 죄에서 우리를 깨끗하게 하신다는 말씀과 모순이 되게 만들었고 따라서 하나님은 앞뒤도 안 맞는 말씀을 하시는 분으로 만들어서 그 말씀에 힘을 빼버렸다. 영어에서 가정법 과거형은 현재 사실의 반대를 가정할 때 쓰이지만 헬라어에서는 **가정법 과거형**은 시간의 개념은 없고 다만 **점적인 동작의 발생**을 나타내므로 문맥에 따라 시제의 선택에 주의해야 한다. 일반적으로 조건절의 동작의 발생은 적어도 주절의 시제보다는 먼저 일어나는 일이므로 위 문장에서는 다음과 같이 해석해야 문맥에 맞는다.

> *만일 우리가* ***죄가 없다고 말했다면,*** *스스로 속이고 진리가 우리에게 있지 아니할 것이요*

이 말씀을 다시 설명하고 있는 다음 문장을 보면 명확히 알 수 있다. 즉, **과거에 지은 죄를** 자복하고 용서를 받고 죄로부터 정결하게 하심을 입으라는 것이다.

> *만일 우리가 우리의 죄들을 자백하면 그분께서는 신실하시고 의로우사 우리의 죄들을 용서하시며 모든 불의에서 우리를 깨끗하게 하시느니라. 만일 우리가* ***죄를 짓지 아니하였다고(완료형)*** *말하면 우리가 그분을 거짓말하는 분으로 만들며 또한 그분의 말씀이 우리 속에 있지 아니하니라* (요일 1:9, 10)

118) 그가 빛 가운데 계신 것 같이 우리도 빛 가운데 행하면 우리가 서로 사귐이 있고 그 아들 예수의 피가 우리를 모든 죄에서 깨끗하게 하실 것이요

그래서 이런 번역의 오류를 놓고 교리를 만들다 보면 예수님의 피가 우리를 **모든 죄에서 깨끗하게** 하시는데 부분적으로만 깨끗하게 하신다는 이상한 이론을 만들게 되는 것이다. 이와 동일한 심각한 오역이 같은 요한일서 2:1에서도 반복되고 있다. 우선 다음 두 구절의 말씀은 모순이라는 것을 알 수 있다.

> *나의 자녀들아 내가 이것을 너희에게 씀은 너희로 죄를 범하지 않게 하려 함이라 만일* ***누가 죄를 범하여도 아버지 앞에서 우리에게 대언자가 있으니*** *곧 의로우신 예수 그리스도시라 (요일 2:1)*
>
> ***죄를 짓는 자는 마귀에게 속하나니*** *마귀는 처음부터 범죄함이라 하나님의 아들이 나타나신 것은 마귀의 일을 멸하려 하심이라* ***하나님께로부터 난 자마다 죄를 짓지 아니하나니*** *이는 하나님의 하나님께로부터 난 자마다 죄를 짓지 아니하나니 이는 하나님의 씨가 그의 속에 거함이요 그도 범죄하지 못하는 것은 하나님께로부터 났음이라* (요일 3:8, 9)

요한일서 2:1의 우리 말과 영어 성경의 번역에 따르면 우리가 예수님을 믿으면 혹 죄를 범하여도 예수님께서 대언자의 역할을 하시므로 죄 사함을 받을 수 있고 따라서 별 걱정이 없다는 뜻이다. 한 발 더 나가서 이런 해석은 죄 짓는 것에 대해 스트레스를 받거나 죄책감을 느끼는 것이 오히려 믿음이 부족한 것이라는 결론에 도달한다. (그래서 계명을 범하고 있는 교인들에게 죄책감을 버리라는 설교를 하는 지도자들이 있는지도 모르겠다) 그런데 요한일서 3:8, 9에서는 하나님의 사람은 범죄치 않을 뿐 아니라 범죄를 할 수도 없다고 선언한다. 앞뒤가 안 맞는다. **죄를 범하는 자는 마귀에 속하였는데 예수님이 있으니 걱정 없다(?)는 뜻이다.** 특히 2:1의 전반부에는 이 글을 쓰는 목적이 너희로 하여금 죄를 범하지 않게 하기 위함이라고 했는데 그 다음에 바로 죄를 범하면 대언자가 있으니 걱정 없다(?)고 말한다. 그리고 이러한 심각한 모순을 문제 삼는 신학자도 30여 년 전에 그분이 저술한 책을 통해 단 한 분을 보았을 뿐, 필자의 짧은 경험에서는 그 외에는 보지 못했다. 이러한 모순은 역시 번역의 오류에서 비롯되었지만 성경이라는 이름으로 이런 번역자의 오류에 절대적 권위를 부여하고 진리라고 믿고 말씀을 읽으면 읽는 사람의 믿음을 무의식적으로 약화시키고 이상한 방향으로 이끌어간다. 결국 복음을 통해 주시는 구원에 이르게 하시는 하나님의 능력을 약화시키거나 무력화시킨다. 이런 글을 읽고 어떻게 죄를 이기게 되고 율법을 온전히 지키게 되는 것이 구원이라고 생각하겠는가?

요한 일서2:1의 '범죄하더라도'라는 표현에서 '만일 ~하더라도'는 양보의 뜻을 나타내는 접속사인데(even if) 원어 성경에는 단순 가정(if)의 ἐάν(에안)이라는 접속사가 쓰였다. 이렇게 성경의 의미를 변조시킨 이유는 그 다음 구절을 미래에 당연히 죄를 지을 것이라고 해석하기 때문에 거기에 맞는 의미를 만들어 넣었기 때문이다. 그리고 '죄를 범하면'이라고 번역된 헬라어 단어 ἁμάρτῃ (하마르테)도 **가정법 과거형이므로** 요한일서 1:8과 같이 문맥에 맞게 과거 시제로 번역해야 한다. 다시 이 구절을 정확히 번역을 하면 다음과 같다.

> *나의 자녀들아 내가 이것을 너희에게 씀은 너희로 죄를 범하지 않게 하려 함이라* ***만일 누가 죄를 범하였다면,*** *아버지 앞에 우리에게 대언자가 있으니 곧 의로우신 예수 그리스도라* (요일 2:1)

이 말씀은 만일 우리가 과거에 예수님을 믿지 않을 때 죄를 지었다면 우리에게 중보자 예수님이 계시니 그분을 믿고 그분을 통해 과거의 죄를 사함 받고 그분을 의지함으로써 앞으로 죄를 이기라는 권면을 하고 있는 것이다. 결국 1:8-10의 메시지를 반복하고 있다. 요한일서 2:1의 전반부에 "이 글을 쓰는 목적이 너희로 범죄치 않게 하려 함"이라고 명백히 밝혀두고 있는데, 기이하게도 현대 교회에서는 2:1의 후반부를 미래에 죄를 범하는 것에 대해 죄책감을 갖지 말라는 정반대의 의미로 가르쳐지고 있다는 것이다.

한 단어의 과거 시제를 현재 시제로 번역함으로써 얼마나 많은 기독교인들이 죄의 더러움에 대해 감각이 무뎌졌는가? 그리고 이 잘못 번역된 구절을 주제로 얼마나 많은 설교를 하면서 하나님의 은혜를 오도하고 있는지 개탄스러울 지경이다. 일주일 죄짓고 주말에 교회 가서 회개(이런 회개가 성경 상의 회개도 아니다)하고 그 다음 주도 그렇게 살고, 이렇게 살다 예수님 재림하시면 그때 우리를 완전히 죄에서 해방시켜 주실 것이라 믿는 교인들이 얼마나 많은가?

그리고 마음이 청결한 자는 하나님을 볼 것이라는 말씀은 나중에 하늘 나라에서 하나님의 얼굴을 본다는 말씀의 의미도 있지만 현세에서 하나님의 뜻과 성품을 영적인 눈으로 명확하게 본다는 의미도 내포되어 있다. 이는 노아의 경험이었다. 노아는 홍수 심판 직전 온 세상에 패악이 충만할 때 노아는 하나님의 눈에서 은혜를 발견했다. 이것이 노아의 마음이 청결하여 하나님의 얼굴을 본 경험이었다.

> *그러나 노아는 여호와께 은혜를 입었더라*
> *But Noah* ***found grace in the eyes of the LORD.*** (창 6:8)

화평하게 하는 자

화평케 하는 자는 단순히 사람들이 싸움을 하는 곳에 가서 싸움을 말리고 화해시킨다는 좁은 뜻이 아니다. 물론 이러한 뜻도 내포하고 있겠지만 보다 더 근원적인 의미는 하나님과 원수인 동료 인간을 하나님과 화목하게 만든다는 의미이다. 불화하는 사람들에게 진정한 평화란 서로 싸우지 않도록 그들의 이해 관계를 잘 중재해서 조정해 주는 일이 아니라 근본적으로는 하나님을 모르기 때문에 서로 반목하고 싸우는 사람들이 하나님을 알게 도와주는 일이다. 전도(傳道)하는 것을 의미하고 있다. 의(義)를 위해 핍박을 받는 것도 결국은 전도의 과정에서 생기는 것이지 어떤 사람이 이웃을 자기 몸처럼 사랑하라는 하나님의 의(義)를 실천하면서 사는데 이런 사랑의 행위 자체를 핍박할 법(法)과 사람은 없다.

창세기 3:14[119]에 선언되었듯이 인간은 사탄의 합법적인 포로로서

119) 여호와 하나님이 뱀에게 이르시되 네가 이렇게 하였으니 네가 모든 육축과 들의 모든 짐승보다 더욱 저주를 받아 배로 다니고 **종신토록 흙(사람)을 먹을지니라** (창 3:14)
뱀은 사탄을 말하고 있는데 실제 **뱀도 사탄도 흙을 먹지 않는다.** 그러므로 이 말씀은 비유이다. 흙은 창세기에서는 사람을 말하고 있고 '아담'이라는 단어도 흙이라는 뜻의 단어인 '아다마'가 그 어원이다. 아담이 성령을 거절

태어난다. 그러므로 사람은 처음부터 하나님과의 원수인 자리에서 인생을 시작하게 되었다. 사단에게 점령된 육체들에게 성령께서는 그들의 일생 동안 옳은 길로 가라고 하소연하신다. 사람들은 이 성령의 호소를 자신의 '양심'이라고 느끼면서도 대부분의 경우 100% 양심대로 살지 않는다. 그러므로 우리가 어렴풋이 생각하는 것처럼 양심은 우리의 마음이 아니다. 그렇기 때문에 모든 사람이 양심 그대로 살지 않는다. 하나님께서 한 개인에 대해 이러한 일을 영원히 할 수 없는 것이어서 때가 차면 흙으로 돌아가게 하셨다. 그래서 한 번 죽는 것은 하나님께서 정하신 바고 그 후에(마지막 때에) 그 사람의 삶에 대한 심판이 있을 것이다. **창세기 2:7에서 창조 당시 아담과 하나이셨던 성령께서 타락 후 1,000년 이상이 지난 시점인 창세기 6:3에 가면 인간과 다투시는 성령으로 묘사된다. 아담의 심령 안에 거하시던 성령께서 사람의 마음 밖으로 쫓겨나셨기 때문이다.**

> *여호와께서 이르시되* ***나의 영(성령)이 영원히 사람과 다투지 아니하리니*** *이는 그들이 육신이 됨이라* (창 6:3, KJV)

사람은 원래 흙을 재료로 지음을 입었지만 그 육신에 성령이 깃들어 하나님의 뜻대로 사는 살아있는 영적인 존재로 계획되었다. 그러나 아담이 자신 안에 내주하시는 성령을 거절한 후 인간은 성령의 뜻과는 상관 없이 **육신의 욕망을 따라 살게 되었다**(그들이 육신이 됨이라). **"그들이 육신이라"는 말씀은 원래는 육신만이 아닌 성령과 함께**

했으므로 다른 영인 사탄이 사람의 영적 세계를 지배하게 되었다는 것이다. 즉, 사람은 사탄의 합법적인 포로이다.

하는 존재였다는 말씀이다. 이렇게 성령의 음성에 귀 기울이지 않고 육신의 소욕대로 사는 사람들에게 영원히 성령께서 호소하시면서 싸우는 일은 없을 것이라는 말씀이다.

육신의 생각은 하나님과 원수가 되나니 이는 하나님의 법에 굴복하지 아니 할 뿐 아니라 할 수도 없음이라 (롬 8:7)

하나님과 원수가 된 죄인들의 처지가 이러한데, 이런 죄인들을 인도하여 하나님과 화목하게 만든다는 의미는 결국 이웃을 전도하여 회개에 이르게 하는 것을 의미한다. 그런데 전도란 자신이 먼저 성령으로 인치심을 받고 해야 하는 것이지 단순히 성경 지식만 많다고 되는 일이 아니다. 이 세상은 사탄이 지배하고 있는 죄의 왕국이고 우리는 그 왕국에서 죄의 백성으로 태어났음을 다음 말씀에서도 선포하셨다.

이 후에는 내가 너희와 말을 많이 하지 아니하리니 ***이 세상 임금****이 오겠음이라 그러나 저는 내게 관계할 것이 없으니* (요 14:30)

너희는 ***너희 아비 마귀****에게서 났으니 너희 아비의 욕심대로 너희도 행하고자 하느니라* (마 8:44)

그 사단의 백성을 인도하여 하나님의 백성으로 만드는 데는 성령의 능력이 반드시 필요하다. 인간적인 능력이나 인격으로만은 항상 실패한다. 이는 영적인 일이기 때문이다. 반드시 전도자의 내면에 성령께서 임재하셔서 능력을 주실 때만 가능하다. 화평케 하는 자는 반드시 자기가 먼저 구원을 받지 않으면 불가능하다. 그래서 화평케 하는 일이 팔복 안에 포함된 것이다.

죄와 함께 있는 죄인은 하나님과 본래는 원수다. 그렇기 때문에 하나님과의 화목이란 죄인이 죄를 버리는 것(회개)이라는 사실은 구약시대의 '화목제'라는 제사 제도에서도 표상적으로 잘 나타나 있다. 예를 들어 양이나 염소가 풀을 뜯다가 보면 그 풀에 몸에 나쁜 독성 물질이 함께 묻어서 섭취될 수 있다. 그리고 모든 독성 유기 물질은 기름에 잘 녹는 성질이 있다. 그렇다면 독성 물질은 염소의 입을 통해서 소화기관으로 들어 오고 소화 기관에서 흡수되어 피를 타고 전신을 돌다가 일부는 콩팥을 통해 소변으로 빠져 나가고 일부는 간에서 해독이 되고 일부는 지방에 녹아 있게 된다. 따라서 어떤 염소 한 마리를 잡으면 이러한 독성 물질은 피, 콩팥, 간, 지방 등에서 발견될 것이다. 이러 과학적인 사실과 연관 지어서 화목제에 관한 명령을 주셨는지는 잘 모르겠지만 다음 말씀을 보면 놀라울 정도로 이러한 과학적인 사실과 연관성이 깊다.

> *만일 그의 예물이 염소면 그것을 여호와 앞으로 끌어다가 그것의 머리에 안수하고 회막 앞에서 잡을 것이요 아론의 자손은 그 피를 제단 사방에 뿌릴 것이며 그는 그 중에서 예물을 가져다가 여호와께 화제를 드릴지니 곧* ***내장에 덮인 기름과 내장에 붙은 모든 기름과 두 콩팥과 그 위의 기름 곧 허리 쪽에 있는 것과 간에 덮인 꺼풀을 콩팥과 함께 떼어낼 것이요*** *제사장은 그것을 제단 위에서 불사를지니 이는 화제로 드리는 음식이요 향기로운 냄새라 모든 기름은 여호와의 것이니라 너희는 기름과 피를 먹지 말라 이는 너희의 모든 처소에서 너희 대대로 지킬 영원한 규례니라* (레 3:12-17)

콩팥과 기름은 독성 물질이 있는 신체의 일부분으로서 인간이 품고 있는 죄를 상징하기에 아주 적절하다. 그렇기 때문에 콩팥과 기름을 불에 태우는 것은 성령의 불로 죄를 소멸하는 것을 상징한다. 이렇게 죄를 태우는 냄새가 여호와께 향기로운 냄새인 것이고 기름과 피를 먹지 말라는 것은 죄를 품지 말라는 것이다. 또한 피는 생명의 상징이므로 피를 먹지 말라는 의미도 포함되어 있다. **또한 모든 기름은 여호와의 것이라고 선언하심으로써 하나님께서 모든 죄를 담당하신다(=제거하신다)는 약속을 하고 계신다.**

화목제에서는 번제와는 다르게 양이나 염소 전체를 태우지 않고 신체의 일부, 즉 죄를 상징하는 기름과 콩팥을 분리해서 그것만 태우는데, 이는 인간의 하나님께 대한 전적인 헌신을 예표하는 번제(레위기 1장)와는 달리 화목제는 죄를 버림으로써, 즉 회개를 통해 하나님과 화목해진다는 것을 교훈으로 주고 있다. 구약의 제의(祭儀, 제사와 의식)에 관한 율법의 조항들은 이렇게 영적인 진리로 가득 차 있었다. 그리고 이러한 진리의 모든 단편들은 궁극적으로는 예수님의 십자가에서 만나서 하나로 합쳐져서 단 하나의 정신, 곧 하나님의 본성을 가리키고 있었고 그렇기 때문에 그 십자가는 우리가 죄를 가지고 있을진대 바로 우리가 달려야 할 십자가였다.

의를 위하여 박해를 받은 자

의를 위하여 핍박을 받는 일 역시 하나님 백성의 특징이다. 하나님의 백성이 된 자를 사단이 절대로 그냥 두지 않는다. 원래 자기 백성이었는데 하나님의 백성으로 되었으니 사단에게는 분노할 일이다. 그리하여 달콤한 유혹을 하거나 아니면 핍박을 해서 넘어뜨리려고 한다. 처음에는 전자의 방법을 사용한다. 사탄은 전자의 방법을 사용해서 성화되지 못한 많은 구도자들을 멸망의 길을 가도록 인도하는데 대단한 성공을 거두어왔다. 이런 달콤한 유혹의 방법이 효과를 보지 못하면 정신적으로 육체적으로 핍박을 한다. 이러한 유혹과 핍박의 패턴은 예수님의 생애에서도 잘 드러나 있다. 예수님께서 공생애[120)]

---

120) 공생애의 시작을 언제로 보는가는 학자들마다 차이가 있다. 요단 강에서의 침례를 공생애의 시작으로 보는 견해도 있지만, 가나의 혼인 잔치 며칠 후 예루살렘 성전을 정결케 하시는 사건부터 메시아로서 대중 앞에 자신을 드러내시고 복음을 전하셨으므로 이때를 공생애의 시작으로 볼 수 있다. 필자는 후자의 견해가 합리적이라고 생각한다. **이렇게 보면 예수님의 공생애는 유월절에 시작하셔서 3년 후 유월절에 마치신 셈이 된다. 부활 후에는 제자들과만 소통을 하셨으므로 공생애(公生涯, public life)라고 보기 어렵다.** 또한 가나의 혼인 잔치에서도 포도주가 바닥난 사실을 마리아가 예수님께 알리자 '아직 자신의 공적인 사역이 시작되지 않았는데 왜 그런 말씀을 하시느냐'는 의미로 이르시되 "여자여, 나와 당신에게 (이 일이) 무슨 상관이 있나이까? 내 때가 아직 이르지 아니 하였나이다"(요 2:4, 원어 성경 필자번역)라고 하신 것을 보아도 알 수 있다.

를 시작하시기 직전 사단은 성경 말씀을 인용해서 예수님을 시험하고 유혹한다. 이런 것이 실패하자 결국 십자가라는 인류 역사상 가장 잔인한 사형 방법으로 수치와 고통을 주어서 예수님으로 하여금 그 성육신의 삶을 포기시키고자[121] 하였다. 사도 바울도 이러한 원리를 잘 알고 있었다.

> *무릇 그리스도 예수 안에서 경건하게 살고자 하는 자는 핍박을 받으리라* (딤후 3:12)

그런데 현대 기독교인들은 핍박보다는 세상에서 잘 나가고 환영을 받는 경우가 많은 것 같다. 예수님의 유다를 제외한 열한 제자들과 사도 바울은 예수님 승천 후에 모두 순교하였다. (사도 요한은 끓는 기름 속에 던져진 후 살아났지만 이는 순교에 해당한다) 예수님을 믿어 출세를 해서 돈을 많이 벌거나 아니면 세상의 복락을 누리며 안락

---

121) 예수님께서 십자가에 달리셔서 운명하시기 까지 6시간동안 사단은 예수님께서 고통과 수치를 견디시지 못해 십자가에서 내려오시기를 기대했을 것이다. 만일 사단이 예수님께서 잔인한 방법으로 십자가에서 돌아가시기를 원해서 사단이 자기 종들을 통해 십자가를 예비한 것이라면 사단은 하나님의 구속 사업에 기여를 한 셈이 된다. **우리는 막연히 십자가의 구속을 찬양할 뿐 실제로 그 십자가를 준비한 사단의 의도를 잘 알지 못한다. 사단은 십자가라는 극악무도한 사형 방법으로 인간 구원의 길을 포기하도록 성육신하신 예수님을 시험하고 위협한 것이다.** 그러나 예수님은 시험에 굴복하지 않으시고 사단의 예상과 기대를 벗어나셔서 육체가 경험할 수 있는 가장 고통스럽고 수치스러운 죽음의 길을 택하셨다. 그렇게 하나님의 뜻에 순종하셨다. 이렇게 십자가에 죽기까지 인간을 사랑하셨고 이런 억울하고 무고한 죽음은 사단이 자신의 거처(사람)를 본인이 원한다면 예수님께 다시 내어줄 수밖에 없는 처지임을 입증한 결과가 되었다. 그러므로 우리가 하나님의 의를 구하면 우리를 놀이터 삼고 있던 사단은 쫓겨나가고 하나님께서 우리 안에 친히 임하셔서 우리 안에 하나님의 의가 이루어진다. 그래서 예수님은 우리의 구원자요 대속의 희생 제물이시다.

한 삶을 영위하다가 죽은 사람은 한 명도 없다. 예수님께서도 십자가에 돌아가시기 직전에 하신 설교에서 제자들에게 육체적으로 안락한 삶이나 출세를 약속하지 않고 오히려 이렇게 말씀하셨다.

> *너희가 세상에 속하였으면 세상이 자기의 것을 사랑할 것이나 너희는 세상에 속한 자가 아니요 도리어 내가 너희를 세상에서 택하였기 때문에* ***세상이 너희를 미워하느니라*** (요. 15:19)

> *사람들이 너희를 출교(이단으로 몰렸기 때문)할 뿐 아니라* ***때가 이르면 무릇 너희를 죽이는 자가*** *생각하기를 이것이* ***하나님을 섬기는 일이라*** *하리라* (요. 16:2)

예수님께서는 그들이 예수님 때문에 세상에서 핍박을 당할 것이고 실컷 핍박당하다가 결국은 처형 당할 것이라고 예언하고 계신다. 여기서 주목할 부분은 제자들을 박해할 사람들이 이교도도 아니고 하나님을 전혀 모르는 세상 사람들도 아니고 하나님을 믿고 섬긴다고 열심을 내는 사람들이라는 것이다. 이렇게 하나님을 잘못 믿고 있는 사람들이 하나님을 올바로 믿는 사람을 박해하고 심지어 죽이기까지 한다. 이와 같은 원리가 인류 최초의 살인 사건에서부터 드러났다. 카인과 아벨의 사건은 전 인류 역사를 통해 세상의 끝날 까지 하나님을 잘못 믿는 자가 하나님을 올바로 믿는 자를 핍박할 것을 매우 함축적으로 보여 주는 표상적 사건이다. 이스라엘의 역사를 통해서 핍박 받고 억울하게 죽어 간 수많은 선지자들도 결국은 하나님을 믿는 동료들에 의해 억울한 죽임을 당한 일이었다. 예수님도 그랬고 그분의 제자들도 그랬다. 카인도 하나님을 믿는 사람이었다. 그래서 그는 하나님을 기쁘시게 하려고 나름대로의 방법으로 제사를 드렸다. 그러나 하나님의 정한 방식이 아닌 자신의 방식으로 제사를 드려서 하나님께서 그 제사를 열납하지 않으셨고 아벨은 하나님께 순종하는 마음으로 하나님의 정하신 방법으로 제물을 드림으로 하나님께서 아벨과 그 제물을 열납하셨다. 이렇게 **자신의 행위를 의지하면서 경건의 모양만 있는 자는 항상 경건의 능력이 있는 자를 증오하고 질투한다.** 예수님을 십자가에 달아서 죽인 자들도 하나님을 믿는다고 공언하는 제사장들과 바리새인들 같은 율법주의자들이었다. 그들은 예수님을 처형하는 것이 하나님을 위하는 일이라고 믿었다. 중세 암흑 시대에도 순수한 믿음을 지켰던 왈덴스[122]인 같은 기독교도들을 핍박하고 화형까지 시킨 집단은 하나님의 대리자라고 주장하는 로마 가톨릭 교황과 그의 수하들이었다. 로마 가톨릭의 교황은 당시 라틴어로 된 성경을 영어로 번역했다고 해서 틴데일[123]을 화형 시키기도 했다. 그러면서 그들의 입술은 항상 하나님을 경외하고 그리스도를 구원자라고 찬송하고 있었다. 이러한 핍박의 패턴은 예수님의 재림 직전 마지막 때에도 반복될 것인데 요한 계시록[124]에서는 다음과 같이 예언하고 있다.

---

122) 12세기경 스페인 북부에서 시작해서 피레네 산맥을 지나 프랑스 남부까지 넘어와서 가난하게 생활하면서 예수님의 가르침을 그대로 실천했던 그룹으로 300년 후 종교개혁의 모태가 되었다. 1212년에는 80명의 설교자들이 스트라스부르그에서 화형에 처해졌다. 이들은 후에 오스트리아, 보헤미아, 바바리아, 폴란드, 스와비아 등으로 퍼져나갔다.

123) **윌리엄 틴데일**(William Tyndale, 1494~1536): 존 위클리프에게 영향을 받아 영어로 성경을 번역한 사람이다. 그는 영어 번역을 위해 독일로 건너가 비밀리에 번역작업을 했으며 성경을 번역한 죄로 체포되어 1536년 10월 6일 화형당했다.

124) 요한 계시록을 읽으면 이단에 빠진다고 가르치는 목사들이 많다. 왜냐하면 많은 이단 교파가 요한 계시록을 억지로 풀면서 태동했기 때문이다. 그러나 예수님께서는 "이 예언의 말씀을 읽는 자와 듣는 자와 그 가운데에 기록한 것을 지키는 자는 복이 있나니 때가 가까움이라"(계1: 3)라고 하셨다.

용(사탄)이 여자(교회)에게 분노하여 돌아가서 그 여자의 남은 자손 (여자가 타락해도 끝까지 하나님 편에 남은 백성) 곧 하나님의 계명을 지키며 예수의 증거를 가진 자들과 ***더불어 싸우려고*** *바다 모래 위에 서 있더라* (계 12:17)

그가 권세를 받아 그 짐승의 우상에게 생기를 주어 그 짐승의 우상으로 말하게 하고 또 ***짐승의 우상에게 경배하지 아니하는 자는 몇 이든지 다 죽이게 하더라*** (계 13:15)

예수님의 말씀에서 또 한 가지 우리가 주목할 부분이 있는데

평안을 너희에게 끼치노니 곧 나의 평안을 너희에게 주노라 ***내가 너희에게 주는 것은 세상이 주는 것과 같지 아니하니라*** *너희는 마음에 근심하지도 말고 두려워하지도 말라* (요 14:27)

예수님께서는 박해와 순교를 당할 제자들에게 이것을 피할 방법을 알려주시지 않고 오히려 그런 경험 속에 있는 그들에게 마음의 평안을 약속하고 계신다. 이 평안은 세상의 복락을 누릴 때 느끼는 평안과는 차원이 다른 것이다. 하늘에서 오는 평안은 존재의 이유와 근원 그리고 그 원칙을 깨달아 알고 그 진리 안에 자신을 완전히 맡길 때 (이를 단순한 다른 말로 하면 그 진리가 육신이 되신 예수님을 믿고 성령을 받아 그분 안에 있을 때) 느끼는 평안으로 세상의 어떤 핍박이나 위험이 이를 깨뜨릴 수 없는 그런 것이다.

그러나 많은 기독교인들은 예수님께서 주시는 평안보다는 세상이 주는 종류의 평안을 얻기 위해 하나님 앞에 무릎을 꿇는다. 정말 아이러니한 일이다. 이런 사람들에게는 "먼저 그의 나라와 그의 의(義)를 구하라"는 예수님의 명령은 전혀 기억이 나지 않는 것 같다. 그리

고 대부분의 사람들은 이러한 세상의 평안을 구하는 기도에 응답을 받지 못한다. 어떤 무신론 철학자는 이들의 기도에 응답하지 않으시는 하나님께 감사 드린다면서 세속화된 기독교를 조롱하였다. 그러나 반면 일군의 사람들은 이런 기도에 응답을 받고 세속적으로 성공을 거두어 교회 강단에서 이를 하나님의 은혜라고 간증을 한다. 그리고 이런 간증을 듣고 아직 응답을 받지 못한 많은 청중들은 “아멘”을 외친다. 세상의 평안을 구하는 이 사람들의 기도를 들어주시는 이는 하나님이실까 아니면 제1계명에 “나 외에 **다른 신들**(other gods)을 네게 두지 말라”고 하실 때 언급하신 **바로 그 신들**일까?

하나님의 은혜는 그들을 순교의 위험으로부터 보호해 주시는 것이 아니라, 스테판의 경험에서처럼 순교를 하더라도 그 사람의 심령에 평안을 주시는 것이었다. 순교의 위협에도 자신을 핍박하는 자들을 긍휼히 여기는 마음을 주시는 것이 가장 큰 은혜인 것이다. 세상의 복을 받기 위해 교회에 구름 같이 몰려들고 있는 사람들에게 예수님께서 제자들에게 예언하셨듯이 “당신들이 예수님 때문에 세상의 재물은 물론 언젠가 목숨을 잃을 수도 있다”고 설교를 한다면 그들은 여전히 예수님을 믿는다고 고백할 수 있을까? 또 이런 설교를 할 지도자는 얼마나 될 것인가?

여기서 또 하나 짚고 넘어가야 할 사실이 있는데, 하나님 안에서 경건하게 살고자 하면 핍박을 받는 것은 당연하지만, 핍박을 받는다고 해서 반드시 하나님 안에 있다는 증거는 아니다. 이런 논리는 많은 이단 교파에서 자기 신도들에게 주장하는 이론인데, 사실 이단 교파가 사회적으로 지탄의 대상이 되는 것은 그들의 가르침이 사회에 빛과 소금이 되기는커녕 실질적 해가 되고 있기 때문이다. 그들이 받는 핍박은 오히려 하나님의 뜻에 부합하는 일이다. 사도 바울은 '성령의 열매'를 금지할 법이 세상에 없다고 했다. 그들에게는 성령의 열매는 없고 성경 구절을 인용한 반사회적 교리만 있을 뿐이다. 또한 기존의 소위 정통 기독교 교단의 타락과 부분적인 교리의 오류 역시 그런 이단 종파들에게는 그들의 정당성의 빌미를 제공하고 있는 것 또한 현실이다. 대부분의 이단은 기존 교단의 비성서적 행태를 비난하면서 그들 이론의 전개를 시작한다는 사실에 주목할 필요가 있다.

복 받은 자의 객관적 특징

: 박해, 빛과 소금의 역할

나로 말미암아 너희를 욕하고 박해하고 거짓으로 너희를 거슬러 모든 악한 말을 할 때에는 너희에게 복이 있나니 기뻐하고 즐거워하라 하늘에서 너희의 상이 큼이라 너희 전에 있던 선지자들도 이같이 박해하였느니라. 너희는 세상의 소금이니 소금이 만일 그 맛을 잃으면 무엇으로 짜게 하리요 후에는 아무 쓸 데 없어 다만 밖에 버려져 사람에게 밟힐 뿐이니라 너희는 세상의 빛이라 산 위에 있는 동네가 숨겨지지 못할 것이요 사람이 등불을 켜서 말 아래에 두지 아니하고 등경 위에 두나니 이러므로 집 안 모든 사람에게 비치느니라 이같이 너희 빛이 사람 앞에 비치게 하여 그들로 너희 착한 행실을 보고 하늘에 계신 너희 아버지께 영광을 돌리게 하라 (마 5:11-16)

이른바 팔 복에 관해서 요약을 하자면 진리와 생명을 구하는 사람이 자신의 마음이 율법의 정신에 비춰볼 때 너무 더럽다는 것을 깨닫고 나서야 자신의 심령에 하나님께서 계시지 않음을 알게 되고, 하나님께서 계시지 않기 때문에 비로소 자신의 심령이 가난함을 깨닫게 되는 것이 복의 출발이라는 말씀으로 예수님께서는 산상수훈을 시작하고 계신다. 그러므로 내면에 하나님(=말씀=율법)께서 계시지 않으므로 자신의 무가치함을 애통해하고, 자신에게는 없는 의(義=율법=성령)를 갈망하고 성령을 구하게 되고, 이 기도에 응답받아 성령의 내주가 일어나고 그러므로 온유하고 마음이 청결한 자가 된다. 그리고 하나님의 말씀을 사랑함으로 주변에 말씀을 전하게 되고 이를 위해 핍박까지 받는 경험은 우리가 이 땅에 살면서 하나님을 만나고 하나님과 하나 됨으로써 성령의 열매를 맺고 사는 과정과 경험을 묘사하고 있다.

결국 팔복은 전술하였듯이 복의 8가지 종류가 아니라 심령에 말씀을 담는 과정과 경험을 8가지로 요약해서 묘사한 것이다. 복 받는 자들의 경험을 주관적 입장에서 말씀하신 것이 소위 팔 복이라면, 이들의 객관적인 모습 내지는 경험은 크게 두 가지로 요약되는데, 첫째는 그들이 부당하게 핍박당하는 것과 둘 째는 세상에 대해 빛과 소금의 역할을 하는 선한 영향을 끼친다는 것이다. 이 두 가지 모습은 예수님의 생애에서도 볼 수 있는 가장 큰 특징이다. 하나님의 뜻대로 사는 사람은 아무 죄가 없는데 신비하게도 주위에서 모함을 당하고 박해를 받는다. 그를 칭찬하고 따르는 사람보다는 모함하고 박해하는 사람의 수가 훨씬 많다. 항상 그래 왔고 앞으로도 세상 끝날까지 그럴 것이다. 이러한 사실은 이 세상이 악한 법칙으로 돌아 간다는 증거이기도 하다. 물론 이 배후에는 사단이라는 세상의 임금이 있다. 이런 악한 세상과 그 원칙을 사랑하지 않는 사람들을 하나님께서는 찾고 계신다. 그리고 그들을 세상에서 불러 내시고 자기 백성으로 삼기를 원하신다. 그렇게 하나님의 백성이 된 사람은 이 세상에 속하지 않았으므로 핍박을 받을 것이라고 예수님께서 선언하셨다. 그러나 그들은 그들이 받는 부당한 대우에도 불구하고 세상에 대해 빛과 소금의 역할을 한다. 빛과 소금의 의미는 굳이 여기서 설명하지 않아도 될 것이다. 이들이 좋은 영향을 끼치거나 안 끼치거나 하는 것은 선택의 문제가 아니라 성령과 함께 하면 일어나는 필연적인 결과이다. 그래서 "빛과 소금이 되라"가 아니고 복 있는 자들은 "빛과 소금이다"라고 말씀하셨다.

그런데 마태복음 5:3-10에서는 팔복의 경험의 주체를 '그들'이라고 하시고 11절부터는 '너희'라고 주어를 바꾸신 이유는 팔복의 주관적 경험을 너희들(제자들)이 할 것인데 이는 다른 사람들이 보기에는 "부당한 박해"와 "선한 영향력"이라는 모습으로 보일 것을 말씀하고 있는 것이다. 심령이 가난하고 애통해하고 의에 주리고 목마른 것은 다른 사람들이 잘 알 수 없는 주관적인 경험이지만 남들을 긍휼히 여기고, 품성이 온유하고, 마음이 청결하고, 하나님과 화평케 하는 모습은 자신의 주관적인 경험인 동시에 남들이 알 수 있는 선한 영향력으로서 하나님의 본성을 주변에 드러내는 일이다. 이런 선한 영향력에도 불구하고 박해를 받는 것도 사람들이 볼 수 있는 일이다. 하나님은 자신의 본성, 곧 그 선하심을 자연계를 통해, 말씀을 통해, 예수님의 생애를 통해, 그리고 우리의 양심을 통해 드러내셨지만 한 가지 더 하나님의 형상을 드러내시는 통로로 삼고자 하시는 것이 있다. 그것은 바로 '나의 삶'이다. **나의 삶이 빛과 소금이라는 것은 나의 말과 행동을 통해 하나님의 선하심, 곧 하나님의 본성이 계시되고 있다는 말과 같은 뜻이다.** 이렇게 될 때 우리는 하나님의 동역자라 칭함을 받을 것이다. 이런 나의 삶의 모습, 나의 표정, 말투, 억양 하나하나가 주변 사람들에게 하나님의 본성을 강력하게 증거하게 될 때 이것이 진정한 전도이고 화평케 하는 일이며 하나님을 영화롭게 하는 일일 것이다. 이 얼마나 영광스러운 일이고 감사한 일인가? 그러므로 성령과 하나된 사람을 하나님의 아들, 지존자의 아들, 예수님의 친구라고 부르시는 것이다. 그래서 그들 안에 하나님께서 계시므로 그들을 신(神)이라 하셨다(시 82:6). 아멘!

VI.
율법의 정신: 하나님의 형상: 온전함

율법의 불변성과 천국

예수께서는 복 받는 자들의 경험, 곧 율법을 심령에 담는 경험과 그들의 세상에 대한 영향력을 먼저 보여 주시고 그 다음 그들의 심령에 담아야 할 **율법의 영원함과 완전함**을 강조하신다.

> 진실로 너희에게 이르노니 천지가 없어지기 전에는 율법의 일점일 획도 결코 없어지지 아니하고 다 이루리라 (마 5:18)

이 말씀은 율법의 영원함을 강조하신 것이지만 또한 이 말씀 안에는 율법의 용도가 암묵적으로 내포되어 있는데 그것은 하늘과 땅을 다스리는 원칙이라는 것이다. 하늘과 땅이란 그 안에서 살고 있는 모든 생명들도 포함하는 말씀이다. **그러므로 하늘과 땅이 존재하는 한 율법도 존재한다. 그리고 천지가 없어지더라도 율법은 없어지지 않을 것이다.**

> *하늘과 땅은 없어지겠으나 내 말들은 없어지지 아니하리라* (막 13:31)

구약시대의 천지와 신약시대의 천지 그리고 그 가운데 살고 있는 인간들의 본성이 동일하다면 구약의 율법이 따로 있고 신약의 율법이 따로 있을 수 없다. 사람이 하나님과 하나였을 때는 사람 안에 하나님께서 거하시기 때문에 사람도 하나님의 본성에 따라 살았다(그래 봐야 겨우 두 사람이었지만). 그래서 율법(법조문)이라는 것이 필요 없었다. 그렇다고 율법의 정신, 곧 그 원칙이 없었던 것은 아니다. 오히려 사람의 본성이 곧 율법의 정신이었고 이는 곧 하나님의 본성이고 하나님의 형상이었다. 사람이 범죄함으로 하나님의 본성을 잃어버렸을 때 자연스럽게 나타나는 불의(不義)의 욕망을 금지한 형태로 율법을 주셨을 뿐이지 사실 율법의 수많은 금령(禁令)들은 하나님의 본성을 부정어(否定語)의 형태로써 간접적으로 말해주고 있었다. 그러므로 율법의 정신은 창세부터 새 하늘과 새 땅에 이르기까지 영원한 것이고 변한 적이 없다. 이 영원한 **율법의 정신**을 염두에 둔 표현인 **'말씀'**을 예수님께서 **로고스**(λόγος, 말씀, word)[125]라고 명명하셨다. 사도 요한은 노년에 쓴 그의 복음서 서문에서 이 로고스가 바로 하나님이라고 선포하였다(요 1:1).[126] 그러므로 율법의 정신은 영원한 것이고 폐할 수 없는 것이다. 구원의 관건은 사람과 로고스가 하나가 되는 일이고 이 일은 사람이 로고스를 알고 진심으로 로고스를 구할 때 이루어진다.

125) 그 **말씀**(로고스)이 너희 속에 거하지 아니하니 이는 그의 보내신 자를 믿지 아니함이니라 (요 5:38)

126) 태초에 말씀(λόγος)이 계시니라 이 말씀(λόγος)이 하나님과 함께 계셨으니 이 **말씀**(λόγος)**은 곧 하나님이시니라**

내가 전부터 주의 증거(율법)들을 알고 있었으므로 주께서 영원히 세우신 것인 줄을 알았나이다 (시 119:152)

그러므로 누구든지 이 계명 중에 지극히 작은 것 하나라도 버리고 또 그같이 사람을 가르치는 자는 천국에서 지극히 작다 일컬음을 받을 것이요 누구든지 이를 행하며 가르치는 자는 천국에서 크다 일컬음을 받으리라 (마 5:19)

이 말씀에서 오해하기 쉬운 점이 있는데 계명(율법) 중에 지극히 작은 것 하나를 버린 자도 천국에 일단 들어가서 그곳에서 작은 자로 취급 받는다는 것처럼 생각할 수 있다는 것이다. 이런 오해는 천국을 장소의 개념으로 이해하기 때문에 생긴 오해다. 본서에서 반복적으로 설명했듯이 천국은 어떤 장소가 아니라 **하나님의 뜻이 이루어진 상태**이기 때문에 다른 말로 하면 하나님의 나라다. 또 다른 말로 하면 하나님의 나라는 **하나님의 통치를 받는 나라**라고 하면 오해가 없을 것이다. 하나님께서는 율법에 따라 통치를 하시므로 하나님의 통치를 받는 나라는 하나님의 율법이 지켜지는 곳이다. 그 대상은 일차적으로 사람의 마음이고 그런 마음을 가진 사람들이 모인 내세도 하나님의 나라라고 할 것이다. 마태복음은 유대인을 상대로 쓴 복음서이고 유대인들은 '하나님'이라는 단어를 입에 올리는 것을 금기시했으므로 하나님의 나라라는 표현 대신 하늘 나라(천국)라는 표현을 썼을 뿐 그것이 하늘에 있다는 뜻이 아니다. 이곳은 하나님의 뜻이 이루어진 곳이다. 그러므로 그곳에서(그곳의 관점으로) 볼 때 하나님의 율법의 작은 것 하나이라도 버리는 자를 작은 자로 부를 수밖에 없는 것이다. 위 말씀에 '천국**에서**'라는 표현을 '천국**에 의해**'라고 바꾸면 오해가 없을 것 같다. '~에서'라고 번역된 헬라어 ἐν(엔)이라는 전치사는 '에서'라는 뜻도 있지만 '~에 의해'라는 뜻도 있다.

위 말씀에서 '그러므로'는 '하나님의 율법은 영원불변이기 때문에'라는 뜻이고 이 말씀에서 '계명(명령)'이라는 용어는 18절의 '율법'과 동의어로 쓰인 것을 알 수 있다. 하나님의 계명이 따로 있고 율법이 따로 있다는 오해는 세대주의적인 것이다. 이렇게 천국을 하늘에 있는 나라라는 장소의 개념으로 오해할 때 다음 말씀도 이해하기 어렵다.

> *내가 진실로 너희에게 말하노니 여자가 낳은 자 중에 세례 요한보다 큰 이가 일어남이 없도다 그러나 천국에서는 극히 작은 자라도 저보다 크니라* (마 11:11)

이 말씀을 보면 천국에 들어갈 자가 아무도 없어 보인다. 예수님 자신도 침례 요한을 선지자보다 나은 자[127]라고 부르셨는데 그도 천국의 가장 작은 자보다 작다는 것은 도무지 이해가 되지 않는다. 예수님께서는 이런 오해를 할 줄을 아시면서도 이런 식의 말씀을 직선적으로 하시는 이유는 이런 오해와 충격으로 말씀을 묵상하고 천국이라는 개념을 깨달으라는 것이다. 사실 이 말씀을 통해서 예님께서 우리에게 주시고자 하는 교훈은 무엇일까? 그것은 침례자(세례자) 요한의 사람됨이 아니라 천국의 본질이다. 천국은 하나님의 본성이 이루어진

127) 그러면 너희가 어찌하여 나갔더냐 선지자를 보려 더냐 옳다 내가 너희에게 이르노니 **선지자보다도 나은 자니라** 기록된 바 보라 내가 내 사자를 네 앞에 보내노니 저가 네 길을 네 앞에 예비하리라 하신 것이 이 사람에 대한 말씀이니라 (마 11:9,10)

곳이기 때문에 인간의 노력만으로는 결코 이룰 수 없다는 것이다. 사람이 천국에 들어간다는 것은 아담을 지으실 때처럼 그 사람 안에 하나님께서 거처[128]를 정하신다는 것과 같은 의미이다. 다른 말로 하면 천국에 들어간 자들은 사람이 낳은 자들이 아니라 하나님께서 낳으신 자들이다. 그러므로 침례(세례) 요한 같은 훌륭한 선지자도 그 안에 하나님께서 거처를 정하시지 않았다면 천국에 들어갈 수 없다는 뜻이다. 그래서 세례 요한에 대해 말씀하시면서 '여자가 낳은 자'라고 표현하신 것은 **'하나님의 개입을 배제한 상태의 요한'**을 말하고 있다. 하나님께서 개입을 하지 않으셨어도 나름 훌륭하다고 칭찬 받았을 요한마저도 하나님과 하나되지 않으면 천국에 들어갈 수 없다는 뜻이다. 그러므로 하나님께서 낳으신 천국의 극히 작은 자보다도 여자가 낳은 자중에 가장 큰 요한은 작은 자가 되는 것이다. **영으로 난 자 중에 극히 작은 자는 육으로 난 자 중에 가장 큰 자보다 크다**는 말씀이다. 결국 "육으로 난 것은 육이요, 영으로 난 것은 영이다"라는 말씀을 다른 방식으로 표현한 것이다.

128) 예수께서 대답하여 가라사대 사람이 나를 사랑하면 내 말을 지키리니 내 아버지께서 저를 사랑하실 것이요 우리가 저에게 와서 거처를 저와 함께 하리라 (요 14:23)

살인의 문제

옛 사람에게 말한 바 살인하지 말라 누구든지 살인하면 심판을 받게 되리라 하였다는 것을 너희가 들었으나 (마 5:21)

"옛 사람에게 말한 바"는 구약 성경의 기록을 인용하신 것이 아니다. 예수님께서 구약 성경의 기록을 인용하실 때는 "기록되었으되"라는 표현을 쓰셨다. "옛 사람에게 말한 바"라는 표현은 유대 율법학자들의 전통적으로 구전된 가르침을 인용한다는 의미한다.

'살인하면 누구든지 심판을 받게 되리라'는 말씀은 구약성경에 없는 인간의 교훈이다. 심판이라는 것은 하나님의 말씀대로 살았느냐 안 살았느냐를 기준으로 심판을 하는 것이지 단지 제6계명의 문자적 준수 여부로 결정되는 문제가 아니다. 오히려 "살인하면 누구든지 심판을 받게 되리라"는 식의 가르침은 심판의 의미를 정확하게 전달하지 못하고 오히려 퇴색시켜 버리게 된다. 우리의 삶은 선한 삶이냐 아니면 악한 삶이냐 이 두 가지로 분류될 뿐 선과 악이 섞인 삶이란 없다. 사람이 느끼기에 선과 악이 섞인 삶은 하나님 보시기에는 악한 삶이다. 보약과 독약을 섞어 놓으면 독약이다. 참말과 거짓을 섞어서 말하는 것도 거짓 말이다. 산 자와 죽은 자 둘 중 하나만 있을 뿐, 죽은 사람도 아니고 산 사람도 아닌 경우는 없는 것과 같다. 그러므로 살인은 했으나 나머지 계명은 준수하는 삶도 없고 하나님을 망령되게 일컬으면서 부모님께 효도하는 삶도 없다. 왜냐하면 하나님의 율법은 겉으로 드러난 행위의 문제가 아니라 품성이라는 본질의 문제이기 때문에 율법 모두 다 지키든지 아니면 모두 다 범하든지 둘 중에 하나이다. 율법의 법 조항은 수없이 많지만 율법의 **정신**은 **하나**이기 때문이다. 결국 그 사람의 심령에 하나님께서 계시느냐 안 계시느냐가 심판의 기준이다.

> *누구든지* ***온 율법을 지키다가 그 하나를 범하면 모두 범한 자가 되나니*** *간음하지 말라 하신 이가 또한 살인하지 말라 하셨은즉 네가 비록 간음하지 아니하여도 살인하면 율법을 범한 자가 되느니라* (약 2:10,11)

그래서 예수님께서 심판에 대해 다음과 같이 단순하게 말씀하셨다.

> *선한 일을 행한 자는 생명의 부활로, 악한 일을 행한 자는 심판의 부활로 나오리라* (요 5:29)

여기선 선악의 판단 기준은 물론 율법의 정신을 가지고 살았느냐의 여부일 뿐이다. 다른 말로 하면 하나님의 형상이 회복되었느냐의 여부이다. 그래서 하나님의 형상을 법조문의 형태로 기록한 율법이 심판의 기준인 것이다.

> *내가 너희(바리새인들)를 아버지께 고발할까 생각하지 말라* ***너희를 고발하는 이가 있으니 곧 너희가 바라는 자 모세(모세의 율법)니라*** (요 5:45)

너희는 자유의 ***율법대로 심판 받을 자처럼*** *말도 하고 행하기도 하라* (약 2:11)

바리새인들은 그들이 모세를 사랑하고 믿고 그를 통해 주신 법을 준수하면서 살고 있다고 믿었으나 그들이 지킨다고 공언하던 그 모세의 율법이 심판 날에 그들을 정죄하는 기준이 될 것이었다. 이것은 역으로 구약의 율법은 심판 날까지 유효하다는 증거이다 이는 세대주의가 악한 영으로부터 나온 거짓 교리임을 증명하는 구절이다.

나는 너희에게 이르노니 형제에게 노하는 자마다 심판을 받게 되고 형제를 대하여 라가라 하는 자는 공회에 잡혀가게 되고 미련한 놈이라 하는 자는 지옥 불에 들어가게 되리라 (마 5:22)

형제에게 노하는 자, '라가'[129]라고 하는 자, 미련한 놈이라고 하는 자는 살인죄에 해당한다고 말씀하신다. 중세 시대에 가톨릭 등에 의해 변질되지 않은 원어 사본과 KJV에는 '노한다'라는 동사를 꾸미는 '정당한 이유 없이'라는 뜻의 부사 εἰκῆ 가 있다. 이 부사가 없는 문장은 그 뜻을 해석하기 어렵지만 이 부사가 있으면 그 뜻이 어렵지 않다. 왜냐하면 예수님 자신도 형제에게 노하신 기록이 성경에 있기 때문이다. 그리고 그 '정당한 이유'라는 것이 어떤 것인지는 예수님의 행적을 통해 명확히 이해할 수 있다. 그러나 '정당한 이유 없이'라는 부사를 없애 버리면 우리는 죄라는 것을 오해하게 되고 따라서 의에 대

129) 아람어로 '얼간이'라는 뜻이다

해서도 오해하게 된다. 이 부사 하나가 없음으로 인하여 우리는 예수님을 믿어도 죄를 이길 수 없다고 생각하기 쉽다. 주변에서 일어나는 불의를 보고도 인자한 마음을 가져야 한다고 생각하게 만들기 때문이다.

예수님의 행적을 살펴보자. 예수님께서 성전에서 장사하는 사람들을 보고 노하신 것(요 2:15)이나 회당에서 안식일에 예수님께서 병을 고치시는가 하고 사람들이 엿보는 모습을 보고 노하신(막 3:5)[130] 것을 보면 그 정당한 이유를 알 수 있다. 사람들의 생각의 동기가 완악함을 인하여 노하시고 근심하신 것이다. **사실 이러한 상황에서 형제에게 노하신 것은 그 형제를 업신여기거나 증오한 것이 아니라 형제를 사랑하신 것이었다.** 예수님께서는 자신의 손 바닥을 십자가에 대고 못질 하는 사람에게도 화를 내지 않으셨고 그들을 위해 기도하셨다. 우리는 형제가 지은 죄가 나에게 피해가 오지 않으면 전혀 화를 내지 않고 그 사람의 죄로 인해 내가 손해를 입으면 불같이 화를 낸다. 내가 화가 난 진짜 이유는 내가 입은 손해 때문인데 우리는 그 사람의 죄 때문에 화를 내는 줄 안다. 조금만 깊이 생각해 보면 그 사람의 죄가 나에게 피해를 입혔기 때문이지 그 죄 자체에 대해 화가 난 것은 아니다. 그 사람의 죄에는 전혀 관심이 없고 그 사람의 죄 때문에 내가 입은 손해에만 관심이 있다. 예수님께서 노하시는 동기와 우리가 노하는 동기가 이렇게 다르다. 우리는 그 사람을 사랑하는 것이 아니라 나를 사랑하고 있기 때문에 불의(不義)에는 무관심하고 불이익(不利益)에는 매우 예민하게 반응한다. 그러나 예수님은 그 사람을

130) "그들의 마음이 완악함을 탄식하사 노하심으로 그들을 둘러 보시고"

사랑하고 계시기 때문에 그 사람의 죄로 인해 예수님께서 손해를 입지 않으셔도 그 사람의 불의(不義)를 보고 노하시고 근심하신다. 오히려 예수님께서 당하실 피해에는 별 관심이 없으시다. 의로운 분노는 죄인에 대한 것이 아니라 죄 자체에 대한 것이다. 우리들은 항상 이 문제에 대해 혼동을 한다. 죄 자체를 미워해 본 경험도 그럴 동기도 없기 때문이다.

여기서 예수님의 말씀은 형제에게 이유 없이 화를 내거나 조롱의 말을 하거나 욕을 하는 것은 그 형제를 미워하는 마음이 속에 있어서 그런 것이기 때문에 살인 죄에 해당한다는 것이다. 사실 우리는 원래 타인에 대한 애정이 없다. 그렇게 태어났기 때문이다. 다만 예외적으로 나에게 이익이 되는 사람에 대해서는 우리가 호의적으로 대한다. 그러나 우리는 그 사람이 우리에게 주는 이익을 사랑하는 것이지 그 사람을 사랑하는 것이 아니다. 그 사람이 나에게 주는 이익을 사랑하는 것은 결국 나를 사랑하는 것인데 사람들은 이 사실을 잘 모르는 것 같다. 마치 대부분의 기독교인이든 이슬람 교인이든 하나님을 부르는 자들은 그들이 믿는 신의 능력을 사랑하지, 그 신의 본성에는 관심이 없는 것과 같다. 만일 사람이 하나님의 품성을 사랑하였더라면 자신도 그런 품성을 갖게 되기를 기도하였을 것이고 이미 응답을 받았을 것이다. 대부분은 하나님의 능력을 이용해서 자신의 욕망을 실현하고자 한다. 그리고 그 욕망이 실현되는 것을 복이라고 부른다. 축구 선수가 골을 넣고 하나님께 왜 감사의 기도하는가 생각해 보라. 이 선수는 아마 경기 이전에는 승리를 위해 하나님의 능력을 빌려달라고 기도했을 것이다. 이런 것이 쉬지 말고 기도하고 범사에 감사하라는 바울의 권면을 행하는 것은 아니다. 만일 하나님께서 이 선수의 기도에 응답을 하셔서 골이 들어 간 것이라면 상대방 선수의 기도는 왜 응답을 안 하신 것인가? 나의 팀이 경기에서 승리하게 해 달라는 기도는 상대방의 골은 들어 가지 않고 우리 편의 골만 들어가게 해달라는 기도이다. 나의 자식이 대학에 들어가게 해달라는 기도는 남의 자식이 떨어지게 해 달라는 기도와 다름이 없는 것이다. 사업이 잘 되게 해 달라는 기도 역시 비슷하다. 이 세상의 재물의 양은 일정하기 때문에 내가 많이 벌면 누군가는 덜 벌어야 한다. 능력 있고 성실한 사람이 게으르고 무능력한 사람보다 더 많은 재물을 소유하는 것은 하나님의 뜻이기도 하지만 더 많은 재물로써 능력 있는 자가 능력 없고 가난한 자를 도우라는 것도 하나님의 뜻이다. 자신이 능력 있고 성실하다고 해서 지나치게 많은 재물을 소유하고 베풀지 않는 것은 탐심의 열매이고 아직 성령의 능력을 체험하지 못했기 때문이기도 하다. 우리 주변에는 가난한 사람들이 너무 많다. 진정한 그리스도인은 그 많은 가난한 이웃을 곁에 두고 열심히 치부하는 것에 대해 죄책감을 느껴야 한다. 그리고 고민하고 기도해야 한다. 예수님께서는 왜 "부자가 천국에 들어가는 것이 낙타가 바늘 귀에 들어가는 것보다 더 어렵다"고 하셨을까? 여기서 부자는 단순히 돈이 많은 사람보다는 세상의 것을 구하고 그것이 충족되었을 때 만족하는 사람을 말한다. 물론 그 중에 돈이 대표적이긴 하다.

우리의 내면을 깊이 묵상을 해보면 우리는 모든 타인을 나의 잠재적인 적(敵)으로 인식하고 있다는 것을 깨달을 수 있다. 그렇기 때문에 타인이 나에게 실수를 하면 그 사람에 대한 무관심이 순간적으로 미움으로 변하고 이런 마음 속의 미움은 입으로 표현되게 되어 있다. 화를 내거나, 욕을 하거나, 아니면 조롱하는 말을 하거나 그러므로 이런 일을 형제에게 하는 사람은 이미 그 형제를 미워하고 있기 때문에 살인죄에 해당되는 것이다.

타인이 나에게 실수를 해도 입으로 범죄 하지 않는 방법은 그 사람을 사랑하여 자기가 행하는 실수를 깨닫지 못하는 것을 불쌍히 여기는 마음을 갖는 것뿐이다. 우리의 온전함은 사람과 그 사람의 죄를 분리해서 볼 능력이 생길 때 가능해진다. 이럴 때 죄는 미워해도 죄인은 사랑할 수 있다. 예수님께서는 당신의 얼굴을 주먹으로 치고 침을 뱉는 사람들을 불쌍히 여기셨지 그들을 증오하지 않으셨다. 그래서 오른 뺨을 때리면 왼 뺨도 내밀라고 말씀하신 것이다. 우리가 상대하고 관계하는 대상은 타인의 **죄가** 아니라 **죄인**인 것이다. 모든 죄는 엄격히 말하면 하나님께 범하는 것이지 사람에게 범하는 것은 아니다. 왜냐 하면 죄를 죄로 규정하신 분이 하나님이시기 때문이다. 그러므로 엄격히 말하면 우리는 죄로 인해 그 죄를 범한 죄인을 미워할 이유나 근거가 없다. 다만 우리는 그 죄로 인해 약간의 손해를 일시적으로 볼 수 있을 뿐이다. 이러한 손해는 어차피 하나님께서 회복시켜주실 것이기 때문에 우리가 개의할 필요가 전혀 없다. 다윗은 밧세바와 간음하고 그녀가 임신하자 밧세바의 남편 우리야를 위험한 전장에 보내어 그를 의도적으로 간접 살인하였다. 이 일 후 다윗의 회개의 기도문을 보면 죄에 대한 다윗의 이러한 개념을 엿볼 수 있다.

> *내가 **주께만 범죄하여** 주의 목전에 악을 행하였사오니 (중략) 우슬초로 나를 정결하게 하소서 내가 정하리이다 나의 죄를 씻어 주소서 내가 눈보다 희리이다 (중략) 하나님이여 **내 속에 정한 마음을 창조하시고 내 안에 정직한 영을 새롭게 하소서** 나를 주 앞에서 쫓아내지 마시며 주의 성령을 내게서 거두지 마소서* (시 51:4-11)

사람의 생각으로는 다윗이 밧세바의 남편에게 죄를 지은 것 같지만 다윗이 '**주께만** 범죄하였다'고 기도하는 이유는 더 근원적으로 보면 그러한 행동을 죄로 규정하고 금지하신 분은 하나님이시기 때문이다. 모든 죄는 일차적으로 하나님께 범하는 것이고 그러므로 하나님만이 그 죄에 대한 심판의 주체이시다. 원수 갚는 일이 하나님에게 있다는 뜻이 여기에 있다. 이 기도문을 보면 다윗은 단순히 자기 죄의 결과를 후회하는 선에서 머물지 않고 죄의 근원을 묵상하고 회개를 하고 있는 것을 알 수 있다. **그러므로 다시는 죄를 범하지 않겠다는 맹세의 기도를 하지 않고 자신을 깨끗하게 해 달라는 기도를 하나님께 올린다.** 우리가 이웃을 사랑해야 하는 이유도 하나님의 뜻이기 때문이고 이웃을 미워하지 말아야 하는 이유도 하나님의 명령이기 때문이다. 그러므로 우리는 남을 미워하거나 업신여기는 마음이 내게 있다면 앞으로 남을 사랑할 것이라고 결심을 할 일이 아니라 이런 악한 마음을 없애 달라고 기도해야 한다.

> 그러므로 예물을 제단에 드리려다가 거기서 네 형제에게 원망들을 만한 일이 있는 것이 생각나거든 예물을 제단 앞에 두고 먼저 가서 형제와 화목하고 그 후에 와서 예물을 드리라. 너를 고발하는 자와 함께 길에 있을 때에 급히 사화 하라. 그 고발하는 자가 너를 재판관에게 내어주고 재판관이 옥리에게 내어 주어 옥에 가둘까 염려하라 진실로 네게 이르노니 네가 한 푼이라도 남김이 없이 다 갚기 전에는 결코 거기서 나오지 못하리라 (마 5:23-26)

그런데 예수님께서는 내가 남을 미워하지 않는 것에서 더 나아가 남이 나의 실수를 분하게 여겨 나에게 노하거나 욕하는 죄를 범할 빌미도 제공하지 말라고 하신다. 나에게 노하고 욕하는 상대방도 잘못이지만 상대방이 나에게 화를 내도록 원망 들을 일을 한 것도 죄라는 것이다. 그러므로 타인의 죄를 용서하고 화를 내지 않는 것은 물론 타인에게 손해를 끼치는 일을 하여 불화의 씨를 제공하지 말라는 것이다. 타인에게 분을 내는 것은 물론 타인과의 불화를 초래할 수 있는 불씨를 타인에게 제공하면서 하나님께 드리는 외적인 예배는 하나님께서 받지 않으신다. 그렇다고 외적인 예배를 무시하라는 말씀은 아니다. 먼저 화해하고 그 다음 예배를 드리라는 말씀이다. 여기서 옥에 가둘까 염려하라는 말씀은 실제의 형벌을 비유를 통해 궁극적으로는 하나님의 심판을 말씀하고 있는 것이지 이 세상에서의 처세술을 교육하고 계신 것이 아니다.

간음의 문제

또 간음하지 말라 하였다는 것을 너희가 들었으나 나는 너희에게 이르노니 음욕을 품고 여자를 보는 자마다 마음에 이미 간음하였느니라 (마 5:27, 28)

모든 죄가 그러듯이 간음 또한 겉으로 드러난 행위의 문제가 아니라 마음 가짐의 문제다. 간음에 대한 이러한 개념은 예수님께서 처음 도입하신 것처럼 오해하면 곤란하다. 외적 행위의 문제로 국한해서 생각해 오던 사람들은 유대인 지도자들이었지 하나님께서는 구약시대부터 마음의 동기를 문제 삼으셨다.

> *내가 보는 것은 사람과 같지 아니하니 사람은 외모를 보거니와 나 여호와는 중심을 보느니라 하시더라* (삼상 16:7)

> *내가 나의* ***마음****에 죄악을 품었더라면 주께서 듣지 아니하시리라* (시 66:18)

현대 사회처럼 전세계적으로 음란의 유혹에 어린이부터 광범위하게 노출된 사회는 인류 역사상 일찍이 없었을 것이다. 소돔과 고모라도 이보다 나았을지도 모를 일이다. 간음의 문제에 관해 심리적으로 분석을 해 가면서 말을 하자면 책 한 권을 따로 할애해도 모자랄 것이다. 성적인 문제를 자세히 분석하고 논해 봐야 사람의 음란성을 제거하는 데는 아무런 도움이 되지 않는다. 왜냐하면 이런 음란한 세상에서 유혹을 이기고 자신을 지켜 순결한 마음과 몸을 유지하는 것은 성령의 내주가 없으면 극복할 수 없기 때문이다. 본질적인 간음의 문제는 도덕성이나 교양의 문제가 아니라 '육이냐 영이냐'의 문제다. 교육을 아무리 잘 받고 수양을 쌓아도 간음의 행위까지는 억누를 수는 있을 수 있어도 그 동기까지 다스릴 수는 없다. 그러나 성령님께서 내 안에 그 거처를 정하시면 어렵지 않게 극복이 되는 아주 쉬운 문제이기도 하다.

> 만일 네 오른 눈이 너로 실족하게 하거든 빼어 내버리라 네 백체 중 하나가 없어지고 온몸이 지옥에 던져지지 않는 것이 유익하며 또한 만일 네 오른손이 너로 실족하게 하거든 찍어 내버리라 네 백체 중 하나가 없어지고 온몸이 지옥에 던져지지 않는 것이 유익하니라 (마 5:29, 30)

이 말씀을 여자를 음란한 눈으로 보지 말라 라는 뜻으로 아주 좁게 해석하고 넘어가는 경향이 있다. 그렇다면 오른 손으로 범죄하는 것은 자위(masturbation)를 말하는 것인가? 이 말씀을 이렇게 단세포적으로 해석하는 것은 아마도 죄를 이길 수 없다고 믿고 있기 때문일 것 같다. 그러나 위 문장을 그대로 받아들이면 단순히 간음죄를 범하지 말라는 뜻이 아니고 죄 자체를 완전히 이기지 못하고는 천국에 절대로 들어갈 수 없다는 것이다. 물론 여기에는 간음죄도 포함되어 있다. 죄를 이기는 방법은 육신의 정욕을 십자가에 못 박아 버리는 방법 외에는 없다. 이 문제는 이미 자세히 논했으므로 다음 말씀으로 갈음하고자 한다.

> *그러므로 땅에 있는 지체를 죽이라 곧 음란과 부정과 사욕과 악한 정욕과 탐심이니 탐심은 우상 숭배니라* (골 3:5)

위 예수님의 말씀은 다른 말로 하면 율법을 모두 지키든지 아니면 모두 범하든지 둘 중 하나일 수밖에 없다는 말씀과 같은 의미이다. 그런데 현대 기독교에서는 믿기만 하면 된다는 식의 느슨한 가르침 때문에 많은 사람이 자기의 죄를 이기지 못 하고 생명의 길로 인도 되지 못하고 있다. 죄를 이기지 못한다는 것은 그 심령 안에 하나님께서 계시지 않는다는 증거이다. 또한 믿기만 하면 우리가 죄를 이기지 못해도 우리를 하얀 안경을 쓰고 의롭게 봐 주시는데 이를 '칭의(justification)'라 하고 이때 구원이 이루어진 것이라고 주장한다. 이런 달콤한 가르침은 위의 예수님의 말씀과 정반대의 이론이다. 사실 죄(罪)라는 것은 사람의 심령 안에 하나님께서 계시지 않는 것이고 의(義)는 그와는 반대로 심령 안에 하나님을 모시고 있는 일이다. 예수를 영접한다는 것은 자신의 심령 안에 들어오시고자 하시는 예수님을 받아들여 함께 한다는 것이고 그 후에는 내가 사는 것이 아니고 내 안에 계신 예수님께서 사시는 것인데 예수님을 영접한 사람이 어떻게 죄를 범하겠는가? 그렇다면 내 안에 계신 예수님께서 죄를 범하신다는 말인가? **결국 칭의 이론은 그 사람 안에 예수님께서 안 계신다는 고백이고 자기 정죄다. 다만 하나님께서 자기의 믿음 때문에 의롭게 봐 주신다고**

항변할 뿐이다. 그러나 그 믿음이 진정한 믿음이었다면 그것을 통해 그리스도께서 그 사람 안에 임하셔서 그의 의(義)가 되셨을 것이다. 문제는 이런 허탄한 이론의 진위 여부가 아니라 나의 믿음을 통해 내 안에 그리스도께서 실제로 거하시는가이다.

> *내가 그리스도와 함께 십자가에 못 박혔나니 그런즉 이제는 내가 사는 것이 아니요 오직 내 안에 그리스도께서 사시는 것이라* (갈 2:20)

따라서 예수님을 진정으로 영접한 사람은 의롭게 변화되는 것이지 계속 죄 가운데 머물면서 의롭게 간주된다는 것은 어불성설이다. '하나님으로부터 태어난다'(요 1:13)는 것은 '나의 심령 안으로 예수님께서 들어 오신다'는 의미이고 이 일을 예수님께서는 '위로부터 태어나는'(요 3:3) 일이라고 하셨고 이를 '거듭남'이라고 번역했다. 의롭게 봐주신다는 의미의 칭의 이론은 명백한 오류이다. 왜냐하면 이런 가르침은 죄를 가지고는 천국에 절대 못 간다는 예수님의 가르침과는 정반대로 우리를 계속 죄 가운데 머물도록 유도하고 있는 교리이기 때문이다. "믿기만 하면 구원받는다"는 가르침은 믿는다는 것을 어떻게 해석 하느냐에 따라 또 무엇을 믿느냐에 따라 맞는 말이기도 하고 틀린 말이기도 하다. '믿는다'는 것이 무엇인지 명확히 제시하지도 않은 채 믿으면 구원받는다는 가르침은 상대방에게 사망으로 들어가라는 가르침과 별로 다를 것이 없다. 믿는다는 말을 자기 마음대로 해석하고 거짓 구원의 확신을 갖는다면 곤란한 일일 것이다.

"믿기만 하라"는 말씀은 예수님께서 하신 말씀이다(눅 8:50). 이 말씀은 회당장의 (지금의 담임 목사) 죽은 딸을 살리시기 전에 회당장에게 하신 말씀인데, 우리 구원에 이 말씀을 적용해 보면 믿는다는 것은 예수님께서 나를 구원하여 주실 것을 믿고 말씀에 순종한다는 의미이다. 구원은 거듭남이고 그 결과는 죄를 이기게 되는 것이다. 예수님을 믿는 것은 죄를 이길 능력을 나에게 예수님께서 주실 것을 믿는 것이고 이 믿음의 증거는 순종이다. **이는 회당장이 죽은 자기의 딸을 예수님께서 살려주실 것을 믿어야 했던 것처럼 우리도 예수님께서 죄와 허물로 죽은 우리를 죄를 이기게 해 주실 것이라는 믿음을 가져야 한다는 뜻이다.** 이것을 위해 우리가 할 수 있는 일은 문자 그대로 **믿기만 하는 것** 외에는 없다. 그리고 진실한 믿음은 **순종이라는 자연스러운 열매를** 낳는다. 우리들은 악하여서 하나님의 말씀이 곧 생명이라는 진실을 잊어버리고는 하나님의 말씀이 내 안에서 이루어지기를 진심으로 구하지 않으면서 생명을 달라고 기도한다. 죄 가운데 있어도 믿기만 하면 구원받는다는 교리 역시 이런 류의 이율배반적인 가르침의 한 종류이다. 예수님은 나를 죄에서 구원하실 구주라고 고백하면서 나는 죄인이라서 죄를 이길 수 없다고 믿는다면 그 고백은 거짓말이거나 주술과도 같은 것이다. 이런 사람이 당시 회당장이였다면 죽은 딸을 예수님께서 살리시지 못하실 것이라고 믿는 것과 같다. 예수님을 그저 하나님의 아들이요, 나의 구주가 아닌 남들의 구주로 믿는 것일 뿐이다. 그러나 그 딸이 살아나는 일은 하나님의 말씀이 우리들의 심령 안에 뿌리 내리고 우리와 하나가 되는 일의 비유일 뿐이다. 그래서 복음서의 모든 이적은 표적(sign)이었다. 그리고 회당장이 자기 딸을 살려 주실 것을 믿는 일은 우리 안에 말씀이 뿌리내려서 우리가 영적으로 살아나게 해 주실 것을 믿는 일이다. 결국 믿기만 하라고 하셨는데 무엇을 믿어야 하는지도 모르기 때문에 믿는 것마저도 하지 않는 경우가 얼마나 많은가?

예수님께서는 우리를 죄에서 완전하게 구원하실 것이기 때문에 마태복음 5: 29, 30과 같은 말씀을 하시는 것이지 우리가 예수님께 우리 자신을 의탁해도 그저 우리 죄가 그냥 있을 것이면 위와 같은 말씀을 하실 수가 없다. 우리 또한 예수님의 능력을 의지하지 않고는 위의 말씀에 순종할 수가 없다. 여호수아와 갈렙이 여호와 하나님의 능력을 힘입어 죄악의 땅 가나안을 얼마든지 정복하고도 남음이 있다고 믿었듯이 **우리도 예수님의 은혜로 그것이 아무리 강할 지라도 우리 죄를 얼마든지 이길 수 있다고 믿을 때 죄로부터의 구원의 역사가 일어날 것이다. 이것이 진정한 믿음이다.** 위의 우리가 행하기에 불가능한 명령은 다른 측면에서 보면 우리로 하여금 행할 수 있는 능력을 주시겠다는 약속의 말씀이기도 하다. 이 약속을 그대는 믿는가? 그대는 예수님께서 그대를 죄로부터 구원하셔서 죄의 흔적조차 없이 하실 것을 믿는가? **그러므로 영생도 하나님의 명령이다.** 우리가 우리의 능력으로 영생할 수는 없지만 영생을 위하여 하나님의 형상을 사모하고 그것을 우리 심령 안에 이루어 주실 것을 믿고 구해야 하는 쪽은 우리 인간들이기 때문이다.

> *헐몬의 이슬이 시온의 산들에 내림 같도다 거기서 여호와께서 복을 명령하셨나니 곧 영생이로다* (시 133:3)

> 또 일렀으되 누구든지 아내를 버리려거든 이혼 증서를 줄 것이라 하였으나 나는 너희에게 이르노니 누구든지 음행 한 이유 없이 아내를 버리면 이는 그로 간음하게 함이요 또 누구든지 버림받은 여자에게 장가드는 자도 간음함이니라 (마 5:31, 32)

그러면 예수님께서는 왜 간음하지 말라는 계명을 설명하시면서 천국에서는 죄라는 것은 털끝만큼도 허락되지 않는다는 것을 말씀하시는 것일까? 그것은 죄의 본질은 바로 영적인 간음이기 때문이다. 율법에서 금지된 '간음'의 정의는 자신의 배우자가 아닌 다른 사람의 배우자와 성관계를 맺는 것이다. 남녀의 성관계는 남녀 사이의 육체적, 정신적 그리고 정서적인 교류를 의미한다. 아담은 본인의 의지와 상관없이 하나님과 영적으로 결혼한 상태로 태어났다. 그러나 하나님께서는 아담과의 영적 결혼 또한 아담의 자유의지로 선택할 때만 완전한 행복이 보장되기 때문에 아담에게 하나님과의 영적인 결혼에 관한 사후 선택권을 주었다. 그것이 바로 선과 악을 알게 하는 나무였다. 그러나 아담은 이 금단의 나무의 열매를 먹음으로써 하나님의 영을 떠나 보내고 다른 영, 곧 사단과 교제하고 심지어 사단에게 지배를 받게 되었다. 사단에게는 선한 것이 없으므로 아담과 그의 모든 후손들 역시 선한 것이 없는 죄인으로 죄의 열매를 맺으며 살 수밖에 없었다.

그러므로 죄라는 것은 본 남편인 하나님을 떠나 사탄과 바람을 피우는 것이요, 회개는 사탄을 떠나 원래 남편인 하나님께로 돌아가는 것이다. 인간의 남녀 관계에서의 간음은 죄의 근원을 상징하고 있고 일체의 죄가 허락되지 않듯이 남편은 자기 아내가 음행을 한 경우를 제외하면 아내를 버려서 아내로 간음하게 하면 안 된다(마 5:32). 아내가 바람을 피우면 아내를 버려도 된다. 그렇게 하신 분이 하나님이시다. 그래서 아담 부부를 에덴 동산에서 내보내셨다. 그러나 하나님은 바람 피워 집을 나간 아내가 자기에게 다시 돌아오기를 기다리고 계신다. 이는 또한 우리가 일단 하나님과의 언약 관계에 있다면 우리가 먼저 하나님을 떠나기 전에는 하나님께서 먼저 우리를 버리시는 일이 결코 없는 것을 상징하고 있다.

다음 말씀들에서 '행음'은 육신의 간음이 아니라 이스라엘 백성들이 산당[131]에서 행했던 우상 숭배를 가리키는 말씀이다. 불교 신자가 불상에 절을 하는 것은 좁은 의미에서 영적인 간음이 아니다. 왜냐하면 그들의 영적인 남편이 하나님이 아니기 때문이다. 그러나 이스라엘 백성은 하나님을 자기 남편으로 맞이하기로 약속했기 때문에 하나님과 부부의 언약 관계에 있었던 백성들이므로 이들이 우상에게 절하는 것은 간음하는 것으로 비유되는 것은 아주 적절하다.

> *네 눈을 들어 헐벗은 산을 보라* ***네가 행음하지 아니한 곳이 어디 있느냐*** *네가 길 가에 앉아 사람들을 기다린 것이 광야에 있는 아라바 사람 같아서 음란과 행악으로 이 땅을 더럽혔도다* (렘 3:2)

> *네가 네 의복을 가지고 너를 위하여 각색으로* ***산당을 꾸미고 거기에서 행음하였나니*** *이런 일은 전무후무하니라* (겔 16:16)

선지자 호세아의 음란한 아내 고멜은 하나님을 떠난 유다 백성의 상징이었다. 더 크게 보면 하나님을 떠난 아담의 후손들이었다.

> *여호와께서 비로소 호세아로 말씀하시니라 여호와께서 호세아에게 이르시되 너는 가서 음란한 아내를 취하여 음란한 자식들을 낳으라* ***이 나라가 여호와를 떠나 크게 행음 함이니라*** (호 1:2)

그리고 음부가 된 고멜을 다시 은 15와 보리 한 호멜 반으로 그를

131) 과거 이스라엘 백성들이 산 속의 좋은 자리에 우상을 만들어 복을 빌던 장소를 말한다.

다시 산 것은 하나님을 떠나 음부(淫婦)가 된 인류를 위해 여호와 하나님 자신이 십자가에서 지불하실 속량의 피를 예언하고 있었다. 그리고 호세아는 고멜과 다시 부부의 언약을 새롭게 하였는데 이는 하나님을 떠난 하나님의 백성들과 다시 맺을 **새 언약**을 예표하였다.

> *저(고멜)에게 이르기를 너는 많은 날 동안 나와 함께 지내고 행음하지 말며 다른 남자를 좇지 말라 나도 네게 그리하리라 하였노라* (호 3:3)

다른 남자를 좇지 말라는 것은 사단의 목소리에 귀를 기울여 그 유혹에 넘어가지 말라는 언약의 내용이다. 이는 다른 말로 하면 하나님의 뜻 가운데 머물러 있으라는 언약의 내용이다. 예수님께서 이 땅에 오셨을 때 유대인들은 예수님의 말씀과 삶의 선하심을 통해 하나님을 발견하지 못하고 눈에 보이는 표적을 보고서야 믿으려 했다. 그런 그들을 향하신 예수님의 대답은 다음과 같았다.

> *악하고* ***음란한*** *세대가 표적을 구하나 선지자 요나의 표적 밖에는 보일 표적이 없느니라* (마 12:39)

여기서 '음란하다'(μοιχαλίς, 모이칼리스)는 말은 '간음 한다'는 뜻이다. 그들은 사단과 간음을 하고 있으면서 그것을 떠나려는 생각은 없고 다만 표적을 구했기 때문이다. 이렇게 부부 관계는 하나님과 인간의 관계와 같아서 하나님께서 먼저 언약 관계에 있는 백성을 버리지 않으시듯이 남편도 아내의 음행 한 연고 없이 아내를 버리는 것은 죄다.

맹세의 문제

또 옛 사람에게 말한 바 **헛맹세를 하지 말고** 네 맹세한 것을 주께 지키라 하였다는 것을 너희가 들었으나 나는 너희에게 이르노니 도무지 맹세하지 말지니 하늘로도 하지 말라 이는 하나님의 보좌임이요 땅으로도 하지 말라 이는 하나님의 발등상임이요 예루살렘으로도 하지 말라 이는 큰 임금의 성임이요 네 머리로도 하지 말라 이는 네가 한 터럭도 희고 검게 할 수 없음이라 오직 너희 말은 옳다 옳다, 아니라 아니라 하라 이에서 지나는 것은 악으로부터 나느니라 (마 5:33-36)

구약 성경에 이런 말씀은 물론 없다. "헛맹세를 하지 말라" 라는 유대인 조상들의 교훈에는 하나님 말씀을 훼방하는 독소가 포함되어 있다. 죄는 항상 이런 식으로 우리의 영혼을 점령해 온다. 옳은 것과 옳지 않은 것을 섞은 형태로 악은 우리 영혼의 눈을 쉽게 속인다. 사단은 이와 동일한 방법으로 예수님을 시험하였다. 사단은 예수님을 광야에서 시험할 때 자신의 말만을 하지 않고 자신의 뜻을 하나님의 말씀에 섞어서 예수님을 시험하였다. 그러나 예수님께서는 순결한 하나님 말씀의 뜻으로 사단의 시험을 물리치셨다. 맹세에 관한 유대인의 전통적 교훈 역시 정확한 하나님의 말씀의 뜻을 깨달음으로써 그 거짓됨을 드러낼 수 있다. 우선 맹세에 관한 모세의 율법의 말씀을 보자.

> *네 하나님 여호와를 경외하며 그를 섬기며 그의 이름으로 맹세할 것이니라* (신 6:13)
>
> *사람이 여호와께 서원하였거나 결심하고 서약하였으면 깨뜨리지 말고 그가 입으로 말한 대로 다 이행할 것이니라* (민30: 2)
>
> *너희는 내 이름으로 거짓 맹세함으로 네 하나님의 이름을 욕되게 하지 말라 나는 여호와이니라* (레 19:12)
>
> *만일 누구든지 입술로 맹세하여 악한 일이든지 선한 일이든지 하리라고* ***함부로 말하면*** *그 사람이 함부로 말하여 맹세한 것이 무엇이든지 그가 깨닫지 못하다가 그것을 깨닫게 되었을 때에는 그 중 하나에 그에게 허물이 있을 것이니 이 중 하나에 허물이 있을 때에는 아무 일에 잘못하였노라 자복하고 잘못으로 말미암아 여호와께 속죄제를 드리되* (레 5:4-6)

우선 모세의 율법에 따르면 맹세라는 것은 함부로 하는 것이 아니고 만일 맹세를 하려면 여호와의 이름으로 진중하게 하되 이를 반드시 지키라는 것이 요지이다. 그러나 유대인들은 맹세에 관한 하나님의 명령을 단순히 거짓 맹세를 금하는 것으로 축소시킴으로 왜곡하였다. 이는 다른 말로 하면 의도적 거짓말로 맹세를 하는 것만 피하면 맹세는 아무 때나 해도 악하지 않다고 역설적으로 가르치고 있다. 그뿐 아니라 그들은 경험적으로 맹세를 할 당시는 거짓말로 하지 않아도 그것을 못 지키는 경우가 많은 것을 알아서 그런지 여호와의 이름으로 맹세를 하는데 부담을 느꼈다. 그래서 여호와의 이름이 아닌 피조물로 맹세 하는 방법을 고안해 냈다. 왜냐하면 여호와의 이름으로 맹세를 하면 반드시 지켜야 하기 때문이었다. 그래서 예루살렘이나 하늘이나 땅 등으로 맹세를 하였고 심지어 맹세를 하는 대상에 따라 꼭 지켜야 하는 맹세와 그렇지 않은 맹세를 분류해 놓았다.

> *화 있을진저 눈 먼 인도자여 너희가 말하되 누구든지 성전으로 맹세하면 아무 일 없거니와 성전의 금으로 맹세하면 지킬지라 하는도다 어리석은 맹인들이여 어느 것이 크냐 그 금이냐 그 금을 거룩하게 하는 성전이냐 너희가 또 이르되 누구든지 제단으로 맹세하면 아무 일 없거니와 그 위에 있는 예물로 맹세하면 지킬지라 하는도다 맹인들이여 어느 것이 크냐 그 예물이냐 그 예물을 거룩하게 하는 제단이냐* (마 23:16-19)

그러나 예수님께서는 모든 맹세는 결국 하나님께 하는 것이므로 맹세를 함부로 하지 말라는 뜻으로 다음과 같이 말씀하셨다.

> *그러므로 제단으로 맹세하는 자는 제단과 그 위에 있는 모든 것으로 맹세함이요 또 성전으로 맹세하는 자는 성전과 그 안에 계신 이로 맹세함이요 또 하늘로 맹세하는 자는 하나님의 보좌와 그 위에 앉으신 이로 맹세함이니라* (마 23:20-22)

결국 "헛맹세를 하지 말고 (주께) 서원한 것은 주께 지키라"는 가르침은 다른 말로 하면 **하나님께 맹세한 것은 꼭 지켜야 하니까 하나님 말고 하늘, 땅 등 여러 가지로 맹세를 해도 되는데 거짓말로 맹세는 하지 말고 최대한 지키려고 해보고 안 되면 할 수 없다**는 가르침이다. 이는 헛맹세가 아니라면서 한 그 맹세가 결국은 헛맹세인데 맹세할 당시 맹세가 거짓이 아니라고 생각했으므로 이는 괜찮다는 얘기이다. 사실 우리 인간들은 입만 열면 거짓말을 하는데 우리는 이를 의식하지 못하고 산다. 당시 유대인들도 이런 무의식적인(평상시에는 잘 의식하지 못하는) 거짓이 맹세를 지키지 않음으로써 드러났어도 그것을 거짓으로 생각하지 않고 있었다는 얘기이다. 그러므로 하나님께서 "맹세는 여호와 이름으로 하고 꼭 지키라"고 명하신 이유는 사람의 이러한 거짓됨을 잘 아시기 때문에 맹세를 할 때는 자신의 마음 깊은 곳까지 잘 살펴서 거짓 없이 하라는 뜻이다. 예수님의 **살인**과 **간음**과 **맹세**에 관한 교훈을 분석해 보면 하나님 보시기에는 거짓된 것인데 사람이 보기에는 거짓이 아닌 것으로 생각되는 경우를 설명하고 계신다는 것을 알 수 있다. 사람은 이렇게 죄로 인해 눈이 멀어 있다.

예수님의 교훈은 계명을 지킨다는 것도 겉으로 법조문만을 지키는 것이 아니라 하나님 보시기에 중심의 진실함으로 (그 동기가 율법의 정신과 부합하게) 지켜야 한다는 교훈이다. 그러므로 우리는 하나님께서 보시는 시각과 같은 시각으로 나 자신과 세계를 보는 법을 배워야 한다. 이는 진리의 말씀을 묵상함으로써만이 가능하다. 이는 결국 같은 인간의 언어를 사용하여도 하나님의 의도와 인간의 의도에 있어서 그 외연의 깊이와 넓이가 다르다는 것을 말한다. 그래서 시편 기자는 다음과 같이 노래했다.

> *내가 보니 모든 완전한 것이 다 끝이 있어도 주의 계명들은 심히 넓으니이다* (시 119:96)

같은 표현을 사용해도 하나님의 의도와 사람의 의도가 다르다는 것을 예를 들어 보자.

	하나님의 용법	인간의 용법
살인하지 말라	타인을 살인하고 싶은 마음 곧 미움을 품지 말라	타인의 육신의 생명을 해하지 말라 = 그 사람을 미워해도 죽이지 말고 참으라
간음하지 말라	하나님께서 정하신 남녀의 올바른 관계를 벗어나는 마음을 품지 말라	다른 사람의 배우자와 성관계를 맺고 싶어도 맺지 말라
거짓 맹세하지 말라	마음 속의 깊은 동기(무의식[132]의 동기)를 숨기고 맹세하지 말라	마음 깊은 곳은 어떻든 의식적 차원에서 거짓 맹세를 하지 말라

이렇게 인간의 언어와 하나님의 언어의 외연이 다르기 때문에 사람들이 성경을 읽을 때 혼동을 한다. 하나님은 대부분 하나님의 언어로(용법으로) 말씀하시지만 경우에 따라서는 인간의 이해를 돕기 위해 인간의 언어를(용법을) 사용하시기도 하신다. 이 때문에 말씀에 관한 오해가 있을 수 있지만 주의 깊게 문장의 앞뒤와 성경 전체의 맥락을 생각하면 우리는 오해할 필요가 없다. 예를 들어 "나 이외에 다른 신들을 네게 두지 말라"고 하신 말씀에 다른 신들이 있다고 오해할 수도 있다. (실제로 이렇게 주장하는 반기독교 인사들도 있다) 그러나 여기서 다른 신은 우상 숭배하는 사람들이 생각하는 그 신들을 그 사람들의 입장에서 말씀하신 것이지 실제로 다른 신들이 있다는 뜻

132) 무의식의 동기이라 함은 평소에 주의 깊게 자신의 내면을 돌아보지 못하면 의식할 수 없는 마음 속의 깊은 동기를 말하는 것이다. 그러나 이는 하나님의 말씀을 묵상하고 자신의 내면을 깊이 살피면 얼마든지 깨달을 수 있는 자신의 마음이지 절대로 의식할 수 없는 영역이라는 뜻은 아니다.

은 아니다. 사단은 이런 식의 혼선을 이용해서 하나님 말씀을 혼잡하게 만들고 죄를 사랑하는 사람들의 입맛에 맞게 말씀을 왜곡하는데 대단한 성공을 거두고 있다. "헛맹세를 하지 말고 네 맹세한 것을 주께 지키라"는 유대인의 계명은 모세의 율법과 일치하는 것 같지만 이 속에는 위와 같은 사단의 속임수가 숨어 있다. '믿음'이라는 것도 이런 방식으로 왜곡되어 있다. 십자가의 의미를 사람의 가치관 안으로 가지고 들어와서 그것의 육적인 의미만을 믿고 있다. 우리를 대신해서 죽으신 그분이 하나님의 아들이고 하나님은 사랑이시고… 등등 이런 사실관계는 십자가의 영적인 외연에 미치지 못한다. 그리스도의 피와 살을 먹는 것이 아니라 냄새만 맡는 것이다. 이런 피상적인 믿음은 예수님께서 말씀하신 믿음이 아니다. 이런 믿음은 내가 가지고 있는 죄의 심각성을 알게 하지 못한다. 그래서 그 가운데 머물게 된다.

하나님을 배제한 상태에서 맹세를 한다는 것 자체는 본질적으로 죄의 영역이다. 왜냐 하면 우리는 우리 능력으로 선은 행할 수 없기 때문에 선을 행하겠다는 맹세 자체는 거짓이고 악을 행하겠다고 맹세를 한다면 그 또한 자체로 악이기 때문이다. 대부분의 경우 우리는 선을 행할 것을 맹세하지만 우리의 능력으로 할 수 없는 일을 마치 우리의 능력과 의지로 선을 행하는 것처럼 위선을 떨고 있는 일이다. 이런 위선을 더욱 그럴 듯하게 하기 위해 하늘에 대고 맹세를 함으로써 하나님의 보좌를 모독하기도 하고 심지어 자신의 목숨을 걸고 하기도 하는데 이 또한 가증스러운 것이 자기의 목숨 또한 자기 것이 아니라 하나님의 것이기 때문이다. 우리가 굳이 맹세를 해야 한다면 하나님의 이름으로 하되 중심의 진실함으로 하나님의 뜻에 맞는 일을 맹세하고 그것을 지키기 위해 하나님을 의지해야 한다. 그러나 우리가 하나님의 뜻대로 이웃을 섬기는 삶을 산다면 굳이 맹세할 일도 없을 것이다.

예수님께서 도무지 맹세하지 말라는 말씀은 신명기 6:13의 말씀과 모순되는 것 같지만 여기서 예수님께서 지칭하고 계신 맹세는 일차적으로는 당시 유대인들이 함부로 남발하던 그런 맹세들을 말하고 있는 것으로 보인다. 그리고 본질적으로는 자신을 맹세가 필요한 위치에 두지 말라는 명령이기도 할 것이다. 선한 일은 행할 것이면 그냥 행하면 되는 일이지 꼭 맹세를 할 필요가 있겠는가? 이미 그들에게 맹세라는 것은 신명기 6:13과는 달리 매우 경박스러운 것이었기 때문에 그들의 입장에서의 맹세를 말씀하신 것이다. 이는 그 다음 구절을 보면 알 수 있다. 예루살렘으로 하늘로 땅으로 하던 맹세들 곧 그렇게 함부로 남발하던 맹세들이 그들에게 맹세의 의미였다. 그리고 예루살렘이나 땅이나 하늘이나 모두 하나님과 직접 관련 있는 것이기 때문에 그것들로 맹세하지 말라는 것은 그들의 맹세가 하나님은 물론 그것들로도 할만 큼 진중하지 못하고 가볍고 거짓된 것들이라는 말씀이다. 이런 식의 맹세들은 그것이 비록 하나님의 이름으로 행해졌던 아니든 결국은 하나님의 이름을 망령되게 일컫지 말라는 제 3계명을 범하는 일이었다.

원수를 사랑하라

또 **눈은 눈으로, 이는 이로 갚으라 하였다**는 것을 너희가 들었으나 나는 너희에게 이르노니 악한 자를 대적하지 말라 누구든지 네 오른편 뺨을 치거든 왼편도 돌려 대며 또 너를 고발하여 속옷을 가지고자 하는 자에게 겉옷까지도 가지게 하며 또 누구든지 너로 억지로 오 리를 가게 하거든 그 사람과 십 리를 동행하고 네게 구하는 자에게 주며 네게 꾸고자 하는 자에게 거절하지 말라 (마 5:38-42)

위의 말씀은 다음의 성경말씀에서 인용한 가르침인 것으로 오해하기 쉽다.

> *사람을 쳐죽인 자는 반드시 죽일 것이요 짐승을 쳐죽인 자는 짐승으로 짐승을 갚을 것이며 사람이 만일 그의 이웃에게 상해를 입혔으면 그가 행한 대로 그에게 행할 것이니* ***상처에는 상처로, 눈에는 눈으로, 이에는 이로 갚을지라*** *남에게 상해를 입힌 그대로 그에게 그렇게 할 것이며 짐승을 죽인 자는 그것을 물어 줄 것이요 사람을 죽인 자는 죽일지니* (레 24:17-21)

그러나 결코 그렇지 않다. 레위기 24장의 말씀은 **재판의 원칙을 말씀하시는 것이지, 우리들이 견지해야 할 삶의 태도를 말씀하신 것이 아니다.** 하나님의 뜻을 드러낸 도덕의 율법과 이와 동시에 주어진 시민법과의 모순점과 차이점에 대해 본서의 초반부에서 이미 설명한 바 있다. 모세 당시는 200만 이상의 성화되지 못한 군중이 광야에서 공동체 생활을 하고 있었다. 이들이 정치적으로는 하나님의 인도를 받고는 있어도 그들의 내면까지 성령의 인도하심을 따라 살고 있었던 사람들은 아니었다. 그들 사이에 다양한 이유로 서로 손해배상에 관한 분쟁이 발생하여 공정한 재판을 위해 모세에게 왔을 때 모세가 내릴 재판의 기준으로서 주어진 말씀일 뿐 우리에게 손해를 끼친 이웃에 대해 가질 태도를 교훈하시는 것이 아니다. 오히려 하나님께서는 이스라엘 백성에게 원수를 갚지 말라는 교훈을 모세를 통해 주셨다. 따라서 하나님 말씀에 진정으로 순종하는 사람이라면 자기에게 손해를 끼친 사람을 용서했어야지 보상을 받기 위해 모세 앞으로 나오는 일이 없었어야 했을 것이다. 성화되지 못해서 자신이 입은 피해를 보상받기 위해 모세에게 온 사람에게 만일 모세가 다음과 같은 하늘의 법을 강요했다면 어떤 일이 일어났을까?

> ***원수를 갚지 말며 동포를 원망하지 말며*** *네 이웃 사랑하기를 네 자신과 같이 사랑하라 나는 여호와이니라* (레 19:18)

그 억울한 일을 당한 사람은 모세에 대해 불만을 가졌을 것이고 반대로 가해자는 자신의 행위에 대해 별 죄책감을 갖지 않게 될 것이었다. 그렇다면 얼마 가지 못해 그 사회는 폭동으로 전복되고 유지될 수 없을 것이다. 그러므로 '눈에는 눈, 이에는 이'라는 재판법은 사형수 감옥 안의 법이요, '원수를 갚지 말라는 법'은 감옥 밖의 법이었다(I장을 참고하라). 율법을 통해 참 하나님을 만났던 솔로몬도 같은 교훈을 전하고 있다.

> *너는 그가 내게 행함 같이 나도 그에게 행하여* ***그가 행한 대로 그 사람에게 갚겠다*** *말하지* ***말지니라*** (잠 24:29)
>
> ***너는 악을 갚겠다 말하지 말고 여호와를 기다리라 그가 너를 구원하시리라*** (잠 20:22)

마태복음 5:38의 예수님의 인용하신 바는 레위기 24장의 말씀의 재판의 원칙을 이웃에 대한 관계를 규정하는 데 **일반화시킨 유대 사회의 구전된 교훈**을 말씀하고 계신 것이다. 이 말씀을 예를 들어 예수님께서 구약의 율법을 부정하고 계신다고 오해하면 안 된다. 이렇게 예수님 당시 랍비들의 가르침은 하나님의 말씀을 왜곡하여 백성들에게 전달하는 역할을 하였고 유대 백성들은 진정한 하나님 말씀을 들은 적이 없으므로 진정한 하나님을 만나지 못한 채로 평생을 살다가 죽어가고 있었다. 이러한 사태의 심각성이 당시 유대 지도자들에게 있었으므로 예수님께서는 당시의 바리새인들과 서기관을 향해 다음과 같은 정죄의 말씀을 하셨다.

> *화 있을진저 외식하는 서기관들과 바리새인들이여* ***너희는 천국 문을 사람들 앞에서 닫고 너희도 들어가지 않고 들어가려 하는 자도 들어가지 못하게 하는도다*** (마 23:13)
>
> *화 있을진저 외식하는 서기관들과 바리새인들이여* ***회칠한 무덤*** *같으니 겉으로는 아름답게 보이나 그 안에는 죽은 사람의 뼈와 모든 더러운 것이 가득하도다 이와 같이 너희도 겉으로는 사람에게 옳게 보이되 안으로는 외식과 불법이 가득하도다* (마 23:27, 28)

또 네 이웃을 사랑하고 네 원수를 미워하라 하였다는 것을 너희가 들었으나 나는 너희에게 이르노니 너희 원수를 사랑하며 너희를 박해하는 자를 위하여 기도하라 이같이 한즉 하늘에 계신 너희 아버지의 아들이 되리니 이는 하나님이 그 해를 악인과 선인에게 비추시며 비를 의로운 자와 불의한 자에게 내려 주심이라 너희가 너희를 사랑하는 자를 사랑하면 무슨 상이 있으리요 세리도 이같이 아니하느냐 또 너희가 너희 형제에게만 문안하면 남보다 더하는 것이 무엇이냐 이방인들도 이같이 아니하느냐 (마 5:43-47)

모세의 율법에 "원수를 갚지 말며 네 동포를 원망하지 말라"(레 19:18)는 말씀은 있어도 '원수를 미워하라'는 말씀은 없다. "원수를 미워하라"는 구전(口傳) 역시 사람들이 만들어낸 교훈이지 결코 하나님의 교훈이 아니다. 원수를 사랑하라는 말씀을 묵상하기 전에 먼저 원수란 누구인가를 생각해 볼 필요가 있다. 또 예수님 말씀대로 우리가 원수를 사랑한다면 그 원수는 이미 원수가 아닐 것이다. 내가 사랑하는 자를 어떻게 원수라고 할 수 있겠는가?

우선 우리가 무의식적으로 원수라고 부르는 개념을 먼저 정리해 보자. 사전적 의미의 원수는 원한이 맺힐 정도의 피해를 준 사람으로 정의하고 있다. 원한이 맺힐 정도의 피해의 정도라는 것 역시 주관적이고 결과적인 정의일 뿐 그 정도가 명확하지 않고 내가 피해를 입었다면 왜 원한을 품어야 하는지도 사실 명확하지 않다. 아무튼 '원수'는 우리에게 피해를 준 사람들 중에 특별히 내가 미워하는 사람이라는 정도로 일단 정의할 수밖에 없을 것 같다. 원수가 원수인 이유는 그 사람이 내게 준 피해 때문만이 아니요, 내가 그를 미워하는 감정도 큰 이유 중에 하나이다.

우리는 악한 품성을 가지고 살아가면서 피해를 주기도 하고 받기도 하지만 내가 받은 피해가 나의 어떤 기준을 넘어가면 우리는 그 피해를 준 사람을 증오하기 시작한다. 여기서 하나님의 이름을 부르는 자라면 반드시 짚고 넘어가야 할 문제는 **인간의 주고 받는 피해와 이익은 하나님께서 창조하신 생명의 가치보다 하위에 있다는 것이다.** 내가 받은 피해가 아무리 클지라도 그 피해의 가치 정도와 피해를 준 그 원수가 생명을 잃어 버렸을 경우의 손실된 가치를 굳이 비교하자면 후자의 가치는 가히 비교할 수 없을 정도로 크고 소중한 것이다. 그러므로 원수를 미워한다는 것은 원수를 죽이는 것이요, 이는 원수에게 일시적이나마 생명을 주신 하나님께 범죄 하는 일이다. 나의 피해보다 원수의 생명을 작게 생각하고 있는 것이다. 그러나 우리는 나에게 피해를 준 사람들을 비난하고 증오하는데 얼마나 익숙해져 있는가? 이렇게 하지 않으면 오히려 바보 소리를 듣는 세상이 아닌가? 이렇게 우리는 하늘과 멀리 떨어져 살고 있다.

하나님 말씀에 사랑이라는 것은 기본적으로 생명에 대한 사랑이지 물질에 대한 사랑이 아니다. 하나님의 율법을 요약하면 생명에 대한 사랑이다. 생명 자체이시면서 생명의 근원이신 하나님을 사랑하고 하나님께서 있게 하신 생명들, 곧 우리의 이웃을 사랑하는 것이 율법의 요체이다. 작은 강아지 한 마리를 사랑하는 마음도 사실은 하나님께서 주신 마음이다. 나에게 전혀 피해를 주지 않고 자신의 이익을 위하여 거짓을 도모하지 않는 애완 동물들을 사랑하는 것은 사람을 사랑하는 것보다 훨씬 더 쉬운 일인지도 모른다. 우리 안에 하나님의 사랑이 심겨지기 전에는 원수를 사랑할 수는 없다. 죄인은 생명을 사랑하지 않고 우리의 육신을 만족시켜 주는 것을 사랑하고 하나님이 아닌 나를 높이는 것을 좋아한다. 선물은 사랑하는데 선물을 준 사람은 사랑하지 않는 것과 마찬가지이다. 옛 사람들이 태양을 신으로 섬겼지만 그 태양을 있게 하신 분에 대해서는 관심도 없었다. 우리는 태양신을 섬겼던 고대인들을 미개하다고 업신여기고 있지만 사실 우리도 같은 미련한 일을 하고 있다. 나의 육신의 이익보다 타인의 생명을 하위에 두는 일은 동일한 미련하고 악한 일이다.

나에게 잘해 주는 사람을 사랑하는 것은 그 사람을 사랑하는 것이 아니라 나에게 주어지는 이익, 명예를 사랑하는 것이다. **나에게 이익을 주는 사람을 이익 때문에 사랑하는 것은 나에게 피해를 준 사람을 증오하는 것과 동일 선 상에 있는 죄악의 실상들이다.** 그러나 나에게 피해를 준 사람을 사랑할 수 있을 때 이것이 진정한 생명에 대한 사랑이다. 하나님께서는 우리를 이렇게 사랑하신다. 하나님께서는 그 분께서 주신 생명을 무한한 가치로 여기신다. 우리의 잘못된 품성과 실수들은 하나님의 인간에 대한 사랑을 막지 못한다. 하나님의 사랑은 이런 측면에서 무조건적이다. 하나님의 사랑을 막을 수 있는 유일한 것은 사랑을 받는 당사자의 거절뿐이다. 사실 우리는 하나님의 뜻을 거슬러서 평생을 살아 왔기 때문에 하나님의 원수들인 셈이다. 그리고 우리의 죄 때문에 예수님께서 십자가에 달리셨으므로 우리는 하나님의 아들을 죽인 하나님의 원수들이다. 그러나 하나님께서는 자신의 아들을 죽인 원수들을 용서하시고 양자 삼아 주시기를 원하신다. 이러한 놀라운 사랑은 우리가 하나님을 알기도 전에 우리가 태어나기도 전에 예수님께서 우리를 위하여 십자가에 달리셔서 하나님의 우리에 대한 사랑을 확증하셨다. 사실 하나님께서는 우리가 회개할 때 비로소 우리의 죄를 용서하시는 것이 아니다. 오히려 하나님께서는 창세 전에 이미 우리의 죄를 용서하셨고 지금은 우리가 이미 하신 그 용서를 중심으로 받아들이기를 기다리고 계신다. 이것이 회개다.

> *곧 우리가 원수 되었을 때에 그의 아들의 죽으심으로 말미암아 하나님과 화목하게 되었은즉 화목하게 된 자로서는 더욱 그의 살아나심으로 말미암아 구원을 받을 것이니라* (롬 5:10)

온전함의 문제

그러므로 하늘에 계신 너희 아버지의 온전하심과 같이 ***너희도 온전 하라*** (마 5:48)

많은 신학자들은 이 말씀을 글자 그대로 받아들이기 싫어한다. 왜냐하면 온전해 지고 싶지 않기 때문이다. 첫째 이유는 온전해지면 원수를 사랑하고 자기에게 죄 지은 자를 용서해야 하고 예수님처럼 세속적으로 손해 보는 인생을 살아야 하기 때문이다. 둘째는 예수님의 힘을 의지해서 자신이 온전해 질 수 있다는 믿음이 없기 때문이다. 심지어 믿음으로 온전해져야 한다고 가르치는 사람들을 '완전주의자'라고 손가락질을 하면서 이단으로 매도한다. 생각하여 보라. 믿음으로 내 안에 전능 자이신 하나님께서 내주하고 계신데 나는 완전한가 아니면 불완전한가? 사도 바울은 자신은 죽어 있고 그 안에 계신 예수님께서 사시는 것이라고 증언을 하고 있다. 바울은 자신은 죄인의 괴수이기 때문에 죽어 있는 것이고 그 대신 그리스도가 내주하신다고 하는 것이다. 온전한 자의 실상은 자아(自我)가 온전히 죽고 그 안에 예수님께서 임해 계신 자다. 예수님께서 하신 "온전하라"는 명령은 다른 말로 하면 우리들은 온전히 죽고 그 안에 온전하신 하나님을 받아들이라는 명령이다. **그러므로 우리들은 아무리 믿어도 온전해질 수 없다는 주장은 하나님을 내 안으로 받아들이지 않고 나의 본성을 유지하면서 하나님 말씀에 순종하려고 노력하겠다는 뜻이다. 동시에 믿음으로 온전해지는 일은 일어나지 않는다는 믿음이기도 하다.** 그러므로 온전해지는 것은 불가능하다고 느끼게 되고 "온전해지라"는 예수님의 명령이 다른 뜻이기를 바란다. 이런 사람들은 하나님께 무언가를 드리려고 한다. 하나님께서 그들의 심령 밖에 서 계시기 때문이다. 그러나 온전함은 하나님을 나의 심령 안으로 받아들일 때 비로소 이루어진다. **온전함은 인간의 본성을 유지하면서 노력을 아무리 해도 도달할 수 없는 경지다. 인간의 본성이 살아있으면 하나님께서 내 안으로 들어 오실 수 없기 때문에 온전함은 이루어지지 않는다. 믿음으로 자기를 부인하여 하나님과 하나가 될 때만 이루어지는 일이다. 그러므로 온전함은 구원의 증거이다.** 온전함이란 올바른 온전한 믿음에서 온다. 온전한 믿음이란 내가 온전히 죽는 믿음이다. 예수님께서는 영생의 길을 묻는 어느 부자 청년에게 "네가 생명에 들어가려면 계명들을 지키라"고 말씀하시고 부연 설명으로 "네가 온전하고자 할진대 가서 네 소유를 팔아 가난한 자들을 주라"고 명하셨다. 그 부자 청년에게 자기가 가장 소중히 여기는 것을 버리라는 예수님의 명령은 자기를 온전히 죽이라는 명령이었다. 그러나 그는 자기의 세속적 욕망을 만족시켜주는 재물을 유지하면서 영생의 길을 구하고 있었다. 이 부자 청년이 구하는 영생의 길이 현대 기독교의 많은 신학자들이 믿고 가르치는 영생의 길이다. 본성의 변화 없이, 즉 자기를 죽이지 않고 신앙 고백을 하면 의롭게 봐 주신다는 신념이다. 이런 신념은 온전하라고 명하신 예수님의 말씀을 그대로 받아들일 수 없게 만든다. 여기서 세 가지의 교훈을 배워야 한다. ① 자기 자신을 완전히 버림으로써 성령을 좇아 그 정신을 따라 계명을 지키는 것이 온전함이라는 것이고 ② 온전해야만이 영생에 들어 간다는 것과 또한 ③ 온전함이란 하나님의 본성인 자기 희생과 섬김의 정신을 소유하는 것이고 이것이 하나님의 형상이요, 생명의 법칙이라는 것이다. 예수님께서는 산상수훈에서 지금까지 바리새인과 서기관의 의(義)와 그 보다 더 나은 의(義)를 다섯 가지의 예를 들어서 비교 설명하셨다(마 5:20). 후자가 곧 하나님의 형상이요, 율법의 정신이다. **계명을 지키는 것은 계명의 정신을 소유하고 그대로 사는 것이고 그것이 온전함이라는 표현으로 요약하고 계신다.** 그러나 이렇게 계명의 정신은 사람의 노력과 능력으로 스스로 소유할 수 없지만 하나님의 은혜와 능력으로 충분히 가능하다는 것을 제자들에게 강조하셨다.

> *예수께서 저희를 보시며 가라사대 사람으로는 할 수 없으되* ***하나님으로서는 다*** *할 수 있느니라* (마 19:26)

성경에는 이러한 온전함에 관한 명령과 약속이 수도 없이 많이 기록되어 있다. 다음의 거룩함과 완전함에 대한 명령은 우리가 예수님의 능력을 완전히 믿고 따를 때 그렇게 해 주시겠다는 약속이다. **결국 믿음은 수단이요, 온전함(=구원)이 목적인 셈이다. 우리는 구원을 위하여 수단도 강조해야 할 필요도 있지만 목적은 더욱 힘써 강조하고 가르쳐져야 한다. 그래야만 목적이 이루어지지 않았을 때 수단을 점검할 수 있다. 그러나 수단이 목적이 되면 목적이 이루어졌는지 안 이루어졌는지 성찰할 필요를 느끼지 않게 된다.**

아브람이 구십 구 세 때에 여호와께서 아브람에게 나타나서 그에게 이르시되 나는 전능한 하나님이라 ***너는 내 앞에서 행하여 완전하라*** *133)* (창 17:1)

이 말씀은 하나님께서 아브라함에게 후사를 주시겠다고 약속을 하신 후 가나안 땅으로 인도 하신지 10년이 지났을 때 그때까지도 자식이 없자 아브라함이 아내의 권고로 하갈이라는 첩을 얻어 아들을 낳아 이름을 이스마엘이라 하였는데, 아브라함은 이스마엘을 하나님께서 주신 후사라고 믿으며 살았다.[134] 그렇게 13년이 흐른 뒤 오랜 침묵 후에 하나님께서 아브라함에게 하신 말씀이다. 하나님께서는 "나는 전능하므로 아이를 낳지 못하는 너의 아내 사라를 통해서 얼마든지 자식을 줄 수 있는 전능자이다. 그러나 아브라함 너는 나의 전능에 대한 온전한 믿음이 없었으므로 첩을 얻어 너의 노력으로 자식을 얻으려고 하였다. 너는 나에 대해 완전한 믿음을 가졌으면 첩을 얻는 일은 하지 않았을 것이다. 그러므로 나를 완전히 믿는 가운데 완전한 행동을 하라"라는 요지의 말씀이다. (여기서 전능자라고 번역된 히브리어 '엘 샤다이'는 본래는 '모든 필요를 공급하시는' 하나님이라는 뜻이다)

아브라함의 온전치 못한 믿음은 온전치 못한 행위로 드러났다. 하나님께서는 아브라함의 온전치 못한 행위를 보시고 그의 온전치 못한

133) 아브라함은 후사를 주시겠다는 하나님의 약속을 온전히 믿지 못하여서 10년 가까이 자식이 생기지 않자 첩을 얻어 '이스마엘'이라는 아들을 보았고 그를 하나님께서 약속하신 후사라고 믿고 있었다. 이러한 부족한 믿음을 보인 아브라함에게 하나님께서 하신 말씀이다. 불완전한 믿음은 결국 불완전한 행위를 낳는다. 완전함은 완전한 믿음에서 온다.

134) "아브라함이 이에 하나님께 고하되 이스마엘이나 하나님 앞에 살기를 원하나이다" (창 17:18)

믿음을 책망하고 계신다. 아브라함은 앞으로라도 비록 자신이 늙고 아내의 경수가 끊어졌을지라도 전능하신 하나님의 능력으로 자식을 볼 수 있을 것이라는 믿음과 그에 따른 행위를 보였어야 했다. 이러한 아브라함의 불완전한 행위는 비록 그가 이삭을 얻기 직전에 온전한 믿음을 회복했다 할지라도 당연히 사단의 참소를 불러왔을 것이고 그렇기 때문에 훗날 아브라함은 이삭을 제물로 바치라는 시험을 받을 수밖에 없는 처지에 놓이게 된다. 이때 아브라함은 이삭을 제물로 바치라는 하나님의 명령에 순종함으로써 온전한 믿음을 보여 주었고 믿음의 조상으로서의 확고한 믿음의 모본을 역사에 남겼다. 이 교훈은 예수님의 온전하라는 교훈의 말씀에 그대로 적용된다. 온전함은 온전한 믿음으로 순종할 때 나의 심령이 성령과 하나가 됨으로써 이루어진다는 약속의 말씀이다. 아브라함에게 후사를 주시겠다는 하나님의 약속의 말씀을 그가 가나안 생활 초반부에 온전히 믿지 못하였듯이 우리들도 우리를 의롭게(온전하게) 해 주시겠다는 약속의 말씀을 온전히 믿지 못하는 경우가 얼마나 많은가? 그러므로 **우리의 온전함은 우리의 온전한 믿음을 통해 이루어진다고 할 수 있다. 다음의 온전함에 대한 하나님의 명령은 곧 약속들이다.**

> *너는 이스라엘 자손의 온 회중에게 말하여 이르라* ***너희는 거룩하라*** *이는 나 여호와 너희 하나님이 거룩함이니라* (레 19:2)

> *너희는 내 규례를 지켜 행하라 나는 너희를* ***거룩하게 하는*** *여호와이니라* (레 20:8)

> *그런즉 사랑하는 자들아 이 약속을 가진 우리는 하나님을 두려워하는 가운데서* ***거룩함을 온전히 이루어*** *육과 영의 온갖 더러운 것에서 자신을 깨끗하게 하자* (고후 7:1)

곧 창세 전에 그리스도 안에서 우리를 택하사 우리로 사랑 안에서 그 앞에 ***거룩하고 흠이 없게 하시려고*** *그 기쁘신 뜻대로 우리를 예정하사 예수 그리스도로 말미암아 자기의 아들들이 되게 하셨으니* (엡 1:4,5)

우리가 다 하나님의 아들을 믿는 것과 아는 일에 하나가 되어 ***온전한 사람을 이루어*** *그리스도의 장성한 분량이 충만한 데까지 이르리니* (엡 4:13)

자기 앞에 영광스러운 교회로 세우사 티나 주름 잡힌 것이나 이런 것들이 없이 ***거룩하고 흠이 없게*** *하려 하심이니라* (엡 5:27)

우리가 그를 전파하여 각 사람을 권하고 모든 지혜로 각 사람을 가르침은 각 사람을 ***그리스도 안에서 완전한 자로 세우려 함이니*** (골 1:28)

하나님의 뜻은 이것이니 ***너희의 거룩함이라*** *곧 음란을 버리고 (중략) 하나님이 우리를 부르심은 부정하게 하심이 아니요 거룩하게 하심이니* (살전 4:3, 7)

모든 은혜의 하나님 곧 그리스도 안에서 너희를 부르사 자기의 영원한 영광에 들어가게 하신 이가 잠깐 고난을 당한 너희를 ***친히 온전하게 하시며*** *굳건하게 하시며 강하게 하시며 터를 견고하게 하시리라* (벧전 5:10)

죄를 짓는 자마다 불법을 행하나니 죄는 불법이라 그가 우리 죄를 없애려고 나타나신 것을 너희가 아나니 그에게는 죄가 없느니라 ***그 안에 거하는 자마다 범죄하지 아니하나니*** *범죄 하는 자마다 그를 보지도 못하였고 그를 알지도 못하였느니라* (요일 3:4-6)

그리고 온전함은 성숙함과는 다른 것이다. 우리는 종종 미성숙함을 죄라고 생각한다. 송아지는 송아지로서 온전한 것이고 소는 소로서 온전한 것이다. **우리의 온전함은 우리의 온전한 믿음에 있고** 우리의 의는 점점 더 자라나게 되어 있다. 자라나지 않는 의가 죄일 뿐이다.

우리는 이러한 명령의 말씀을 읽고 우리 힘으로 이루어야 한다는 강박관념을 가질 일이 아니라 우리 안에 이루어 주시겠다는 약속의 말씀으로 받아 들여야 한다. 그리고 우리 자신을 그리스도에게 온전히 의탁할 때 가슴 벅차고 그 은혜가 다함이 없다는 것을 깨닫게 된다. 이렇게 실제로 하늘 가족의 일원이 되는 길은 오직 믿음으로 되는 것이니 말이다. 그리고 이런 믿음을 통해 우리가 위로부터 태어나게 되면 비록 우리를 거룩하게 하신 분은 하나님이실지라도 그 통로를 제공한 우리들의 믿음을 의로 여겨 주신다. 아멘!

Ⅶ.
온전치 못함을 경계하심

각양각색의 외식들

사람에게 보이려고 그들 앞에서 너희 의를 행하지 않도록 주의하라 그리하지 아니하면 하늘에 계신 너희 아버지께 상을 받지 못하느니라 그러므로 **구제할 때에** 외식하는 자가 사람에게서 영광을 받으려고 회당과 거리에서 하는 것 같이 너희 앞에 나팔을 불지 말라 진실로 너희에게 이르노니 그들은 자기 상을 이미 받았느니라 너는 구제할 때에 오른손이 하는 것을 왼손이 모르게 하여 네 구제함을 은밀하게 하라 은밀한 중에 보시는 너의 아버지께서 갚으시리라 또 너희는 **기도할 때에** 외식하는 자와 같이 하지 말라 그들은 사람에게 보이려고 회당과 큰 거리 어귀에 서서 기도하기를 좋아하느니라 내가 진실로 너희에게 이르노니 그들은 자기 상을 이미 받았느니라 너는 기도할 때에 네 골방에 들어가 문을 닫고 은밀한 중에 계신 네 아버지께 기도하라 은밀한 중에 보시는 네 아버지께서 갚으시리라 또 기도할 때에 이방인과 같이 중언부언하지 말라 그들은 말을 많이 하여야 들으실 줄 생각하느니라 그러므로 그들을 본받지 말라 구하기 전에 너희에게 있어야 할 것을 하나님 너희 아버지께서 아시느니라 (마 6:1-8)

금식할 때에 너희는 외식하는 자들과 같이 슬픈 기색을 보이지 말라 그들은 금식하는 것을 사람에게 보이려고 얼굴을 흉하게 하느니라 내가 진실로 너희에게 이르노니 그들은 자기 상을 이미 받았느니라 너는 금식할 때에 머리에 기름을 바르고 얼굴을 씻으라 이는 금식하는 자로 사람에게 보이지 않고 오직 은밀한 중에 계신 네 아버지께 보이게 하려 함이라 은밀한 중에 보시는 네 아버지께서 갚으시리라 (마 6:16-18)

제 5, 6장에서 구원은 율법의 내면화에 있다는 것을 예수님께서는 팔복의 예화를 통해서 그리고 율법의 정신의 진정한 의미를 유대인들의 구전된 교훈과 비교하여 보여 주셨고 이렇게 율법의 정신으로 사는 것이 온전함이라는 것도 보여 주셨다. 그런 후에 이러한 온전함에 이르지 못한 사람들의 특징을 설명하신다. **온전치 못한 사람은 하나님의 형상이 회복되지 못했으므로 율법의 문자적 준수에만 신경을 쓰는 것 외에 율법에는 문자적 규정이 없지만 크게 세 가지 특징을 보인다. 즉, 외식과 돈에 대한 사랑 그리고 타인을 정죄하고 비판하는 일이다. 우선은 자신의 내면에는 선함이 없으면서 선한 일을 행하려고 노력하게 되는데 이것이 외식(外飾)이라는 것이고 말씀이 그들 안에 없으므로 하나님을 사랑하지 않고 육신에 이익을 주는 권세인 재물을 사랑할 수밖에 없다는 것이다. 또한 이웃을 사랑하는 마음이 없기 때문에 부분적인 성경 지식은 남들을 정죄하는 데 사용된다.**

이런 사람들은 구제할 때나 기도할 때 남들에게 잘 보이려고 무의식적으로 노력한다. 남들에게 보이는 것이 감추어진 목적이기 때문이다. 교회에서 공중 기도할 때 미사여구로 잘 꾸며진 아름다운 문장으로 기도하는 기도를 우리는 많이 들어 보았다. 이 또한 우리가 주의해야 할 대목이다. 사실 이러한 기도의 대부분은 하나님께 드리는 기도라기 보다는 청중에게 하는 기도라고 할 수도 있다. 요즘은 자주하지는 않지만 과거 유대인들은 정기적으로 금식기도를 했다. 그들은 금식할 때 얼굴을 흉하게 해서 본인이 금식하고 있다는 것을 주변에 드러내기를 원했다. 이런 기도 역시 중심의 진실함이 없는 기도이다. 그들이 원하는 것은 사람들에게 인정받는 것이지 하나님의 의(義)가 아니었음을 스스로 증명하고 있었다. 그들의 중심에는 하나님에 대한 믿음이 없었기 때문에 당장 귀에 들리지 않는 하나님으로부터의 칭찬은 관심도 없었다.

기도하는 내용과 태도를 보아도 그 사람이 하나님의 의를 구하는지 세속적인 욕망을 채우는데 하나님의 능력을 빌리려는지 알 수 있다. 우리는 우리의 소원을 기도로써 하나님께 아뢰지만 하나님께서는 우리의 모든 육체적인 필요를 우리보다 더 잘 아시기 때문에 대부분의 경우 이를 굳이 하나님께 기도 드릴 필요가 없다.

우리가 기도해야 할 핵심적인 문제는 우리의 영적인 문제이다. 오히려 영적인 문제는 하나님께서 강제로 우리의 필요를 채워 주시지 않으시기 때문이다. 우리는 우리의 영적인 문제의 해결을 위해 하나님께 자원하는 마음으로, 중심의 진실함으로 기도 드려야 한다. 영적인 결핍의 해소를 구하는 기도는 곧 자신의 가난한 심령 때문에 애통해 하고 의에 주리고 목마른 자의 기도이고, 육체의 필요보다는 하나님의 의와 나라를 먼저 구하는 자의 기도다. 이런 기도에 응답하시는 것이 하나님의 기쁨이다. 이 일을 하시기 위해서 하나님께서는 지금도 이 세상을 굽어보시고 계신다.

> *너희가 온 마음으로 나를 구하면 나를 찾을 것이요 나를 만나리라*
> (렘 29:13)

이렇게 기도하라

그러므로 너희는 이렇게 기도하라 하늘에 계신 우리 아버지여 이름이 거룩히 여김을 받으시오며 나라가 임하시오며 뜻이 하늘에서 이루어진 것 같이 땅에서도 이루어지이다 **오늘 우리에게 일용할 양식을 주시옵고** 우리가 우리에게 죄 지은 자를 사하여 준 것 같이 우리 죄를 사하여 주시옵고 우리를 시험에 들게 하지 마시옵고 다만 악에서 구하시옵소서 (나라와 권세와 영광이 아버지께 영원히 있사옵나이다) 아멘 너희가 사람의 잘못을 용서하면 너희 하늘 아버지께서도 너희 잘못을 용서하시려니와 너희가 사람의 잘못을 용서하지 아니하면 너희 아버지께서도 너희 잘못을 용서하지 아니하시리라 (마 6:9-15)

6:1-8절의 말씀은 기도, 구제, 금식 등의 종교 행위는 그 자체가 의(義)가 아니라는 것이고 이러한 종교 행위의 바닥에는 하나님의 의를 진심으로 사랑하고 구하는 동기가 바탕이 되어야 한다는 교훈을 기도의 내용으로써 말씀하신 것이 '주의 기도문'이다. 마태복음 6:9의 **'그러므로'**는 이런 외식의 근본적인 이유는 그 사람의 심령 안에 로고스가 없는 것이기 때문에 그 로고스를 너의 심령 안에 받아들여야 하므로 이러한 기도를 하라는 것이다. 본래 '기도'라고 번역된 헬라어

προσεύχομαι는 전술했듯이 하나님의 뜻이 나의 뜻이 되게 해달라는 간구이기 때문이다. 그러므로 우리가 하나님께서 내 안에 이루어 주시길 소원해야 하는 것은 그분의 의와 나라다. 하나님의 의는 하나님의 율법의 정신이요, 하나님의 형상이다. 하나님의 나라는 결국 하나님의 율법의 원칙으로 운영되는 나라이다. 하나님의 나라는 하늘에서 이미 이루어졌지만 그 다음 이루어져야 할 곳은 이 땅이요, 이 땅에 먼저 이루어져야 할 곳은 나의 심령이다.

우리가 살고 있는 이 땅은 하나님의 나라가 아닌 사단의 나라다. 하나님의 율법의 원칙이 아닌 죄의 원칙으로 운영되고 있다. 죄는 본서의 초반부에 설명했듯이 하나님의 뜻, 곧 하나님께서 정하신 질서 안에 있지 않은 모든 무질서 내지는 변질된 질서를 말한다. 적자생존, 생존경쟁, 능력 위주, 심미주의, 황금만능주의, 유물론, 진화론 등등의 세계관은 이런 변질된 질서에서 나온 것들이고 현재 세상 사람들의 가치 세계를 지배하고 있다. 그래서 이런 거짓의 사상과 가치들이 지배하는 이 땅에서는 하나님을 만나기 전에는 진정한 행복을 누릴 수 없다. 자식을 학교에 보내는 근본적인 목적은 남들과 경쟁하기 위한 기술을 습득하게 하기 위함이지 하나님을 만나서 진정한 행복을 누리는 길을 배우게 하는 목적은 전혀 없다. 이 세상은 남들과 경쟁해서 이기는 것이 행복이요, 자아 실현이라고 가르친다. 진정한 행복을 누려본 적도 누리고 있는 사람을 본 적도 없고 보았어도 그 행복의 가치를 알아보지 못했기 때문에 세상 사람들은 유사 행복으로 삶의 만족을 느끼고자 한다. 그것은 바로 남들과 비교해서 더 잘사는 것이다. 그래서 사람들은 유행에 민감하게 반응한다. 자신이 구하는 가치의 절대성이 없기 때문이다. 스포츠 경기에서 상대 팀을 이기면 왜 그렇게 기뻐하는지 생각해 보라. 달리기를 해서 남보다 0.5초 빨리 결승선에 들어오는 것이 그렇게 위대한 일인가? 세상의 어마어마한 재물들은 이런 무가치한 일에 몰려다닌다. 한쪽에서는 넘쳐나는 음식물 쓰레기가 고민이고 한쪽에서는 먹을 것이 없어 수백만의 어린이들이 굶어 죽어가는 이 땅의 모습들은 이 땅을 지배하는 질서가 잘못되어 있다는 증거이고 이 잘못은 인간 외부에 있는 것이 아니라 인간의 내부에 있다는 것도 부인할 수 없다. 피골이 상접해서 굶어 죽어가는 어린이들의 모습은 악한 우리들 본성의 자화상이 되어 우리들 눈에 매일 비치고 있지만 사람들은 회개하지 않는다. 이 세상의 원리는 무언가가 확실히 잘못되어 있다는 것을 정직한 양심으로 묵상해 보면 누구나 알 수 있다.

내 마음이 하나님의 율법과 하나가 되어 율법의 지배를 받는다면 내 마음은 하나님의 나라가 된다. 결국은 바람에 날아가 없어질 세상의 거짓된 가치들로부터 완전히 해방된다. 우리를 속여 온 것 가운데 가장 거짓된 것이 바로 우리 자아(自我)라는 것을 깨닫게 된다. 자아가 거짓되었기 때문에 거짓된 가치에 미혹 당하고 그것에 의해 나의 삶이 지배를 당하는 것이다. 그 결말은 사망이다. 한 숟 더 떠서 죽은 후에 천국에 간다는 거짓말로 죽음이라는 심각한 이슈를 얼버무리고 넘어간다. 이 역시 거짓된 자아의 결과이다. 심지어 우리의 자아(自我)도 이 세상으로부터 주입된 자아(自我)였다는 것을 알 때 우리가 믿을 것은 하나님 말씀뿐이라는 결론에 도달하게 된다. 외부로부터 '주입된 자아'라는 심리학자들의 통찰은 로마서 7:15-23에서 사도바울이 말한 '나'와 '죄 된 육신'의 관계에서 육신에 끌려가는 '나'와 일치하는 것 같다. 죄의 법 아래 있는 육신에 속박되어 있는 '나'를 사도 바울은 다른 곳에서는 '겉 사람'이라고 표현하고 있다(고후 4:15). 대부분의 사람들은 자기 안에 자아가 하나가 아니라는 것도, 선을 원하는 자아와 죄로 끌고 가는 자아가 있다는 것도, 막연히라도 진리를 구하는 자아와 진리를 사랑하는 자아와 거짓을 사랑해서 세상에서 주입하는 거짓을 그대로 받아들이는 자아가 있다는 것도 인식조차 하지 못한다.

그러나 우리가 하나님의 통치를 받으려면 세계를 보는 밝은 눈을 가져야 한다. 세계는 나와 남들이다. '나'를 먼저 바로 보고 바른 가치를 받아들이고 그 가치에 의한 '바른 나'를 만들어 가야 한다. 이런 바른 나를 사도 바울은 "**속 사람**"이라고 표현하고 있고 이런 바른 가치와 바른 나의 기준은 바로 하나님의 말씀이다. 우리의 겉 사람(우리의 육신과 육신의 소욕에 의해 지배되던 나)은 날로 낡아 가더라도 하나님의 말씀으로부터 세워진 **속 사람**은 갈수록 강건해져 가야 한다(고후 4:16). 그렇게 해서 그리스도의 장성한 분량에 이른다.

> *그의 영광의 풍성함을 따라 그의 성령으로 말미암아 너희* ***속 사람*** *을 능력으로 강건하게 하시오며* (엡 3:16)

> *오직 마음에* ***숨은 사람****을 온유하고 안정한 심령의 썩지 아니할 것으로 하라 이는 하나님 앞에 값진 것이니라* (벧전 3:5)

내 마음이 하늘 나라가 되었다면 다른 말로 하나님의 뜻대로 사는 것이다. 이렇게 아버지 하나님의 뜻이 내 안에 먼저 이루어지기 위해서는 하나님의 말씀을 받아 매일 묵상하여 내 것으로 만드는 일이 전제가 되어야 한다. 주기도문의 '일용할 양식'은 하나님의 입에서 나오는 모든 말씀이지 우리 육신의 양식을 의미하는 것이 아니다. 이를 육신의 양식으로 해석함으로써 주기도문의 주요한 교훈이 희석되고 그 문맥의 힘을 잃어버린 경우가 많다. **"염려하여 이르기를 무엇을 먹을까 무엇을 마실까 무엇을 입을까 하지 말라.** 이는 다 이방인들이 구하는 것이라 너희 하늘 아버지께서 이 모든 것이 너희에게 있어야 할 줄을 아시느니라"(마 6; 31, 32)라고 교훈하신 예수님께서 우리에게 입으로 먹을 양식을 하나님께 구하라고 가르치셨겠는가? 다른 종교에서는 잘 먹고 잘 입기 위해 자기들의 신에게 예를 갖추기를 요구하는데 예수님께서는 이런 기도를 아예 하지 말라고 명령하셨다. 이런 기도는 이방인들이나 하는 기도이기 때문이다.

우리가 말씀을 받아 말씀과 동화되기 시작하면 다른 사람의 생명을 사랑하게 되고 다른 사람의 허물을 용서하게 된다. 이는 성령의 열매의 한 측면이다. 그리고 점점 악을 미워하게 되어 과거에는 악을 사랑하여 악을 기쁨으로 행하던 내가 악을 미워하게 됨으로 악을 행하게 하는 모든 유혹은 시험이고 괴로움이 된다. 죄를 후회하는 것이 아니라 죄를 증오하게 되는 진정한 회개가 일어난다. 죄를 떠나 의의 길을 가게 되어 있다. 이것이 거룩함이요, 경건함이다. 거룩함을 유지하기 위해서는 매일 하나님의 말씀을 먹음으로써 하나님께서 나를 지켜주실 때만 가능하므로 "일용할 양식"을 구하는 기도가 필요하다. 나의 자원하는 마음이 없으면 이러한 영적인 필요는 결코 채워지지 않는 것은 나 자신은 영적으로 말하면 죽은 시체와 다름 없는 존재일 뿐만 아니라 그런 시체에 기생하는 사단의 포로[135]이기 때문이다. 또

135) 우리가 사단의 포로가 될 것이라는 선언은 다음 말씀에 잘 나타나 있다. "여호와 하나님이 뱀에게 이르시되 네가 이렇게 하였으니 네가 모든 가축과 들의 모든 짐승보다 더욱 저주를 받아 배로 다니고 **살아있는 동안 흙을 먹을**

한 포로에서 해방되었다 하더라도 하나님과의 소통을 게을리하면 사단은 다시 나를 점령하게 된다. 아담이 하나님을 거절하여 스스로 죽은 존재가 된 후에는 아담의 모든 후손들은 사단의 거처가 되어버렸다. 이렇게 죄의 포로가 된 아담의 후손을 죄인이라 하고 이런 죄인을 그 죄로부터의 속박을 풀어 구속(속량, 해방)하시는 분이 예수님이신데 이러한 죄로부터의 구원은 본인이 자원하는 마음이 없으면 강제로 하실 수 없다. 기도는 입술로도 하는 것이지만 우리의 마음 속으로 하는 기도도 그것이 중심의 진실함으로부터 나온 것이라면 하늘에 상달된다. 이 땅에서 드려지는 어떤 진실한 기도도 하나님께서는 놓치지 않으신다. 그러므로 우리는 기도로써 일용할 양식을 구하는 것이 마땅한 일이다. 이런 방법으로 율법이 심령에 기록되어 율법의 정신으로 살아가는 사람은 구원받았고 이미 하늘 나라로 옮겼다고 말한다.

> *허물로 죽은 우리를 그리스도와 함께 살리셨고 (너희는 은혜로 구원을 받은 것이라) 또 함께 일으키사 그리스도 예수 안에서 함께* ***하늘에 앉히시니*** (엡 2:5, 6)

> *그가 우리를 흑암의 권세에서 건져내사* ***그의 사랑의 아들의 나라로 옮기셨으니*** *그 아들 안에서 우리가 속량 곧 죄 사함을 얻었도다* (골 1:13, 14)

> *내가 진실로 진실로 너희에게 이르노니 내 말을 듣고 또 나 보내신 이를 믿는 자는 영생을 얻었고 심판에 이르지 아니하나니* ***사망에서 생명으로 옮겼느니라*** *진실로 진실로 너희에게 이르노니 죽은 자들이 하나님의 아들의 음성을 들을 때가 오나니 곧 이때라* ***듣는 자는***

지니라"(창 3:14) 여기서 뱀은 사단이고 흙은 인간이다. 실제로 뱀은 흙을 먹지 않는다.

살아나리라 (요 5:24, 25)

그러나 내가 하나님의 성령을 힘입어 귀신을 쫓아내는 것이면 ***하나님의 나라가 이미 너희에게 임하였느니라*** (마 12:28)

위 말씀들에서 '하늘'은 우리가 평소에 말하는 땅과 대비되는 장소로서의 하늘이 아니라 하나님의 뜻이 이루어진 상태라는 의미라는 것을 알 수 있다. 이렇게 하늘에서 이루어진 하나님의 뜻이 자신의 심령 가운데 이루어진 사람을 분별할 수 있는 객관적인 증거 중에 하나는 자기에게 죄 지은 자를 용서하는 것이다. 사실 우리가 타인을 용서해야 하나님께서 우리 죄를 사하시는 것이 아니라 우리 죄를 창세 이전부터 사하신 하나님의 가슴을 이해하고 그 가슴에 나의 전 존재를 묻을 때 우리에게 타인을 용서할 수 있는 마음이 생긴다. 회개는 죄 사함의 전제 조건이지만 회개는 우리 죄를 사하시는 하나님의 사랑에 우리의 영혼이 매몰되고 그 사랑을 받아들일 때 일어나는 일이다. **회개와 죄 사함은 굳이 순서를 따지기 어려운 하나로 결합되어 있는 영적인 사건들이다. 어떻게 보면 하나의 사건을 인간의 입장에서는 '회개'라 하고 하나님의 입장에서는 '죄 사함'이라 한다고 할 수도 있다.** 남을 용서하지 못하는 사람은 하나님으로부터 죄 사함을 받지 못했다기 보다는 "죄 사함"이라는 하나님의 사랑을 아직 깨닫지 못했고 그러므로 그 사랑을 받아들이지 못한 사람이다. 그러므로 죄 사함이 그 사람에게는 없는 것이다. 하나님은 구원을 모든 인류에게 이미 주셨으나 그 구원을 소중히 생각하고 받아들인 사람은 극소수이다. 그 구원은 잃어버린 하나님의 형상의 회복이요, 그 형상은 바로 예수님의 생애 그 자체이다. 수많은 사람들은 예수님을 믿는다고는 하지만 자신이 예수님과 같은 삶을 살기는 원하지 않는다. **예수를 믿는 것과 예수의 품성을 소유하는 것을 별개로 생각한다.** 그들은 예수님께 가서 '죄'라는 질병을 치료받고 예수님과 같은 품성을 소유하기를 **원하지 않는다**(마 13:15). 죄를 사랑하기 때문이다. 그리고 그들은 자기가 사랑하고 있는 죄라는 것이 무엇인지도 정확히 모른다. 알고 싶지도 않은 것 같다. 그러면서 그들이 말하기를 "우리는 인간이라서 예수님처럼 **될 수 없다**"고 거짓말을 한다. 그리고 자신이 거짓말을 하고 있는지도 모른다. 그리고 그들의 영적인 지도자들은 그들의 원하는 바 대로 살아도 예수를 믿기 때문에 구원을 받았다고 선포하고 그들은 이러한 설교를 듣고 하나님께 감사의 기도를 드린다. 교회에는 자기에게 죄 지은 자를 용서하지 못하는 것은 물론 자신들의 죄를 깨끗게 함을 받지 않은 사람들로 넘쳐난다. 그러는 가운데 그들의 죄는 하늘에 기록되고 있다.

하나님의 뜻이 자신의 심령 가운데 이루어진 사람은 죽는 날까지 거룩함을 유지하기 위해 하나님의 능력에 의지해야 한다. 사단은 항상 우리를 시험하기 위해서 기회를 보고 있다. 사단의 시험은 우리로 하여금 죄를 범하게 하는 것이라기보다는 더 근본적인 것을 시험한다. 그것은 그리스도 밖으로 나오게 하는 일이다. 물론 그 결과는 죄이다. 그리고 그리스도 안에 머무는 일은 말씀을 그대로 마음속에 유지하는 일이다. 과거 에덴에서 하와는 이 일에 실패를 했다. 그래서 금단의 열매를 먹었다. 하나님께서는 친히 우리를 시험하시는 분은 아니지만 필요에 따라 사단의 시험을 허락하신다. 그리고 우리가 이기지 못할 시험은 허락하지 않으신다. 우리 입장에서는 시험에 드는 것을 피할 수 있으면 피해야 하고 또 하나님께서 그렇게 해 주시기를 기도 해야겠지만 할 수 없이 하나님께서 그 시험을 허락하셨어도 그 시험에 져서 악에 빠지지 않게 지켜주시기를 기도해야 한다.

> *사람이 감당할 시험 밖에는 너희가 당한 것이 없나니 오직 하나님은 미쁘사* ***너희가 감당하지 못할 시험 당함을 허락하지 아니하시고*** *시험 당할 즈음에 또한 피할 길을 내사 너희로 능히 감당하게 하시느니라* (고전 10:13)

> *사람이 시험을 받을 때에 내가 하나님께 시험을 받는다 하지 말지니 하나님은 악에게 시험을 받지도 아니하시고* ***친히 아무도 시험하지 아니 하시느니라*** (약 1:13)

두 주인을 섬길 수 없다

> 너희를 위하여 보물을 땅에 쌓아 두지 말라 거기는 좀과 동록이 해하며 도둑이 구멍을 뚫고 도둑질 하느니라 오직 너희를 위하여 보물을 하늘에 쌓아 두라 거기는 동록이 해하지 못하며 도둑이 구멍을 뚫지도 못하고 도둑질도 못하느니라 네 보물 있는 그곳에는 네 마음도 있느니라 (마 6:19-21)

율법의 내면화가 이루어지지 않은 사람의 두 번째 특징은 하나님의 의를 사랑하지 않고 재물을 사랑한다는 것이다. 이럴 수밖에 없는 것은 율법의 정신이 하나님의 의(義) 자체이기 때문에 율법과 동화되지 않았다는 것은 아직 율법의 정신을 온전히 사랑하지 않고 있다는 뜻이다. 그러므로 아직 그 사람의 내면은 눈에 보이는 것을 사랑하고 있을 수밖에 없다. 안목의 정욕, 육신의 정욕 그리고 이생의 자랑(요일 2:16)[136]은 성령 없는 사람들이 구하는 것인데 이 세 가지 모두 대부분의 경우 돈으로 만족된다. 이 세상 사람들은 모두 돈을 사랑하기 때문에 재물을 많이 소유하면 세상 사람들의 칭송을 받고 부자에게

136) 이는 세상에 있는 모든 것이 육신의 정욕과 안목의 정욕과 이생의 자랑이니다 아버지께로 좇아 온 것이 아니요 세상으로 좇아 온 것이라

아부하는 사람들이 부자의 주변에 많이 모이기 때문에 이생의 자랑거리가 되기도 한다. 그래서 재물을 예수님께서는 **재물의 신**[137]이라고 하셨다.

에덴 동산에서의 사탄의 시험은 먹는 것으로 아담과 하와를 유혹하여 말씀을 떠나게 만드는 일이었다. 아담은 실패하여 악에 빠졌다. 선악과의 시험으로 아담을 실족하게 만드는 데 성공했던 사단은 동일한 시험 곧 빵으로 광야에서 40일을 굶주리신 예수님을 시험하였다. 이스라엘 백성이 항상 실패했던 바알 신의 유혹 역시 결국은 빵의 문제였다. 오늘날 수많은 자칭 기독교인들은 빵의 시험에 대부분 실패하고 있다. 빵을 버리고서라도 하나님의 말씀을 행하는 신앙이 아니라 빵을 얻기 위해 하나님을 의지하는 신앙을 하고 있다. **의(義)를 주시는**[138] **하나님을 빵을 주는 바알 신으로 바꿔버렸다.**

이런 세상의 정욕들은 모두 다 지나가는 것이나 율법을 주야로 묵상하고 그것을 행하는 자는 영원히 거할 것이다(시 1:1, 요일 2:17). 그러므로 땅에 보물을 쌓아두지 말고 하늘에 쌓아두라는 권면을 하고 계신다.

하늘에 재물을 쌓는다는 뜻은 무엇일까? 땅에 보물을 쌓거나 하늘에 쌓거나 하는 문제는 이미 내게 보물이 있는데 그것을 은행에 저금하거나 아니면 교회에 헌금하거나 하는 문제를 말씀하고 계신 것이 아니다. 예수님께서 이 말씀을 하실 때는 교회라는 조직도 없었다.

137) 재물이라고 번역된 헬라어 μαμμωνᾶς는 맘몬 신을 말한다.

138) "이제는 율법 외에 **하나님의 한 의가 나타났으니** 율법과 선지자들에게 증거를 받은 것이라 곧 예수 그리스도를 믿음으로 말미암아 **모든 믿는 자에게 미치는(given) 하나님의 의**니 차별이 없느니라" (롬 3:21,22)

그리고 우리 말이나 영어 성경에 보물(treasure)라고 번역된 헬라어 θησαυρός(데사우로스)는 보물이라기 보다는 원래 **보물 상자**, 즉 보물을 보관하는 장소라는 뜻이다. 따라서 땅에 보물 상자를 두고 그곳에 보물을 쌓는 것은 이 땅의 가치를 추구하면서 사는 것을 말씀하고 계신 것이다. 이 세상의 가치를 위해 자신의 시간과 재능을 사용하면 그 사람은 그의 보물을 없어질 이 세상에 쌓는 일이다. 반대로 하늘에 보물을 쌓는 것은 보물상자를 하늘에 둔 것이므로 하늘의 가치를 추구하는 것을 말씀하고 있다. 그러므로 땅의 가치를 추구하는 것은 영원한 시각으로 바라볼 때 무가치한 것을 가치 있는 것으로 잘못 보고 그것을 추구하는데 일생을 보내는 것을 말씀하고 계신다. 결국 **보물이라는 것은 단순히 재물이 아니라 나에게 주어진 시간과 노력으로 얻고자 하는 가치**를 말씀하고 있다. 그러므로 자기의 보물 상자가 있는 곳에 자기의 마음도 있는 것이다. 그냥 막연하게 보물은 하나님 자신이라고 설명하는 주석서도 있지만 이는 문맥에 맞지 않게 대충 해석한 것이다. 어떻게 하나님을 하늘에 쌓으라는 것인가? 하늘의 가치는 누구도 빼앗을 수도 없고 없어지지도 않는 영원한 것이지만 땅의 가치는 그것이 돈이든 명예든 시간이 지나면 바람과 같이 사라져 버리는 허무한 것들이다. 그리고 하늘의 가치는 결국 나와 하나님 사이의 올바른 관계에서 오는 복이다.

하나님께 가까이 함이 내게 복이라 (시 73:28)

그리고 하나님의 나에 대한 사랑과 나의 하나님에 대한 사랑은 이 우주의 어느 것도 파괴시킬 수 없고 그 사이에 끼어들 어떤 피조물도 어떤 권세도 없다. 이런 신령한 복은 세상이 주는 것과는 다르고 영원한 것이다. 그러므로 우리는 영원한 가치와 없어질 거짓된 가치를 분별하는 눈을 먼저 소유해야 한다. 이는 참말과 거짓말을 구별하는 지혜와도 같은 것이다. 올바른 가치를 알고 이를 추구하는 삶이 예수님께서 명하신 삶이다. 이와 같은 모든 교훈은 다음 말씀으로 요약이 된다.

> 눈은 몸의 등불이니 그러므로 **네 눈이 성하면 온 몸이 밝을 것이요** 눈이 나쁘면 온 몸이 어두울 것이니 그러므로 네게 있는 빛이 **어두우면(어둠이면 darkness)** 그 어둠이 얼마나 더하겠느냐 한 사람이 두 주인을 섬기지 못할 것이니 혹 이를 미워하고 저를 사랑하거나 혹 이를 중히 여기고 저를 경히 여김이라 너희가 하나님과 재물을 겸하여 섬기지 못하느니라 그러므로 내가 너희에게 이르노니 목숨을 위하여 무엇을 먹을까 무엇을 마실까 몸을 위하여 무엇을 입을까 염려하지 말라 목숨이 음식보다 중하지 아니하며 몸이 의복보다 중하지 아니하냐 공중의 새를 보라 심지도 않고 거두지도 않고 창고에 모아들이지도 아니하되 너희 하늘 아버지께서 기르시나니 너희는 이것들보다 귀하지 아니하냐 너희 중에 누가 염려함으로 그 키를 한 자라도 더할 수 있겠느냐 또 너희가 어찌 의복을 위하여 염려하느냐 들의 백합화가 어떻게 자라는가 생각하여 보라 수고도 아니하고 길쌈도 아니하느니라 그러나 내가 너희에게 말하노니 솔로몬의 모든 영광으로도 입은 것이 이 꽃 하나만 같지 못하였느니라 오늘 있다가 내일 아궁이에 던져지는 들풀도 하나님이 이렇게 입히시거든 하물며 너희일까 보냐 믿음이 작은 자들아 그러므로 염려하여 이르기를 무엇을 먹을까 무엇을 마실까 무엇을 입을까 하지 말라 이는 다 이방인들이 구하는 것이라 너희 하늘 아버지께서 이 모든 것이 너희에게 있어야 할 줄을 아시느니라 그런즉 **너희는 먼저 그의 나라와 그의 의를 구하라** 그리하면 이 모든 것을 너희에게 더하시리라 그러므로 내일 일을 위하여 염려하지 말라 내일 일은 내일이 염려할 것이요 한 날의 괴로움은 그 날로 족하니라
> (마 6:22-34)

여기서 눈은 세계를 보는 우리의 통찰력을 몸은 우리의 삶을 비유하고 있다. 눈이 나쁘면 곧 영적 사물을 보는 통찰력이 없으면 인생 전체가 무가치한 삶을 살다가 끝난다는 말씀이다. "네게 있는 빛이 **어둠**[139]이면"이라는 말씀은 어둠을 빛이라고 착각하고 있다는 뜻이다. 내가 가치 있다고 생각하는 그것(네게 있는 빛)이 무가치한 것(즉, 어둠)이라면 그 삶이 얼마나 무의미하고 무가치하겠는가?

위 말씀에서 예수님께 사용하신 '재물'이라 번역된 헬라어는 '부(富)의 신(神)'이라는 의미의 μαμμωνᾶς(맘모나스)라는 단어이다. 하나님은 물론 재물도 한 사람의 전인격을 요구하고 그 사람을 지배하는 힘이 있어서 부의 신이라 말씀하셨다. 사람은 하나님이든 재물이든 전력을 다해 섬기지 않으면 하늘나라도 못 들어가고 돈도 많이 벌 수 없다. 하나님은 본래 사람의 주인이고 돈은 사람의 종인데 돈이 사람의 주인이 되었다. 그래서 재물을 섬기는 사람은 우상 숭배자이고 그러므로 하나님을 올바로 섬길 수 없다.

그렇기 때문에 재물과 하나님을 동시에 섬기는 것은 불가능하다. 돈만을 벌기 위해서는 하나님의 율법을 범하지 않고는 불가능하다. 하나님과 재물은 서로 다른 곳에 있다. 하나님께 가까이 가면 재물과는 자연히 멀어지게 되어 있다. 재물에게 가까이 가면 자연히 하나님과 멀어지게 되어 있다. 하나님의 율법을 준수하면서도 하나님께서

---

139) 마 6:23에 형용사 '어두우면'으로 번역된 헬라어 σκότος(스코토스)는 '어둠'이라는 명사이고 영어 성경에서도 어둠(darkness)이라고 정확하게 번역하고 있다. 이를 '어두우면'이라고 번역하면 눈이 나쁜 사람이 빛이라고 착각하고 있는 것이 어둠이 아니라 빛은 빛인데 그 강도가 약하다는 뜻이 되므로 다른 의미가 된다.

허락하시면 돈이 모일 수도 있겠지만 돈을 우선 순위에 두면 하나님의 율법은 반드시 범하게 되어 있다. 만일 하나님과 재물을 동시에 섬기는 사람이 있다면 그래서 돈도 잘 벌고 하나님도 잘 섬기고 있다면 그가 섬기는 하나님은 성경에 계시된 그 하나님이 아닌 다른 하나님이기 쉽다.

사실 재물은 우리의 생존을 위해 필요한 것이지만 그 이상의 재물에 대한 욕심은 모두 이생의 자랑, 안목의 정욕, 육신의 정욕을 위한 것이다. 생존을 위한 재물은 하나님께서 책임지시므로 우리가 주어진 환경에서 성실하게 일 한다면 우리는 먹고 마시는 것을 위해 재물을 걱정할 필요가 없다. 우리는 하나님의 나라와 하나님의 의(義)를 먼저 구해야 할 것이다. 우리에게 하나님의 나라와 하나님의 의(義)가 바로 우리의 보물이 되어야 한다. 실제로 이것이 보물이기 때문이다. 그러므로 이것이 보물이라는 것을 볼 줄 아는 밝은 눈을 가져야 할 것이다. 이 보물을 보물인 줄 모르는 대부분의 사람들은 하나님께서 보시기에 진주의 가치를 몰라보는 돼지와 같다. 다윗은 진정한 보물을 볼 줄 아는 눈을 가졌음을 다음 시에서 볼 수 있다.

주의 입의 법*이 내게는 천천 금은보다 좋으니이다* (시 119:72)

내가 ***주의 계명들****을 금 곧 순금보다 더 사랑하나이다* (시 119:127)

헬라어에서 '섬긴다(δουλεύω, 둘류오)'는 단어는 종이 된다는 의미이다. 이 말씀은 우리는 스스로 존재하는 자도 아니고 우리의 생존을 위한 환경과 조건을 우리 스스로 만든 존재들도 아니기 때문에 우리에게 없는 이러한 능력을 지닌 분 곧 창조주의 종이 되거나 그렇지 않으면 창조주는 아니지만 능력 있어 보이는 다른 무엇에 의지하고 그것에 종이 될 수밖에 없다는 것을 전제로 한 말씀이다. 창조주가 아닌 다른 능력은 바로 재물이다. 하나님께서는 에덴에서도 뱀의 유혹을 허락하셨듯이 현재 우리에게도 능력 있어 보이는 것들의 유혹을 허락하신다. 돈, 권력, 자신의 능력 등등 이런 것들은 하나님의 자리를 대신하여 우리 인류의 주인 노릇을 해왔다. 그러므로 이것들은 우상이요, 이것들의 종 노릇을 하면 그것은 우상 숭배다. 그러나 우상숭배자들의 종말은 사망이었다. **하나님께서 자신의 백성들에게 요구하시는 것은 이런 우상들의 종이 되지 말고 왕 노릇 하라는 것이다.** 우상들의 종이 되기를 자처하는 것은 사망이 그들 위에 왕 노릇하게 하는 일과 일반이다.

> *한 사람의 범죄로 말미암아 사망이 그 한 사람을 통하여* ***왕 노릇*** *하였은즉 (더욱, 개역개정) 은혜와 의의 선물을 넘치게 더욱*[140] *받는 자들은 한 분 예수 그리스도를 통하여 생명 안에서* ***왕 노릇*** *하리로다* (롬 5:17)

사도 바울은 영이신 하나님의 종이 되는 것(하나님을 섬기는 것)은 곧 눈에 보이는 피조 세계의 왕이 되는 것이라는 놀라운 진리를 말하고 있다. 우상 숭배는 우리가 그 위에 군림해야 할 대상에게 종 노릇 하는 것이니 하나님의 진노가 그 위에 임하는 것은 당연한 일이다. 하나님께서는 아담을 하나님의 형상으로 창조하시고 그를 이 지구의

---

140) 우리말 성경에는 '더욱'이라는 부사가 '은혜' 앞에 와 있어서 문장의 뜻을 모호하게 하고 있다. 원어 성경에는 '더욱'이 '받는'이라는 동사를 꾸미고 있다.

왕으로 임명하셨다. 그리고 그 감동적인 아담의 대관식의 장면이 창세기에 간단히 기록되어 있다.

> *하나님이 그들(아담과 하와)에게 복을 주시며 하나님이 그들에게 이르시되 생육하고 번성하여 땅에 충만하라 땅을 정복하라 바다의 물고기와 하늘의 새와 땅에 움직이는 모든 생물을* ***다스리라*** *하시니라* (창 1:28)

그런데 인류는 하나님을 잃어버린 후 6,000년 동안 하나님이 아닌 하나님이 만드신 것 또는 사람이 만든 것에 종 노릇을 하고 있으니 하늘에서 보면 개탄할 일이 아닐 수 없다. 특히 재물에 대한 탐심은 마지막 시대를 특징짓는 것이라는 예언의 말씀이 요한 계시록에도 기록되어 있다.

> ***그****(바벨론=타락한 교회) 음행의 진노의 포도주로 말미암아 만국이 무너졌으며 또* ***땅의 왕들****이 그와 더불어 음행 하였으며 땅의 상인들도* ***그 사치의 세력****으로* ***치부****하였도다 하더라* (계 18:3)

> *그가 얼마나 자기를 영화롭게 하였으며* ***사치하였든지*** *그만큼 고통과 애통함으로 갚아 주라 그가 마음에 말하기를 나는 여왕으로 앉은 자요 과부가 아니라 결단코 애통함을 당하지 아니하리라 하니* (계 18:7)

마지막 때 타락한 교회(바벨론)나 국가(땅의 왕들)나 모두 탐심의 노예가 되어 있다. 사용자는 사용자 대로 끝없는 이윤을 추구하고 노동자는 노동자 대로 자신의 급여에 만족하지 못한다. 더욱 더 많은 임금을 요구하기 위해 걸핏하면 파업을 하고 이것이 그들의 정당한 투쟁이라고 믿는다. 부자는 부를 축적하는데 다함이 없고 가난한 자들은 그 부가 공정하게 분배되어야 한다고 주장한다. 그들의 행동을 결정하는 동력은 돈이다. 이렇게 그것을 서로 더 많이 소유하기 위해서 치열하게 경쟁하고 싸우는 바 세상의 재물은 정말 그럴 가치가 없다는 것이 얼마나 다행인가? 우리는 돈을 벌기 위해 고민하고 투쟁할 필요가 없고 돈 욕심을 그냥 버리면 되기 때문이다. 영원하고 사람에게 진정한 행복을 주는 보화를 발견한다면 이러한 불필요한 경쟁과 싸움을 하지 않아도 되니 얼마나 감사한가? 생명을 얻는데 다른 사람을 밟고 일어설 필요가 전혀 없으니 이 얼마나 큰 평강의 길인가? 그래서 사도 바울은 입을 것과 먹을 것만 있으면 족한 줄 알라고 한 것이다(딤전 6:8).

부자가 자기의 부를 움켜 쥐고 있으면 그 부자 안에는 하나님이 안 계시다는 증거이므로 천국에 들어갈 수 없듯이 가난한 사람도 가난에 대한 두려움과 미래에 대한 걱정에 사로 잡혀 있다면 이 또한 하나님을 모독하는 것이다. 무엇을 입을까 무엇을 먹을까 걱정하지 말라는 주님의 명령은 무위도식을 해도 좋다는 뜻도 아니고 내일 일을 위하여 염려하지 말라는 명령도 앞으로의 미래를 위해 준비하는 일을 금하신 것도 아니다. 내일의 일을 위한 불필요한 걱정을 하지 말라는 뜻이다. **하나님께서 하실 일을 우리가 하려고 할 때 우리는 불필요한 근심과 걱정을 하게 되는데 사실 그 문제는 우리의 노력과 의지로써 해결되는 문제도 아니다.** 우리가 성실히 일하고 미래를 위해 저축하고 가족을 부양하는 일은 당연한 의무이다. 그러나 우리가 주어진 환경에서 성실히 일하고 최선을 다한다면 그 나머지 결과들은 하나님께 맡기라는 명령이다. **사람이 할 일은 사람이 하고 하나님께서 하실 일은 하나님께 맡기라는 말씀이다. 하나님께서 하실 일을 사람이 걱정**

하는 것이야 말로 불필요한 일일 뿐 아니라 하나님께 대한 불신의 증거이다. 반대로 사람이 해야 할 일을 하나님께 맡겨서도 안 된다. 이는 방종이면서 나태함이다. 결론적으로 위의 예수님의 명령은 다음 말씀의 반복일 뿐이다.

> *여호와를 기뻐하라 그가 네 마음의 소원을 네게 이루어 주시리로다 **네 길을 여호와께 맡기라** 그를 의지하면 그가 이루시고 네 의를 빛 같이 나타내시며 네 공의를 정오의 빛 같이 하시리로다* (시 37:4-6)

> ***여호와께서 집을 세우지 아니하시면 세우는 자의 수고가 헛되며** 여호와께서 성을 지키지 아니하시면 파수꾼의 깨어 있음이 헛되도다 너희가 일찍이 일어나고 늦게 누우며 수고의 떡을 먹음이 헛되도다 그러므로 여호와께서 그의 사랑하시는 자에게는 잠을 주시는도다* (시 127:1,2)

그러므로 우리는 우리의 생존을 위해 우리에게 주어진 능력을 다하고 결과는 하나님께 맡기면 될 것이고 이보다 우선으로 우리 생명을 위해 하나님의 뜻, 곧 그분의 의(義)가 내 안에서 이루어지기를 구해야 할 것이다. 하나님의 뜻이 이루어진 곳은 하나님께서 통치하신다는 의미이고 이는 곧 하나님의 나라(βασιλεία, 바실레이아; 장소나 영역이 아닌 통치권, 왕권을 의미한다)를 의미한다. 그러므로 하나님의 나라는 성령의 내주하심으로 성령에 의해 인도되고 통치를 받기 때문에 하나님의 뜻, 곧 의(義)를 행하게 된다. 서로 싸우고 남을 밟고 일어서야 생존할 수 있을 것만 같은 세상 가운데서도 마음의 평강과 기쁨을 잃지 않는다.

> *하나님의 나라는 먹는 것과 마시는 것이 아니요 **오직 성령 안에 있는 의와 평강과 희락이라*** (롬 14:17)

하나님의 의와 나라를 구하면 입을 것과 먹을 것을 더하신다는 약속은 세속적인 성공을 시켜주시겠다는 의미로 오해하면 안 된다. 입을 것과 먹을 것을 필요 이상으로 구하는 것은 탐심이다. 그러나 하나님의 의(義) 가운데 행하면 먹고 마시고 입는 생존에 관한 걱정을 하지 않게 해 주시겠다는 금생(今生)의 약속을 하신 말씀이다(딤전 4:8). 하나님의 의를 사랑하는 마음 없이 세상 것을 탐하는 마음으로 이 말씀을 읽으면 예수님을 자신의 탐심을 만족시켜주시는 아주 고마운 분으로 오해하게 된다. 그리고 자신의 탐심이 만족되었을 때 그것이 하나님의 은혜인 줄 알고 감사의 기도를 올린다. 짐승들은 배가 고플 때 먹을 만큼만 먹는다. 자연계에는 과식하는 짐승[141]은 없다. 배가 불러도 음식을 계속 먹는 동물은 사람 밖에 없다. 재물에 대한 탐심은 짐승에 비유하자면 과식하고 싶은 욕망과 같다. 비정상적이고 병적인 현상이다. 탐심 역시 죄로 병든 인간의 마음에 생기는 병리 현상이다. 짐승이 과식해야 행복해 지겠는가? 돈도 필요 이상으로 많이 쌓아 놓아야 행복해지겠는가? 돈은 수단이지 목적이 아니다. 그러나 하나님을 모르는 자들에게는 수단이 목적이 되어 삶의 방향성을 잃고 헤매다가 결국은 사망으로 생을 마감하고 만다. 과거에 떵떵거리고 세상 사람들의 부러움을 받으면서 살던 부자들은 지금 어디에 있는가 생각해 보라. 그들은 먼 훗날 심판의 날에 생명의 부활로 일어

141) 과식하는 짐승은 자연계에는 존재하지 않지만 사람이 인위적으로 사육하여 스트레스를 많이 받는 동물 중에는 과식하는 동물들이 있다. 경주용 말이나 어항 속의 물고기들이 그 예이다. 이 동물들에게 먹이를 많이 주면 배가 터질 때까지 먹고 죽는다. 인간이 탐심의 만족을 구하면 그 탐함에는 다함이 없고 결국에는 영적으로 죽게 된다.

설 것인가 아니면 심판의 부활로 일어설 것인가 생각해 보라. 그리고 먼 훗날의 심판의 부활도 이미 죽은 그들에게는 먼 훗날이 아니다. 왜냐하면 그때까지의 시간은 그들에게는 없는 시간이기 때문이다. 우리가 태어날 때까지 우리가 오랜 시간을 기다린 적이 있었던가? 그들이 죽음을 맞았던 그 순간들은 그들에게 있어서는 심판의 부활의 순간과 일치한다. 그리고 그들의 부를 선망의 눈으로 바라보았던 사람들 역시 지금 어디 있으며 또 심판 때 어디에 있을 것인가? 그렇다면 우리는 지금 어디에 있으며 또 어디에 있어야 하겠는가?

판단과 정죄

> 비판을 받지 아니하려거든 **비판하지 말라** 너희가 비판하는 그 비판으로 너희가 비판을 받을 것이요 너희가 헤아리는 그 헤아림으로 너희가 헤아림을 받을 것이니라 어찌하여 형제의 눈 속에 있는 티는 보고 네 눈 속에 있는 들보는 깨닫지 못하느냐 보라 네 눈 속에 들보가 있는데 어찌하여 형제에게 말하기를 나로 네 눈 속에 있는 티를 빼게 하라 하겠느냐 외식하는 자여 먼저 네 눈 속에서 들보를 빼어라 그 후에야 밝히 보고 형제의 눈 속에서 티를 빼리라 (마 7:1-5)

마태복음 5-6장에 걸쳐서 진정으로 율법을 지킨다는 것은 결국 율법의 정신이 나의 정신이 되어야 한다는 것을 보여 주시고 이렇게 되지 않은 상태에서 나타나는 외식과 재물에 대한 사랑에 대해 경계를 하셨다. 이런 모든 것을 다 배운 제자들은 아직 율법의 내면화가 온전히 이루어지지 않은 상태이기 때문에 제자들이 빠지기 쉬운 죄가 있었는데 그것은 남들을 판단하고 정죄하는 것이었다.

사실 하나님의 참 백성들은 세계에 대해 정확한 판단을 하는 사람들이다. **예수님께서도 거짓 선지자들을 그들의 열매를 보고 판단하**

라고 말씀하셨다[142](마 7:15). 또한 그들은 눈에 보이는 세상 일들의 영적인 배경까지 이해를 하고 있는 사람들이고 그렇기 때문에 세상 사람들의 눈에 어리석어 보이는 길을 가기도 하고 가기 힘든 좁고 험한 길로 가기도 한다. 이런 일들이 가능한 것은 그들이 인간의 본질에 대해, 인류의 역사와 결말에 대해, 죄와 의에 대해, 심판에 대해 올바른 통찰력을 가지고 있기 때문에 가능한 것이다. 사실 마태복음 5-6장은 이러한 통찰력과 판단력을 제자들에게 주시기 위해서 주신 교훈의 말씀들이다. 그런데 이 말씀들을 마치시자 마자 하시는 말씀이 비판하지 말라는 경계를 하고 계신다. 여기서 '비판하다'라고 번역된 κρίνω(크리노)라는 단어는 '판단하다', '분별 하다'는 의미이다.

먼저 우리는 '사실'과 '진실'의 차이를 묵상하고 넘어가야 할 필요가 있다. 현대 사회의 교육은 헬레니즘의 영향 아래 있는 유물론에 바탕을 두고 있기 때문에 일반적으로 사람들은 사실 관계를 절대시하고 그 사실을 바탕으로 한 논리적 사고를 중요시 하는 훈련을 받아 왔다. 그러나 현대 사상의 또 하나의 큰 축인 유물론의 관점에서 본다면 어떠한 사실에는 가치판단이 개입되더라도 하나님을 배제하고 있기 때문에 엄격히 말하면 그 판단의 기준은 절대적일 수가 없다. 어떻게 보면 유물론은 하나님으로부터 오는 절대적인 가치를 부정하고 있기 때문에 인간 사회의 가치와 도덕이라는 것을 필요에 의한 상대적 사회 규범 정도로 이해한다. 그렇기 때문에 가치판단이 개입되지 않거나 유보되는 경우도 많다. 그렇지 않으면 대다수 사람들의 의견을

142) 또한 바리새인들을 책망하시면서 그들에게 "**어찌하여 옳은 것을 스스로 판단하지 아니하느냐**"(눅 12:57)라고 하시기도 했다.

종합해서 그 평균을 판단의 기준으로 삼기도 한다. 그래서 여론을 중요하게 생각한다. 세상 사람들이 유행에 민감한 것도 그들은 아직 절대적인 가치판단의 기준을 아직 발견하지 못했기 때문이다. 이런 모습은 전술한 대로 '주입된 자아'에 끌려 다니는 서글픈 장면들이다. 그렇기 때문에 그들이 차선책으로 택한 가치판단의 기준은 '남들이 어떻게 생각하는가?'이다.

대부분 사람들의 내면을 깊이 들여다 보면 절대적으로는 몰가치한 세계관을 가지고 있고 이는 그럴 수밖에 없는 교육을 받고 자랐으며 또 그런 환경에서 살고 있기 때문이다. 우리는 흔히 "인생 뭐 있어?"라는 푸념을 자주 듣는데 이러한 생각 역시 몰가치한 세계관의 대표적인 예이다. 그래서 세상 사람들은 목숨 걸고 지켜야 할 가치도 없고 이래도 한 세상 저래도 한 세상 다른 사람에게 약간의 피해가 될지라도 당장의 자기 이익을 위해서 사는 것은 큰 문제가 되지 않는다는 식의 결론으로 흐른다. 실제로 이런 세계관과 철학이 대부분의 사람들의 삶의 방식이기도 하다. 어차피 사람도 물질로 구성되어 있는데, 물질에는 좋은 것도 나쁜 것도 없고 선도 없고 악도 없기 때문이다. 이런 세계관이 현대 사회의 심화되고 있는 도덕적 타락의 원인을 근본적으로 설명한다고 할 수도 있다. 이런 몰가치한 세계관에서의 '판단'이라는 것은 객관적 사실 관계만을 판단하는 것이므로 이론적으로는 선악에 대한 판단이 개입될 여지가 없어야 한다. 모든 옳고 그름과 아름답고 추한 것과 선하고 악함이라는 것은 물질이 아닌 영(靈)의 문제이고 그 판단의 기준은 하나님의 말씀일 수밖에 없는데, 하나님의 존재 자체를 부정하면서 무슨 가치를 판단하겠는가?

그러나 인간에게는 하나님께서 양심을 주셨기 때문에 일반적으로 사람들은 그것이 하나님에게서 온 것이라는 것을 모르면서도 어렴풋이 사물의 옳고 그름을 규정하려는 노력을 본능적으로 하게 되어 있다. 결국은 하나님과 단절됨으로써 희미해진 그러나 그래도 사람들의 양심에 기록된 선악의 기준으로 사물을 판단한다. 그리고 이러한 보편적인 옳고 그름의 기준이 모든 인간에게 있다는 것은 유물론으로도 진화론으로도 설명할 수 없다. 그런데도 대부분의 사람들은 그들의 마음에 하나님 두기를 싫어한다. 필자의 눈에는 진화론자들은 진화론이 정말 과학적인 근거가 있어서 진화론을 주장하는 것 같지 않다. 정말 객관적 근거가 있다면 창조과학자들과 그렇게 논란을 벌일 이유가 없을 것이다. 예를 들어 짐승의 그 복잡한 생식기관이 진화되기 전에는 어떻게 동물들이 대(代)를 이었을까? 또한 어떻게 생식기관이 진화되기까지 수십억 년 동안 생존했을까? 계란 안에는 노른자와 흰자만 있는데 그것이 그 복잡한 구조물인 병아리가 되어서 부화될 때까지 그 짧은 시간 동안에 진화한 것인가? 우리들의 새끼 손가락이 진화해서 엄지 손가락이 됐을까? 하등동물과 고등동물은 각종 식물들과 함께 동시에 생태계를 이루며 공존해야만 그 생명이 서로 유지되는데 어떻게 처음에는 하등 동물만 있다가 그것이 고등동물로 진화했단 말인가? 그러면 하등동물은 이미 다 고등동물이 되어서 이제는 없어야 할 것이 아닌가? 동물의 세포 속에 있는 유전자(DNA)의 염기 서열은 신체의 단백질을 만드는 정보들인데 이것은 어떤 특정 단백질을 만들라는 명령을 담고 있는 일종의 명령문과 같은 것이다. 셀 수 없이 많은 동물들의 그 많으면서도 종(種)마다 서로 다 다른 이 명령문들은 누가 쓴 것일까? 사실 이 명령문은 각 동물의 정체성을 규정한 것이다. 이 정체성을 누가 규정한 것일까? 책의 글자가 저절로 쓰여졌다고 생각하는 과학자가 있을까? 벽에 걸린 어느 화가의 그림이 저절로 그려졌다고 생각하는 사람이 있을까? 더욱이 초등학생의 교과서의 글자가 오랜 세월이 지나면서 진화(?)해서 중학생용이 되고 또 오랜 세월이 지나면서 고등학생용 교과서가 되는 식으로 그 속의 글자들의 의미하는 바가 변할 수 있을까? 진화론은 이런 이론이다. 콩 심은 데는 반드시 콩이 나고 말의 새끼는 반드시 말이라는 '멘델의 유전법칙'과는 완전히 반대되는 것이 진화론이고 다윈이 진화론을 만들 때는 세포 안에 유전자라는 것이 있는 것도 모르던 시대였다. 유전법칙은 세포를 구성하는 분자의 수준에서(molecular level) 입증된 것이라는 것을 이해하는 이 시대의 과학자가 세포의 구조도 모르던 다윈이 만든 이론을 옹호하는 것은 이해가 안 된다. 유전 법칙은 동식물이 대(代)를 거듭해도 동식물의 정체성은 변하지 않는다는 이미 입증된 법칙이다. 진화론은 유전 법칙과 모순되는 일종의 설(說)일 뿐이다. 그뿐만 아니라 이 우주의 모든 물질은 시간이 감에 따라 혼란도(엔트로피)가 증가된다는 열역학 제2법칙과도 완전히 반대되는 이론이다. 이 물리학적 법칙도 이미 입증된 변할 수 없는 법칙이다. 폐차장을 오래 두면 거기서 새 차가 나온다는 이론보다 더 황당한 것이 진화론이다. 그런데 그렇게 공부를 많이 한 학자들이 진화론을 믿는 연고는 무엇일까? 과학자들이 이런 단순한 생각도 못 해서일까? 창조론은 종교이고 진화론은 과학이라는 오해를 많이 하지만 진화론도 과학적 근거가 없는 종교 이론의 하나일 뿐이다. 종교는 눈에 안 보이는 신을 섬기는 행위가 아니라 결국은 세계관이기 때문이다. (진정한 과학은 멘델의 유전법칙과 열역학 제2법칙이다) 진화론을 믿는 그들의 마음 깊은 곳에는 하나님을 인정하기 싫어하는 동기가 있는데 진화론이 일단은 그럴 듯한 구실을 제공하기 때문에 철저한 검증 없이 진화론을 옹호하는 것으로 보인다.

아무튼 하나님을 부정하는 유물론자는 물론이고 하나님을 믿는다고 주장하더라도 로고스(율법의 정신, 말씀)가 그 안에 없는 사람들도 온전히 하나님의 기준으로 세상을 보지 못한다. **그래서 이들 모두 타인을 판단할 때 실제로는 빈약한 상대적 논리의 가치판단이 개입되고 그 가치판단의 배후에는 타인에 대한 미움 또는 호감이 깔려 있다.** 일반적으로 남을 판단할 때는 자신도 그대로 행하지 않는 양심의 소리를 기준으로 하고, 자신을 판단할 때는 양심의 기준을 철저하게 적용하지 않는다. 결국에는 거듭나서 하나님의 말씀을 명료하게 듣고 행하는 자가 아니면 확고한 가치판단의 기준이 없는 셈이다.

우리는 다른 사람이 한 말과 행동을 판단하면서 그것의 옳고 그름의 판단의 기준을 나름 제시하지만 사실은 그 사람에 대한 감정이 기준인 경우가 대부분이다. 물론 이 감추어진 기준은 얘기하지 않는다. (이 사실을 깨닫는 사람은 그렇게 많지 않은 것 같다) 사람이 하는 말이 객관적 사실과 일치한다 할지라도 그 사람이 그 사실을 말하는 동기를 숨기고 말하고 있다면 이는 하나님 보시기에 '거짓 증언'에 해당된다. 사실을 있는 그대로 말함으로써 다른 사람을 낮추거나 정죄할 수도 있고 사실을 왜곡해서 말함으로써 역시 같은 일을 할 수 있다. 일반적으로 사람들은 후자만이 나쁜 일이고 전자는 나쁜 일이라고 생각하지 않는다. 그러나 하나님의 눈에는 전자나 후자나 모두 그 말하는 사람이 그 말을 하는 동기를 숨기고 있으므로 거짓 증언에 해당된다. 이렇게 사람은 자기가 거짓말을 하면서도 거짓말을 하고 있는지 모르는 경우가 더 많다. 만물 중에 가장 부패한 것이 사람의 마음(렘

17:7)이라 하신 말씀은 이런 사람의 마음을 두고 하신 말씀이다.

다른 한편으로 하나님 중심의 세계관에서는 모든 사실에 확고하고 정확한 가치판단의 기준이 있다. 하나님에게서 난 사람들은 이 기준을 따라 자신과 세계를 바라보고 판단한다. 사실 이 기준은 율법의 정신이다. **예수님께서 마태복음 5:17-48에서 율법의 정신에 대해 설명하신 바는 그들 자신과 세상이 판단 받을 기준이면서 또한 그들이 자신은 물론 세계를 판단해야 할 기준을 제시하신 것이다.** 그러므로 심판의 기준이 율법이다. 하나님만이 진선미의 근원이고 하나님의 말씀으로 만물이 존재하고 만물이 판단을 받기 때문에 세계에서 관찰되는 모든 사실은 몰가치한 것이 아니라 부정적이든 긍정적이든 가치가 내포되어 있다. **이렇게 왜곡되지 않은 가치를 내포한 사실 관계를 진실이라고 할 수 있을 것이다.** 그러므로 다음과 같은 공식이 성립된다고 할 수 있다.

사실 + 가치 = 진실

어떤 사실을 기술할 때 그 사실에 내포되어 있는 가치를 왜곡한다면 그 기술은 사실이지만 진실일 수는 없다. 예를 들어 예수님께서 현장에서 붙잡힌 간음한 여인에게 "죄 없는 자가 돌을 던지라"고 하신 일을 "예수가 여러 명의 남자들보고 한 명의 연약한 여인에게 돌을 던지라고 했다"고 전한다면 이 말은 사실이지만 진실은 아니다. 이런 묘사는 '예수가 잔인하다'는 왜곡된 가치를 포함한 말이기 때문이다. 이는 우리들이 미워하는 사람들의 한 일을 전할 때 자주 사용하는 방법이다. 요즘 세상에는 심지어 일부 언론들도 이런 일을 죄책감 없이 행한다. 이렇게 하나님 말씀을 온전히 따르지 않는 상태에서는 다른 사람의 행실을 판단할 때 그 가치판단에는 그 일을 행한 사람에 대한 감정까지도 같이 이입되기 쉽다. 그러나 사람들은 사실만을 말한다고 주장을 하더라도 실제로는 자신의 감정은 숨기는 경우가 많다. 같은 사실을 기술하는데도 선택하는 어휘나 문장의 배열로써, 경우에 따라서는 사실관계의 부분적 왜곡으로써 그 사람에 대한 비난을 유도하는 경우가 얼마나 많은가?

예수님께서 여기서 "비판하지 말라"는 것은 단순한 사실 또는 진실에 관한 판단이 아니라 **상대방에 대한 사랑 없는 비판,** 즉 미움을 가지고 하는 판단을 말하고 있는 것이다. 이러한 판단은 그 사람의 한 일이 가지고 있는 가치를 왜곡할 수도 있고 올바른 판단을 할 수도 있다. 그러나 중요한 것은 판단하는 사람의 마음이다. 우리는 타인의 잘못을 말하고 전하기를 즐거워한다. 예수님께서 이 말씀에서 강조하시고 싶은 것은 **내가 비판하는 그 사람의 잘못 여부가 아니라 그 사람의 잘못을 비판하는 나의 동기이다.** 그 사람을 질투하거나 미워하는 마음이 있으면서 하는 판단은 그 판단의 내용의 옳고 그름을 떠나서 하나님 보시기에 악(惡)이다. 이런 일은 사단이 하는 일이다. 사단은 나에 대해 애정이 없지만 나의 죄에 대해서는 어느 사람보다도 잘 알고 있고 있는 사실 그대로 하나님께 참소하는 자다. 나도 남을 미워하는 마음으로 그 사람의 잘못을 비판한다면 **그 사람이 죄를 범했다 하더라도 그런 판단을 하는 나도 살인 죄를 범하고 있는 것이다.** 결국 사단이 나에 대해 하는 일을 나도 타인에 대해 하고 있다는 것이다. 그러므로 나의 하는 그 비판으로 나도 비판을 받을 것이라는 말씀은 얼마나 심오한 말씀인가? 다른 사람도 나를 비판할 수 있겠지만 사단은 틀림없이 하나님 앞에서 나를 비판하고 있을 것이기 때문이다. 또한 그런 판단을 하면서 **그 사람을 미워하는 자신의 감정을 속이고 있으므로 거짓 증언을 하고 있는 것이다.** 그렇기 때문에 타인에 대한 애정 없는 비판을 하는 모든 사람은 그 자체로 하나님께 책망받을 죄를 품고 있는 자들이다. 그래서 그들은 남들을 판단하고 정죄한다는 자체가 죄이기 때문에 그 자체로 자신의 눈 속에 있는 들보는 보지 못하면서 남의 눈 속에 있는 티를 보는 자들이다. 타인의 작은 잘못보다도 그 작은 잘못을 가지고 그 사람을 정죄하는 나의 마음이 더 큰 잘못이고 죄다.

하나님은 사람을 보실 때 그 사람과 그 사람이 품은 죄를 분리해서 보신다. 그 사람과 죄를 분리하시는 일을 위해 예수님께서 이 땅에 오셨다. 그래서 예수님께서는 세상을 정죄하러 이 땅에 오신 것이 아니라 구원하시러 오셨다. 정죄는 죄와 사람을 하나로 보고 그렇게 규정해 버리는 것이지만 구원은 죄인을 죄와 분리시키는 것이다. 그러므로 예수님은 "자기의 백성을 그들의 죄로부터 구원하시는 자"이시다(마 1:21). 구원은 하나님께서 하시는 일이지만 정죄는 사단이 하는 일이다. 같은 죄를 놓고 하나님께서 하시는 일과 사단이 하는 일이 이렇게 다르다. 사단이 우리를 밤낮 참소하는 내용은 우리와 우리의 죄는 하나라는 주장이다. 그렇기 때문에 사랑 없는 모든 비판은 정죄하는 일이다. 우리는 나도 모르는 사이에 사단이 하는 일을 얼마나 많이 해 왔는가를 생각하게 만드는 교훈의 말씀이다. 그러므로 예수님께서 비판하지 말라고 하신 말씀은 **다른 사람을 정죄하지 말라**는 뜻이다. 오히려 그 사람에 대해 애정이 있고 그 사람이 잘못 했으면 경계하라고 하셨다.

너희는 스스로 조심하라 만일 네 형제가 죄를 범하거든 ***경계하고*** *회개하거든 용서하라* (눅 17:3)

미움이라는 감정이 개입된 판단은 율법이 내면화 되지 않은 사람에게서 나타나는 당연한 현상이고 특히 그 사람이 성경 지식이 많으면 많을수록 다른 사람들을 판단하기가 더 쉬워진다. 그러나 우리는 예수님과 하나가 됨으로써 형제에 대한 사랑을 가지고 형제를 판단하되 올바르게 할 수 있는 통찰력을 결국에는 가져야 할 것이다. **미움을 가지고 하는 판단은 분란과 갈등을 낳지만 사랑을 가지고 하는 판단과 권면은 형제를 구원으로 인도할 수 있는 길이 된다.** 예수님께서 제자들에게는 물론 바리새인들과 유대 백성들에게 하신 모든 책망의 말씀은 후자에 해당된다. 우리도 예수님의 마음으로 나의 이웃에 대해 바른 경계의 말을 할 수 있다면 이것이 바로 자기 눈 속의 티를 빼고 (본인이 회개한 후 형제를 사랑하는 마음으로 형제를 판단하여) 형제의 눈 속에 있는 티를 빼게 되는 일이다. 사도 바울도 이러한 영적인 통찰력을 중요시 했다.

성도가 세상을 판단할 것을 *너희가 알지 못하느냐 세상도 너희에게 판단을 받겠거든* ***지극히 작은 일 판단하기를 감당하지 못하겠느냐 우리가 천사를 판단할 것을*** *너희가 알지 못하느냐 그러하거든 하물며 세상 일이랴* (고전 6:2,3)

Ⅷ.
온전함을 위하여

복음(율법)을 아무에게나 제시할 필요는 없다

거룩한 것을 **개에게** 주지 말며 너희 진주를 **돼지 앞에** 던지지 말라 그들이 그것을 발로 밟고 돌이켜 너희를 찢어 상하게 할까 염려하라 (마 7:6)

자기가 알고 있는 성경 지식을 이용해서 다른 사람을 정죄하는 일도 죄이지만 하나님께 받은 복음을 그것을 받을 준비가 되어 있지 않은 사람들에게 제시할 필요도 없다는 말씀이다. 이 말씀에서 개와 돼지가 상징하는 바는 같지 않아 보인다. 돼지는 먹기만 하면 만족하는 동물의 대표인데 결국 돈밖에 모르는 속물을 말하고 있다. 그러나 개의 비유하는 바는 돼지와 다르다. 무엇을 상징하는지는 다른 성경 구절을 연구함으로써 알 수 있을 것이다. 우선 다음 말씀을 이해하고 넘어가자.

자기 두루마기를 빠는 자들(그리스도의 의로 옷 입은 자들)은 복이 있으니 이는 그들이 생명나무에 나아가며 문들을 통하여 성(새 예루살렘 성)에 들어갈 권세를 받으려 함이로다 ***개들과 점술가들과 음행 하는 자들과 살인자들과 우상 숭배자들과 및 거짓말을 좋아하며 지어내는 자는*** *다 성 밖에 있으리라* (계 22:14, 15)

아담의 타락 이후 하나님과 상관 없이 태어났지만 하나님을 인격적으로 만나고 하나님과 하나가 되어 하나님의 뜻대로 살았던 모든 성도들이 예수님 재림 후에 부활해서 새 예루살렘 성에서 영원히 살 것인데, 심판의 부활 때(요 5:29, 계 20:11-15) 그 성에 들어오지 못하고 성 밖에서 그 성을 포위할[143] 사람들 중 제일 먼저 언급된 자들이 개들이다. 여기서 개는 물론 소나 돼지 등의 동물을 일컫는 말이 아니고 어떤 부류의 사람들을 일컫는 말인데 여기에 설명이 없는 것을 보면 성경의 다른 곳에 설명이 있음이 분명하다. 그 말씀을 보자.

> *이스라엘의 파수꾼들(제사장, 지도자들)은 맹인이요 다 무지하며 **벙어리 개들**이라 짖지 못하며 다 꿈꾸는 자들이요 누워 있는 자들이요 잠자기를 좋아하는 자들이니 이 개들은 탐욕이 심하여 족한 줄을 알지 못하는 자들이요 **그들은 몰지각한 목자들이라** 다 제 길로 돌아가며 사람마다 자기 이익만 추구하며* (사 56:10, 11)

하나님 백성의 지도자는 위험이 가까이 오면 개가 크게 짖어서 위험을 알리듯이 죄에 대한 경고와 책망을 하는 역할을 하는 파수꾼인데, 자기 백성이 죄 가운데 빠져서 멸망의 길을 가고 있어도 경고의 말씀을 전하지 않고 있기 때문에 이는 짖지 못하는 벙어리 개로 비유되고 있다. 이들은 지도자의 직위를 이용해서 자기 배를 불리는 데만

---

143) 천 년이 차매 사탄이 그 옥에서 놓여 나와서 **땅의 사방 백성 곧 곡과 마곡을 미혹하고 모아 싸움을 붙이리니** 그 수가 바다의 모래 같으리라 **그들이 지면에 널리 퍼져 성도들의 진과 사랑하시는 성(새 예루살렘 성)을 두르매** 하늘에서 불이 내려와 그들을 태워버리고 또 그들을 미혹하는 마귀가 불과 유황 못에 던져지니 거기는 그 짐승과 거짓 선지자도 있어 세세토록 밤낮 괴로움을 받으리라 (계 20:7-10)

관심이 있지 백성의 구원의 문제에는 관심이 없는 몰지각한 목자들이다. 이런 몰지각한 목자들은 입으로는 하나님을 섬긴다고 하면서도 하나님이 직접 육신을 입고 그들 가운데 오셨을 때는 그 육신이 되신 하나님을 십자가에 달아 죽였으니 하나님의 이름으로 하나님을 죽이고 말았다. 이런 십자가의 참담하고도 슬픈 장면은 다윗의 입을 통해 다음과 같이 예언되었다.

> ***개들이 나를 에워쌌으며*** *악한 무리가 나를 둘러 내 수족을 찔렀나이다 내가 내 모든 뼈를 셀 수 있나이다 그들이 나를 주목하여 보고 내 겉옷을 나누며 속옷을 제비 뽑나이다* (시 22:16-18)

이런 몰지각한 목자들의 기도는 응답하지 않으실 것이라고 다음과 같이 선포하셨으므로 거룩한 것(복음)을 개들에게 던지지 말라고 하신 것은 너무 당연하다.

> *내가 또 이르노니 야곱의 우두머리들과 이스라엘 족속의 통치자들아 들으라 정의를 아는 것이 너희의 본분이 아니냐 너희가 선을 미워하고 악을 기뻐하여 내 백성의 가죽을 벗기고 그 뼈에서 살을 뜯어 그들의 살을 먹으며 그 가죽을 벗기며 그 뼈를 꺾어 다지기를 냄비와 솥 가운데에 담을 고기처럼 하는 도다 그 때에* ***그들이 여호와께 부르짖을지라도 응답하지 아니하시고 그들의 행위가 악했던 만큼 그들 앞에 얼굴을 가리시리라*** (미 3:1-4)

사도 바울도 이런 몰지각한 종교 지도자들을 삼가라고 권면한다.

> ***개들****을 삼가고 행악하는 자들을 삼가고 손 할례당(할례를 받아야 한다고 주장하는 자들)을 삼가라* (빌 3:2)

성령을 구하면 얻을 것이다

> 구하라 그리하면 너희에게 주실 것이요 찾으라 그리하면 찾아낼 것이요 문을 두드리라 그리하면 너희에게 열릴 것이니 구하는 이마다 받을 것이요 찾는 이는 찾아낼 것이요 두드리는 이에게는 열릴 것이니라 (마 7:7, 8)

"율법의 정신을 깨닫고 율법을 마음에 담는 자가 복이 있다는 것을 깨달았고 또한 너희의 정신이 율법의 정신과 같게 되기를 원한다면 하나님께 그러한 마음을 달라고 기도드리면 그렇게 될 것이다"라는 말씀이고, 여기서 구하라는 것은 세속적인 성공이나 건강이나 처세의 지혜가 아니라 바로 성령이다. 성령이 내게 내주 하실 때 나의 품성이 하늘의 그것으로 거듭나게 되고 율법을 지키면서 사는 일은 예수님의 멍에를 메는 일이 되므로 쉽고 가볍게 된다. 생명이 주어지는 것이다.

> *너희가 악할지라도 좋은 것을 자식에게 줄 줄 알거든 하물며* ***너희 하늘 아버지께서 구하는 자에게 성령을 주시지 않겠느냐*** *하시니라* (눅 11:13)

그런데 입으로 성령을 구한다고 성령을 받는 것이 아니라 다음의 원칙에 따라 하나님의 뜻대로 구해야 응답을 받는다.

① 먼저 중심의 진실함으로 성령을 사모해야 한다.

② 성령을 사모하는 것은 예수님의 품성을 사모하는 것이다.

③ 성령을 사모하는 것은 말씀에 각자 믿음의 분량 안에서 순종하는 것으로 드러난다.

이 세 가지 조건이 만족되지 않으면 진심으로 성령을 구한다고 볼 수 없다. 성령을 구하는 일은 하나님의 나라와 하나님의 의를 구하는 일과 동일 선상에 있는 일이다. 그러므로 이적을 행하기 위해 치유의 은사를 행하기 위해 방언을 할 수 있기 위해 성령을 구하는 것은 성령을 구하는 것이 아니라 자기 욕심을 만족시켜달라는 기도일 뿐이다. 이런 기도는 하나님께서 응답하지 않으시고 다른 신이 대신 응답한다. 마태복음 5장에서 설명하신 바리새인보다 더 나은 의, 곧 율법의 참 정신은 우리 노력으로 성취하려고 할 때 우리는 좌절하거나 다른 복음을 만들게 된다. 핵심은 그런 정신을 우리에게 주실 것을 믿고 그것을 사모하고 구하는 것이다. 그러나 그 정신을 구하기 전에 그것을 아는 일이 선행되어야 하지 않을까?

황금률

> 그러므로 무엇이든지 남에게 대접을 받고자 하는 대로 너희도 남을 대접하라 이것이 **율법이요 선지자**니라 (마 7:12)

하나님께서는 이렇게 가장 좋은 것(성령)을 구하는 인간에게 주시듯이 우리도 가장 좋은 것을 이웃에게 주라는 말씀이다. 우리는 남에게 좋은 대접을 받고 싶어한다. 남들이 나를 믿어주고 기다려 주고 사랑해 주기를 바란다. 우리도 이웃에게 이렇게 하라는 것이다. 결국 '남에게 대접을 받고자 하는 대로 너희도 남을 대접하라'는 말씀을 재판의 원칙에 적용한다면 '눈에는 눈, 이에는 이'라는 원칙과 동일한 것이고 이는 적극적으로 말한다면 "서로 사랑하라"는 말씀과 결국은 동일한 말씀이다. 공자의 가르침 중에도 '기소불욕 물시어인(己所不欲勿施於人)'이라는 말이 있는데 이는 "네가 하기 싫은 일을 이웃에게 행하지 말라"라는 가르침으로 예수님의 말씀을 부정어로 표현한 것뿐이다. 이렇게 율법의 원칙은 모든 인간의 양심에 심겨서 인간의 보편적인 가치로서 무의식적으로도 인지되고 있는데 공자와 같은 현자는 양심, 곧 성령의 음성에 예민했던 사람이다. 그러나 공자가 그 성령의 음성에 100% 순종했는지는 아무도 모르는 일이고 우리가 알 필요도 없다. 어쨌든 공자와 같이 양심에 예민한 사람은 사람들에게도 칭찬을 들었다. 그러나 요즘 시대에는 이러한 사람들이 바보 소리를 듣지 않으면 다행인 시대가 되었다.

우리는 예수님의 이 말씀에서 '가장 이타적인 것이 결국은 가장 이기적이라는 것'이라는 진리를 발견한다. 곧 낮아짐이 높아짐이요, 주는 자가 받는 자보다 복이 있는 것이다. 내가 나 자신을 섬기는 것보다 수많은 남들이 나를 섬기는 것이 더 행복한 일이고, 이 일은 각자가 남을 섬김으로써 이루어지는 것이다. 이것이 율법과 선지자에 기록된 글의 요체가 아닐까?

좁은 문으로 들어가라

좁은 문으로 들어가라 멸망으로 인도하는 문은 크고 그 길이 넓어 그리로 들어가는 자가 많고 생명으로 인도하는 문은 좁고 길이 협착하여 찾는 자가 적음이라 (마 7:13, 14)

이렇게 진심으로 성령을 구하여 성령과 동행하는 삶을 살면 육신의 소욕을 좇지 않고 성령의 인도하심을 따라 살게 된다. 이러한 심령이 율법의 정신이 내면화된 심령이다. 그 결과 율법의 요구를 이루는 삶을 살게 되는 데 이러한 삶은 영생을 향해 걸어가는 삶으로 사람들이 잘 가지 않는 좁고 험한 길이다. 그렇기 때문에 하늘의 품성을 소유하셨던 예수님의 삶이 좁고 험한 여로였던 것은 당연한 것이었다. 그러나 많은 사람들은 예수님과 같은 품성을 갖기를 희망하지 않는다. 아마도 그들은 예수님과 같이 되어 걸어가야 할 좁고 험한 길을 이미 인식하고 있는 것 같다. 그래서 그렇게 되기를 희망하지 않는지도 모른다. 그러므로 성령을 구하지 않는다. 성령과의 교제가 없는 삶은 많은 사람들이 즐겨 가는 넓고 평탄한 길이지만 그 종국은 멸망이다. 이방인들은 물론 소위 하나님의 백성이라 자부하던 이스라엘 백성들의 절대 다수도 이 넓고 평탄한 길을 걸어 갔고 현대 사회에서 하나님의 이름을 부르는 대부분의 사람들도 같은 길을 걸어 가고 있다. 그들이 걸어가는 평탄한 길의 입구에는 '생명으로 가는 은혜의 길'이라는 이정표가 붙어 있지만 이 이정표는 사단이 붙여놓은 가짜 이정표이다. 갈림길 앞에 어떤 거룩한 옷을 입은 자가 서서 그의 손가락으로 생명의 길이라고 가리키기도 하는데 이들 중 상당수는 하나님의 종이 아니다. 그래서 그들이 거룩하게 보이는 옷을 입고 있는 것이다. 생명으로 가는 길의 위치와 방향은 성경이라는 지도 책에 정확히 그리고 자세히 기록되어 있으므로 이 지도 책을 참고하지 않으면 십중팔구 사망으로 인도하는 길을 걷게 된다. 생명으로 가는 길은 세속적인 기준으로 볼 때 결코 매력적이지 않아서 가고 싶지 않아 보인다. 로고스를 사랑하지 않으면 결코 갈 수 없는 길이다. 예수님께서도 세상적으로 매력이 전혀 없으셨던 분이었던 것과 같은 이치다. 그러나 눈에 안 보이는 것은 영원하고 눈에 보이는 것은 잠깐이다. 성경이 우리에게 요구하고 있는 것은 눈에 안 보이는 영의 가치를 추구하라는 것이다. 눈에 보이는 가치를 따라가는 길이 넓고 평탄한 길인 것은 분명하다. 우리는 어느 길 위에 있는가?

거짓 선지자를 조심하라

> 거짓 선지자들을 삼가라 양의 옷을 입고 너희에게 나아오나 속에는 노략질하는 이리라 그들의 열매로 그들을 알지니 가시나무에서 포도를, 또는 엉겅퀴에서 무화과를 따겠느냐 이와 같이 좋은 나무마다 아름다운 열매를 맺고 못된 나무가 나쁜 열매를 맺나니 좋은 나무가 나쁜 열매를 맺을 수 없고 못된 나무가 아름다운 열매를 맺을 수 없느니라 아름다운 열매를 맺지 아니하는 나무마다 찍혀 불에 던져지느니라 그러므로 그들의 열매로 그들을 알리라 **나더러 주여 주여 하는 자마다 다 천국에 들어갈 것이 아니요** 다만 하늘에 계신 **내 아버지의 뜻대로 행하는 자라야 들어가리라** 그 날에 많은 사람이 나더러 이르되 주여 주여 우리가 주의 이름으로 선지자 노릇 하며 주의 이름으로 귀신을 쫓아 내며 주의 이름으로 많은 권능을 행하지 아니하였나이까 하리니 그 때에 내가 그들에게 밝히 말하되 내가 너희를 도무지 알지 못하니 **불법을 행하는 자들아 내게서 떠나가라** 하리라 (마 7:15-23)

우리는 이 말씀을 심각하게 읽고 받아들여야 한다. 이 말씀에서 주시는 메시지를 다음과 같이 요약할 수 있을 것이다.

① 이 세상에는 거짓 선지자(교회 지도자들)가 있다는 것이다. 사실은 엄청나게 많다. 그들이 거짓 선지자인 이유는 자신들이 하

나님의 말씀을 전한다고 스스로 주장하지만 그들의 전하는 바가 성경의 말씀과 다른 길을 제시하고 있기 때문이다. 그 길을 따라 걸어가면 생명으로 인도되지 못하기 때문에 하나님의 말씀과 다른 것이다. 그들의 배후에는 사단이 있으나 본인들도 자신이 사단의 메시지를 전하고 있다는 것을 모르는 경우가 대부분이다. 그들이 신학 대학에서 박사학위를 받은 유명한 목사이든 해외 유학을 했든 이런 세상적인 기준은 하나님의 참 선지자의 조건이 아니다. 교회의 신도 수가 많은 것도 기준이 되지 않고 방송에 나오는 유명한 목사라고 해서 하나님의 종이라는 증거가 될 수 없다. **참 선지자는 하나님의 말씀을 가감 없이 그대로 전하는 자이다. 그렇다면 반드시 말씀(성령)의 열매가 그의 생애에 맺힐 것이다.**

② 참 선지자와 거짓 선지자의 가장 쉬운 구별법은 그들의 입에서 나오는 말보다는 그들의 삶이다. 그들의 말은 옳은 것과 그릇된 것이 섞여 있어서 전체적으로 구별하는 데는 시간이 걸리지만 그들의 행위를 보면 금방 판단할 수 있다. 성령의 열매가 맺혔는가? 이 명제가 가장 단순한 참 선지자의 기준이다. **성령의 열매는 율법을 지키는 삶이다.**

③ 그러므로 입술로 신앙고백을 하는 것, 전도를 잘 하는 것, 선교활동을 열심히 하는 것, 기적을 행하는 것, 헌금을 잘 하는 것, 방언을 하는 것 등은 판단의 기준이 아니며, 오히려 이것들은 그들을 하나님의 종으로 오해하게 만드는 함정일 수 있다. 이런 사람들 중 상당수는 마지막 때에 예수님께서는 그들의 심령 안에 들어가 보신 적이 없으므로 그들에게 그들을 모르신다고 선언하

시고 그 이유로 **그들이 율법을 범했다는 점을 드실 것이다.**[144)]

④ 성령의 열매는 곧 하나님 아버지의 뜻대로 행하는 것이다. 이것은 곧 하나님의 **계명(율법)을 지키는 것이다.** 따라서 성령의 열매를 맺지 않는 것은 **율법을 범하는 것(불법을 행하는 것)**과 동일한 의미이다.

⑤ 성령의 열매를 맺는 것이 곧 구원의 증거이다.

이 말씀 역시 율법이 내면화돼 있지 않으면서 잘못된 성경 지식으로 하나님의 말씀을 전하고 전도를 하는 등 하나님의 이름으로 사단의 일을 하는 자들이 있을 것을 말씀하고 계신다. 물론 예수님의 제자들은 이런 사단의 속임에 현혹될 필요가 없다. 왜냐하면 성령의 열매로 참 거짓의 판단의 기준을 삼으면 되기 때문이다.

남방 유다가 멸망하기 직전인 예레미야 시대를 보라. 예레미야는 유다의 멸망을 예언했고 그 밖의 모든 거짓 선지자들은 하나님께서 유대 백성을 지켜주실 것이라고 거짓 예언을 했다. 유다의 백성들은 그들이 심판을 받을 것이라는 말씀보다는 그들이 하나님의 보호 아래 있고 구원을 받았다는 지도자들의 말을 듣고 싶어했다. 지금 기독교인들도 교회에서 그들의 구원을 확신시켜주는 설교 말씀을

144) "그 때에 내가 저희에게 밝히 말하되 내가 너희를 도무지 알지 못하니 **불법을 행하는 자들**아 내게서 떠나가라 하리라" (마 7:23) 여기서 '불법을 행하는 자들'이란 하나님의 율법을 범하는 자들이라는 뜻이다. 마태복음 24:12에서 예수님께서는 마지막 때의 징조 중 하나가 "**불법이 성행하므로** 많은 사람들의 사랑이 식어지리라"고 하신 말씀도 하나님의 율법이 사랑의 율법이므로 율법을 범하는 일이 온 세상에 횡행함으로 이 땅에 사랑이 없어진다는 예언의 말씀이다. 지금 우리가 살고 있는 시대가 그렇지 아니한가?

듣기를 원하는 것과 비슷하다. 그 거짓 선지자들도 꿈으로 계시를 받았고 말씀을 직접 받았다고 주장을 했다. 물론 사단이 준 것이었다. 그리고 그 당시 대부분의 유대 백성은 자기들이 듣고 싶지 않은 예언을 하던 예레미야보다는 자기들이 듣고 싶은 예언을 하던 수많은 거짓 선지자들의 말을 믿었다. 그리고 그 거짓 선지자들의 숫자도 월등히 많았다. 그러나 유다는 바벨론에 멸망을 당했고 거짓 선지자의 말을 믿었던 수많은 유대의 귀족들은 시드기야 왕을 포함해서 비참한 최후를 맞이하였다. 예레미야의 경고를 무시하던 유다의 마지막 왕인 시드기야는 그 앞에서 자기 아들들이 죽임을 당하는 것을 목도하고 자신의 두 눈이 빼버림을 당하였다. 이렇게 몰각한 목자들과 거짓 선지자들을 믿고 따르던 유대 백성을 향해 예레미야는 예루살렘 성전 문 앞에 서서 다음과 같은 충격적인 말을 외쳤다.

> *여호와께 예배하러* ***이 문****(성전으로 들어가는 문)으로 들어가는 유다 사람들아 여호와의 말씀을 들으라 만군의 여호와 이스라엘의 하나님께서 이와 같이 말씀하시되 너희 길과 행위를 바르게 하라 그리하면 내가 너희로 이 곳에 살게 하리라* ***너희는 이것이 여호와의 성전이라, 여호와의 성전이라, 여호와의 성전이라 하는 거짓말을 믿지 말라*** *너희가 만일 길과 행위를 참으로 바르게 하여 이웃들 사이에 정의를 행하며 이방인과 고아와 과부를 압제하지 아니하며 무죄한 자의 피를 이 곳에서 흘리지 아니하며 다른 신들 뒤를 따라 화를 자초하지 아니하면 내가 너희를 이 곳에 살게 하리니 곧 너희 조상에게 영원무궁토록 준 땅에니라* ***보라 너희가 무익한 거짓말을 의존하는도다 너희가 도둑질하며 살인하며 간음하며 거짓 맹세하며 바알에게 분향하며 너희가 알지 못하는 다른 신들을 따르면서 내 이름으로 일컬음을 받는 이 집에 들어와서 내 앞에 서서 말하기를 우리가 구원을 얻었나이다 하느냐 이는 이 모든 가증한 일을 행하려 함이로다*** *내 이름으로 일컬음을 받는 이 집이 너희 눈에는 도둑의 소굴로 보이느냐 보라 나 곧 내가 그것을 보았노라 여호와의 말씀이니라* (렘 7:2-11)

그 당시 예루살렘에 있었던 성전은 분명히 하나님께서 다윗에게 주신 식양대로 솔로몬이 건축한 하나님의 성전이었으나 그 성전 봉사를 통해 실제로 이스라엘 백성의 죄가 정결하게 되는 역사가 일어나지 않았으므로 하나님의 눈에는 그 성전은 더 이상 성전이 아니었다. 당시 유대 백성들은 성전 봉사를 통해 율법의 정신을 깨닫고 자신의 죄를 통회하고 하나님께 용서를 구할 때 정결함을 입는다는 진리에는 관심이 없고 **성전에서 양을 잡아 제 날짜에 제사를 드리면 그것이 하나님께 할 도리를 다 한 것이고 그러므로 하나님은 유대 백성을 구원하시고 지켜주실 것이라는 거짓된 가르침을 믿었다.** 그러므로 그들의 마음 속엔 율법이 없었고 따라서 자신에게 손해를 끼친 다른 사람을 미워하고 자신의 이익을 위해 타인의 재물을 탐하고 음란한 마음으로 여자를 바라봤다. 그들은 살인하고 도둑질하고 간음을 계속하고 있었다. 특히 당시에 재물의 신(神)인 바알 신에게 분향하는 등 영적인 간음도 저지르고 있었다. 그 당시 바알에게 분향하는 것과 현대의 많은 기독교인들이 돈을 사랑하는 것은 완전히 동일한 범죄이다. 우상에게 허리를 굽혀 절을 하지 않는다고 우상 숭배를 안 하는 것이 아니다. 사도 바울은 탐심이 곧 우상숭배라고 했다. 그때 유대인들은 바알에게 분향을 하면서도 성전에 나와 하나님께 예배 드렸듯이 지금 수많은 기독교인들도 돈을 사랑하면서 주일이면 교회에 나와 헌금하고 찬송을 부른다. 자기들이 비록 죄를 이기지는 못 했을지라도 주말마다 예배 보는 자신들의 믿음을 하나님께서 기특하게 여기시고 의롭게 봐 주실 것이라는 생각을 하고 있다. 과거 예레미야 시대 유대인들이 믿었던 방식과 비슷하다. **지금 많은 기독교인들이 자신들은 정통 기독교 교단에 소속되어 있다고 자부심을 느끼는 것이나 그 당시 유**

대인들이 자신들은 아브라함의 후손이라고 자부심을 가졌던 것이나 다를 것이 없다. 그러면서도 계명을 범하고 있는 것도 비슷하다. 그리고 현대 기독교인들은 주일마다 예배를 드리니까 과거 유대인들은 안식일과 절기마다 제사를 지내니까 등등 예배의 형식을 잘 지키니까 하나님의 은혜 안에 있다고 확신을 하는 것도 비슷하다. 이런 방식으로 재물과 하나님을 동시에 섬길 수 있다고 생각하는 것 같다. 그 당시 유대인들도 자신들이 하나님 앞에서 살인, 도둑질, 간음을 하고 있었다는 것을 모르고 있었던 것처럼 현대의 대부분의 기독교인들도 자신들의 죄를 잘 모르고 있다. 의가 무엇인지 잘 모르기 때문에 죄가 무엇인지 모르는 것은 당연한 일이다. 과거 유대인들이 성전 봉사를 통해 심령이 정결하게 되는 경험을 못 했듯이 현대 교회에서도 예배를 통해 그리스도의 은혜로 그들의 모든 죄에서 깨끗하게 함을 입는 경험을 못하고 있다. **예수님의 피가 그들의 모든 죄를 깨끗하게 하신다는 약속의 말씀에는 눈을 감고 예수만 믿으면 하나님께서 더러운 자기를 깨끗하게(의롭게) 봐 주신다는 지도자들의 거짓말을 붙들고 있다. 그리고 이런 거짓 확신을 강한 믿음이라고 속으로 자랑하고 있다. 그리고 교회에 와서 자신들은 구원을 얻었다고 말한다. 그리고 자신을 구원해 주신 하나님께 감사의 눈물을 흘린다. 예레미야 시대의 유대 백성들과 무엇이 다른가?** 당시 유대인들도 심판을 앞두고 있었다는 점까지 똑같지 않은가? 예레미야 시대에도 "중심의 진실한 믿음"이 없어 심판이 임박한 말세였듯이, 세상의 종말을 사는 우리 시대에 대한 예수님의 예언은 다음과 같다.

> ***그러나 인자가 올 때에 세상에서 믿음을 보겠느냐 하시니라*** (눅 18:8)

말씀에 순종하라

> 그러므로 누구든지 나의 이 말을 듣고 행하는 자는 그 집을 반석 위에 지은 지혜로운 사람 같으리니 비가 내리고 창수가 나고 바람이 불어 그 집에 부딪치되 무너지지 아니하나니 이는 주추를 반석 위에 놓은 까닭이요 나의 이 말을 듣고 행하지 아니하는 자는 그 집을 모래 위에 지은 어리석은 사람 같으리니 비가 내리고 창수가 나고 바람이 불어 그 집에 부딪치매 무너져 그 무너짐이 심하니라 (마 5:24-27)

예수님께서는 거짓 선지자와 참 선지자가 똑같이 하나님을 믿는 것 같이 보여도 다르다며 참 하나님의 백성과 거짓 하나님의 백성의 차이점을 분명하게 제시하셨다. 그것은 율법을 지키는 삶을 사느냐 아니냐의 여부이다. 율법의 준수가 곧 다른 표현으로 하면 열매 맺는 삶이고 율법을 범하는 (불법을 행하는) 삶이 열매를 맺지 못하는 삶이다. 율법의 온전한 준수는 율법의 정신이 자신의 심령과 하나 된 상태라는 것도 예수님께서는 5장의 긴 설명을 통해 선포하셨다. 이 모든 것을 설명하신 후 예수님께서는 결론으로 하신 말씀의 요지는 천국이라는 것은 종교 의식이나 이적을 행하는 것이 아니라 율법을 행하는 것 다른 말로 하면 율법의 정신이 내면화된 심령이라는 것이다. 율법을 믿음으로 행하는 것이 율법이 내면화되었다는 증거이기 때문이다. 율법이 내면화되지 않으면 겉으로는 하나님의 백성같이 보이다가도 시련이나 환란 또는 유혹이 오면 율법을 범하게 되어 결국은 하나님의 백성이 아니라는 것이 드러나게 되어 있다는 점을 강조하시는 것을 끝으로 산상수훈을 마치고 계신다. 그러므로 믿기만 하면 우리 죄를 사하시고 우리를 의로운 사람으로 여겨주셔서 칭의(justification)라는 과정을 통해 구원을 이미 받았다는 가르침은 예수님의 말씀과 얼마나 다른가?

예수님의 산상수훈의 요지는 구원의 과정은 자신의 불의(不義)를 깨닫고 성령을 구하면 성령의 임재와 내주가 있게 되고 그 결과는 열매로써 드러난다는 것이다. 자기의 죄를 깨닫고 통회하고 성령을 구하는 데 필요한 것이 예수님에 대한 믿음인 것이지 믿음 자체가 목적은 아니다. 더욱이 교회에 다니는 것만을 믿음이라고 할 수 없고 입술로 하는 신앙 고백이 믿음이 있다는 증거도 아니다. 진정한 믿음의 증거는 순종이다. 행함이 없는 믿음에 대해 주님의 형제 야고보는 다음과 같이 책망하고 있다.

> *내 형제들아 만일 사람이* ***믿음이 있노라 하고 행함이 없으면 무슨 유익이 있으리요 그 믿음이 능히 자기를 구원하겠느냐*** (약 2:14)

· 맺는 말 ·

예수님께서 십자가로 가시면서 마지막 기도 가운데 하신 말씀이 "영생은 유일하신 참 하나님과 그의 보내신 자 예수 그리스도를 아는 것"이라는 진리였다(요 17:3). 이 말씀은 "성경에서 영생을 얻는 줄 알고 성경을 상고하라"는 말씀과 같은 말씀이다(요 5:39).

왜 예수를 '믿는' 것이 영생이라고 하지 않으시고 '아는' 것이 영생이라고 하셨을까? 그것은 믿기 전에 믿는 대상을 먼저 알아야 하기 때문이다. 모르는 대상을 믿을 수는 없는 것 아닌가? 하나님과 그리스도를 안다는 것은 하나님의 본성을 안다는 것이다. 우리가 사람의 마음도 알기 어려운데 어떻게 하나님의 본성을 알 수 있을까 하고 생각할 수 있지만 우리가 알 수 있는 범위 안에서는 알 수 있고 알아야만 한다. 우리가 알아야 할 하나님의 본성은 율법에, 그리고 그리스도의 생애와 말씀에 잘 드러나 있다. 그리고 십자가는 이 모든 계시가 하나로 함축된 장소였다. 그러므로 그리스도의 피와 살을 먹는 일은 하나님을 알기 위한 일이다.

하나님께서는 자신을 우리들에게 알려 주시기 위해서 율법을 주셨고 선지자를 보셨고 마침내 하나님 자신이 사람이 되셔서 우리 가운데 거하시면서 하나님을 알려 주셨다. 그뿐만 아니라 모든 시대를 통해서 성령의 역사하심으로 선(善)함을 모든 사람에게 알리셨다. 우리는 이 선함의 본질을 깨달을 때 비로소 그것을 사모하고 구하게 된다. 그뿐만 아니라 이 선함은 단순한 속성이 아니라 인격이기 때문에 우리는 그 선함과 교제할 수 있고 그 선함에 우리를 의탁할 수 있는 것이다. 이것이 믿음이다. 그리스도는 하나님의 아들이시고 우리의 구주라는 사실 관계를 인정하는 것이 믿음이 아니라 그분의 인격 안으로 나의 전 존재를 의탁하는 것이 믿음이다. 그러기 전에 필수적으로 요구되는 것이 그분을 아는 것이다. **이 믿음은 우리의 존재를 바꾼다.** 그래서 사람들의 눈으로는 순종이라는 열매를 맺게 하고 하나님의 눈으로는 율법의 영적인 요구가 이루어진다. 이것이 구원이다.

우리는 하나님의 지극히 선하신 본성을 알 때 나 자신의 더러움을 미워하게 된다. 그 결과 나의 더러운 육신의 소욕들을 십자가에 못 박을 수 있는 것이고 그리스도께서는 이 일을 이루어주신다. 이것이 은혜다. 그러므로 은혜 아래 있는 사람들은 죄를 범하지 않는다(롬 6:15). 그래서 하나님을 아는 것이 참 믿음의 전제 조건이고 참 믿음은 자기부인을 수반한다. '자기부인'이라는 방법으로 죄인은 죄로부터 자유롭게 되고 죄를 이기게 된다. **죄는 일종의 변질된 질서 내지는 무질서이므로 죄 된 자아를 십자가에 못 박는 것은 무질서의 종말을 의미하고 질서 안으로 들어가는 문턱을 넘는 일이다.** 이 질서를 성경에서는 하나님의 의라고도 하고 선이라고도 하였다. 이 질서가 실현된 나라가 바로 하나님의 나라이고 이 하나님의 나라는 우리의 내면에서부터 시작되어야 한다. 우리 모두 이 아름다운 나라 안으로 들어오라는 하나님의 피가 묻은 초청장을 받아 손에 쥐고 있다.

'사랑'이라고도 하고 '섬김'이라고도 하는, 사람이 서로 행복하게 살아가는 이 질서는 하나님의 본성에 따라 하나님께서 정하신 하나님의 길이다. 그래서 하나님께서는 흙으로 사람을 만드시고 그 가슴 안에 성령(네샤마 하이)을 불어넣으셨다. 선한 질서를 불어넣으신 것이었다. 이렇게 그 질서 안에 사람이 있게 되었기 때문에 그는 살아있는 영혼(네페쉬 하이)이 된 것이었다. 그의 생명은 하나님의 선한 질서의 영인 성령에 있었다. 이 질서 안에 있는 것이 의(義)이고 생명이요, 이 질서 밖에 있는 것이 죄이고 사망이었다. 그러나 그 질서의 원동력은 이 우주 어디에도 없고 오직 하나님 안에만 있기 때문에 선악과를 먹음으로써 성령을 거절했던 그날 아담은 죽은 영혼이 되었다. 영으로 난 영이었던 아담은 성령을 소멸시킴으로써 육(肉)이 되었고 그때 그의 허리에 있었던 인류는 육에서 난 육이 되었다.

이런 무질서 가운데 태어난 육들에게 하나님께서는 성령 주기를 원하셨고 이것이 육들의 출생이 이 땅 위에 허락된 유일한 이유였다. 이는 마치 날 때부터 소경인 자가 태어남이 허락된 것과 같이 하나님의 하시는 일(성령을 주셔서 죽은 자를 살리시는 일=구원)을 나타나게 함이었다. 성령을 강제로 주실 수는 없으므로 사람이 성령을 구하게 하셔야 했고 그래서 먼저 우주를 관장하는 그 질서의 본질, 곧 하나님의 본성을 알려 주셔야 했다. 율법과 성육신으로.

사람이 하나님의 본성을 알고 그 본성의 아름다움에 자기 영혼이 녹아서 성령을 구할 때 하나님께서 죄인의 심령에 임하시고 거하시게 되는 일이 **은혜의 본질이다.** 하나님께서 사람 밖에 머무시면서 **죄인을 의롭다고 거짓말해 주시는 것이 은혜가 아니다.** '죄 사함'도 하나님께서 임하시면서 그 전에 하나님을 거절했던 일을 없던 것으로 해 주시는 것일 뿐이다. 그러므로 **율법은 은혜를 주시기 위한 전 단계일**

뿐 그것이 은혜를 대신하지 못한다. 그리고 은혜는 먼저 율법을 주시지 않고는 주실 수가 없는 것이다. 율법을 모르면 하나님의 정체성을 모르고 따라서 성령을 구할 수 없기 때문이다. 모르는 것을 구할 수 없고 구하지 않는 것을 주실 수 없다. 그러나 율법은 하나님의 질서(본성)를 가리키는 손가락인데 옛날 사람들은 그 손가락만 보고 있었다. 그래서 성령을 받을 수 없었다. 그리고 요즘에도 그 손가락이 율법인 줄 알고 율법이 폐했다고 하는 사람도 있다.

예수님은 그 질서(로고스)가 사람이 되신 분이고 십자가는 그 질서가 무질서를 만난 종착지였다. 그러므로 질서를 죽인 무질서가 사형선고를 받은 곳이 십자가이기도 하였다. 이런 무고한 죽음을 아시면서도 그 질서는 무질서의 세계로 오셔서 그 무질서의 본질을 드러내시고 또한 하나님의 본성을 드러내셨다. 그래서 십자가의 피는 우리를 그 무질서로부터 건져내실 수 있는 대속의 피요, 속량의 피가 되었다. 이런 연고로 율법(질서)이 최종적으로 가리키는 것은 십자가이고 그분의 피와 살을 먹는 것은 율법을 묵상하는 일과 일반이다.

아담의 후손들은 1,500년의 세월이 지나면서 하나님으로부터 완전히 단절되어 무질서 속에 완전히 들어갔고 아직 그 질서 안에 남아 있던 노아를 불러내셨다. 다시 번성한 노아의 후손들 역시 500년이 지나면서 다시 무질서 속으로 들어갔고 그래도 하나님 편에 있었던 아브라함을 불러내셨다. 아브라함의 후손 역시 1,500년 후에는 영적으로 육적으로 바벨론에 있게 되었다. 그래서 남은 무리를 바벨론에서 불러내셔서 새 언약을 맺었고, 그들의 후손도 세월과 함께 그 질서를 인간의 생각으로 변질시켰으며, 500년 후에는 그 질서가 사람이 되신 그분을 미워하여 죽였다. 그 질서는 부활하셔서 그들 가운데 남은 무리를 불러내셨고 그들을 교회(에클레시아)라고 하셨다.

이 교회 역시 1,500년 후에는 완전한 혼돈과 흑암 위에 앉은 백성이 되었다. 이때도 하나님의 질서를 사모하는 남은 무리를 불러내셨는데 이를 우리는 종교개혁이라 불렀다. 그리고 500년이 지났다. 돌이켜 보면 개신교 역시 그들 선조들이 걸었던 동일한 길을 걸어왔다. 역사는 이렇게 항상 반복되어 왔다. 많은 교회에서 변질된 질서를 하나님의 뜻이라 믿고 가르치고 구원의 확신을 하고 있다. 바벨은 혼잡이라는 뜻이고 결국은 혼잡하게 된 변질된 하나님의 질서를 말한다. 개신교가 그 안으로 아주 빨리 들어가고 있다. 바벨론이 되어 가고 있다.

여기서 불러낼 무리를 요한 계시록에서 여자(교회)의 남은 자손이라고 하는 것은 당연하다(계 12:17).

그들은 여자(교회)와 더불어 음행을 하지 않았고 144,000이라는 별명도 가지고 있다(계 14:4, 7:4). 음행은 남편인 예수님을 두고 사단과 간음하는 것이다. 이런 음행을 하게 하는 교리(가르침)를 음행의 포도주라고 한다(계 14:8). 144,000은 음행의 포도주를 마시지 않았다. 음행을 권하는 포도주는 무엇일까? 음행을 해도 괜찮다는 가르침이 아닐까? 죄 가운데 있어도 믿음 때문에 의롭게 봐 주신다는 교리는 아닐까? 아무래도 그런 것 같다. 마 5:29, 30에서 죄를 가지고 하늘에 갈 수 없다는 선언을 '간음 죄'를 설명하시면서 하신 이유는 모든 죄의 본질은 **영적인 간음이기** 때문이다. 질서와 무질서를 섞는 일이 영적 간음이고 이 영적인 간음은 본래의 질서를 변질시킨다. 그러므로 털끝만큼의 무질서라도 용납하는 정신을 가지고서는 완전한 질서의 세계로 들어갈 수 없다.

믿음은 우리 안에 예수님께서 임하시게 하는 수단이지 목적이 아

니다. 예수님께서 임하시지 않았으면 믿음에 문제가 있는 것이다. 그리고 예수님께서 우리 안에 임하시면 죄를 이기게 된다. 죄는 우리 안에 예수님께서 안 계신 상태이기 때문이다. 어두운 방에 빛이 들어오면 방은 환해진다. 빛이 들어오게 커튼을 걷는 것이 믿음이다. 방이 계속 어두우면 커튼이 덜 제껴진 것이다. 그러므로 **우리의 삶의 모습은 믿음을 비춰보는 거울이고 율법(=예수님의 생애와 십자가)은 우리의 삶을 비춰보는 거울이다.** 144,000은 그리스도의 피에 옷을 빨아서 흰 옷을 입었고 그래서 그 이마에 아버지와 어린 양의 이름(인격)이 기록되어 있다(계 7:14, 14:1). 거듭났다는 뜻이다. 예수님께서 그들 안에 내주하시므로 **율법의 요구가 이루어진 자들**이다.

그래서 하나님의 계명을 지키며 예수의 증거를 가진 자들이고 예수의 증거는 대언의 영(=성령)이라 했다(계 12:17, 14:12, 19:10). 세상을 향해 하나님의 영원한 복음(본래부터 있었던 복음)을 대언(代言)할 것이기 때문이다(계 14:6, 7).

물질계의 혼란도가 시간이 흐름에 따라 증가하는 것처럼 영적 질서의 혼란도 역시 역사적으로 항상 증가해 왔다. 이런 속에서도 계속 질서 안에 머무는 자가 진정한 여자(교회)의 남은 자일 것이다.

우리는 지금 어디에 있으며 어디로 가고 있는가? 우리는 어떻게 그 하나님의 선한 질서 안에 머물러 있을 것인가? 예수님 다시 오실 때 우리들이 그 안에 있는 모습으로 발견되기를 기도한다.

주 예수여 속히 오시옵소서. 아멘!